권력은 현실을 어떻게 조작하는가

How to Stand Up to a Dictator

권력은 현실을 어떻게 조작하는가

마리아 레사의 진실을 위한 싸움

마리아 레사 지음 | 김영선 옮김

북하우스

물러서지 않는 언론인과 시민에게

#HoldTheLine

차례

3부 탄압
체포, 선거, 그리고 미래를 위한 투쟁 2018~현재

일러두기

- 단행본은 겹낫표(『 』), 단편과 논문 등은 홑낫표(「 」), 신문, 잡지는 홑화살(〈 〉), 기사, 노래, 시 제목은 쌍따옴표(“ ”)로 표기했다.
- 2021년 10월, 페이스북이 메타로 이름을 바꾸었으나 책에서는 주로 플랫폼 자체를 언급하고 있기에 집필 당시의 사명을 그대로 사용했다.
- 본문 아래 각주는 모두 옮긴이의 것이다.

서문

아말 클루니
(정의를위한클루니재단 대표, 변호사)

'슈퍼 히어로'를 생각할 때, 손에 펜을 쥔 키 157센티미터의 여성을 상상하기는 쉽지 않다. 하지만 오늘날 언론인이 권위주의 국가에서 활동하려면 초강력의 힘이 필요하다.

그들은 매일 자신의 명성과 자유, 그리고 일부 국가에서는 목숨을 위협받고 있다. 마리아 레사는 이런 언론인 가운데 한 사람이다.

그저 역경에 맞서 싸운다고 말하는 것만으로는 부족하다. 독재 정권하에서 언론인의 상대는 국가다. 국가는 정책을 만들고 경찰을 통제하며 검사를 고용하고 감옥을 준비한다. 온라인에 봇 부대를 창설하여 적으로 간주되는 사람을 비방하고 공격한다. 그들에게는 방송사와 온라인 사이트를 무너뜨릴 힘이 있다. 가장 중요한 점은, 독재 정권이 존속하려면 메시지를 통제할 필요가 있다는 것이다. 독재의 성패는 모든 이야기가 오로지 한 방향으로 흐르도록 하는 데 달려 있다.

유명한 철학자의 말대로, 법의 비호 아래 정의의 이름으로 저지르는 폭정보다 더한 것은 없다. 두테르테 대통령 치하 필리핀 정부는 법을 도구 삼아 반대자를 위협하는 데 주저하지 않았다. 필리핀 당국은 마리아의 언론사 운영 허가를 취소하고 민사 소송을 제기해 파산시키겠다고 위협했다. 마리아는 거짓 기소 공세에 직면해 있으며 이로 인해 투옥되어 목숨까지 위협받을 수 있다.

마리아가 범죄를 저질러서가 아니라 필리핀의 지도자들이 비판을 듣고 싶어하지 않기 때문이다. 마리아는 선택할 수 있다. 정부의 노선에 따라 자신의 안전을 도모하거나 모든 위험을 무릅쓰고 언론인으로서 자신의 일을 하거나. 마리아는 주저하지 않고 후자를 택했다. 그리고 마리아가 포기하지 않으리란 걸 나는 안다.

역사를 통틀어 사회에서 가장 중요한 목소리 가운데 일부는 박해를 받아왔다. 간디, 넬슨 만델라, 마틴 루서 킹 주니어는 모두 당시 정부를 비판했기 때문에 기소되었다. 간디는 선동죄로 기소된 형사 재판에서 인권을 짓밟는 정부에 맞선 데 대해 자비를 바라지 않는다고 판사에게 말했다. "나는 …… 내게 가할 수 있는 최고형을 내려주길 청하며 그에 기꺼이 따를 것입니다." 이는 "악에 협력하지 않는 것은 선에 협력하는 것만큼이나 의무"이기 때문이었다. 간디는 이로 인해 2년을 감옥에서 보냈지만 인도를 더 정의로운 사회로 만들었다. 만델라는 정부를 불쾌하게 하는 견해를 밝혔다는 이유로 체포되었다. 혐의는 대역죄였으며, 그 결과 27년 동안 감옥에서 지냈다. 하지만 만델라는 아파르트헤이트라는 악을 끌어내렸다.

마리아의 투쟁은 우리 시대를 정의하는 투쟁이다. 지난 몇 년 동안 수집된 데이터에 따르면, 전 세계에 걸쳐 기록이 시작된 이래 그 어느 때보다도 많은 언론인들이 투옥되고 살해되고 있다. 게다가 오늘날 세계에는 민주 국가보다 독재 국가가 더 많다.

이것이 마리아가 필리핀을 떠나길 거부하고 자신에게 씌워진 혐의에 맞서 스스로를 변호하기로 결심한 이유다. 마리아는 자신과 같은 독립된 목소리는 언제나 소중하지만 특히 다른 사람들이 침묵할 때는 꼭 필요하다는 것을 안다. 마리아는 용기를 내 말하는 다른 이들을 위해 천장을 떠받치고 있다. 미국 시민이자 노벨평화상 수상자인 마리아가 언론인으로서 할 일을 한다는 이유로 감금당한다면 다른 사람들에게는 무슨 일이 벌어질 수 있을까?

독재자들이 흔히 '강자strongman'라 불리는 건 역설적이다. 그들에게는 반대 의견을 용인하거나 공평한 경쟁의 장을 허용할 용기조차 없는데 말이다. 우리가 찬사를 보내야 하는 건 그들에게 맞선 사람들의 강인함이다. 그리고 이들 가운데 어떤 이는 키가 157센티미터에 지나지 않는다.

엘리 위젤*은 우리에게 불의를 막을 힘이 없을 때가 있을지는 몰

* Eliezer Wiesel, 1928~2016. 아우슈비츠 생존자이자 기자, 작가. 1986년 노벨평화상을 수상했다.

라도 불의에 맞서지 않는 때가 있어서는 안 된다고 경고했다. 여러 세대가 마리아의 유산을 느끼게 될 것이다. 마리아는 기필코 저항하여 역사의 흐름을 정의의 방향으로 돌려놓으려 노력했기 때문이다. 필리핀의 어린 학생들은 역사를 공부하면서 노벨평화상을 받은 최초의 필리핀인이 진실을 말하기로 결심한 용기 있는 언론인이었다는 것을 알게 될 것이다. 미래 세대를 위해, 그들이 마리아를 본보기로 영감을 받기를 바란다.

프롤로그

보이지 않는 원자폭탄

과거의 현재적 순간

2020년 3월 코로나19 유행으로 봉쇄 조치가 이루어진 이후, 나는 과거 어느 때보다 훨씬 더 격앙돼 있다. 부당하지만 받아들일 수밖에 없는 현실에 억눌린 분노를 느낀다. 지난 6년간 이어진 필리핀 정부의 공격 때문이다.

나는 감옥에 갈 수도 있다. 남은 평생, 또는 변호사의 말대로라면 100년이 넘는 기간 동안, 법정에 가서는 안 되는 혐의로 말이다. 전 세계에서 법치주의가 파괴되고 있고 나는 이를 몸소 겪고 있다. 채 2년도 안 되는 시간 동안 필리핀 정부는 나에게 열 건의 구속 영장을 신청했다.

나는 폭력의 표적이 될 수도 있다. 필리핀 경찰이, 정부가 그 정도로 어리석을까 묻는다면, 그렇다. 로드리고 두테르테 전 대통령이 잔혹한 마약과의 전쟁을 선포한 첫 3년간, 다시 말해 2016년부터 2018년까지 약 2만 7,000명이 사망했다고 필리핀인권위원회는 추산했다.[1] 사실일까? 누가 알겠는가. 이 통계치는 필리핀에서 벌어지고 있는 진실을 위한 싸움의 첫 번째 희생자인 셈이다. 2018년부터 나는 길을 걸을 때면 방탄조끼를 입기 시작했다.

온라인 폭력은 현실의 폭력과 다르지 않다. 전 세계 수많은 연구와 비극적 사건이 이를 말해준다. 나는 이곳 필리핀과 전 세계 수천 명에 달하는 다른 언론인, 활동가, 야당 지도자, 그리고 아무것도 모르는 시민들과 더불어 매일 온라인에서 표적이 되고 있다.

그래도 잠에서 깨어 창밖을 내다보면 힘이 난다. 희망이 있다. 나는 가능성을 본다. 바깥은 어둡지만 동시에 지금은 우리 사회를 재건할 수 있는 때이기도 하다. 바로 우리 앞에 있는 것부터, 우리가 영향을 미칠 수 있는 영역부터 시작해야 한다

한때 우리가 알았던 세상은 사라졌다. 이제 우리는 어떤 세상을 만들고 싶은지 결정해야 한다.

내 이름은 마리아 레사. 36년 동안 기자로 일했다. 필리핀에서 태어나 뉴저지에서 자라고 교육받았다. 1980년대 후반 대학을 마치고 고국으로 돌아왔다. 1990년대에 CNN에서 경력을 쌓으면서 동남아시아에 두 개의 지국을 설립해 운영했다. 당시는 CNN 역사에서 영광의 날들이었고 세계 언론인들의 전성기였다. 나는 동남아시

아에서 기자로 활동하며 극적인 사건들을 목격했는데, 그 사건들은 이후 전 세계에서 일어날 일들을 예고했다. 과거 식민지 전초기지들에서 일어나는 민주화 운동, 9·11이 발생하기 한참 전 무섭게 부상한 이슬람의 테러리즘, 민주주의 절차에 따라 선출되었으나 자국을 준독재국가로 만들어버리는 새로운 유형의 독재자, 머지 않아 내가 소중히 여기는 모든 것을 파괴하는 데 중추 역할을 하게 될 소셜미디어의 놀라운 가능성과 힘.

2012년 나는 필리핀에 디지털 전용 뉴스 웹사이트인 래플러Rappler를 공동 설립했다. 내 포부는 필리핀에서 탐사 보도의 새로운 기준을 만드는 것이었다. 소셜미디어 플랫폼을 이용해 더 나은 국가 운영 체제, 더 튼튼한 민주주의를 위한 활동 커뮤니티를 구축하고자 했다. 당시만 해도 소셜미디어에 세상을 이롭게 하는 힘이 있다고 그 누구보다도 진심으로 믿었다. 페이스북 등의 플랫폼을 이용해 대중이 제보하는 뉴스를 속보로 전하고, 중요한 자료와 정보를 찾아내고, 기후변화에 대응하기 위한 집단행동을 불러일으키고, 유권자가 더 많은 정보를 얻어서 선거에 더 많이 참여하도록 도울 수 있었다. 우리는 이런 아이디어로 찬사를 받으며 빠르게 성공을 거두었으나 설립 5년 만에 필리핀 정부의 표적이 되었다. 우리가 언론인으로서 할 일을 계속한다는 이유만으로, 진실을 말하고 권력에 책임을 묻는다는 이유만으로 말이다.

래플러는 정부의 부패만이 아니라 이미 우리 삶을 지배하고 있는 기술 기업의 부패도 폭로했다. 2016년부터 제대로 처벌받지 않은 두 가지 사례를 조명하기 시작했다. 로드리고 두테르테 전 대통령의 마약과의 전쟁과 마크 저커버그의 페이스북이 그것이다.

전 세계가 필리핀에서 일어나고 있는 일에 주목해야 할 이유가 있다. 2021년 필리핀 사람들은 6년 연속으로 전 세계 시민 가운데 인터넷과 소셜미디어에서 가장 많은 시간을 보냈다.[2] 인터넷 속도가 느린데도 2013년 이후 유튜브 영상을 가장 많이 업로드하고 다운로드했다. 4년 뒤에는 필리핀 사람들 가운데 97퍼센트가 페이스북을 하고 있었다. 2017년 한 회의에서 내가 이 통계치를 말하자 마크 저커버그는 잠시 침묵했다. "잠깐만요, 마리아." 그는 나를 골똘히 쳐다보다가 마침내 말을 이었다. "나머지 3퍼센트는 어디로 간 거죠?"

당시 나는 저커버그의 재치 있는 말솜씨에 웃음을 터뜨렸다. 하지만 이제 더 이상 웃지 않는다.

이 수치가 보여주는 대로, 필리핀은 소셜미디어가 한 국가의 제도, 문화, 대중의 생각에 미칠 수 있는 끔찍한 영향을 고스란히 보여주는 그라운드제로*다.[3] 필리핀에서 벌어지는 온갖 사태가 결국 전 세계로 확산된다. 당장 내일은 아니더라도 1, 2년 후에 말이다. 필리핀에서는 일찍이 2015년에 전화번호 인증을 거쳐 허위 소셜미디어 계정을 만드는 계정 농장에 대한 보도가 있었다. 같은 해에 나

---

* ground zero, 원래는 핵폭탄이 폭발한 지점을 뜻하는 말로 대재앙의 현장을 뜻한다.

온 한 보도에 따르면, 도널드 트럼프의 페이스북에 '좋아요'를 누르는 이들은 대부분 미국 이외 지역의 사람들이었으며 트럼프의 팔로어는 스물일곱 명 가운데 한 명꼴로 필리핀인이었다.

소셜미디어는 민주주의가 발생하는 현장인 우리가 공유하는 현실을 파괴하고 있다. 세상에 그 사실을 거듭 경고하려 할 때마다 나 스스로가 시시포스이자 카산드라가 된 느낌을 받는다.

이 책에서 나는 법치주의가 부재하는 가상 세계가 얼마나 엄청난 파괴력을 갖는지 보여주려 한다. 우리는 단 하나의 현실에 살고 있다. 21세기, 민주주의에 입각한 인터넷의 미래상을 제대로 그리지 못한 탓에 전 세계에서 법치주의가 무너지고 있는 현실이다. 온라인에서의 면책이 자연스럽게 오프라인에서의 면책으로 이어지고 이로 인해 기존의 견제와 균형이 파괴되었다. 나는 지난 10년 동안 기술이 신과 같은 권능을 갖게 되는 과정을 목격하고 기록해왔다. 이제 기술은 우리를 거짓말 바이러스에 감염시키고 서로 싸우게 만들며, 두려움과 분노와 혐오를 자극하거나 심지어 불러일으키고, 전 세계 권위주의자와 독재자의 부상을 가속화한다.

나는 이를 두고 "민주주의가 천 갈래로 찢어지는 상처를 입고 죽어가고 있다"고 표현하기 시작했다. 우리에게 필요한 뉴스를 전하는 바로 그 플랫폼이 사실에 대해 편견을 갖게 한다. 2018년 무렵 이미 여러 연구가 분노와 혐오가 가미된 거짓말이 사실보다 더 빨리 더 멀리 퍼진다는 것을 보여주었다.[4] 우리는 사실 없이 진실을 알 수 없고 진실 없이는 신뢰할 수 없다. 이 세 가지가 없으면 공유하는 현실을 가질 수 없으며, 우리가 아는 민주주의와 모든 의미 있는 인간의 노력은 끝장나고 만다.

이런 일이 벌어지기 전에 빨리 행동해야 한다. 그리고 그것이 내가 이 책에서 하려는 바다. 저널리즘과 기술에 적용할 가치와 원칙뿐 아니라 이 사실을 위한 전투에서 이기기 위해 우리가 취해야 할 집단행동에 필요한 가치와 원칙을 탐사하는 것 말이다. 이 탐사의 여정은 대단히 개인적인 것이다. 그렇기 때문에 장마다 미시적 관점과 거시적 관점을, 나 개인이 얻은 교훈과 좀 더 큰 그림을 함께 담았다. 내가 과거의 현재적 순간*에 경험 위에 새로운 경험을 겹겹이 쌓으면서—시간이 흐름에 따라—본능을 따르면서도 신중한 결정을 내리기 위해 고수해온 몇 가지 소박한 신념을 보여주려 한다.

2021년 나는 또 한 명의 기자와 함께 노벨평화상을 공동 수상했다. 언론인이 이 상을 마지막으로 받은 해는 1935년이었다. 당시 수상자인 독일 기자 카를 폰 오시에츠키는 나치의 강제수용소에 있었기 때문에 상을 받을 수가 없었다. 노르웨이의 노벨위원회는 나와 러시아의 드미트리 무라토프에게 영예를 안김으로써 세계가 당시와 비슷한 역사의 순간에 있음을, 민주주의가 또다시 위협받고 있음을 알렸다. 노벨상 수상 연설[5]에서 나는 보이지 않는 원자폭탄이

---

* T. S. 엘리엇의 「전통과 개인의 재능Tradition and the Individual Talent」에서 가져온 구절. 직선적이지 않고 순환하는 시간, 과거가 현재에 되풀이되는 순간을 뜻한다. 이 책의 55쪽 참고.

우리의 정보 생태계 한가운데 떨어졌다고, 기술 플랫폼이 우리 개개인을 조종할 수 있는 방식에 지정학적 권력을 쥐여주었다고 말했다.

노벨상 시상식이 있은 지 불과 4개월 만에 러시아가 우크라이나를 침공했다. 러시아는 2014년 우크라이나 영토였던 크림반도를 침공해 합병하고 괴뢰 정부를 세웠는데, 그때 이후로 온라인에 뿌려두었던 메타 서사를 활용했다.[6] 정보를 은폐하고 거짓말로 대체하는 전술이었다. 러시아인들은 값싼 디지털 부대로 사실을 악랄하게 공격해 진실을 지우고, 사실상 크림반도가 러시아의 지배를 기꺼이 받아들였다는 자신들의 서사로 침묵당한 서사를 대체했다. 러시아인들은 온라인 가짜 계정을 만들고 봇 부대를 동원했으며 소셜미디어 플랫폼의 취약점을 이용해서 사람들을 속였다. 전 세계 정보의 새로운 문지기gatekeeper가 된 미국인 소유 플랫폼들에게, 이런 활동은 더 많은 참여를 불러일으켜 더 많은 돈을 벌게 해주었다. 이들 문지기와 허위 정보 공작을 벌이는 이들의 목표는 일치했다.

이때 처음으로 우리는 정보전의 전술을 인식하게 되었고, 곧 이 전술은 두테르테부터 브렉시트까지, 그리고 카탈로니아와 스탑 더 스틸*에 이르기까지, 전 세계로 확산됐다. 8년 후인 2022년 2월 24일, 블라디미르 푸틴은 크림반도를 합병하기 위해 사용했던 것과

* Stop the Steal, 도널드 트럼프가 연임에 실패한 2020년 미국 대통령 선거가 조작되었다고 믿는 사람들이 벌인 캠페인.

똑같은 수법, 그리고 똑같은 메타 서사를 활용해 이번에는 우크라이나 자체를 침공했다. 이런 식으로 허위 정보는, 그것이 상향식이든 하향식이든 완전히 새로운 현실을 만들어냈다.

이로부터 3개월도 지나지 않아, 필리핀은 나락으로 떨어졌다. 2022년 5월 9일은 두테르테의 후임자를 선출하는 선거일이었다. 대통령 후보는 열 명이었으나 주요 후보는 단 두 명이었다. 야당 대표이자 부통령인 레니 로브레도와 독재자 페르디난드 마르코스의 외동아들로 이름이 똑같은 페르디난드 마르코스 주니어가 그들이었다. 페르디난드 마르코스는 1972년 계엄령을 선포하고 거의 21년 동안 권력을 유지했다. 약탈형 정치인kleptocrat 가운데 으뜸인 마르코스는 1986년 마침내 피플파워People Power 혁명으로 쫓겨나기 전 필리핀 국민들로부터 100억 달러를 훔친 혐의로 기소되었다.

선거 날 저녁, 마르코스 주니어는 일찌감치 압도적으로 앞서나가며 선두자리를 놓치지 않았다.[7] 오후 8시 37분 46.93퍼센트의 선거구가 개표 결과를 전송한 상태에서 마르코스가 1,530만 표를 얻은 데 비해 로브레도는 730만 표를 얻었다. 오후 8시 53분에는 53.5퍼센트가 개표된 상태에서 마르코스는 1,750만 표, 로브레도는 830만 표를 얻었으며, 오후 9시에는 57.76퍼센트가 개표된 상태에서 마르코스가 1,898만 표, 로브레도가 898만 표를 얻었다.

이렇게 끝나는구나, 그날 저녁 이런 혼잣말을 했다. 이 선거는 허위 정보와 상시 정보 작전이 소셜미디어에 미치는 영향을 보여주는 시연장이 되었다. 2014년과 2022년 사이에 소셜미디어는 마르코스를 추방자에서 영웅으로 바꿔놓았다. 그 허위 정보망은 필리핀에서 만들어진 것만이 아니었다. 2020년 페이스북이 중국에서 삭제한 것*과 같은 전 세계에 걸친 망도 포함되어 있었다. 이 같은 허위 정보망이 거들면서 우리 눈앞에서 역사가 바뀌었다.

2021년 말 노벨평화상 수상 강연 때부터 나는 누가 선거에서 이기느냐에 따라 우리의 미래뿐 아니라 과거도 결정될 것이라고 거듭 말했다. 사실의 진실성이 없으면 선거의 진실성도 있을 수 없다.

우리는 사실을 잃었다. 역사를 잃었다. 마르코스가 이겼다.

숨거나 망명하거나 감옥에 갇힌 다른 사람들에 비하면, 나는 운이 좋은 편이다. 언론인이 가진 유일한 방어수단은 진실을 밝히고 거짓을 폭로하는 것이며, 나는 여전히 그럴 수가 있다. 처벌받지 않고 더 완강히 밀어붙이는 정부 아래서 알려지지도 지지를 받지도 못한 채 그늘 속에서 박해받는 사람들이 너무 많다. 그들의 공범은 기술이다. 그리고 기술은 우리의 정보 생태계에 조용한 핵폭탄급의 홀로코스트를 일으켰다. 따라서 우리는 그것의 여파를 세계가 제2차 세계대전 이후의 재난을 다루듯 해야 한다. 즉 나토, 유엔, 그리고 세계인권선언과 같은 제도와 협약을 만들어야 한다. 오늘날 우리에게는 새로운 지구적 제도와 우리가 소중히 여기는 가치의 제창

* 페이스북은 홍콩 시위에 반대하는 중국의 허위 정보 선전전에 연루된 것으로 의심되는 계정들을 삭제했다.

이 필요하다.

지금 우리는 기존 세상의 잔해 위에 서 있으며, 더 배려하고 더 평등하면서 더 지속 가능한 세계를, 파시스트와 폭군으로부터 안전한 세계를 상상하고 만들어낼 선견지명과 용기를 가져야 한다.

이 책은 이를 위한 나의 여정이지만 독자 여러분과 관련 있는 것이기도 하다.

민주주의는 취약하다. 우리는 모든 법, 모든 보호 장치, 모든 제도와 이야기 등 모든 부분을 위해 싸워야 한다. 아주 작은 상처라도 얼마든지 위험해질 수 있다는 것을 알아야 한다. 내가 모두에게 물러서서는 안 된다고 말하는 건 이 때문이다.

이는 민주주의를 당연시하는 많은 서구인들이 우리에게 배워야 할 점이다. 이 책은 민주주의가 당연한 것이라고 한 번도 생각해본 적 없는 사람이 민주주의를 당연한 것으로 여기는 사람들을 위해 쓴 것이다.

과거의 현재적 순간에, 기억조차 쉽사리 조작되는 이 시기에 우리가 무엇을 하는지가 그 어느 때보다 중요하다. 나를 포함한 우리 팀이 매일 하는 질문을 스스로에게 던져보길 바란다.

진실을 위해 당신은 무엇을 희생할 수 있는가?

1부

고국으로

권력, 언론, 그리고 필리핀

1963~2004

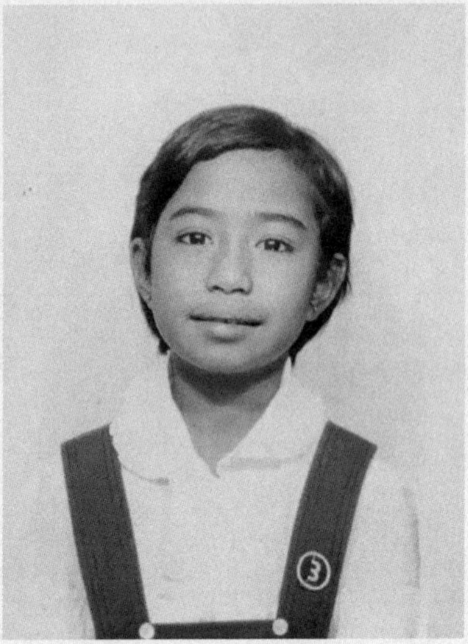

세인트스콜라스티카 시절 학급 사진, 1973년.

1장

황금률

배우는 쪽을 택하라

싸워보지 않고서는 자신이 누군지 모른다.

무엇을 위해 싸울지 어떻게 결정할까? 때로 이것은 선택이 아니다. 당신이 하는 모든 선택의 합이 당신을 특정 지점으로 인도했기에 당신은 당신의 길을 걷고 있는 것이다. 운이 좋으면, 당신은 당신이 내린 각각의 결정이 우리 모두가 혼란스러워하는 문제, 즉 삶을 어떻게 의미 있게 만들 것인가 하는 문제에 대한 답이었음을 일찌감치 깨달을 것이다. 의미는 우연히 발견하거나 다른 누군가가 가져다주는 게 아니라 당신이 내리는 모든 선택, 당신이 헌신하기로 한 결정, 당신이 사랑하는 사람들, 당신이 소중히 여기는 가치를 통해 만들어진다.

내 삶은 10년 단위로 묶어볼 수 있다. 열 살 때 삶이 극적으로 바뀌었으며, 이후 10년 동안은 온갖 발견과 탐구로 채워졌다. 이십 대는 온통 선택의 연속이었다. 대학을 마치고 무엇을 할지, 어디서 살지, 누구를 위해 일할지, 누구를 어떻게 사랑할지를 선택했다. 삼십 대에는 내 천직이 될 언론 분야에서 전문성을 쌓고, 언론의 사명이기도 한 정의를 추구했다. 열심히 일하는 건 꾸준한 주제이면서 내가 통제할 수 있는 유일한 것이었다.

그러다가 사십 대가 됐다. 이때의 나는 무엇이든 할 수 있을 것 같았다. 어디에서 살지를 결정하고 필리핀에 헌신할 기한을 나 스스로에게 부과한 시기이기도 했다. 이제 오십 대가 되었다. 나는 내 안에 가장 깊숙이 간직한 견해에 입각해서 나를 재창조하고 행동주의를 추구했다. 지난 10년을 '커밍아웃'의 시기라고 부를 수도 있을 것 같다. 권력에 의한 살인과 뻔뻔한 권력 남용에 대한 커밍아웃, 기술의 어두운 측면에 대한 커밍아웃, 나의 정치적 견해와 섹슈얼리티에 대한 커밍아웃.

나는 1963년 10월 2일 필리핀 마닐라 파사이시티의 한 목조 주택에서 태어났다. 필리핀은 다양한 언어와 문화를 가진 사람들이 가톨릭교회의 지도 아래 통합되어 있는 군도다. 이 나라는 수세기에 걸친 에스파냐의 식민 통치 기간 동안 토지를 보유하게 된 과두제 집권층이 지배하는 봉건 사회였다. 1898년 에스파냐-미국 전쟁 후 에스파냐는 파리조약에 따라 필리핀을 미국에 내주었다. 1년 후에 필리핀인들이 필리핀-미국 전쟁이라 부르는 전쟁이 발발했는

데, 미국 역사책에 달린 긴 각주에서는 이 전쟁을 '반란'이라 언급했다.[1]

당시는 미국이 '명백한 운명'*을 내세우던 시기였다. 러디어드 키플링은 1899년 미국의 필리핀 통치를 격려하기 위해 그의 유명한 제국주의 시 "백인의 책무The White Man's Burden"를 발표했다. 미국의 통치는 1935년 필리핀이 자치 연방이 될 때까지 계속되었다. 미국 대통령 프랭클린 D. 루스벨트의 승인을 받아야 했던 필리핀 자치 연방의 헌법은 사실상 미국 헌법을 다시 쓴 것이었다. 필리핀에는 필리핀이 수녀원에서 300년을 보냈고, 할리우드에서 50년을 보냈다는 식민 통치에 대한 농담이 있다.

1964년 나의 아버지 마누엘 필 아이카르도가 스무 살 나이에 자동차 사고로 죽었다. 나는 한 살이었고 어머니 헤르멜리나는 여동생 메리 제인을 뱃속에 가진 상태였다.

어머니는 우리를 데리고 아버지 가족을 떠났고 여동생과 나는 어머니, 증조할머니와 반쯤 짓다 만 집에서 살았다. 증조할머니는 술 냄새를 풍겼으나 우리를 잘 돌봐주었다. 그러나 너무 가난했기에 소금으로 이를 닦고 다음 끼니를 어떻게 해결할지 끊임없이 걱정해야 했다. 어머니는 노동부에서 일을 했는데, 우리는 그곳의 노란색 근무복을 입은 어머니가 월급날 일을 마치고 켄터키 프라이드 치킨

* 개척시대 이래 미국이 자국의 영토 팽창주의를 정당화하기 위해 사용한 이데올로기로, 침략 전쟁을 신이 내려준 사명이자 의무로 선전했다.

한 상자를 사들고 오는 날만을 간절히 기다렸다.

내가 다섯 살 때, 어머니는 해묵은 가족 간 불화로 미국으로 이주해서 그 무렵 뉴욕으로 이사한 당신의 어머니와 합류했다. 1969년 4월 28일 샌프란시스코에 도착했을 때 어머니는 스물다섯 살이었다.

여동생과 나는 메트로마닐라의 케손시티 타임스스트리트의 아버지 쪽 조부모 집에 들어가 살았다. 그곳은 중산층이 모여 사는 조용하고 검소한 지역으로 집들이 도로에서 멀찍이 떨어진 곳에 위치해 있었다.

신앙심이 깊은 할머니 로사리오 수니코는 나의 가치관을 형성하는 데 도움이 되었다. 할머니는 아버지에 대한 이야기를 들려주었다. 음악가 집안에서 자란 젊고 촉망받는 피아니스트였다고 말이다. 할머니는 학교에서 열심히 공부하라고 독려했고 내게 만족을 늦추는 사고방식을 심어주었다. 용돈에서 얼마씩 모은 동전이 유리병 안으로 들어갔고 그 병이 가득 차는 걸 지켜보는 식이었다. 할머니는 또한 내게 어머니에 대한 나쁜 인식을 심어주려 했다. 할머니는 어머니가 좋은 사람이 아니며 미국에 가서 매춘부가 됐다고 했다.

이는 딸로서는, 특히 어머니가 정기적으로 방문하는 동안에는, 처리하기에 곤혹스러운 문제였다. 어머니는 적어도 1년에 한 번 우리와 함께 지냈는데, 그때만 되면 집안이 뒤집어졌다. 그렇게 어린 나이에도, 나는 어머니와 할머니 사이에 팽팽한 긴장감을 느낄 수 있었다. 그 갈등은 종종 내게 어느 한쪽 편을 들 것을 강요했지만, 나를 그러길 거부했다.

어머니의 방문에 대한 흑백의 기억이 내 머릿속에 스쳐지나간다. 내가 일고여덟 살쯤 어머니, 여동생과 함께 침대에 앉아 있다. 어머니는 사람들의 특별한 관심을 끌었다. 몸집이 작고 아름다우며 언제나 웃음이 가득했다. 한 번은 어머니가 여동생과 이야기하고 있을 때 나는 자랑하고 싶은 새로운 단어가 떠올라 적절한 순간을 기다렸다가 끼어들었다.

"대단한데Amazing!" 내가 외쳤다. 잠깐 침묵이 흐르더니 어머니가 웃음을 터뜨렸다. 그러고는 나를 끌어안았다.

나는 세인트스콜라스티카 대학 부속으로 있는 가톨릭 여학교에 다녔다. 독일 베네딕트선교회의 수녀회가 설립해 운영하는 이 학교에서 나는 진도가 빠른 선행반이었다. 반 친구들과 나는 시험을 잘 봐서 다른 아이들보다 '더 똑똑하다'고 여겨졌다. 적어도 반 친구인 트윙크 마카라이그와 나는 이를 우습다 여겼다.

어머니가 여동생과 나를 학교에서 납치하던 날, 모든 게 끝났다.

따가운 햇살이 창문으로 쏟아져 들어오는 교실에 들어섰을 때는 여느 날과 다름없어 보였다. 가방을 내려놓고 나무 책상의 뚜껑을 들어올렸다. 그때 내 이름을 부르는 소리가 들렸다. "메리 앤!"

내 이름 마리아 안젤리타를 줄여서 저렇게 부르는 건 가족뿐이었다. 어리벙벙해서 돌아보니 어머니가 교장인 그라시아 수녀님과 함께 교실 앞에 서 있었다. 두 사람이 내 책상으로 다가와 가방에 물건을 모두 챙겨넣을 수 있도록 도와주었다. 밖으로 나오면서 친구들을 돌아봤다. 모두가 나를 쳐다보고 있었다.

우리는 계속해서 여동생의 교실로 갔다. 여동생은 멘시아 미요나도 이모, 그리고 또 다른 수녀 선생님과 함께 밖에서 기다리고 있었다. 메리 제인은 어머니를 보고서 달려와 안겼다. 그 시간에 복도에 있는 건 우리뿐이었다. 메리 제인과 어머니는 둘 다 울고 있었다. 그때 어머니가 우리를 미국으로 데려갈 거라고 낮은 목소리로 중얼거리는 소리가 들렸다.

나는 그 순간 학교를 둘러보면서 그 무엇도 다시는 예전과 같지 않으리라는 사실을 본능적으로 알아차렸다. 그런 순간에, 우리는 의지할 것을 찾는다. 내게 그것은 가방에 든, 다음 날이면 반납해야 할 도서관 책이었다.

학교 정문을 향해 걸어가고 있을 때, 운동장 한가운데 멈춰 서서 도서관을 가리키며 어머니에게 내 책을 반납할 수 있을지 물었다. 어머니는 "다음에 하자"라고 대답했다.

자동차가 인도 옆에 주차돼 있었고, 우리는 거기에 올라탔다. 자리를 잡자마자 어머니가 우리에게 조수석에 앉은 남자를 소개했다. "메리 앤, 메리 제인, 이 분은 너희 새아빠셔."

모든 게 한순간에 바뀔 수 있다.

나는 조부모님 댁이나 학교로 다시 돌아가지 못했다. 한때 그들은 내 세상의 전부였으나 그다음 날은 아니었다. 그 세상으로 가는 문은 영원히 닫히고 새로운 현실이 열렸다. 그때 나는 열 살이었다.

대략 2주가 안 돼서, 우리는 연료 보급을 위해 알래스카에 중간

기착한 노스웨스트에어라인 비행기를 타고 있었다. 1973년 12월 5일이었다. 나는 비행기 창밖을 내다보며 이 날짜를 기억해야지 하고 혼잣말을 했다. 그다음에 무슨 일이 벌어질지 알 수 없었지만 그날 메리 제인과 나는 처음 눈을 보았다.

우리가 뉴욕 존에프케네디 국제공항에 도착했을 때는 날이 어둡고 얼어붙을 정도로 추웠다. 예전에 느껴본 적 없는 추위였다. 새아버지가 우리 여행가방을 가지고 갔다. 어머니는 그를 아빠라 부르라고 하고 멘시아 이모는 "피터 아빠라고 불러"라고 했지만, 나는 아직도 뭐라고 불러야 할지 고민하고 있었다. 아직 마닐라에 있을 때, 누군가가 그에게 사진을 함께 찍자고 했다. "사람들은 저이를 엘비스 프레슬리인 줄 안다니까." 어머니는 이렇게 속삭였다.

우리는 공항 주차장에 있는 진한 파란색의 폴크스바겐 비틀에 끼어 탔다. 약 한 시간 반 동안 남쪽으로 차를 타고 가면서, 여동생과 나는 처음으로 자동차 난방기의 열기를 느꼈다. 지구 반대편에서 24시간 훨씬 전에 시작한 여정을 마친 후 목적지인 뉴저지주 톰스리버에 있는 새롭게 조성된 교외 주택에 도착했다. 우리는 짐을 내렸다. 나는 차도에 조금 쌓인 눈 위에 완벽한 모양의 발자국을 만들었다. 그런 다음 동생과 함께 새 집으로 들어갔다. 새아버지와 어머니는 나중에 우리를 입양하기 위해 어떻게 입양 신청을 하고 정식으로 우리 성을 레사로 바꿀지 설명해주었다.

나는 혼란에 빠진 나라를 떠나왔다. 그보다 1년 조금 더 전인 1972년 9월 21일 페르디난드 마르코스 대통령은 계엄령을 선포하고 필리핀 최대 텔레비전 방송국으로 언제나 미디어 권력의 중심에 있던 ABS-CBN을 폐쇄했다. 마르코스의 1인 통치는 그때까지 미국의 입김이 압도적이던 필리핀에 새로운 시대를 열었다. "영토 정복은 필리핀에서 시작되고 끝났다." 내 친구 스탠리 카나우는 『우리의 이미지에서: 필리핀의 미국 제국*In Our Image: America's Empire in the Philippines*』에서 이렇게 썼다. "미국인들은 효율성 있고 공정한 정부의 설립을 등한시했다. …… 그래서 필리핀인들은 도움을 받기 위해 관료 체제 대신 정치인들에게 의지했다. 이런 관행이 후원과 부패를 조장했다."[2]

봉건적 후원과 고질적 부패가 필리핀에서 사라지지 않았다. 1965년 심각한 경제난 가운데 대통령에 선출된 마르코스는 최초이자 유일하게 재선한 필리핀 대통령이 되었다. 그는 선거운동 기간 국가 정체성 회복과 미국으로부터의 독립을 내세웠다.

마르코스가 계엄령을 선포한 후 의회는 1973년 헌법을 비준했다. 이 헌법은 여전히 미국 헌법의 본을 따랐으나 이제 마르코스의 권력을 보장하는 수정 사항이 포함되었다. 이후 대법원이 이 헌법을 승인해 마르코스는 '합법적으로' 다음 14년 동안 권력을 쥐고 강화할 수 있었다. 이 시기를, 나는 미국이라는 새로운 현실 속에서 보냈다.

우리 가족은 미국을 믿었다. 열심히 일하고 세금을 내면 응당한 보상을 받는다. 세상은 공평하다. 이는 사회계약이 무조건적으로

자유의 여신상에서 데이트 중인 피터 레사와 헤르멜리나 델핀, 1971년.

보장하는 바이다. 부모님은 수십 년 동안 이 계약이 침해당하는 일을 견디며 살았다. 그것이 사람들에게 어떤 영향을 미치는지, 어떻게 불확실성과 두려움을 키우는지, 약속이 깨질 때 열심히 일하고 규칙을 지키는 사람들이 어떻게 속았다고 느끼는지 나는 안다. 소셜미디어와 허위 정보 조작이 더해지면, 바로 이런 사람들이 표적이 되고 영향을 받기가 쉽다. 이들은 거짓말을 믿는다.

피터 에임스 레사는 뉴욕에서 태어난 이탈리아계 미국인 2세다. 열여섯 살에 학교를 중퇴하고 가족이 생계를 잇는 일을 도왔다. 그러다가 투자은행인 브라운브라더스 해리먼앤드컴퍼니에서 데이터를 입력하는 일부터 시작해서 열심히 노력한 끝에 승진을 거듭했다. 회사를 떠날 무렵에는 중앙 컴퓨터의 선임 IT 관리자였으며 그런 다음에는 IBM에서 일했다. 그는 세세한 부분까지 기억하는 비상한 재능을 가진 데다 열심히 일했다.

그와 나의 어머니는 뉴욕 거리에서 말 그대로 서로 부딪히다 만났다. 약 2년 동안 교제한 후 1972년에 결혼했고 이듬해에 여동생 미셸이 태어났다. 그로부터 일주일 후, 부모님은 애니 고모에게 갓 태어난 아기를 맡긴 뒤 마닐라행 비행기를 타고 메리 제인과 나를 데리러 왔다. 어머니에게, 그것은 힘들지만 승리의 여정이었다.

피터와 헤르멜리나는 눈에 띄는 부부였으며 나와 내 동생들 모두 이를 알았다. 항상 부모님에게 스포트라이트가 비치는 것 같았다. 당시, 내가 본 미국은 주로 열심히 일하며 매력이 넘치는 이 두 인물의 눈에 비친 미국이었다. 둘은 동이 트기 전에 집을 나서서 2시간 걸려 뉴욕에 있는 직장에 갔다가 어두워진 후에야 돌아왔으며 늘 일을 했다.

어머니는 한때 돈을 아끼려고 우리 옷을 만들기 시작했으나 그렇게 해서 아낀 돈이 거기에 들이는 시간보다 못하다는 걸 깨달았다. 어머니가 남동생인 피터 에임스 주니어와 막냇동생 니콜을 낳았을 즈음 매년 8월이 되면 나는 그랜드유니언, 시어스 등의 할인점에서 식료품 카트를 밀며 어머니 뒤를 따라다니면서 새 학기에 필요한 물품을 사들이는 일에 나섰다. 나는 가장 값싼 옷과 신발을 고를 줄 알았다.

그동안 아버지는 회사에서 교육비를 지원받아 고등학교를 마칠 수 있었다. 내가 고등학교에 다니는 동안 아버지는 야간대학에 다녔다. 나는 부모님이 우리 남매들에게 성공의 기회를 주기 위해 얼마나 많은 희생을 했는지 나중에야 깨달았다. 부모님은 우리가 좋은 삶을 살고 좋은 학교에 가기를 바랐으며, 우리는 그렇게 했다.

붉은 벽돌로 지어진 거대한 실버베이 초등학교의 3학년 교실에 들어섰을 때, 나는 키가 127센티미터로 반에서 가장 작았고 유일하게 피부색이 갈색이었다. 영어를 이해하고 말할 수 있었지만 집에서 쓰는 기본 언어는 타갈로그어나 필리핀어였다. 나는 자신감 넘치는 아이들이 교실에서 편하게 떠들어대는 모습에 놀랐고 선생님에게 무례하게 구는 모습에 충격을 받았다.

나는 이 학교가 필리핀의 세인트스콜라스티카처럼 최초의 개인 맞춤형 읽기·쓰기·이해력 학습 프로그램인 SRA 리딩랩SRA Reading Lab을 운영하고 있다는 사실을 알고 기뻤다. 이 프로그램으로 학생들은 각자의 수준에 맞춰 진도를 나갈 수 있었다. 나는 나 자신 그리고 반 친구들과 경쟁하길 좋아했고 세인트스콜라스티카에서도 이미 꽤 앞서나가고 있었다. 내가 내 진도에 맞는 SRA 읽기 이해력 카드를 받으러 새로운 교실의 뒤쪽으로 갔을 때, 키가 제일 크고 제일 시끄러운 아이가 다른 아이들에게 내가 아직 누구도 사용하지 않은 완전히 새로운 진도의 상자를 열었다고 알렸다. 그 순간 모든 반 아이들이 내가 앞서나가고 있다는 사실을 알았다.

나는 천성이 수줍음을 많이 타고 내성적이었다. 선생님들은 내가 미국에서의 삶에 적응하는 과정에서 거의 1년 동안 말을 하지 않았다고 회상했다. 나는 이런 침묵이 학습된 것이라고 기억한다. 필리핀에서 자라고 학교에 다니면서 "말은 말을 시켰을 때만 하라"라는 사고방식이 몸에 밴 결과였다. 나는 스펀지처럼 새로운 세계를 빨아들이고 있었다.

어쨌든 실버베이 초등학교 교직원들은 내 침묵의 원인을 이해하고 내가 적응하도록 도와주었다. 래릭 선생님은 매주 무료로 피아노 교습을 해주었는데 이것이 내 버팀목이었다. 할머니는 늘 아버지가 피아노를 연주했고, 할머니의 가족은 예술을 후원했으며,[3] 삼촌은 피아니스트로 연주회도 가졌다고 언제나 강조했다.[4] 어쨌든 우리는 주변 공기 중에 떠도는 꿈을 택하게 되는 법이다.

피아노를 칠 때면 과거와 연결되는 듯한 감각과 해방감을 느꼈다. 새로운 언어를 배우거나 말할 필요가 없었다. 오로지 음악을 연주하고 내 것으로 만들 수 있을 때까지 연습하기만 하면 되었다. 연주를 정말로 잘 하려면 몇 시간이고 연습해서 공연할 때 그 작품을 놓아줄 수 있어야 한다는 점을 나는 일찌감치 이해했다. 세상이 나를 압도할 때면 몇 시간이고 피아노 연습에 몰두했다.

물론 다른 사람들처럼 되고 싶기도 했다. 거울 앞에 서서 영어 단어를 제대로 발음하려 애쓰면서 내 피부색이 좀 더 희고 머리카락은 금발이기를 바랐다. 내가 누군지도 모르는 상태에서 세상이 뒤집히면 눈에 띄고 싶지 않은 법이다.

미국으로 온 그해에 나는 세 가지 교훈을 얻었다. 이들 교훈은 전

후 맥락이 바뀌어도 내 인생에서 거듭 떠올라 매번 새로운 의미를 얻는다.

첫 번째 교훈은 '언제나 배우는 쪽을 택하라'였다. 변화를 받아들이고 실패할 용기를 내라는 뜻이다. 성공과 실패는 동전의 양면이다. 어느 시점엔가 실패하지 않는다면 성공할 수가 없다. 대부분 사람들은 편안함을 택해 오랜 친구, 일상, 습관같이 익숙한 것에 머문다는 사실을 나는 깨달았다.

미국에 온 뒤로 나는 내가 누구인지 시험받게 되었다. 무엇을 가지고 갈까? 무엇을 남겨둘까? 나는 누구인가? 이름마저 바뀌었다. 마닐라에 있는 학교의 교실을 떠날 때 나는 안젤리타 아이카르도였는데 이제는 마리아 레사가 되었다. 나는 나만 빼고 모두가 이해하는 새로운 언어, 새로운 관습, 새로운 문화적 신호를 가진 완전히 새로운 세상으로 왔다. 그 세상이 나를 너무 압도한 나머지 미국으로 온 첫 해의 어느 시점엔가 집 밖으로 나가고 싶지가 않았다.

그래서 SRA 리딩랩의 진도나 하농 피아노 연습곡을 얼마나 빨리 끝낼 수 있는지 등 내가 측정할 수 있는 것에 집중했다. 나는 농구를 포함해 많은 것을 책에서 배웠다. 주말에는 책을 학교 농구장으로 들고 나가 타맥으로 포장된 바닥에 놓고서 드리블 하는 법, 자유투 하는 법을 차근차근 따라했다. 배우는 모든 것을 실제로 해보았다. 내가 해야 할 건 연습뿐이었다.

적응하고 몇 달 후, 내가 우상으로 여기는 어글랜드 선생님[5]이 다른 반으로 옮길 생각이 있는지 물었다. 학교에서는 나를 한 학년

월반시키고 싶어했다. 나는 이제 막 편안함을 느끼기 시작한 참이라 잠재적 변화가 두려웠다. 그때 선생님이 내게 말했다. "마리아, 두려워하지 마. 항상 배우는 쪽으로 밀어붙이렴. 넌 이 반에서 더 이상 배울 게 없단다."

그래서 학년 중간에 3학년에서 4학년으로 옮겨갔고 처음부터 다시 시작했다. 그리고 두 번째 교훈을 얻었다. 두려움을 받아들일 것.

'파자마 파티'가 무슨 뜻인지 몰랐던 것이 그 계기였다. 마닐라에서는 그런 게 없었거나 적어도 그렇게 부르지 않았다. 하지만 나는 3학년에서 가장 멋진 아이였던 샤론 로코즈니한테서 '파자마 파티' 초대를 받았다. 그게 뭐냐고 묻자, 어머니는 "파자마를 입고 가는 파티야!"라고 대답했다. 그럴싸했다. 무엇보다 나는 샤런이 나를 초대했다는 사실이 여전히 믿기지 않았다.

약속한 날에 파자마를 입고 어머니, 아버지와 함께 차에 올랐다. 우리가 막다른 골목에 들어섰을 때, 반 친구들이 샤런의 집 잔디밭에서 발야구를 하고 있는 게 보였다. 반 친구들은 파자마를 입고 있지 않았다.

나는 당황해서 어머니 쪽으로 몸을 돌렸고, 어머니는 겸연쩍어하며 사실 본인도 '파자마 파티'가 뭔지 모른다고 인정했다. 그때쯤 반 친구들이 이미 우리 차를 봤기 때문에, 그냥 가버릴 수도 없었다. 차가 멈춰 섰을 때, 나는 문을 열기 전 부모님을 쳐다보았다. 그러고선 차 밖으로 발을 내딛었다.

반 친구들이 놀이를 멈추고 나를 쳐다보았다. 나는 어찌해야 할지 몰랐다. 그때 샤런이 차로 다가와 말했다. "아, 파자마를 입고 왔네."

"그래야 하는 줄 알았어." 내가 중얼거렸다. 울음이 터질 것 같았다. 차에서 내리는 데 용기를 몽땅 쥐어짰기에 이제 남아 있는 용기도 없었다.

그때 샤런이 내 손을 잡고 내 가방을 들고서 집으로 나를 이끌었다. "안에 들어가서 갈아입으면 돼." 눈물을 닦고 부모님에게 손을 흔드는 사이 샤런이 말했다. 여분의 옷을 챙겨 와서 천만다행이었다.

모험을 할 때는 누군가 도움의 손길을 내밀 거라는 것을 믿어야 한다. 내 차례가 되면 내가 다른 사람을 도울 것이다. 두려움으로부터 달아나기보다는 두려움에 맞서는 게 낫다. 도망친다고 해서 문제가 사라지지는 않기 때문이다. 두려움을 마주해야만 그것을 이길 수 있는 기회도 얻는다. 나는 용기를 이렇게 정의하기 시작했다.

세 번째 교훈은 괴롭힘에 맞서는 일과 관련이 있었다. 괴롭힘이란 두려움, 수용, 무리에 들기, 인기 등 많은 것과 연결돼 있다. 나에겐 모든 게 낯설었기 때문에 대개 조용히 있으면서 관찰하고 배우는 수밖에 달리 할 수 있는 게 없었다. 나는 이미 다른 아이들과 달랐기 때문에 순응할 필요를 훨씬 덜 느꼈고, 무리에 속하지 않은 채 그들을 관찰하고 이해하는 사치를 누렸다.

그해에 데비라는 반 친구가 있었는데, 이 조용하고 평범한 소녀는 폴리에스테르 바지를 입었다는 이유로 놀림을 받았다. 왜 그런지는 몰라도 모두가 데비를 놀림감으로 삼았다. 그렇다고 목소리를 내서 그 이유를 묻고 싶진 않았다. 그러다 반 친구들이 나를 놀려대기 시작하면 어쩌려고?

지금은 이런 상황을 뭐라고 하는지 안다. 침묵은 공범이다.

나는 바이올린을, 데비는 비올라를 연주했는데 어느 날 합주 연습이 끝나고 데비가 오케스트라실 구석에서 울고 있는 게 보였다. 본능은 그냥 지나치고 싶었다. 멈춰 서서 데비에게 무슨 일이냐고 물으면 아이들이 알아차리고 그러면 나 역시 표적이 될 것이기 때문이었다. 놀릴 때 말고는 아무도 데비에게 말을 걸지 않았다. 그때 내게 "남에게 대접받고자 하는 대로 너희도 남을 대접하라"라는 성경의 황금률이 떠올랐다.

마음을 먹었다. 연습실을 나가 복도 건너편에 있는 화장실로 가서 화장지를 가져와 데비에게 주면서 무슨 일이냐고 물었다. 데비는 아버지가 몇 달째 병원에 누워 있다고 말했다.

일단 말을 걸고 나자 데비와 계속 이야기를 나눌 용기가 생겼다. 어느 날에는 우리집에 와서 자고 가라고 데비를 초대했다. 데비가 폴리에스테르 바지를 입는 건 집안 형편이 어려운데 폴리에스테르 바지는 값싸기 때문이라는 것도 알게 되었다.

그 뒤로 나는 데비를 옹호하기 시작했다. 언젠가 데비가 오케스트라실에서 최악의 괴롭힘을 당하고 있을 때 괴롭히는 남자애한테 그만하라고 말했다. 남자애가 곧바로 내게 덤벼들 거라 생각한 순간 몇몇 친구들이 끼어들어 도와주었다. 맞서 싸울 한 사람만 있으면 된다. 괴롭히는 사람은 드러내놓고 도전받길 좋아하지 않기 때문이다.

이것이 잔인한 군중심리에 맞서는 과정에서 배운 초기의 교훈이었다. 인기에 대해 배운 것이 있다면, 사람들은 원하는 것을 주면 당신을 좋아한다. 문제는 당신이 그것을 원하느냐다.

톰스리버의 공립학교 시스템은 무료로 음악 교습, 컴퓨터 프로그래밍 수업, 대학 과목 선이수 수업을 제공해 아이비리그 대학 입학을 위한 경쟁력을 갖출 수 있게 해주었다. 미래는 열심히만 하면 무엇이든 이룰 수 있다고 약속하고 있었다. 나는 고등학교 3년 동안 학급 회장이었으며 졸업할 때는 "가장 성공할 것 같은 학생"으로 뽑혔다.

부모님은 늘 일을 했기 때문에, 선생님들과 많은 시간을 보냈다. 내 정체성 형성에 가장 큰 도움을 준 선생님은 톰스리버 지역 학교를 대상으로 여름 현악기 프로그램을 이끄는 도널드 스폴딩 선생님이었다. 건장하지만 행동이 민첩하고 얼굴에 수염을 기른 선생님은 언제나 미소를 짓고 있었다. 스폴딩 선생님은 나의 바이올린 선생님이자 오케스트라 지휘자였고, 내가 적어도 여덟 개의 다른 악기를 배울 수 있도록 도와주었다. 선생님은 나를 비롯해 세상에서 설 자리를 찾고 있는 아이들을 보살폈다. 선생님은 내가 공연에 참여할 수 있도록 도시 반대편에서부터 나를 태우러 오곤 했다. 우리는 일요일 아침 겸 점심 식사를 할 수 있는 식당에서, 바닥에 땅콩껍질이 버려져 있는 패밀리 레스토랑 그라운드라운드에서, 오션카운티

에 있는 지역 쇼핑몰에서, 그리고 놀이공원인 식스플래그스그레이트어드벤처에서 연주했다.[6]

스폴딩 선생님은 더 나은 사람, 더 나은 음악가가 되도록 나를 밀어붙였다. 내 생각이 너무 나아간 것인지도 모르지만.

"스폴딩 선생님, 우리 '악마는 조지아로 갔다네The Devil Went Down to Georgia'*를 연주하는 건 어떨까요?" 나는 배우고 싶은 리프를 듣고 이렇게 물었다. 그러자 선생님은 잠시 생각하고는 바이올린과 빈 악보를 꺼내서 내가 따라 연주할 수 있도록 음표를 그려넣기 시작했다.

"그거 좋지." 선생님은 항상 부응해주었다. 언제나 배우는 쪽을 택해라.

스폴딩 선생님의 영향 아래 배운 또 다른 교훈이 있다. 아무도 혼자서는 의미 있는 일을 이룰 수 없다는 것이다. 나는 이를 오케스트라에서 배웠고 농구 팀과 소프트볼 팀, 연극 무대, 그리고 학생자치회에서 다시 배웠다. 하지만 우리가 얼마나 좋은 팀원인지는 우리의 기량, 투지, 인내력에 달려 있다.

나는 음악의 소용돌이 속에 있는 게 좋았다. 한편으로는 음악을 들으며 고양되고, 다른 한편으로는 박자를 세면서 우리의 현악기 활들이 오르내리는 걸 보았다. 그러면서도 내 일부는 늘 지휘자를 향해 있었고, 그를 따를 준비가 되어 있었다. 악장으로서는 이끌고

* 컨트리록 음악계의 전설이라 일컬어지는 찰리 대니얼스의 대표적인 곡.

나갈 준비가 되어 있었다. 이 모든 일이 의식의 뒤로 사라지면 마법 같은 일이 일어났다. 우리는 음악 안에 깃들어 함께 음을 해석하고 음악을 창조했다. 그 순간을 위해 몇 시간이고 연습해야 했다.

나중에, 나는 오케스트라가 민주주의 작동 원리의 완벽한 은유라고 생각했다. 음악이 음표와 체계를 제공하지만 어떻게 연주하고 느끼며 따라갈지, 그리고 어떻게 이끌어나갈지는 우리에게 달려 있다.

공붓벌레라는 딱지가 붙는 걸 피하려고 운동도 계속했다. 하지만 나는 엄청난 공붓벌레였다. 무엇보다 책은 사람들이 설명해줄 수 없는 것을 설명해주거나 내가 물어볼 수 없는 질문에 답해주었다. 특히 할리퀸 로맨스와 공상과학 소설을 좋아했는데, 아이작 아시모프가 만들어낸 세계처럼 전혀 다른 세계를 상상하게 해주었다. 무엇보다 나는 열혈 트레키*였다.

제임스 블리시가 소설화한 『스타트렉』을 모두 읽었고, 그것만 따로 모아둔 책장이 집에 있었다. 『스타트렉』은 나 자신의 마음을 이해하는 데 도움이 되었다. 나는 때로 자신의 감정과 직감에 귀 기울이는 지도자인 커크 함장이었고, 때로는 문제를 재구성하는 데 능한 논리적인 벌컨족 미스터 스폭이었다. 훨씬 후에야 나는 두 인물이 뇌와 인간 본성의 양면, 즉 나중에 대니얼 카너먼이 설명한 바에 따르자면 빠른 생각(직관적 사고)과 느린 생각(이성적 사고)을 대변

* Trekkie, 〈스타트렉〉의 팬을 가리키는 별칭.

한다는 사실을 깨달았다. 지금까지도 누군가가 나의 영웅은 누구냐고 물으면 나는 공감과 본능, 감정으로 담금질된 합리적이고 논리적인 분석 능력을 갖춘 커크 함장과 미스터 스폭의 조합을 꼽는다.

나중에야 이해할 수 있었지만, 나는 분노 같은 부정적 감정을 승화시키고 있었다. 적응하기 위해 무슨 일이 일어나고 있는지를 이해하려고 노력했고, 그래서 늘 바깥에서 안을 들여다보고 있다는 느낌을 떨칠 수가 없었다. 내가 선택한 과외 활동이 어떻게든 필리핀과 관련이 있었던 건 아마도 이런 이유에서였을 것이다. 나는 필리핀에서 가장 인기 있는 운동인 농구를 하고 체스 팀에 들었다. 내 기억 속 어딘가에서 그것들은 내가 되돌릴 수 없고 아직 완전히 이해하지 못한 과거의 중요한 부분이기 때문이었다.

대학에 지원할 때가 됐을 때 이런 감정이 일부 표출되었다. 나는 내가 이룬 많은 성취가, 나를 이루는 많은 부분이 선생님이나 부모님 같은 다른 사람들이 내게 바라던 바를 반영한 것이며 이를 무척 후회한다고 자기소개서에 썼다. 그게 중요하다고 생각해 전 과목 A 학점을 받았지만, 악마가 내내 내 어깨 위에 올라앉아 계속해서 더 열심히 더 잘 하라고, 계속 성과를 쌓아 최고가 되라고 채찍질하는 느낌이었다. 그렇지 않으면 내가 속할 곳이 없을 테니 말이다.

나는 6년제 의과대학, 사관학교, 몇몇 아이비리그 대학교를 포함해 열세 개 대학에 지원했다. 부모님은 내가 의사가 되길 바랐고, 나는 내게 규율이 필요하다고 생각했다. 결국, 내가 누구인지 잘 모르지만 성취해야 한다고 생각했다. 무언가를, 무엇이든.

이런 충동이 불안정한 내 위치에서 비롯되었다는 걸 알고 있었다. 그래도 나는 실용적이었다. 내 어깨 위에 있는 악마를 이해하지는 못했지만 배움—더욱이 표준 교과서 이상의 배움—만이 내게 도움이 되리라는 건 알았다.

배우는 쪽을 택한다면 잘못될 리 없다고 생각했다.

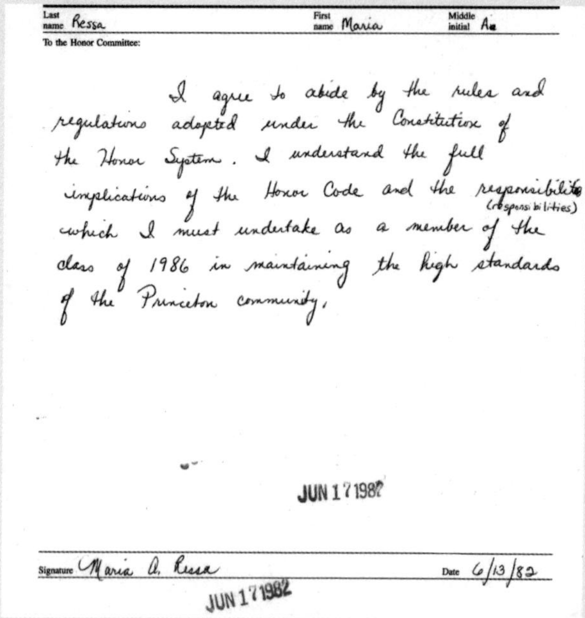

Last name Ressa First name Maria Middle initial A

To the Honor Committee:

I agree to abide by the rules and regulations adopted under the Constitution of the Honor System. I understand the full implications of the Honor Code and the responsibilities (responsibilities) which I must undertake as a member of the class of 1986 in maintaining the high standards of the Princeton community.

JUN 17 1982

Signature Maria A. Ressa Date 6/13/82

JUN 17 1982

프린스턴 대학교의 모든 문서에는 명예 규정을 따르겠다는 서약이 있다.

2장

명예 규정

선을 그어라

내가 스스로 생각하고 탐색하기 시작한 건 대학 때부터였다. 마닐라에서 받은 교육은 기계적 학습과 암기를 강조했다. 규칙을 따르는 게 중요했고, 말은 말을 시킬 때나 하는 것이었다. 나는 미국에서도 그렇게 했다. 대학에 가기 전까지는.

프린스턴 대학교는 나의 선택이었다. 세계에서 유명한 교수들, 심지어 노벨상 수상자와 함께하는 소규모 토론 수업에 참석할 수 있다는 점이 마음에 들었다. 톰스리버에서 차로 달리면 대략 세 시간이 걸리는 거리여서 집에서도 그리 멀지 않았다. 나는 역사의 향기를 뿜어내는 건물들로 멋스러운 교정을 거닐며 변해가는 나뭇잎을 보거나 예배당에 몇 시간이고 머물며 마음을 진정시키곤 했다.

때로 주변에 아무도 없으면 웅장한 블레어아치*에 가서 내 속삭임이 벽에 부딪혀 울리는 중간 지점을 찾아보곤 했다. 늦은 밤 파이어스톤 도서관을 나올 때면 1879년에 지어진 이 아치에 멈춰 서서 즉흥 노래 공연을 들은 후 그 끝 곡을 흥얼거리며 기숙사로 돌아오곤 했다.

나는 침대, 서랍장, 책상이 들어가기에 충분한 약 9제곱미터 크기의 방을 배정받았다. 어머니는 커다란 성모 마리아상을 가져와서는 침대 너머로 보이는 서랍장 위에 올려두었다. 그게 얼마나 이상한지 깨닫지 못했다. 하지만 그 덕분에 잠들기 직전 남자친구와 좋은 대화를 나눌 수 있었다.

종교는 크고 어려운 문제였다. 신앙심이 깊은 할머니는 여동생과 내게 제도화된 종교를 강요했다. 우리에게 아침과 저녁으로 하루에 두 번씩 묵주 기도를 올리게 하고 미사에 반드시 참석하게 했다. 대학교 1학년 때는 그리스도교, 불교, 이슬람교, 유대교, 힌두교의 다섯 가지 세계 주요 종교를 모두 공부했다. 내가 믿는 것을 논리적으로 정의하고 싶었다. 하지만 물론 종교에 논리적인 건 없었다. 잠시 불교 신자가 될 생각을 했으나 그러다가 일상이 이어졌고, 나의 믿음은 내가 공부한 것과 얽히게 되었다.

---

* 프린스턴 대학교에서 가장 아름다운 건물로 손꼽히는 블레어홀의 입구에 있는 아치. 소리의 울림이 좋아 종종 아치 아래에서 학생들의 음악 공연이 열린다.

프린스턴 의예과에 들어간 나는 첫 두 해 동안 의과대학에 진학하기 위해 필요한 모든 과목을 이수했다. 나는 과학 법칙이, 물리학 법칙이 얼마나 철학적인지 보았다. 어떻게 모든 것이 최대 엔트로피나 카오스를 향해 가는지, 그리고 질서를 유지하기 위해 어떻게 에너지를 보존하는지 등을 공부했다. 뉴턴의 운동 법칙도 좋았는데 그 가운데서도 '모든 작용에는 같은 크기의 반작용이 있다'는 제3법칙이 가장 좋았다. 내가 첫 책의 제사로도 썼던 하이젠베르크의 불확정성의 원리, 즉 관찰하는 행위 자체가 관찰하는 대상을 변화시키며 파고들수록 찾고 있는 것을 알 수 없게 된다는 원리도 마음에 들었다. 누가 종교와 과학이 함께 갈 수 없다고 했는가?

하지만 대학에서 내 가치관과 나 자신을 형성하는 데 가장 큰 영향을 미친 것은 명예 규정이었다. 프린스턴 대학교 학생들은 모든 과제물과 시험지를 제출할 때 명예 규정에 서약을 해야 한다. "나는 이 시험을 치르는 동안 명예 규정을 위반하지 않았음을 나의 명예를 걸고 맹세합니다."

이 서약을 하면서 우리는 자신의 행동만이 아니라 주위의 다른 모든 사람의 행동 또한 책임진다. 교수는 시험지를 나눠주고 나면 강의실을 나간다. 이 서약에는 누구든 부정행위를 하는 학생을 보면 학교에 보고하겠다는 뜻이 내포되어 있다. 그렇지 않으면 우리 자신의 명예도 함께 손상될 것이기 때문이다. 우리는 자신만이 아니라 주변 세상, 우리의 영향이 미치는 영역에 대해서도 책임이 있었다.

그 생각이 마음에 꼭 들었다. 정작 학교에 다닐 때는 명예 규정에 대해 별 생각을 하지 않았으나, 나는 이미 그렇게 살고 있었다. 나는 내가 모든 사람이 그렇게 하고 있다고, 다시 말해 주변 세계에 책임을 지고 있다고 생각한다는 사실을 나중에야 깨달았다. 몇몇 가족과 친구들은 이런 생각이 독단이며 엘리트주의라고 비판했는데, 그럴 수 있다고 생각한다. 하지만 이런 엄격한 명예 규정은 세상을 단순화해서 빠른 결정을 내리는 데 분명 도움이 되었다.

명예 규정은 특정 도덕상의 딜레마가 이기적이고 잘못된 행동을 합리화하도록 부추기기 전 일찌감치 그리고 분명하게 나의 가치관을 규정하는 데 도움이 되었고 이후의 삶에서 상황 윤리를 피하는 데도 도움이 되었다.

간단하다. 선을 그어라. 한쪽은 선이고 다른 쪽은 악이다.

프린스턴을 다니면서 내 열정이 과학이 아니라 예술에 있다는 사실이 드러났다. 나는 열의에 차서 과할 정도로 많은 수업을 들었다. 비교문학, 셰익스피어, 연극, 연기, 희곡, 심리학, 역사. 이 과목들에서 일상의 스트레스에 대처하는 법과 나 자신의 역사와 정체성을 이해하는 법을 배웠다. 내가 소속감의 결핍을 메꾸기 위해 늘 완벽을 추구하며 얼마나 나 자신이 국외자라는 사실을 보상하려 애써왔는지를 깨달았다. 이 과목들은 내가 왜 이 세상에 왔는지, 이곳에서 무엇을 해야 하는지 탐색하는 성향을 기르는 데도 도움이 되었다.

무엇보다도 연극에서 가장 많이 배웠다. 호흡처럼 단순한 것에서도 배울 게 있었다. 누운 채로 심호흡을 하며 공기와 에너지가 들고 나는 것을 마음속으로 그리다 보면 그 순간의 자신에게 집중한다. 마음과 몸이 협응해 완전히 존재하도록 하라. 거울처럼 타인을 그대로 따라하는 것도 연극 연습의 일종이었다. 이 연습에서 이끄는 사람과 따르는 사람은 이끌기, 따라하기, 창조하기의 경계를 찾는다. 이런 훈련은 간단해 보이지만 내 생애 최악의 순간에 매우 유용한 것으로 드러났다.

부당한 행위에 대해 목소리를 높인 덕분에 내 인생에서 가장 중요한 사람과의 관계를 다지게 된 것도 연극 수업에서였다.

피부색이 밝은 아프리카계 미국인 레슬리 터커는 내가 프린스턴에서 처음 만난 사람들 가운데 한 명이었다. 키가 크고 예쁜 데다 매력이 넘치는 레슬리는 나와 정반대되는 사람 같아 보였다. 재미있고 타고난 이야기꾼이어서 자연스럽게 주목을 받았다. 또 잔인하리만치 솔직하고 때로는 심술궂기도 했는데, 그게 사람들의 기분을 상하게 하기보다는 함께 웃게 만들었다.

매주 희곡 수업에서, 우리는 각자 쓴 희곡을 제출해 합평하곤 했다. 레슬리는 언제나 통찰이 돋보이는 논평을 했다. 레슬리의 가장 친한 친구는 잘생긴 앤드루 저레키였다. 두 사람이 끊임없이 서로를 쳐다보며 웃어대서, 나는 둘이 다른 사람들을 조롱한다고 생각했다. 어느 순간부터 레슬리는 과제를 제출하지 않으면서도 합평에는 여전히 참여하고 있었다. 어느 날, 나는 더 이상 그 꼴을 참을 수가 없었다.

우리가 앉은 의자는 원형으로 놓여 있었고, 레슬리는 평소처럼 직설적이지만 그럼에도 언제나 교수들을 매료시키는 비평을 내놓고 있었다.

"미안하지만," 내가 끼어들었다. "우린 아직 네가 쓴 희곡을 읽어보지 못했는데, 레슬리."

나를 포함해 아득한 침묵이 흘렀다. 나는 실제로 큰 소리로 그렇게 말했다.

그리고 계속해서 수강생들을 향해 말했다. "레슬리가 본인이 쓴 희곡을 제출해야 한다고 생각하지 않나요?"

레슬리가 재미있다는 듯이 나를 쳐다보며 응수했다. "마리아가 뭘 어쩌려는 건지 모르겠네요."

내가 다시 끼어들었다. 심장이 두근거렸다. "몇 주째 이러고 있거든요. 이게 정말 정당한가요?" 나는 교수가 이 문제를 해결해야 한다고 생각했고, 작은 정의감을 느꼈다.

수업 후 레슬리가 자기한테 왜 그랬냐고 내게 물었고, 거기서부터 우리 사이에 대화가 시작되었다. 레슬리의 편안한 웃음과 무심히 펼치는 냉정한 비판에 나는 겁을 먹었다. 동시에 레슬리의 날카로움과 잔인할 정도의 솔직함은 다른 것을 가르쳐주기도 했다. 분명한 세계관을 가지려면 가장 냉정한 질문을 나 자신에게 던져야 한다는 것이었다. 레슬리는 언제나 급소를 찔렀고 그의 통찰은 나의 성찰을 자극했다.

그날 수업에서, 나는 레슬리에게 똑같은 것을 주었다. 뿐만 아니라 선을 긋고 부당하다고 외치며 솔직해지는 것이 불편하기는 해도 대개 우리 삶을 앞으로 나아가게 하며 미래에 새로운 것을 가져다 준다는 점을 배웠다.

레슬리에게 문제를 제기하면서 레슬리 본인이 솔직함이라는 규정을 중시한다는 것을 이해하게 되었고, 내게 가장 중요한 우정 가운데 하나를 키워나갈 수 있었다. 더 나아가 내가 세상에 존재하는 방식이 달라졌다. 침묵을 지키거나 순응해서는 아무것도 변화시킬 수가 없다는 것을 알게 됐다. 목소리를 내는 것은 하나의 창조 행위였다.

희곡 수업에서는 또한 좀 더 의식적으로 창의성을 발휘하고 불확실성에 편안함을 느끼면서 계속 탐색해나가는 법을 배웠다. 나는 언제나 분노 같은 부정적인 감정을 피하는 경향이 있었는데, 연기지도 선생님은 나를 밀어붙여 그 감정에 몰입하게 했다. 어느 날, 수업 중 한 장면에서 나는 폭발하는 해방감을 느꼈고 내가 승화시켰던 그간의 모든 분노가 쏟아져나오는 걸 느꼈다. 그때가 3학년이었는데 그다음 2주 동안 이상한 섬광 속에 계속해서 터져나오는 분노를 주체할 수가 없었다.

나는 내가 왜 과거에 이끌렸는지 이해하려 애썼다. 남자친구는 앨리스 밀러의 『영재의 드라마: 진정한 자아 찾기 *The Drama of the Gifted Child: The Search for the True Self*』*를 읽어보라고 열성적으로 권했다. 이 책에서 나는 실마리가 되는 통찰을 얻었다. 성공한 사람들 가운데에는 어린 시절 경험 때문에 인생에서 무언가를 성취할 수만 있다면 자기 감정을 억제하도록 교육받은 이들이 있다고 했다. "이들은 자신이 맡은 모든 일을, 심지어 탁월하게 잘해낸다. 존경받고 부러움을 사며, 관심을 기울이는 일마다 성공한다." 밀러는 이렇게 썼다. "……하지만 이 모든 성취 이면에는 우울감이, 공허와 자기소외감과 자기 삶이 무의미하다는 느낌이 도사리고 있다."[1]

이 책을 읽으면서 내 어깨 위에서 언제나 더 잘해야 한다고 나를 몰아붙이는 악마를 떠올렸다. "하지만 이들은 어린 시절의 감정 세계에 접근하는 데 어려움을 겪는다. 그래서 존경심이 부족하고 통제 및 타인을 조종하려는 충동을 보이며 성취를 요구한다는 점이 특징이다."[2]

나는 내가 생존을 위한 방식으로, 성공한 사람이 되기 위해, 심지어 힘 있는 사람이 되기 위해 어린 시절의 많은 경험—고국을 갑작스럽게 떠나 뉴저지에서 국외자가 된 두려운 경험—을 억압했을지도 모른다는 점을 알게 되었다. 타인을 조종하거나 그 힘을 남용하지 않는 게 나에게는 가장 중요한 일이 되었다. 나는 내 야심과, 남에게 대접받고자 하는 대로 너희도 남을 대접하라는 황금률 사이에 균형을 이루고 싶었다.

---

* 아동 트라우마 분야의 권위 있는 연구자 앨리스 밀러가 쓴 베스트셀러. 어린 시절 트라우마와 그로 인한 분노와 고통의 지속적 억압을 다룬 책이다.

이 시기 동안 내게 중요했던 또 다른 텍스트는 T. S. 엘리엇의 「전통과 개인의 재능」이었다. 엘리엇은 우리가 윌리엄 셰익스피어를 읽는 방식은 우리가 마지막으로 읽은 소설에 영향을 받고 우리가 마지막으로 읽은 소설은 우리가 셰익스피어를 읽었다는 사실에 영향을 받는다고 주장했다. 이런 생각은 시간과 공간과 전통을 무너뜨린다. 과거와 현재가 공존하면서 서로를 변화시키고 미래를 창조하기 때문이다. "예술의 감정은 비인격적이다." 엘리엇은 이렇게 썼다. "시인은 해야 할 일에 자신을 온전히 내주지 않고서는 이 비인격성에 도달할 수 없다. 그리고 현재만이 아니라 과거의 현재적 순간에 살지 않는 한, 죽은 것이 아니라 이미 살아 있는 것을 의식하지 않는 한, 자신이 해야 할 일을 알지 못할 것이다."

과거의 현재적 순간이라니.

내가 창조하고 있는 예술 작품이 나의 삶이라는 것, 현재의 나는 과거의 모든 나 자신—예를 들어 열 살 때의 나—에 의해 창조되었으나 현재 나의 행동이 실제로 이전의 나 자신을 변화시킨다는 것을 나는 깨닫기 시작했다. 나는 나 자신과 나의 과거와 나의 감정으로부터 소외된 채 성취를 지향하는 아이로 남을 필요가 없었다. 내가 나라는 사람이 되는 건 창조 행위이다. 나는 과거를 이해하고 내가 배운 모든 것을 변형해 새로운 것으로 바꿀 수가 있다. 내가 누구인지, 어떤 사람이 되고 싶은지는 내가 결정한다.

어느 때보다 실용적으로 나는 비로소 문제를 깨달았다. 그래서 가능한 한 건설적인 방법으로 문제를 해결하기 시작했다. 커크 선장과 미스터 스폭을 결합해서 말이다.

그리하여 두 가지 도전에 나섰다. 세계와 그 안에서 내가 차지하는 위치를 어떻게 이해할 것인가, 그리고 자아를 제어하면서 어떻게 자신감을 키울 것인가. 나는 "텅 빈 거울"[3]을 얻고 싶었다. 불교 사원에 관한 책에서 이 개념을 알게 됐는데, 거울 앞에 서서 내 이미지의 방해를 받지 않고 세상을 있는 그대로 본다는 뜻이다. 나는 나를 둘러싼 세계에 다가가 반응할 때 그 반응식에서 나를 빼도 괜찮을 정도로 나 자신을 알고 싶었다. 그 의미는 명확하다. 나라는 존재self와 자아ego를 제거할 수 있는 능력을 얻고 싶었다는 뜻이다.

당시 정치나 세계에서 일어나는 일은 내 관심 밖이었다. 학내에서는 남아프리카공화국의 아파르트헤이트에 반대하는 학생들이 시위를 하고 있었지만 나는 그들을 지나치면서 청원서에 사인도 하지 않았다.[4] 그게 뭔지 알아볼 생각도 하지 않고 수업을 듣기 위해 달려갔다. 내게 필리핀은 희미하면서 흥미로운 기억으로만 존재했다.

그러다 졸업 논문으로 〈궁수자리*Sagittarius*〉라는 희곡을 쓰기 위해 연구를 시작했다. 그것은 나 자신의 개인적인 악령을 해결하려는 푸닥거리이기도 했다. 악령이란 정치적 우의寓意로서 내 가족의 역사뿐 아니라 필리핀의 상황을 반영했다.

페르디난드 마르코스는 내가 대학에 다니던 시절에도 여전히 필리핀의 대통령이었다. 그 무렵, 그는 독재자로서 선거를 조작하고 군대를 이용해 권력을 휘두르며 약탈적 정치체제*를 구축해 자국에서 최대 100억 달러를 도둑질했다. 악명 높은 구두 수집광인 마르코스의 아내 이멜다는 값비싼 향수를 온스 단위가 아니라 갤런 단위로 사들였다.** 이들의 끔찍한 과시 행위에 필리핀 국민들은 굴욕감을 느꼈다.

1983년 8월 21일 망명한 야당 지도자이자 오랫동안 마르코스의 경쟁 상대였던 베니그노 아키노 주니어, 일명 '니노이'가 필리핀으로 돌아왔다. 그는 마닐라로 돌아오는 게 위험할 수 있다는 사실을 알았다. 언론에 방탄조끼를 입겠다고 말하기도 했다. 그리고 비행기에서 내리다가 공항 활주로에서 마르코스를 위해 일하는 보안대로부터 머리에 총격을 받았다.[5] 필리핀 역사에서 가장 충격적인 순간 중 하나였다.

코리로 더 잘 알려진 아키노의 미망인 코라손이 야당 지도자가 되었다. 1986년 코리는 온갖 역경에도 독재자 마르코스와 맞서 싸웠다. 그해에 나는 프린스턴을 졸업했고, 20년 이상 집권 중이던 마르코스 대통령은 조기 선거를 선언했으며, 코리는 마르코스에 도전하기 위해 출마했다. 다윗 대 골리앗, 선과 악의 싸움이었다.

마르코스는 승리를 선언했지만 아키노와 지지자들은 받아들이길 거부했다. 수십만 명, 나중에는 수백만 명의 사람들이 마닐라에서

---

* kleptocracy, 권력자가 막대한 부를 독점하는 정치체제.
** 1온스는 약 30밀리리터, 1갤런은 3,785밀리리터.

가장 큰 주요 도로 가운데 하나인 에드사*로 쏟아져 나왔다. 이 북적이는 다차선 도로는 무성한 아카시아 나무와 고층 건물로 둘러싸여 있었고, 경찰과 군사 본부를 나누고 있었다. 시위대는 마르코스의 거처인, 필리핀의 백악관에 해당하는 말라카냥 궁에도 몰려들었다. 많은 사람들이 군대가 군중을 향해 발포할 것이라 예상했다. 그러나 군인들은 자국민에게 총격을 가하라는 마르코스의 명령을 거역했다.

이 시위는 '피플파워'라 불렸고 필리핀 국민의 집단 기억 속에 필리핀 역사에서 민주주의가 승리한 가장 위대한 순간의 하나로 남았다. 이는 필리핀 국민이 최악의 탄압에 맞서 무엇을 할 수 있는지 보여주는 증거였다.

이 평화 시위는 거의 21년 동안 집권해온 독재자를 몰아내었고[6] 1987년 한국, 1988년 미얀마, 1989년 중국과 동유럽 등 전 세계에서 민주화 시위를 촉발했다. 과거 반체제 인사였던 체코 대통령 바츨라프 하벨은 자국의 민주 혁명에 영감을 준 것에 대해 필리핀 국민에게 감사를 표시했다.[7]

연극에서, 나는 마르코스 같은 인물인 할머니와 코리 아키노 같은 인물인 어머니가 아이, 말하자면 필리핀 국민의 양육권과 사랑

* EDSA, 필리핀의 수도 마닐라를 둘러싸고 있는 순환 도로. 1986년 마르코스 대통령을 축출한 시위대가 이 도로를 따라 집결해, 피플파워 혁명을 에드사 혁명으로 부르기도 한다.

을 놓고 싸우는 모습을 상상했다. 희곡을 쓰면서 가족의 진실을 찾아가는 과정을 브레히트풍으로 구성해 삶의 미시성과 거시성에 다가가는 나만의 방법을 찾았다고 생각했다. 의도한 것이기도 하지만 내 글은 "개인적인 것이 정치적인 것"이라는 더 깊은 인식을 드러냈다. 극 중 각각 다른 인물들에 대한 도의 때문에 갈등하면서 정치적인 것과 정치 행위자에 대해 더 강하게 공감할 수 있었다. 이것은 나 개인의 악령을 쫓는 푸닥거리였다. 즉 내가, 나의 가족이 최선을 다해 피했던 질문을 던지는 방식이었다.

연극 개막식 날 밤, 가족들이 학교 내 학생 극장인 시어터인타임을 찾았다. 불이 켜지고 무대 인사를 하러 무대에 올랐을 때 부모님이 자리에 앉아 울고 있는 모습을 보았다. 나 역시 울고 있었다. 몇 달 후에는 스코틀랜드에서 열리는 에든버러 프린지 페스티벌 무대에 내 연극을 올렸다.

'과거의 현재적 순간'은 엄청난 지적 탐구의 시기였으나 그 당시에도 나는 감정이 없는 지성은 결함이 있다는 걸 알았다. 그리고 때로 가장 뛰어난 통찰은 내가 여전히 놓기를 주저하는 것을 놓아버려야만 얻을 수 있다는 걸 알았다. 초창기의 나를 주로 지배한 것은 내 안의 미스터 스폭이었다. 나는 결단을 내리는 법을 배우고 있었으나 실수할까 봐 두려워서 때로는 결정하는 데 시간이 너무 오래 걸렸다. 대학을 졸업하기 전에는, 성패가 달린 문제들이 너무 많은 것 같았다.

그래도 길을 잃거나 빠르게 결정을 내려야 할 때마다 적용할 공식을 개발하기 시작했다. 두려운 것을 마주하기, 자아를 내려놓기, 황금률과 명예 규정을 따르기.

이 공식은 언제나 효과가 있었다.

우리는 모두 어딘가에 속하고 싶어한다.

나는 내가 완전히 미국인이라고 느껴본 적이 없다. 뭔가를 잃어버렸다는 걸 알았고, 그래서 그것을 찾기로 결정했다. 내가 미국인이 아니라면 필리핀인일 거라고 생각했다. (그 시절의 이런 단순함이 그리울 뿐이다.) 해야 할 일을 모두 마치고 졸업한 해에 나는 기업의 취업 제안, 의과대학이나 로스쿨 진학의 가능성을 제쳐놓고 풀브라이트 연구비를 신청했다. 희곡 작업으로 열어젖힌 여정을 계속하면서 필리핀으로 돌아가 할머니를, 내 뿌리를, 집을 찾아갈 예정이었다.

집. 안전한 장소. 안식처. 이 단어는 본능적인 것을 건드린다. 안정감을 뜻한다. 무얼 하든, 집에서는 우리를 있는 그대로 받아들인다. 열 살 때 어머니 그리고 새아버지와 함께 세인트스콜라스티카를 떠나는 차 안에서 도망쳐야 할까 고민했던 일이 기억난다. 할머니 집으로 돌아가는 길을 찾아야 할까? 한 선생님이 어디에서 왔냐고 물었을 때 나는 실존의 문제는 회피한 채 왼쪽 뇌로 대답했다. 주소를 말한 것이다.

집은 정서의 뿌리와 관련이 있다. 문화, 음식, 은연중의 가치관, 친숙함에서 오는 안온함. 우리는 여기에 속한다. 집은 시간의 경과를 나타내고 의미를 부여하는 자신만의 의식을 갖는다.

나는 마침내 내가 밖에서 안을 들여다보는 국외자라는 사실을 편안하게 받아들이게 되었다. 소속되고 싶지만 관찰하는 것이 편한 국외자. 나는 듣고 학습하도록, 성취하고 탁월해지도록 배웠다. 하지만 이 세계를 실제로 탐험할 용기가 생긴 건 대학을 마치고 나서였다.

정글에서 받은 훈련, 1980년대 후반.

3장

신뢰의 속도

마음을 열라

공항 문이 열린다. 부모님이 나를 필리핀에 남겨두었다면 내가 어떤 삶을 살았을지, 지금과 어떻게 달랐을지 늘 궁금했다. 마닐라 공항을 나서자 습기와 열기, 그리고 소음이 훅 밀려들었다. 13년 만의 귀향이었다.

할머니를 만나러 케손시티로 갔다. 할머니는 어린 마음에 늘 크고 당당하던 분이었다. 우리가 타임스스트리트에 있는 코리 아키노의 집에서 불과 몇 집 건너에 살았다는 사실을 깨달았을 때 과거와 현재가 충돌했다. 코리 아키노의 집은 최근에 아키노가 대통령이 된 후 경호원들이 둘러싸고 있었다. 거실에서 기다리며 마음속에 끝없이 펼쳐져 있던 어수선한 마당과 대리석 바닥을 내다보았다. 이제는 모든 게 작아 보였다.

할머니가 방에서 나와 한때 우리가 같이 기도하던 복도의 제단 앞으로 걸어갔다. 할머니가 내 앞에 앉았을 때 나는 뿌리가 박힌 듯 자리에서 일어나지 않았다. 할머니는 내가 기억하는 것보다 훨씬 더 작고 약간 구부정하며 그다지 당당해 보이지 않았다. 할머니가 먼저 입을 열었다. 강한 필리핀 억양이 느껴졌다. 그게 거슬렸다. 어째선지 나는 할머니가 미국식 영어를 썼다고 생각했다. 뒷마당에 무성한 풀을 보면서 뒤편 가정부 방으로 걸어가던 기억이 떠올랐다. 아니면 내가 지어낸 기억일까? 모든 게 퇴락한 분위기여서 찰스 디킨스의 소설 『위대한 유산』에 나오는 해비셤 부인이 떠올랐다.

모든 게 과거에 머물러 있었다.

그곳에 간 건 할머니에게 고마운 마음을 전하기 위해서였다. 할머니가 심어준 가치관이 지금의 내가 되는 데 도움이 되었기 때문이다. 하지만 현실은 훨씬 더 어색했다. 기억은 자주 우리를 속인다. 할머니는 내가 받은 가정교육에 대해 편파적인 비난을 늘어놓으며 여전히 나를 어머니로부터 등지게 만들려고 했다. 할머니 말을 들으며 동의한다는 듯 내내 고개를 주억거리면서도 머릿속으로는 해설을 달기 시작했다. 길을 잃은 기분이었다. 어느 정도는 내가 너무 미국인이고 할머니는 너무 필리핀인인 탓이었다. 할머니가 나를 실망시킨 만큼 나도 할머니를 실망시켰던 것 같다. 나는 필리핀에 돌아오면 곧장 내 정체성에 대한 답을 얻을 수 있으리라 생각했다.

나는 대신에 풀브라이트 연구에 집중했다. 마닐라에 돌아오기 전, 에든버러 프린지 페스티벌에서 나의 학위논문 연극인 〈궁수자리〉의 제작을 마쳤다. 이 연극 포스터에 필리핀 영자 시사지인 〈필리핀 프리 프레스〉의 최신 호 표지를 사용했다. 페르디난드 마르코스가 계엄령을 선포하기 하루 전, 이 시사지의 1면 사설 만화는 이렇게 물었다. "독재자 밑에서 살고 싶습니까?" 나는 풀브라이트 연구비를 신청하면서 정치변화를 추동하는 정치극의 역할을 연구하겠다고 했다.

그래서 나는 정치극의 본거지로 19년 역사를 가진 필리핀교육연극협회Philippine Educational Theater Association, PETA에 참여했다. 이 협회는 시민들이 거리로 나와 마르코스를 실각시킨 피플파워의 전개 과정에서 중요한 역할을 했다. 한동안 필리핀은 승리감에 도취되어 있었고 사람들은 스스로의 용기를 자랑스러워하며 미래에 대해 희망을 품었다.

어머니는 1973년 11월에 어머니가 우리를 학교에서 데리고 나와 미국으로 갈 때 내가 "트윙크는 어떻게 되는 거예요?"라고 물었다고 말해주었다.

뮤리얼 마카라이그, 일명 '트윙크'와 나는 각자 네 살과 다섯 살 때부터 서로를 알고 지냈다(필리핀에는 이상한 애칭이 흔한데, 성인 남성을 '보이'라고 부르고 정부 관리를 '조커'라 불렀다). 트윙크는 3학년 우리 반에서 가장 키가 크고 시끄러우며 항상 바쁘게 움직이고 윗입술에 가는 땀방울이 맺혀 있던 아이였다. 13년 전 그 교실을 떠난 이후 우리는 서로 만난 적이 없었다. 트윙크는 내 사촌을 통해 내가 귀국한다는 소식을 들었다. 나중에 트윙크는 1973년 우리의 '납치 사건'이 어떤 소동을 불러일으켰는지 들려주었다. 그래서인지 트윙크는 대체 내게 무슨 일이 일어났던 것인지 궁금해했다.

트윙크는 자그마하고 아름다우며 자신감 넘치는 여성으로 자라, 피플파워 후 피플스텔레비전4 또는 줄여서 PTV4라고 하는 국영방송국의 앵커 자리 오디션을 보기로 마음먹었다. 많은 사람들이 그 오디션에 지원했다. 트윙크는 변호사와 언론인 집안에서 태어났으며 이야기하기를 좋아했다. 트윙크가 들려주는 일화는 흥미진진했고, 내 마음을 사로잡았다. 나는 트윙크에게서 필리핀에 대해 많은 것을 배웠다.

우리의 우정을 다시금 끌고 나간 것은 트윙크였다. 트윙크는 나를 자신의 세계로 초대했다. 저녁 뉴스 방송이 잡힌 날, 트윙크는 방송국에 나를 데리고 갔다. 뉴스룸에 도착했을 때 길게 늘어선 여러 대의 텔레비전 앞 책상이 있는 구역에서 타다닥, 소리를 울리는 수동식 타자기를 보았다. 각기 다른 방송국의 채널에 맞춰놓은 텔레비전들에서는 시끄러운 소리가 흘러나왔다. 그 방의 오른편에서는 텔레그래프가 말 그대로 기사를 쏟아내고 있었다. 공기 중에는 희미한 담배 냄새가 떠돌았다.

나는 트윙크를 따라 어두컴컴한 복도를 지나 스튜디오로 갔다. 피플파워 당시 건물이 훼손된 뒤로 파손된 타일이나 깨진 전구를 수리하는 데 거의 돈을 들이지 않았다. 떠돌이 고양이들이 숨어 있는 어두운 복도에는 오줌 냄새가 배어 있었다.

하지만 텔레비전 생방송 뉴스가 주는 흥분만 한 건 없었다! 뉴스룸의 작가부터 방송 원고를 가지고 뛰어가는 심부름꾼, 기술자, 촬영기사까지 전혀 다른 부분들이 한데 모여 사람들의 집에 생방송 프로그램을 실어나르고 있었다. 원고는 때로 방송을 시작하기 겨우 몇 분 전에야 쓰였고 심지어는 방송 중에도 쓰였다. 나는 방송 중 뉴스를 전하기 몇 초 전 타자기에서 원고를 찢어내 앵커에게 건네주는 모습에 매료되었다. 4분의 3인치짜리 테이프인 VTR을 가진 심부름꾼이 때맞춰 도착했고, 프로듀서가 "돌려!" 하고 외치기 몇 초 전 유매틱* 재생 장치에 테이프를 끼워 넣었다.

어릴 적 학생 오케스트라처럼 한 무리의 사람들이 함께 음악을 만들고 있었다. 다만 그들이 만드는 음악은 엄청난 영향력을 가진 역사의 첫 페이지였다. 뉴스 속보를 내보내는 데 최적화된 이 시스템은 팀원들이 가진 강점과 약점, 딱 그만큼 강력했다.

트윙크는 자신과 공동 앵커를 맡고 있는 베치 엔리케스에게 나를 소개했다. 그는 방송국에서 가장 노련한 앵커였다. 세 번째 앵커는 주디스 토레스였는데, 전직 가수인 토레스의 억양 없는 영어가 명쾌하고 분명한 글로도 옮겨진다는 사실을 나중에 알게 되었다. 당시에는 우리의 삶과 경력이 서로 어떻게 연결될지 몰랐다.

트윙크는 심야 시간 뉴스도 진행했기 때문에 두 방송 사이에 저

---

* U-matic, 1969년 소니가 최초로 선보인 아날로그 녹화 비디오카세트 형식.

녁 식사를 하는 게 거의 매일의 의식이었다. 열 시 뉴스의 프로듀서는 모두가 좋아하는 백발의 베테랑이었지만 통제실에서는 늘 잠을 잤다. 그럼에도 스튜디오의 팀원들은 어떻게든 일을 진행시켰고, 그 모습을 보고서 경탄하지 않을 수 없었다. 나는 방송을 연출해본 적은 없었지만 잠자고 있는 사람보다는 더 잘할 수 있으리라 생각했다. 몇 주 지나지 않아, 나는 밤 시간 뉴스의 연출을 맡겨달라고 PTV4 관리자들을 설득했다.

필리핀 언론 산업의 문제는 이 나라 정치 및 기업 문화의 문제를 고스란히 반영하고 있었다. 이는 제도화된 민주주의 국가에서도 마찬가지지만 이제 막 독재 정권에서 벗어나 민주주의 문화를 일구기 위해 고투를 벌이는 나라에서 특히 그렇다. 필리핀이 민주주의 국가로 살아남느냐 아니냐는 언론의 힘, 투명성, 신뢰성에 달린 문제라 봐도 과언이 아니었기 때문에 나는 언론에 몸을 담는다는 게 얼마나 중요한 문제인지를 금세 알아차렸다. 다른 어떤 분야에서보다 이 나라의 발전과 안녕에 더 많은 기여를 할 수 있을 터였다. 지금은 우리 기억에서 사라졌고 더욱이 소셜미디어 플랫폼이 최선을 다해 파괴하고 있지만, 한때 우리에게는 보편적이던 가치들이 있었다. 이는 1980년대에 우리가 합의하고 공유한 현실의 토대이기도 했다. 즉, 좋은 언론 없이는, 사실과 정보의 건전한 생산 없이는, 민주주의도 없으리라는 것이었다. 언론은 하나의 소명이었다.

부패는 필리핀을 가장 좀먹는 문제 가운데 하나였다. 정부, 언론

산업, 일상에 부패가 존재했다. 정치인과 경찰은 권력을 남용하고도 처벌받지 않고, 텔레비전 채널은 접근성을 높이기 위해 스스로를 검열하며, 공무원은 평범한 시민에게 소소한 뇌물을 요구했다. 언론에서 일어나는 일은 필리핀의 모든 산업에서 일어나고 있었다. 사실보다 관계를 지키는 게 더 중요하게 여겨졌다. 코리 아키노 대통령도 지금은 마르코스 시대를 응징하기보다는 서로 화해를 할 때라는 철학을 밝혔다. 당시에는 이런 태도가 어느 정도 일리가 있었다. 필리핀은 독재 정권에서 벗어난 후 치유가 필요했다.

필리핀 언론은 마르코스 치하에서 오래도록 정부의 통제를 받은 역사가 있었고, 이에 더해 그들만의 부패의 전통 또한 갖고 있었다. 당시 우리는 이 전통을 '봉투 저널리즘'이라 불렀는데 기자회견을 여는 사람이 참석하는 기자들에게 흔히 주는 돈 봉투를 일컬었다. 정직한 기자는 봉투를 거절했지만 봉투를 받은 동료 기자를 발설하진 않았다. 당시 대부분의 기자들은 그들 내부의 부패를 내심 인정하고 동시에 외면했다. 먹여 살려야 할 가족이 있으니 어쩔 수 없다는 생각이었다. 내부의 부패를 폭로하는 언론인은 대개 가장 먼저 공격받았다. 이는 지금까지 바뀌지 않았다.

그럼에도 케손시티에 있는 PTV4의 스튜디오와 방송 시설은 현대 필리핀 역사의 중심지이자 민주주의 이행의 상징이었다. 1968년 뉴스를 전문으로 하는 방송사인 ABS-CBN이 설립한 이 신생 스튜디오는 4년 후 페르디난드 마르코스가 계엄령을 선포하면서 정부에 몰수되어 폐쇄되었다. 마르코스의 측근이 소유주인 로페스 일가로부터 이 시설을 인수해 마하를리카 방송국MBS으로 바꾸었고, 피플파워로 마르코스가 쫓겨난 후 MBS는 PTV4가 되었다.

트윙크, 주디스, 그리고 나 같은 신출내기와 이 방송국이 아직 마르코스 치하 MBS였을 때부터 일한 나이 든 경비원 사이에는 어떤 단절이 있었다. 이 경비원은 가장 기본적인 일만 하도록 배웠다. 일을 더 한다고 해서 보상을 받는 것도 아니었고, 오히려 그로 인해 처벌을 받을 때도 있었기 때문이다.

마르코스 시절의 유명한 앵커들은 새로운 세상에서 설 자리가 없었다. 과거 카메라에 등장하던 사람들, 마르코스 정부를 위해 일했던 앵커들은 모두 오명을 뒤집어쓰고 쫓겨났다. 트윙크와 주디스는 피플파워 이후 다른 많은 사람들과 함께 PTV4의 앵커 자리 오디션을 보았다. 며칠 동안 시청자들이 마음에 드는 후보에게 투표를 했고, 채널의 경영진이 최종적으로 새로운 국가를 대표할 새로운 앵커를 선택했다. 공개적으로 오디션에 참가한 이 일군의 사람들은 말라카냥 궁을 급습한 시위대만큼이나 새로운 필리핀의 상징이 되었다. 트윙크와 주디스는 필리핀 여성에 대한 고정관념에 맞섰다. 실력도 출중하고 똑똑한 이 두 사람은 필리핀 사회의 위선을 지적하며 특히 마르코스 이후 분명해진 흑과 백 사이에 선명한 선을 그었다.

PTV4는 몇 가지 이유에서 나를 고용하기로 했다. 나는 풀브라이트 연구비를 받고 있었기 때문에 급여를 요구하지 않았으며 트윙크, 주디스라는, 나와 함께 일할 팀을 이미 만들어놓은 상태였다. 몇 달이 지나지 않아 승인이 떨어졌다. 트윙크, 주디스, 그리고 나, 단

세 명이서 일일 생방송 뉴스의 원고 작성, 편집, 관리, 연출, 제작을 맡게 된 것이다. 나는 풀브라이트 연구비를 이 현실의 극장에 썼다. 언론을 택한 것이다.

나는 오전 일곱 시부터 자정까지 뉴스룸과 스튜디오를 떠나지 않았다. 자유로운 언론이 지속 가능하려면 좋은 방송이 뒷받침되어야 한다는 것을 일찌감치 깨달은 터였다. 기본적인 제작을 넘어 더 나은 기준과 프로그램을 만들기 위해 밀어붙였다. 뉴스 책임자는 고개를 내저으며 나를 뭘 모르는 외국인 취급했지만 트윙크와 주디스는 더 나은 것을 원하는 필리핀인이었다. 우리는 하면 할수록 하고 싶은 게 많아졌다.

나는 '업무 흐름workflow' 개념을, 다시 말해 좋은 기사를 내기 위해 표준화한 단계별 과정을 이해하기 시작했다. 모든 단계에 엄격한 품질 관리가 필요했다. 필리핀의 직장 문화에서는 오류를 지적하거나 개선을 요구하면 개인이 피해를 보았다. 오랫동안 '원만한 대인관계'를 우선시했기 때문이다. 그래서 우리는 우리의 팀을 만들었고, 우리가 원하는 방송에 대한 비전을 가지고 팀에 활력을 불어넣었다.

우리는 늘어지고 의미 없이 전개되는 B롤* 대신에 치밀하게 편집

* B-roll, A롤을 시각적으로 보조하는 영상으로 뉴스 기자가 말하는 장면이 A롤이라면 B롤은 기자가 말하는 중에 덧씌워지는 추가 영상 자료를 말한다.

되어 적절히 배열된 영상을 원했다. 우리는 현재 시제로 기사를 썼다. 관례처럼 사용되는 길고 복잡한 문장을 버리고 짧고 적확하며 서술적이고 능동형인 문장을 썼다. 나는 더 빈틈없는 카메라 촬영을 요구했고, 그래서 우리 스튜디오의 촬영기사들은—그렇다, 모두 남성들이었다—생방송 동안 의자에 앉아 있을 틈이 없었다.

나는 또한 자기 검열을 새로운 문제로 받아들였다. 독재 정권 아래서 형성된 오랜 습관을 버리기란 쉽지 않은 일이다. 방송에서 자기 검열 하는 앵커를 알아채는 건 쉬운 일이었다. 그런 방송은 잘해봐야 상사의 비위를 맞추었고, 나쁘면 권력자를 화나게 만들지 않는 정도였다. 내가 처음으로 자기 검열의 사례를 지적했을 때만해도, 원고를 왜 그렇게 완곡하게 쓰는지 정말로 이해하지 못하고 있었다. 국영방송 뉴스룸에는 정부에 대한 언론의 책임을 피하려는 정서가 만연해 있었다. 트윙크는 곧장 펜을 꺼내 내가 이의를 제기한 부분을 다시 썼고, 그 때문에 보도본부실에 불려가 왜 그런 결정을 내렸는지 변호해야 했다.

4개월 만에, 나는 젊고 활기와 창의력이 넘치는 사람들로 이뤄진 팀과 함께 이 방송국의 최초 뉴스매거진 프로그램인 포사이트Foursight[1]를 이끌고 있었다. 이 프로그램은 내가 미래에 시도하게 되는 온갖 일들의 본보기가 되었다. 우리의 사명감은 대단했다. 우리는 현재를 쓰면서 역사를 다시 쓰고 있었고, 과거의 잘못을 바로잡고 있다고 생각했다. 공공 영역의 문지기로서 언론인이 자신의 책임을 진지하게 받아들이던 시절이었다. 우리는 우리가 만든 프로그램을 엄밀하게 점검했다. 처음에는 기자, 그다음으로는 제작자, 총괄 제작자, 법무부서까지 프로그램을 검토하게 했다. 우리는 모든 문장의 모든 단어에 대해 스스로 책임졌다.

나는 PTV4에 더 많은 자금을 지원해달라고 거듭 요청했다. 복도를 청소해달라고, 망가진 조명을 교체해달라고 떠돌이 고양이와 악취를 해결해달라고 요구했다. 그럴 때마다 빠듯한 정부 지원과 예산, 그리고 현상 유지만으로도 얼마나 많은 노력과 돈이 필요한지에 대한 긴 설교를 들어야 했다. 내 생각에 그것은 더 밀어붙이기보다 얻을 수 있는 것에 안주하는 구태의연한 사고방식이었다.

독재 국가가 민주화되는 과정은 험난했다. 내가 필리핀으로 돌아온 해에, 아키노 대통령은 여섯 차례의 쿠데타 시도에 맞닥뜨렸다. 군부가 마르코스 같은 장기 집권 독재자를 몰아내면서 자신들에게 마르코스처럼 군림할 수 있는 힘이 있다는 걸 깨달은 것이다. 마르코스를 몰아내는 데 성공한 자칭 군개혁운동Reform the Armed Forces Movement, RAM이라는 군대 내 비밀 사조직에 속한 군인들은 약한 여성이 지도자라는 사실에 불만을 품고서 아키노를 몰아내려는 시도를 계속했다. 처음 다섯 번의 시도는 발각되어 폭력 사태 없이 비교적 빠르게 진압되었다.

쿠데타가 시도되는 와중에 우리도 불가피하게 사건에 휘말려들었다. 반란군이 쿠데타를 일으키고 가장 먼저 하는 일 가운데 하나가 정보 통제를 위해 국영 라디오나 텔레비전 방송국을 장악하는 것임을 곧 알게 되었다. 언론은 언제나 정치권력을 유지하는 데 중요한 역할을 했다. 독재자는 가장 먼저 전파를 통제했다. 실제로 피플파워 혁명에 불을 붙인 것은 라디오였다. 마닐라 대주교인 제이미 신이 라디오를 통해 사람들에게 거리로 나오라고 독려했다. 이는 뉴스 매체가 얼마나 중요한지, 뉴스 매체의 생존과 진실성이 얼마나 민주주의의 실존에 중요한 문제인지를 보여준다.

아키노에 대한 여섯 번째 쿠데타는 가장 격렬했는데 1987년 8월 28일 이른 아침에 시작되었다. 반란군이 말라카냥 궁, 빌러모어 공군기지 등 전략상 중요한 다른 장소들과 함께 우리 방송국을 장악했다. 나는 전날 밤 방송국 지하실에서 편집을 하다가 무슨 일이 벌어지고 있는지 알아차리고서 근처에 있는 캐멀롯 호텔로 몰래 빠져나왔다. 나를 만나러 온 대학 시절 남자친구가 그곳에 머물고 있었다. 반란군과 경찰 사이에 짧은 총격전이 벌어졌고, 정부가 시설들에 대한 통제권을 되찾는 사이 우리는 텔레비전을 지켜보았다. 이 쿠데타 시도에서 50명이 넘는 사람들이 사망했다. 언론과 정치의 관계가 일찌감치 내 머릿속에 새겨졌다. 특히 필리핀에서는 과거의 정치라는 망령이 계속 되살아나 우리를 괴롭히는 것 같았다.

그 무렵 나는 새롭게 재개국한 ABS-CBN의 사회부장이자 존경받는 뉴스 다큐멘터리 프로그램 프로브Probe의 앵커이기도 한 체체 라자로의 연락을 받았다. 아키노 정부는 한때 페르디난드 마르코스의 대변인 역할을 하던 케손시티의 방송 복합시설을 ABS-CBN에 돌려주었고, ABS-CBN은 이 시설을 제한된 시간 동안 PTV4와 공유하기로 합의했다. ABS-CBN의 황금시간대 뉴스는 영어로 방송되는 기존의 뉴스와 달리 필리핀어를 사용해 시청률을 장악했다. 체체가 함께 일하자고 했을 때 그러겠다고 했다. 그렇게 PTV4의 뉴스를 만들면서 동시에 체체와 함께 프로브의 연출, 제작, 편집에 참여하게 되었다.

나는 쉴 새 없이 바빴고, 내 또래가 가져본 적 없는 권한을 행사했으며, 모든 일에 무작정 달려들었다. 그 사이 풀브라이트 연구 기간이 거의 끝나가고 있었다. 대학 시절 남자친구는 어느 정도 내가 미국으로 돌아올 것인지 확인하려고 방문한 터였다.

그 와중에 체체가 자기 회사를 세울 거라며 내게 함께하자고 손을 내밀었다.* 체체는 진정한 탐사형 뉴스매거진 프로그램에 대한 비전을 가지고 있었으며 나는 그녀의 열정에 감화되었다. 우리는 필리핀 사람들이 더 나은 프로그램을 누릴 자격이 있음을 증명하고 싶었고, 이를 시도하기에 지금보다 더 좋은 시기도 없었다. 피플파워 이후, 더 나은 리더십에 대한 국민들의 요구는 좋은 통치 체제에 대한 요구와 만날 필요가 있었다.

그런데 한 가지 문제가 있었다. 내게는 갚아야 할 고액의 학자금 대출이 있었고, 프로브는 아파트를 빌릴 수 있을 정도의 급여조차

---

* 필리핀 최초의 탐사 보도 프로그램 프로브는 1987년 ABS-CBN을 통해 처음으로 방영되었고, 이후 프로그램을 이끌던 체체 라자로가 자체 제작사로 독립하여 GMA 네트워크로 방송사를 옮긴다. 2005년에 본거지인 ABS-CBN으로 복귀한 프로브는 수많은 수상 경력과 필리핀 내 최장수 탐사 프로그램이라는 명예를 남기고 2010년 6월 종영했다.

지급할 여유가 없었다. 체체는 한 가지 해결책을 제안했다. 자신과 함께 일하며 자기 가족과 함께 살자는 것이었다. 나는 망설이지 않았다.

부모님은 내가 미쳤다고 생각했다. 프린스턴 대학교에서 받은 교육이 아깝다고 했다. 나는 풀브라이트 연구가 끝난 후 미국에서의 내 삶으로 돌아가는 대신, 체체가 사준 왕복표를 들고 집에 가서 가족과 친구들에게 작별 인사를 한 뒤 마닐라로 돌아왔다. 내 인생을 바꿔놓은 결정이었고, 일찍이 내가 내린 최고의 결정이었다.

배우는 쪽을 택한 것이었으나 그게 다는 아니었다. 나는 신뢰하는 법을 배웠다. 방패를 내려놓고 자신을 있는 그대로 드러냈다. 이렇게 해서 실망한 적이 거의 없었다. 신뢰는 내게 힘이며, 내가 인간 본성이 선하다고 믿는 이유다. 스스로를 드러낼 때, 우리는 가장 강력한 연대와 가장 영감이 넘치는 가능성을 만들어낼 수 있다.

언론인이자 리더로서 나의 현재 모습은 많은 부분 프로브에서 형성되었다. 그곳에서 작가이자 프로듀서이자 제작자이자 영상편집자이자 총괄 제작자로 각각의 과업을 직접 수행하며 시스템을 세우고 프로그램의 견본을 개발했다. 이십 대 초반의 나는 부분들의 합보다 더 강력한 팀을 만들고 구축하는 법을 배웠다. 프로브에 있으면서 방송계에서 가장 엄격한 훈련을 받았다. 어쩌면 미국 텔레비전 방송국에서 일했더라도 이보다 더 나은 훈련을 받을 수는 없었을 것이다. 단순히 일을 배운다는 개념이 아니었다. 팀을 이끄는 법을 배우고 있었다. 우리는 나이가 많은 사람이라면 거절했을 프로젝트와 일정과 씨름하며 엄청난 속도로 작업했다. 미친 젊은 몽상가들이 시스템을 만들면 이런 일이 일어난다.

나는 초목이 우거지고 우아한 분위기의 다스마리냐스 빌리지에서 체체의 가족과 2년 넘게 함께 살았다. 당시 체체는 유명한 언론인으로 그 이름을 누구나 알았고, 체체의 남편인 델핀 라자로[2]는 필리핀의 에너지부 장관이었다. 다시 말해, 언론인 둘이서 매일 공직자와 함께 식사를 했다. 우리는 언론인으로서 선을 긋고 "저녁 식사 자리에서 질문 금지"와 같은 규칙을 만들었다. 체체와 델에게서는 부패, 탐욕, 또는 이기심을 찾아볼 수 없었다. 두 사람은 공인이었으나 사생활을 드러내지 않았고 과시하지 않았다.

델과 체체는 마르코스 같은 속물과는 달랐다. 자신이 가진 힘으로 옳은 일을 한다는 뜻의 델리카데사*와 말 그대로 '마음의 빚'을 뜻하는 우탕 나 루브utang na loob는 흔히 남용되는 필리핀어인데, 델과 체체는 여기에 새로운 의미를 부여했다. 두 사람은 이 가치들을 가장 순수한 형태로 실천했다. 델리카데사는 전문성과 긍지를 보여주었으며 우탕 나 루브는 후원과 부패로 타락하지 않았다.

두 사람의 가치관은 어느 정도 체체의 가계家系에서 유래했다. 체체의 할아버지인 비센테 림 장군은 미 육군사관학교 최초의 필리핀

---

* delicadeza, 원래는 에스파냐어로 '배려'라는 뜻으로 유럽의 노블레스 오블리주처럼 필리핀 상류층이 스스로에게 부과하는 도덕적 의무를 가리킨다.

인 졸업생이었다. 체체는 할아버지가 제2차 세계대전에서 체포되어 참수되기까지 일본에 맞서 지하 저항군을 어떻게 이끌었는지 들려주었다. 자유를 위해 싸우는 사람들의 신념, 용기, 열렬한 믿음에 대한 이야기였다.

내 인생에서 이 시기는 내가 품은 이상에 따라 사는 것이 가능하다는 것을 보여준 시기였다. 내가 선택하는 삶의 방식과 계층화되고 계급의식이 강하며 봉건적인 필리핀 사회의 현실 사이 간극을 성공적으로 메울 수 있을 것 같았다. 체체와 델은 타협하지 않고도 이상을 실현할 수 있다는 것을 가르쳐주었다. 그것은 선택이었다. 그러니 더 나아지는 쪽을 택하면 된다.

체체의 에너지가 우리 모두를 움직였다. 체체는 언제나 공정하고 투명했으며 미친 마감 시간을 맞추기 위해서라면 필요한 일은 무엇이든 기꺼이 했다. 또 불완전한 필리핀을 받아들이고 사랑하는 법을 가르쳐주었다. 대부분의 필리핀인과 마찬가지로 체체의 삶은 가족 중심으로 이루어졌지만, 체체가 물려받은 유산이 가족에 대한 사랑을 조국에 대한 사랑으로 바꿔놓았다. 이런 조국애가 프로브의 핵심 가치였으며, 우리는 젊었기에 우리가 가진 모든 것을 바쳤다.

나는 모든 합리적 토론 후에 복잡하고 골치 아픈 문제에 대해 판단을 내리는 법을 배우면서 언제나 황금률과 나의 가치관, 즉 선과 악 사이 경계선을 어디에 그을 것인가의 문제로 되돌아갔다.

1988년 필리핀열대어수출협회는 청산가리를 이용한 어획*을 다룬 프로브의 뉴스가 자신들의 명예를 훼손했다며 소송을 제기했다.

내가 원고를 써서 연출하고 제작한 20분짜리 방송이었다. 우리 측 변호사들은 내 이름을 즉시 피고측 증인 명단에 올렸다. 처음 겪는 일이어서 나는 겁을 잔뜩 집어먹었다.

그때 체체가 나 대신 증언하겠다고 나섰다. 체체가 나를 위해 싸우러 갔고 판사는 미국의 인권법에 근거해 만들어진 필리핀의 인권법에 따라 프로브의 손을 들어주었다.

그때 체체가 한 말은 지금까지 내 마음속에 남아 있으며 내가 우리의 저널리즘을 옹호할 때마다 여전히 같은 영향력을 발휘한다. "우리의 진실성과 신뢰성이 여기에 달려 있어." 체체가 말했다. "누가 기사를 방송할 수 없다거나 기사를 미리 보고 싶다고 한다면 그건 우리에겐 언론의 자유에 재갈을 물리겠다는 것과 마찬가지야. …… 그가 누구든 절대, 절대, 절대로 우리가 벌벌 떨며 승낙하는 일은 없을 거야."

그해에 체체가 한 이 말은 내 안에서 잘 숙성되어 과거가 되풀이되고 있는 지금 이 순간에 더 많은 의미를 발한다. 그가 누구든 절대, 절대, 절대로 벌벌 떨며 승낙하지 말라.

동양과 서양의 문제는 나를 여전히 괴롭게 했지만, 우리는 두 세계의 힘을 이용해 프로브를 계획대로 궤도에 올렸다. 1988년 프로

* 물고기를 산 채로 수족관에 담아두기 위해 서식지에 시안화물, 즉 청산가리를 뿌려 물고기를 기절시켜서 잡는 어획 방식.

브는 크게 발돋움했다. CNN과 거래를 하게 된 것이다.

CNN의 나이로비 지국장인 게리 스트리커는 마닐라에서 기자를 찾고 있었는데, 체체에게 카메라 테스트와 면접을 보러 와달라고 했다. 당시 CNN은 설립 7년 차에 접어들어 미국 내에서 3대 방송사까지는 아니었지만 유명세를 얻고 있었다. 체체가 함께 가자고 해서 따라갔다가 나 역시 게리에게 면접 제안을 받았다. 나는 망설이며 카메라 앞에 선 경험이 없다고 말했지만 체체가 카메라 테스트를 보라고 설득했다. 체체는 나를 앉혀놓고 코치를 해주었다. 그렇게 그 일을 하게 되었다.

카메라 앞에 서려면 가장 부자연스러운 방식으로 자연스러워야 한다. 내가 분석한 바로는, 오만하게 보일 필요가 있었다. 뉴스 방송이 요구하는 억양은 평소 내가 쓰는 억양과는 매우 달랐다. 그렇다고 그 억양을 쓰지 않으면 보도하는 기사에 힘과 권위가 실리지 않았다. 첫 보도를 마치고 애틀랜타의 상사에게 전화를 받았다. 그는 내가 너무 어려 보이고 목소리가 너무 높다고 말했다. 상사의 해결책은 정장을 입고, 화장을 하고, 브랜디를 마셔 목소리를 낮추는 거였다. 처음 몇 번은 보도를 마치기도 전에 취했던 것 같다.

처음에 내 보도는 엉망이었다. CNN이 나를 채용한 이유는 미국 억양을 쓰고 임금이 저렴해서라고 확신했다. 어쨌건 나는 여전히 프로브 일을 하면서 CNN의 프리랜서 기자로 일했다. 양쪽 모두에게 좋은 일이었으며 내게는 분명 뜻밖의 횡재와도 같은 경험이었다.

하지만 이게 다가 아니었다. 우리가 선택하는 일이 우리 자신을 형성하는 법이다. 뉴스 속보를 전하는 텔레비전 기자가 된 것은 내 성격, 혹은 위협을 견디는 내 능력에 가장 큰 영향을 미쳤다. 나는 생방송 중에, 심지어는 말 그대로 총격 속에서도 침착함을 잃지 않는 법을 배웠다. 그것은 나의 '슈퍼 파워'가 되었다. 뉴스 속보를 전할 때 당황하면 제대로 된 영상을 찍을 수가 없고 생방송에서는 1초가 한평생 같다. 훗날 나는 이때 배운, 감정을 가라앉히고 침착함을 유지하면서 이야기를 세 가지 주제어로 요약하는 능력에 자주 의시하게 된다. 근육 기억처럼 자리 잡은 이 능력은 잇따른 위기에서 살아남는 데 도움이 되었다.

CNN에서, 실제로 일을 해내야 할 때는 이상을 따르는 게 좀 더 어렵다는 점도 배웠다. 언젠가 CNN 보도에 쓸 6개월 분량의, 엄청난 수량에 부피도 큰 촬영용 유매틱 비디오테이프를 배달받았다. 화물을 찾으러 가자 세관원이 뇌물을 요구했고 나는 거절했다. 그렇게 몇 주가 몇 달이 되었고, 테이프를 받아와야 한다는 부담에 짓눌려 일이 손에 잡히지 않을 정도였다. CNN은 어떻게 해서라도 테이프를 받아오길 바랐지만 공식적으로 뇌물을 주라고 허락하지는 않을 터였다. 해외부패방지법FCPA은 미국 기업이 외국 공무원에게 뇌물을 제공하는 일을 불법으로 규정하고 있으며, 미국 기업은 대개 이런 일을 대신해 처리할 중개인을 고용한다.

나는 여전히 뇌물 제공을 거부했다. 이런 면에서 고집이 센 편이다. 보고도 못 본 체하고 싶지는 않았다. 결국 원칙의 문제였다.

그래서 테이프는 계속 세관에 발이 묶여 있었다. 거의 1년 반이 걸려서, 체체가 개입해 마침내 뇌물을 주지 않고 테이프를 받아올 수 있었다. 그때 처음으로 이런 생각을 했다. 지키지도 않을 거라면 왜 군이 법을 만들까? 민주주의가, 언론기관이 음흉한 부패를 견뎌내려면 매번 선을 긋고 매번 진실에 상처를 입히는 일에 맞서 저항해야 하는 걸까?

1989년 12월 필리핀 군부는 아키노 대통령에 대해 일곱 번째 쿠데타를 시도했다. 이전의 쿠데타들이 마르코스에게 충성하는 군인들과 한때 그의 통치를 끝장내도록 도운 군인들 사이의 부정한 동맹임이 이미 드러났다. 이번엔, 불과 몇 년 만에 한때 반대편에 섰던 군인들이 힘을 합쳐 정예 특수부대와 해병대를 포함해 수천 명의 전력을 더 모아들였다. 이들은 아키노가 무능하며 부패했다고 비난했으나 대부분 근거 없는 주장이었다.

나는 스물여섯 살이었고 보도 경력 2년 차에 접어들 무렵이었다. 프로브와 CNN 두 군데에서 일을 하며 이제 나무랄 데 없는 제작자가 되었지만 방송 기자로서는 여전히 참담한 수준이었다. 하지만 두 곳에서 일을 하는 덕분에 정보를 얻을 수 있는 취재원도 두 배였다. 취재원의 수가 기자의 능력을 말해주는 진정한 척도임을 알게 되었다. 사실 확인의 기초는 신뢰다. 소셜미디어가 생기기 전에는 신뢰가 우리의 행적과 우리가 속한 언론사의 진실성에 달려 있었다. 필리핀 사회에 깊이 뿌리 내린 체체와 프로브가 나의 신뢰 영역을 넓혀주었다. 전 세계에 도달하는 CNN의 영향력은 중요한 기사를 증폭시키는 데 도움이 되었다. 나는 덕분에 지역적이면서 세계적인 독특한 관점을 가질 수 있었다.

쿠데타가 시작되자 CNN 보도를 위해 현장에 나가 취재했다. 뉴스 속보와 분쟁 소식을 전하면서 아드레날린이 솟구치는 듯했다. 일정 기간이라도 종군 기자 생활을 하다 보면 사람들은 이 아드레날린에 중독된다. 하지만 처음에는 알아차리지 못한다. 기자는 황급히 움직이면서 실시간으로 명료해야 한다. 라디오를 들으면서 동시에 취재원에게 연락을 취하거나 찾아가서 무슨 일이 일어나고 있는지 알아낸 다음, 신속히 애틀랜타에 있는 CNN에 그 내용을 전달해 뉴스가 방영되도록 해야 했다. 사건이 일어날 때 기적같이 그 현장에 있으려면, 그래서 현장을 영상에 담으려면 그 와중에도 내내 이리 뛰고 저리 뛰며 다음에 일어날 사건을 예측해야 했다. 나는 내가 하는 일 가운데 이 부분이 가장 좋았다. 현장을 영상에 담으려면 그 현장에 있어야 한다는 것.

나와 함께 일하는 촬영 기자인 키 크고 과묵한 르네 산티아고는 뉴스 속보 분야의 내 선생님이었다. 산티아고는 말수가 적은 사람이었지만 반복과 본보기로 가르쳐주었다. 나는 그가 군중 앞으로 나아갈 때 그의 허리띠를 꽉 붙잡는 법을 배웠다. 그는 사람들이 그에게 화를 내도 상관하지 않고 꿋꿋하게 촬영을 했다.

우리는 곧 반란군이 금융 센터의 고층 건물들 사이에 있는 인터콘티넨털 호텔을 점거했다는 사실을 알게 되었다. 동이 트기 전, 우리는 양쪽이 대치하는 중간지대로 조심스럽게 차를 몰고 갔다. 전

날만 해도 이 지역에서는 총탄과 박격포탄이 이리저리 날아다녔다. 어디에서 저격이 이루어질지 아무도 몰랐고, 그래서 대부분의 기자들은 이 지역에 접근하지 않았다. 하지만 나는 반란군이 결정을 내리는 현장에 접근하고 싶었다. 우리는 흰색 침대시트를 가지고 가서 붐 마이크 장대에 묶었다. 르네가 차를 몰고, 자동차 에어컨을 끈 후 창문을 열었다.

새 지저귀는 소리를 들을 수 있을 만큼 조용했다. 나는 숨을 죽였다. 우리는 금융 지구의 주요 6차선 도로인 넓고 인적 없는 아얄라 애비뉴로 들어섰다. 양편에 고층 건물이 늘어선 이곳에서 1983년 사람들의 분노 속에 니노이 아키노의 시신이 가두 행진을 했다. 또 3년 후에는 이곳에서 색종이를 흩뿌리는 가두행진이 벌어져 마르코스 정권의 종말을 알리기도 했다.

"르네, 창턱에 앉아도 될까요?" 내가 물었다. 흰 천을 묶은 붐을 흔들면 사격수들이 나를 군인으로 착각하지 않으리라 생각했다. 르네는 주변 건물 가운데 사격수들이 있을 만한 곳을 가리켰다. 나는 백기를 흔들 수 있도록 일어나 창턱에 앉았다. 우리는 천천히 차를 몰았다. 그 몇 분간이 고문 같았다.

차에서 내린다고 더 나을 건 없었다. 르네와 나는 붐 마이크 장대에서 백기를 풀어내고 재빨리 인터콘티넨털 호텔 로비로 들어갔다. 반란군 사령관인 라파엘 갈베스 대령이 인터뷰를 허락했다. 그런 다음 반군 호위대를 붙여, 우리가 마카티에 있는 페닌슐라 호텔 등 다른 주변 건물들로 이동해서 반란군과 그리고 대담하게도 인적이

끊긴 거리에 나온 몇몇 시민과 이야기를 나눌 수 있게 해주었다. 그렇게 취재를 마쳤다.

르네와 나는 1989년 쿠데타가 시도되는 동안 많은 신뢰를 쌓았다. 팀으로서 신뢰를 쌓는 일은 좋은 언론을 만드는 첫걸음이었다. 우리의 동반자 관계는 20년 동안 계속되었다.

쿠데타는 9일간 이어졌다. 가장 피비린내 나는 쿠데타 시도였다. 민간인인 행인 50명을 포함해 99명이 사망하고 570명이 부상을 입었다. 코리 아키노는 대통령직을 유지했으나 그녀의 정부는 회복되지 못했다. 아키노는 독재 정권 이후 민주적 리더십을 구축하려 했으나 피플파워 혁명을 계기로 힘을 키워온 군부의 반대를 평정하는 데 실패했다.

1992년 필리핀은 새로운 지도자 피델 라모스 대통령을 선출했다. 코리 아키노의 선택을 받은 그는 사촌인 페르디난드 마르코스의 축출을 도운 후 아키노 밑에서 군을 이끌었다. 그의 지도 아래 필리핀은 번영을 이룰 준비, 당시 아시아 지역의 이상이던 '아시아의 호랑이'가 될 채비를 마치고 있었다. 아키노는 군부와 분쟁을 벌이면서도 필리핀이 안정과 번영을 이룰 토대를 마련하고 있었던 것이다.

이 몇 년간은 노력과 자기 발견의 시기였다. 나는 프로브의 연출과 제작을 맡으면서 동시에 CNN 마닐라 지국의 지국장이자 기자로서 나 자신을 혹사했다. 체체가 출연하는 방송을 연출하고 체체에 이어 카메라 앞에 섰으며, 체체의 20분짜리 영상에 쓸 기사를 작성하고 편집한 다음, 나의 CNN 기사를 작성하고, 취재하고, 편집했다. 오전 여덟 시에 일을 시작해 대부분 밤 아홉 시에 저녁을 먹으러 나가서 적어도 새벽 두 시까지 클럽들을 전전하는 날들이었다. 잠이 필요치 않았다. 매일 24시간을 꽉꽉 채워 썼다. 당시 나는 찬란한 이십 대였고 한순간도 허비하고 싶지 않았다.

당시 연극과 음악이 그리워 설상가상 음악회를 기획하기도 했다. 내가 연출한 가장 큰 음악회 가운데 하나는 마닐라의 뮤직뮤지엄에서 열린 콘서트로 당대 최고 가수였던 자넷 바스코, 호세 마리찬, 아리엘 리베라가 출연했다. 나의 섹슈얼리티를 탐구하기 시작한 것도 이맘때였는데, 그것조차도 스케줄에 맞춰 진행해야 하는 일이었다.

서른 살이 될 무렵 결혼 문제가 불거졌다. 필리핀에서는 결혼을 하지 않으면 노처녀 소리를 듣는 나이였다. CNN과 일하면서 나는 일거양득을 누렸다. 매년 귀국 휴가가 주어졌기에 애틀랜타에 있는 CNN 본사에서 보내는 일주일을 포함해 미국에서 한 달을 지낼 수 있었다. 이 휴가를 누리던 중, 나는 고등학교 시절 남자친구와 재회했고 우리는 다시 데이트를 하기 시작했다. 그는 마닐라로 와서 몇 달 동안 나와 함께 살았다. 하지만 그가 결혼하자고 했을 때 나는 막다른 길에 다다른 기분이었다.

뭔가가 어긋난 듯했지만 그의 청혼, 나의 나이, 사회가 여성에게 부과하는 기대가 나를 짓눌렀다. 가장 쉬운 길은 청혼을 받아들이는 거였다. 남자친구는 마닐라로 이사할 준비가 되어 있었으며 우리 관계도 좋았다. 하지만 나는 섹스와 사랑을 구분하는 사람이었다. 나는 사랑에 빠진 게 아니었다. 나는 그 말의 의미도 몰랐다.

아마도 그때까지 애써 사랑의 광기를 피해온 것인지도 몰랐다. 사랑의 힘과 그것이 가진 무분별한 영향력에 대한 글이 너무나 많았다. 친구들이 사랑에 빠져드는 모습을 지켜볼 때면 사랑은 너무 위험하고 변덕스러워 보였다. 사랑에 닿고 싶지 않았다. 그래서 내가 통제할 수 있는 관계를 택했으나 이는 통제력의 상실을 의미하는 사랑과는 정반대되는 길이었다. 나는 적어도 사랑을 경험할 필요가 있다는 건 알았다. 그리고 결혼을 하면 내가 답을 찾지 못하고 방안에 던져둔 채 잠궈버린 문제들을 더 이상 탐구할 수 없으리라는 점도 알았다.

트윙크와 나는 언제나 서로의 경력과 관계에 도움이 되는 대화를 나누곤 했는데, 그녀가 이 선택의 기로에서 나를 도와주었다.

"그 남잘 사랑해?" 트윙크가 물었다.

"모르겠어."

"쉽게 답이 나와야 해." 트윙크가 대답했다. "그렇지 않다면 사랑하지 않는 거야. 싫은 걸 억지로 하지 마."

평생 함께할 사람을 결정하는 건 중요한 선택이다. 내가 나 자신을 만들어나갈 때, 나의 정체성에 대해 가장 중요한 결정을 내릴 때, 그 사람의 가치관과 선택이 내게도 영향을 미치기 때문이다.

그래서 나는 결혼하지 않겠다고 말했다. 고통스러운 결정이었다.

나는 오랜 친구를 잃었다. 만약 그가 청혼하지 않았더라면 우리는 더 오래갈 수 있었을 것이다. 하지만 청혼이 도화선이 되었다. 그 뒤로 여러 남자를 만났지만 사랑에 빠진 적은 없었다. 삼십 대에 첫 여자친구를 사귀기 전까지는 말이다. 어쩌면 이것은 내가 그때까지 나 자신을 솔직하게 드러내기를 거부했기 때문인지도 모른다. 아니, 어쩌면 내가 동성애자이기 때문인지도 모른다.

마침내 여자와 사귀기 시작했을 때 나의 세계가 뒤흔들렸다. 상대는 도발적이고 아름다운 가수로 컴퓨터공학을 전공했고 웃을 때 살짝 보조개가 생기는 사람이었다. 둘 다 여자와 사귄 경험이 없었지만, 우리는 덜컥 서로에게 빠져들었다.

먼저 기본적인 질문을 해야 했다. 데이트할 때 옷을 어떻게 입어야 하지? 양복 아니면 드레스에 스타킹? 아니면 청바지와 셔츠? 립스틱을 바를까 말까? 성 역할은 어떻게 하지? 다시 십 대로 돌아간 것 같았다. 마닐라의 여성 동성애자 커뮤니티는 1950년대 미국의 그것과 비슷하게 주로 부치와 펨 개념을 중심으로 구성되었다. 나는 둘 다이면서 둘 다 아니기도 해서 많은 의문이 들었다. 부치와 펨은 이성애 관계에서의 성별 및 정체성에 대한 고정관념을 채택하는 것처럼 보였다.

태어날 때부터 받아들인 성별 표지를 버리고 나면 혼란스럽다. 성별은 문화적 표준보다 훨씬 더 밑바탕에 깔려 있는 것으로, 우리의 정체성에 깊숙이 박혀 있으면서 우리 자신을 세상에 드러내는 방식, 다시 말해 옷을 입고 말하고 행동하는 방식에 영향을 미친다.

내가 근본적으로 바뀔 필요가 있을까?

질문을 던져도 답을 얻을 수 없기에 기다리는 법을 배웠다. 내가 신뢰하는 사람들과 모르는 사람들 모두로부터 저항을 받았다. 그들에게서 비난하는 눈빛을 느꼈다. 사람들의 칭찬에 익숙한 과잉 성취자로서는 새로운 일이었다.

어쨌거나 나는 사랑에 빠졌다. 우리는 5년을 함께했다. 일 때문에 만나려면 적어도 열일곱 시간 비행기를 타야 하는 곳에 떨어져 있어야 했을 때에도 장거리 관계를 유지했다.

결과적으로 우리 둘 다 사회의 기준에서 완전히 벗어날 수는 없었던 것 같다. 우리는 여전히 어느 정도 관습에 신경 썼다. 지난 몇 달 동안 그녀는 "네가 남자였더라면"이라는 말을 자주 했고, 그건 우리 관계의 결말을 예고하는 것이었다. 나는 남자가 아니고, 상대가 그 자신이 아닌 다른 무언가가 되기를 원하지도 않았다. 친구들은 그녀가 나를 갖고 논 거라고 생각했다. 부모님은 내가 미련을 버리기만을 기도했다. 사회의 덩굴손은 눈에 보이지 않지만 강철 케이블처럼 단단하게 우리를 제자리에 고정시켜놓았다.

그 기간은 아름다움에 대해 많은 것을 알게 된 시간이기도 했다. 아름다움과 나의 관계, 내가 아름다움에 대해 느끼는 매혹. 나는 아름다움을 중요시하는 가정에서 자랐다. 어머니와 두 여동생인 메리 제인, 미셸에게 아름다움과 여성성은 정체성에, 다시 말해 그들이 세상을 보고 세상을 살아가는 방식에 내재되어 있었다. 우리가 사는 세상에서는 아름다운 남녀가 유리하다. 거기에 매력까지 있다면 노력을 덜하고도 더 많은 걸 얻는다. 어떤 사람들은 유리한 점을 타고나며, 이것이 어느 정도는 내가 그렇게 열심히 노력한 이유일지 모른다. 나는 육체의 아름다움이 유일한 화폐인 세상에서 살고 싶지 않았다.

누군가의 매력은 결국 피부색이 얼마나 더 흰지(내 피부는 까맣다), 얼마나 요리를 잘하는지(나는 못한다), 얼마나 순종하는지(응?)와 관련이 있었다. 나는 이 모든 것에 반항했다. 우리 모두의 성별은 스펙트럼 선상에 있다. 나는 열정과 지성, 활기와 공감에 이끌렸으며 남자든 여자든 사람들과 더 깊이 연결되어 영감의 불꽃을 공유하는 게 좋았다. 어느 시점에서, 나는 이성애자냐 동성애자냐 하는 이분법에 따른 렌즈를 버리고 있는 그대로를 받아들였다.

이 연애가 끝난 후, 잠시 나이 많은 남자와 데이트를 하기도 했으나 다음 연애 상대는 당시 투자은행에서 일하고 있던 유력한 여성이었다. 우리는 둘 다 서로 다른 두 문화권에서 자랐고, 비슷한 가치관과 야심을 가지고 있었다. 그녀는 자신이 동성애자라는 것을 부끄러워하지 않았으며 내가 동성애자라는 사실이 의미하는 바를 받아들이도록 도와주었다.

사랑은 강력하면서 비합리적이다. 그래도 괜찮다. 아마도 나는 악기를 연주하듯 사랑에 접근했던 것 같다. 열심히 기교를 닦으면 크게 힘을 들이지 않아도 음악은 자연스럽게 흐르기 마련이다. 나는 내가 충분히 강하다는 걸 알기 전까지는 나 자신을 그냥 흘러가게 둘 만큼 신뢰하지 못했다. 내가 나의 세계를 쌓아올리는 방식이 대부분 그러했듯, 나는 먼저 생각을 하고, 그 뒤에 선택을 했다.

내가 여자를 상대로 택했을 때 두 가지 일이 일어났다. 부모님은 여자친구를 집에 데려오지 못하게 했고, 나의 멘토이자 친구이면서 나를 언론인으로 만든 체제가 멀어지는 느낌이었다.

우리의 선택은 언제나 반작용을 불러일으킨다. 내게 청혼한 전 남자친구는 내가 여자한테 끌린다고 말하자 몹시 화를 냈다. 그의 반응을 보며 내가 그렇게 솔직할 필요가 있었는지 자문했다. 내가 배운 바로는 정직이 좋은 삶에 필수인데 말이다.

모든 것을 헤집어놓지 않고도 솔직해질 수 있는 방법이 있을까? 헤어질 때, 바람을 피우는 상대를 대할 때, 혹은 내가 바람을 필 때 얼마나 솔직할 수 있을까? 누군가를 해고할 때는? 만일 당신이 어떤 일에 연루되어 있고, 당신의 나라에서 혹은 회사에서 일어나는 그 일이 우리의 집단적 미래를 위협한다는 걸 알게 되었을 때, 그 사실을 솔직하게 인정할 수 있을까? 이런 의문 이전에, 우리는 가장 어려운 질문을 해결해야 한다. 나는 나 자신에게 얼마나 솔직할 수 있는가?

우리는 종종 곤경에서 벗어나기 위해 곤혹스럽거나 추악한 자신의 진실을 보기를 거부한다. 그렇게 우리는 우리의 행동을 합리화하지만 세상은 그런 거짓말로부터 우리를 보호해주지 않는다. 그러니 두려움을 받아들여라. 정직을 배우는 일은 당신 자신에 관한 진실, 즉 자기평가, 자기 인식, 그리고 타인에 대한 공감에서부터 시작된다. 우리가 세상에서 유일하게 통제할 수 있는 건 바로 우리 자신이다.

1년 후, 부모님은 내게 상대를 집에 데려오라고 했다. 나는 체체와 대화를 했고, 그녀는 우리가 전혀 불편하지 않다며 오히려 환영했다.

나의 섹슈얼리티로 나를 규정하고 싶지 않았다. 섹슈얼리티는 나 자신의 일부에 지나지 않는다. 게다가 나는 CNN을 위해 동성애가 불법이거나 동성애를 불편해하는 몇 개 나라에서 일하고 있었다.

1998년 9월 말레이시아의 한 기자회견에 참석했다. 마하티르 모하마드 총리가 자신이 아들처럼 여기며 후계자로 키우기까지 한 안와르 이브라힘 부총리를 해임했다. 안와르는 가족 운전기사인 남성과 관계를 했다고 알려졌다. 말레이시아 정보국장이 안와르의 집에서 얼룩진 매트리스를 꺼내는 영상이 있었는데, 동성애의 결과인 정액 얼룩을 보여주려는 의도로 여겨졌다.

마하티르는 기자회견에서 금방이라도 울 것 같은 표정으로 안와르가 지도자가 되기에 "적합하지 않다"고 말했다. 이 기자회견에 초청된 기자는 소수였다. 나는 CNN 소속에 아시아계 미국인(그렇다, 이 점이 확실히 중요했다)이라는 이유로 마하티르의 신뢰를 얻기에 쉬웠고, 덕분에 그곳에 있었다. 나 역시 여성과—은밀히—관계를 맺고 있었다. 질문을 하려고 손을 드는데 심장이 쿵쾅거렸다.

"마하티르 총리님, 말레이시아에서는 동성애자가 될 수 없다는 말씀인가요?" 내가 물었다.

마하티르는 나를 보며 서양인과 달리 말레이시아인은 "전통의 가치관"을 가지고 있다고 말했다. 마하티르는 불편해했고 나는 불안했다. 뒤이어 말레이시아의 남녀 동성애자 커뮤니티에 대해 물었지만 마하티르는 질문에 대한 답변을 피하면서 어느 순간 내 뒤편의 CNN 카메라를 정면으로 바라보며 전 세계 시청자를 향해 연설했다. 1981년부터 총리를 지낸 마하티르는 능숙하고 대단히 적극적인 의사소통의 달인이었으며, 종종 서구의 '우월감'을 공격했다. 안와르 자신은 최고위층의 음모라고 주장했지만 남색과 부패 혐의로 최고 9년 형까지 받을 수 있었다.

나는 그 순간 내가 동성애자라고 말하지 않았다. 개인적인 것과 직업적인 것 사이에 선을 그었다. 처음에는 CNN 본사에서 지구 반대편에 살고 있었기 때문에 선을 긋는 게 그리 어렵지 않았으나 시간이 지나면서 내가 동성애자라는 사실은 공공연한 비밀이 되었다. 나는 동성애자임을 숨기지 않았지만 그렇다고 떠벌리지도 않았다.

세상을 욕하는 건 내 성격상 맞지 않는다. 나는 상황을 받아들였고, 다만 그것이 나를 가로막지 못하게 했으며, 내가 해야 할 일을 계속했다. 다른 사람들의 이야기를 전하는 데 더욱 집중하며 언론의 기술을 섬세하게 익혀나갔다.

1999년 초 비밀리에 동티모르 팔린틸 게릴라군과 인터뷰를 하러 가는 도중에 어느 오지에서. 전화박스의 위성 안테나가 위를 향하고 있고, 나는 기사를 전송하고 우리 차량이 강을 건너다가 고장 난 사실을 애틀랜타에 알리기 위해 나침반을 사용해서 가시선을 찾고 있다.

4장

언론의 사명

정직하라

몇 년 동안 정신없이 바쁜 나날을 보내는 가운데 한 번은 귀국 휴가를 얻어 애틀랜타에 갔는데 CNN 상사인 이즌 조던이 사무실로 나를 불렀다. 이즌은 아시아를 알고 이해하는 인물이었다. 그가 재임하는 동안 CNN은 나를 시작으로 아시아계 미국인 여성들을 지국장으로 고용했다. 이즌은 해외 뉴스를 전하는 얼굴들이 현지 국가를 반영하길 바랐다. 내가 현재의 나, 지금과 같은 기자가 될 수 있었던 건 많은 부분 이즌이 기회를 준 덕분이었다.

그러나 그날 이즌은 달리 할 말이 있었다. 내게 최후통첩을 한 것이다. "마리아, 기사를 회전시키는 데 시간이 오래 걸린다는 얘기를 들었어요. 6개월을 줄 겁니다. 그러고도 개선되지 않으면 당신과의 계약을 다시 생각해봐야 해요."

충격을 받았다. 마닐라로 돌아와 프로브보다 CNN에 주력하는 방향으로 내 삶을 재조정했다. 어느 정도는 이즌과 나눈 대화 덕분에 마닐라 지국은 1년 안에 같은 규모의 CNN 지국 가운데 가장 기사를 많이 내는 곳이 되었다.

내가 처음에 페이스북의 초창기 실수를 인내심을 갖고 지켜본 것도 어느 정도는 베테랑 기자들이 CNN을 '치킨 누들 뉴스'*라 비웃을 때부터 CNN과 함께한 경험이 있기 때문이었다. CNN이 신뢰할 수 있는 국제 속보로 세계 선두주자가 되기까지는 아직 몇 년이 더 필요했다. 덕분에 나는 빠른 성장이 조직에 어떤 영향을 미치는지 알게 되었다. 모두가 골을 넣기도 하고 놓치기도 하는 경험을 한다. 좋은 팀과 적절한 일 처리 과정이 갖춰지면 골을 놓치는 경우보다 넣는 경우가 더 많다. 하지만 다른 무엇보다도 중요한 것은 강력한 리더가 명시하는 공동의 사명이다.

이즌은 우리의 성공을 리더인 테드 터너의 공으로 돌렸다.[1] "테드의 태도는 '되도록 돈을 많이 벌어야 한다'가 아니었습니다. 그는 세상을 진심으로 걱정했으며 뉴스란 지구를 위해 똑바로 일어서는 일이라고 보았습니다." 테드는 세계 어느 곳도 '외국'이 되어서는 안 된다고 생각해서 이 말을 쓰는 사람에게 1달러의 벌금을 물렸다.

---

* Chicken Noodle News, CNN의 앞글자를 이용해 싸구려 뉴스라고 조롱하는 말.

CNN 초창기에 사실에 근거한 보도 중심의 뉴스라는 기준은 현대의 삶을 지배했다. 미국에서 CNN이 출범한 1980년부터 여론몰이에 초점을 맞춘 폭스뉴스와 MSNBC가 출범한 1996년까지, CNN은 다른 24시간 뉴스 채널, 특히 CNN과는 보도 기준이 완전히 다른 뉴스 채널과 경쟁이 되지 않았다. CNN은 진지했으며 전 세계를 취재했다.

이슨과 만나고 약 3주 후 CNN은 내게 처음으로 필리핀 이외 지역의 기사를 제의했다. 싱가포르였다. 이 출장으로 많은 것을 깨달았다. 간곡히 답을 구하는 질문들, 그곳에서 만난 사람들, 새롭게 배우는 문화와 시스템이 좋았다. 일단 이곳에서 취재를 시작하자 나의 관할구역도 확장되어 말레이시아, 브루나이, 인도네시아까지 포함하게 되었다. 나는 CNN에서 맡기는 일을 거절한 적이 없었다. 새벽 두 시에 뉴델리로 가라는 전화를 받은 적도 있다. 그러면 우리는 여권의 비자뿐 아니라 새벽녘에 비행기를 탈 만반의 준비를 해놓고 기다렸다. 아시아에서 기삿거리가 생기면 우리 팀이 파키스탄, 중국, 한국, 일본 등에 바로 비자를 신청할 수 있는 표준 운영 절차가 갖춰졌다.

1994년 어느 시점에, 이즌이 자카르타 지국을 개설하려면 무엇이 필요한지 조사해보라고 했다. 1994년 세계에서 인구가 가장 많은 나라는 중국, 인도, 미국 순이었고, 그다음이 인도네시아였다. "왜 세계에서 이슬람 인구가 가장 많은 국가에 우리 지국이 없는 거죠?" 이즌이 물었다.

그때쯤 내게는 두 가지 일이 중요했다. 동양과 서양이라는 두 세계를 잇는 일, 그리고 서구 이외 지역의 문화를 조명하는 일이 그것이었다. 나는 전달자였고, 남반구에서 서구로 뉴스를 보도하는 사람이었다. 나의 기사가 두 문화, 다시 말해 취재 대상과 시청자(흔히 이 둘 사이의 간극은 크다) 모두에게 쉽게 다가가기를 바랐다. 사람들이나 사건이나 관습을 판단하는 건 내 일이 아니었으며 그렇게 한다면 오만일 터였다. 정말로 무슨 일이 일어나고 있는지를 평가하려면 먼저 맥락을 알고 시간의 흐름에 따라 한 사회 또는 사람들의 행동을 관찰해야 한다.

세계 언론은 분명 서구 관점의 지배 아래 있다. 적어도 당시에 국제적인 뉴스 수집을 최우선 과제로 삼으면서 자원과 네트워크를 동원하고 있던 나라는 서구 국가들이었다. 그래서 CNN과 BBC 같은 회사들이 자신들의 문화적 렌즈를 통해 걸러낸 것만이 보도할 가치가 있는 뉴스로 판단되었다.

그때까지 아시아와 많은 비서구 국가들은 그 같은 재원이 없었으며 우리의 생각을 드러낼 수 있는 기술을 닦을 기회도 없었다. 국제무대를 추구해야 할 이유가 없었던 것이다. 하지만 이제는 그래야 한다. 그리고 그렇게 하기 위해서는 메시지를 더욱 정교하게 다듬고 세계관을 확장해야 한다.

그즈음 우리는 CNN 자카르타 지국을 열었다. 인도네시아에는 다섯 개 텔레비전 방송국이 있었는데 대부분 장기 독재 중인 수하르토와 밀접하게 관련이 있었다. 내가 마닐라 팀을 인도네시아로 옮기는 것을 지지하며 든 논거 가운데 하나는 인도네시아의 민영 텔레비전 산업이 비교적 낙후되어 있다—숙련도가 낮다는 뜻이다—는 것이었다. 그때가 1995년이었다.

우리는 자카르타 샹그릴라 호텔에서 출범식을 열었다. 그 자리에는 1991년 걸프전 당시 텔레비전에 가장 많이 얼굴을 비추며 유명해진 CNN의 최고 스타 피터 아넷도 참석했다. 그는 1962년부터 1965년까지 베트남에서 AP통신과 함께한 보도로 1966년 국제 보도 부문 퓰리처상을 받았다. 베트남에 파견되기 전에는 자카르타에서 보도 활동을 하다가 쫓겨나기도 했다.

나는 내가 가장 좋아하는 인도네시아 식당에 피터를 데려가 질문을 퍼부었다. 예순한 살인 그는 거의 내 나이의 갑절이었다. 나는 필리핀과 취재차 방문한 나라들에서 언론이 수행하는 역할에 대해 이야기했다.

"민주주의에서 언론이 하는 역할을 알고 이해할 필요가 있어요." 피터가 말했다. "이 일은 모든 위험을 감수하고서라도 취재를 할 만큼 대단히 중요하다는 사실 말이에요."

걸프전 당시 CNN은 이라크 사막 바닥을 가로질러 요르단 암만에 있는 마이크로파 전송 안테나에 연결되는 4선식 전화선—두 쌍의 직통 전화선(각 방향으로 한 쌍씩)—을 가진 유일한 방송사였다. 이 안테나는 인공위성을 통해 전화 신호를 애틀랜타의 CNN 본사로 직접 전달해서 뉴스 제작자가 바그다드에서 생방송하는 기자와 동시에 대화를 나눌 수 있었다. 전 세계의 시선이 CNN에, 특히 피터에게 쏠렸다.

이는 피터가 미국 정부와 군의 공격을 정면으로 받았다는 뜻이기도 하다. 공격은 피터가 분유 공장에서 민간인 사상자가 난 사건을 보도하면서 시작되었다. 그곳이 분유 공장이라는 사실은 이라크 사람들이 알려준 것이었다. 당시 CNN은 시청자가 해당 보도의 한계를 명확히 알 수 있도록 피터가 이라크 정부의 "가이드 투어"를 받는 와중에 보도를 했으며, 보도 내용이 일부 "이라크 측의 검열에 의해 삭제"되었다는 점을 분명하게 밝혔다.

그런데도 당시 합참의장 콜린 파월 장군은 '분유 공장'이 대량 살상 무기로 쓸 독소, 박테리아, 바이러스 같은 생물 무기를 만드는 비밀 실험실을 위장한 것이라고 발표했고, 말린 피츠워터 백악관 대변인은 피터를 "이라크의 허위 정보를 전달하는 자"라 부르기 시작했다.

권력자들은 언제나, 특히 전시에는 서사를 통제하려 한다. 소셜 미디어가 생기기 전에도 그랬다. 피터는 나중에 실수를 저지르곤 했지만 (내부자의 말에 따르면 여기에는 "자기 팀을 곤경에 빠트린 일"이 포함되었다) 그날 피터가 준 교훈은 본인의 경력을 망치더라도 언제나 권력에 책임을 물어야 한다는 것이었다. 물러서지 마라. 그것은 언론인의 의무다.

이와 동시에 기자들이 뉴스를 취재하고 보도하는 방식이 변화하고 있었다. 1988년 마닐라 지국을 설립했을 때 테이프가 애틀랜타로 배송되는 데 2주가 걸렸다. 1989년 홍콩 지국을 열었을 무렵에는 익일 배송이 가능했다. 그러다가 여행 가방만큼 무겁고 커다란 휴대전화를 받았다. 이것을 어깨에 메고 다녀야 했는데 취재 때문에 뛰다가 종종 땅바닥에 떨어뜨릴 때도 있었다.

1990년대 중반 자카르타로 옮기면서, 우리는 CNN에서 또 다른 신기술을 시험하는 센터 가운데 하나가 되었다. 우리는 1세대 위성 전화로 애틀랜타를 연결해 생방송으로 음성 보도를 했다. 그다음에는 커다란 흰색 토코* 상자를 받았는데, 이것은 영상을 압축해 ISDN(지상파 데이터) 전화선을 통해 스튜디오에 있는 또 다른 토코 상자로 영상을 전송했다. 기사를 보낼 때 오랜 시간이 걸려 저화질의 영상을 전송한 다음, 그보다 더 오랜 시간을 기다려서 음성 전송을 완료했다.

당시는 '화상 전화를 통한 생방송'을 하던 초창기였다. 이 방식은 즐겁고 비교적 쉬우면서 저렴했다. 이제 우리는 어디서든, 세계 제일의 오지에서도 생중계를 할 수 있었다. 당시 이러한 변화는 'CNN 효과'[2]로 알려졌다. 전 세계 모든 24시간 텔레비전 뉴스 매체가 이 방식을 사용했고 위성 뉴스 수집의 빠른 성장과 영향이 그 직접적인 원인이었지만 CNN이 그 대표 주자였다.

이 모든 기술의 발전은 특히 정부 정책을 만들 때 대중매체의 역

---

* Toko, 공구용 상자의 상표명.

할을 둘러싼, 종종 격렬해지는 논쟁에 큰 영향을 미쳤다. 우리는 신기술 덕분에 정부의 독자적인 정보 입수 역량보다 더 빠르게 대중에게 정보를 전할 수 있게 되었다. 이는 정부 관리들이 입장을 밝히고 행동을 취하기 전에 신중히 생각할 시간이 줄어들었다는 뜻이었다. 그리고 정부는 곧 이런 기술 발전을 이용해 여론을 형성하는 법을 배우게 될 터였다.

이는 나와 같은 기자에게는 배울 수 있는 시간이 줄어들고 기삿거리를 찾고 탐사하는 시간이 최소화되었다는 뜻이기도 했다. 보도는 긴장감 넘치고 빠르면서 쉬워졌지만, 깊이가 없어지는 것 같았다. 기술은 우리의 시간을 절약해주는 동시에 우리에게서 시간을 훔쳐갔다.

24시간 뉴스 방송은 현장에 나가기도 전에 모든 사전 작업을 마칠 것을 요구했다. 내 경쟁 상대는 한 나라에 대해 보도하기 전 그 나라에 관한 글을 모두 읽어야 했고, 그래서 결국 내게 유리한 싸움이 되었다. 나는 수십 년 동안 같은 나라들을 취재하고 보도해왔기 때문이었다. 나는 대개 그 나라에 도착해 공항에서 출발한 지 한 시간 안에 생방송을 했다.

인도네시아에 극적인 변화가 일어난 때는 우리 자카르타 뉴스팀에게 믿을 수 없는 마법의 시간이었다. 1965년 이래 인도네시아는 수하르토의 통치를 받았으며 그는 이 나라 최장수 대통령이었다. 국제투명성기구는 수하르토를 현대 역사에서 가장 부패한 지도

자라 일컫는다. 그의 바로 뒤를 잇는 이가 페르디난드 마르코스다. CNN에서 일하면서 국가 지도자나 미디어 기업의 리더십을 공부할 수 있었고 또 그 리더가 이끄는 사람들의 부침을 이해할 수 있었다. 변화와 안정성—이는 리더가 사람들에게 심어준 기대에 의해 만들어진다—사이 균형을 찾는 일이 결실을 보려면 때로 몇 세대가 걸렸다.

1995년 지국을 개설하고 매년 새로운 일들이 일어났다. 1996년에는 한 여성이 수하르토에게 정치적 도전을 하며 촉발된 자카르타의 메가와티 시위가 있었고, 1997년에는 아시아 금융 위기와 인도네시아의 산불이 있었다. 이로 인해 동남아시아는 거듭 안개에 휩싸여 환경 및 정치 관련 기사가 대량으로 쏟아졌다. 그다음 해인 1998년에는 32년 가까이 집권하던 수하르토가 실각했다. 그러면서 거대한 사회변화가 일어나 전례없는 폭력 사태로 이어졌다.

지도자들을 인터뷰하면서 그들이 가진 약점이 그들이 이끄는 국민의 문화에 어떻게 뿌리내리는지를 알 수 있었다. CNN 자카르타 지국은 독재자의 통치에서 벗어나 민주주의를 요구하고 발전시키려는 과도기적 사회의 몇몇 국면들을 기록했다. 필리핀의 마르코스에서 싱가포르의 리콴유, 인도네시아의 수하르토, 말레이시아의 마하티르까지.

마르코스와 수하르토는 표면 바로 아래에 잠재해 있는 비슷한 문제를 남겼다. 필리핀은 정실 인사와 후원 정치였고 인도네시아는 카카엔KKN이라고 하는 부패, 결탁, 족벌주의였다. 억압과 통제를 일

삼는 이 상명하복의 정치 체제는 국민들에게 큰 타격을 입혔다. 이 지도자들이 지은 가장 큰 죄는 국민을 교육하지 않은 것이었다.

나는 두 나라 직원들이 주도적이지 않고 창의력을 발휘하지 않는 것에 답답함을 느꼈다. 왜 그런 가치관을 가져야 했을까? 마르코스와 수하르토 정권 아래서 눈에 띄는 인물은 위험을 감수해야 했다. 그러니 뒤로 물러나 순응하는 게 더 나았다. 두 나라의 문화적 가치는 이런 태도를 강화하는 데 도움이 되지 않았다.

프로브와 함께하던 시기에 필리핀 대학교에서 학생들을 가르치면서, 나는 학생들이 무엇을—그리고 어떻게—배우고 있는지 알고 싶었다. 이들은 어떤 가치관을 가졌을까? 먼저 권위에 대한 존중이 보상을 받는 것을 보았다. 자기 위치를 알고, 기계적인 학습을 하며, 답을 외워 그대로 쓸 수 있으면 되었다. 여기에 단정하면서 시간을 엄수하고 무엇보다 교사와 교사의 견해에 순종해야 했다. 학생들은 자신의 진짜 생각을 거의 표현하지 않았다.

인도네시아에서는 창의성과 독자적 사고가 부족하다는 점이 훨씬 더 확연했다. CNN 지국을 설립하기 위해 현지인을 고용하려고 일곱 차례나 인도네시아를 방문했지만 면접을 본 사람들 가운데 내가 필요로 하는 능력, 경험, 직업의식을 가진 이는 없었다.

'아모크'*라는 단어가 유래한 나라의 거리에서 교육의 부족은 폭

* amok, '맹렬한 살상욕을 수반한 정신착란'을 가리키는 말로, 말레이어인 amuco에서 유래했다.

력으로 나타나곤 했다. 나는 내가 보도하는 폭력과 거리에서 만나는 온순하고 공손한 사람들 사이의 괴리를 이해하려 애썼다. 그러면서 큰 집단의 행동방식을 이해하는 일과 개인을 상대하고 이해하는 일이 매우 다르다는 사실을 깨닫게 되었다.

그렇게 인도네시아에서 창발 행동emergent behavior의 의미를 알게 되었다. 개별 부분들에 대해 알고 있는 것으로 전체 시스템이 작동하는 방식을 예측할 수 없다는 것을 말이다. 전체로서의 시스템은 개인에게 압력을 가한다. 이는 집단 역학에 의해 가해지는 일종의 동료 압력인데, 이로 인해 사람들은 종종 혼자라면 하지 않았을 일을 한다.

온라인에서든 현실 세계에서든 집단이 폭도가 되면 창발 행동은 예측할 수 없고 위험하다. 한국과 중국을 포함해 그때까지 내가 현지에서 취재한 나라 가운데 인도네시아만큼 그렇게 변화가 심한 폭력을 보여준 나라는 없었다. 나는 내가 겪고 있는 일을 분류하기 시작했다. 정치 폭력뿐 아니라 경제 폭력, 종교 폭력, 분리주의 폭력, 민족 폭력도 있었다.

1990년대 후반에는 인도네시아의 스물일곱 개 지방을 매주 찾아다니며 폭도에 의한 폭력 사태를 보도했다. 시작은 1996년 자카르타에서 20여 년 만에 일어난 최대 규모의 폭동이었다. 이 폭동은 순수하게 시작되었다. 한 취재원이 해 뜨기 전에 내게 전화해 인도네시아 초대 대통령인 수카르노의 딸이자 세 정당 가운데 가장 작은 인도네시아민주당PDI의 수장인 메가와티 수카르노 푸트리의 지지자들에 대한 조치가 취해질 예정이라고 알렸다. 정부는 수르야디라는 전직 군 장성이 이 당을 장악하도록 일을 꾸몄다. 메가와티와 지지자들은 그를 지도자로 받아들이길 거부하고 법적 투쟁을 벌였다.

그때 처음 수하르토가 어떻게 자신의 지배권을 유지하고 강화하는지 보았다. 그 전략은 다른 나라들에서도 거듭 이용되었는데, 군 조직과 준군사 조직이 민주화 운동에 잠입해 그들의 평판을 훼손하고 폭력을 조장하는 방식이었다.

나는 르네에게 전화를 걸어 나를 만나기 위해 처음으로 자카르타를 방문한 두 여동생 미셸과 니콜을 깨웠다. 그 주 주말에 관광을 시켜주겠노라고 약속한 터였다. 상황이 이러니 동생들에게 취재 현장에 함께 가자고 했다. 장비를 다루는 일을 도우면서 취재 팀이 어떻게 움직이는지 배울 수 있는 기회였다.

도착하니 메가와티 지지자들이 인도네시아민주당 당사에 진을 치고 있었다. 우리는 빨리 온 편이었다. 트럭들이 서고 덩치 큰 남자들이 우르르 내려 길가에서 민주당 지지자들이 입는 빨간색 티셔츠로 갈아입었다. 누구냐고 묻자 그들은 수르야디를 지지하는 사람들이라고 답했다. 인도네시아민주당 당원으로 추정되었으나 그들은 군화를 신고 있었다. 나는 이를 방송으로 보도했지만 더 깊숙이 파고들지는 않았다.

우리는 수르야디 지지자들이 인도네시아민주당 표지판에 돌을 던지는 모습을 보았다. 한편 트럭 여러 대에 실려 온 경찰은 더 많은 메가와티 지지자들이 대치 현장에 들어가지 못하도록 바리케이드를 설치했다. 오전 여덟 시 무렵 경찰이 인도네시아민주당 당사를 급습해 수르야디 지지자들을 안으로 이끌고 들어가 메가와티 지지자들을 체포했다. 오전 열한 시, 메가와티 지지자들이 군사 봉쇄를 뚫었고 보안군과의 산발적 전투가 시작되었다. 시내 주요 대로인 잘란크라마트라야에 있는 건물들이 불타기 시작한 건 오후 세 시가 조금 지난 때였다.

해 질 무렵 대략 1만 명은 되는 사람들이 거리에서 난동을 부리며 근처 건물들에 불을 질렀다. 그 폭도 앞에서 달리다가 동생들과 나는 르네 그리고 음향기사인 이크발과 헤어지게 되었다. 동생들을 어느 집 뒷마당으로 끌고 들어가 숨게 했다. 그러고는 나와 함께 있었던 일을 부모님한테 말하지 않겠다는 약속을 받았다. 당시 동생들은 자신들이 얼마나 위험한 상황에 처했는지 모르는 눈치였다. 눈앞에서 벌어지는 일에 놀라기는 했으나 언니가 밥벌이로 이런 일을 한다는 데 흥분한 듯했다.

당시 분석가들은 이 폭력이 정치 탄압, 국민들의 억눌린 분노의 결과라고 보았다. 그 주 토요일에 다섯 명이 사망하고 149명이 부상을 입었으며 136명이 체포되었다. 그때 처음으로 왜 수하르토가 '꼭두각시를 조종하는 사람'을 뜻하는 달랑dalang으로 불리는지 알게 되었다. 달랑은 인도네시아의 전통 그림자극인 와양wayang에서 가림막에 그림자로 비치는 인형을 조종한다. 사람들은 가림막에 비친 그림자를 볼 뿐이다. 권력에 대한 도전이 제기되면, 지도자는 언론을 통제해 자신을 위한 서사를 만들어낸다.

1998년 5월 자카르타 사리팬퍼시픽 호텔 옥상에서 진행한 CNN 생방송. 기껏해야 서너 시간을 자면서 실시간 보도를 해야 했다.

1998년 수하르토가 물러날 때까지 1,400명이 사망했다. 그가 사임한 후에도 폭력은 수그러들지 않고 더욱 거세져 군의 통제를 넘어선 것 같았다. 1960년대와 마찬가지로 그 표적은 화교였다. 아시아 금융 위기가 생존 경쟁을 유발하고 제도화한 인종차별이 확산된 까닭이었다. 자카르타와 인도네시아의 여러 지역에서 폭도의 폭력은 흔한 일이 되었다. 이웃과의 경쟁은 도시 간 전쟁으로 바뀌었다. 마체테 칼을 든 남자들이 자카르타 거리에서 서로를 베었다. 무분별한 살인과 살육의 광경을 보면서 나는 수하르토의 억압이 어떻게 압력솥처럼 작용했는지, 폭력의 은폐가 어떻게 더 큰 폭력으로 이어지는지를 알게 되었다.

서부 칼리만탄에서는 마두라족과 다야크족 사이의 인종 폭력으로 수백 명이 사망했다. 다야크족은 한때 보르네오의 인간 사냥꾼으로 알려져 있었다. 이들은 적의 머리를 베어내고 간을 먹으면 그 힘을 얻는다고 믿었다. 이 오래된 전통인 정령 신앙은 수하르토 치하에서는 인종, 종교, 또는 민족 문제를 논하는 것이 금지되었기에 다뤄지지 않았지만 여전히 번성하고 있었다. 그것은 너무나 '감정적'이고 논쟁적인 문제였다. 그리고 군대에 의해 질서가 부과되는 사회에서는 논쟁적인 사안을 토론에 부치는 것은 상황을 더 악화시킬 뿐이라는 이유로 '불필요'하게 여겨졌다.

어느 주말, 나는 자기 민족을 나타내는 색깔 있는 머리띠를 두른 남자들이 소란스럽게 먹고 마시며 여덟 명을 참수하는 장면을 목격했다. 언젠가는 소년 한 무리가 들판에서 신이 나서 축구를 하는 광경을 보았는데, 이윽고 그 아이들이 차고 있는 공이 한 노인의 머리라는 것을 발견했다.

이슬람교인과 기독교인이 섞여 있는 암본에서는 종교 폭력으로 1년 남짓한 기간 동안에 4,000명이 사망했다. 2002년에는 사망자 수가 1만 명을 넘어섰다. 언젠가 이슬람교 구역과 기독교 구역으로 나뉜 소수 민족 거주지에 살면서 싸움에 지친 사람들에게 어디서부터 폭력이 시작되었는지 물어본 적이 있다. 근본 원인을 찾으면 집단 폭력을 멈추는 데 도움이 되지 않을까 하는 바람에서였다. 그러나 언제나 돌아오는 대답은 "바깥의 저들이"이 저지른 일이고 "우리가 그러지 않았다"는 것이었다.

폭력이 발생하면 대답은 언제나 이런 식이었다. 폭도의 힘은 개인의 통제력을 무너뜨리고 사람들에게 최악의 모습을 드러낼 자유를 주었다. 인도네시아에서 목격한 일은 필리핀에서도 목격한 일이었다. 그리고 언젠가 허위 정보가 교육을 덜 받았거나 인터넷 사용이 익숙하지 않은 사람들의 마음을 파괴하고 행동을 변화시키는 위력을 발휘하게 될 때, 세계 각국에서 목격하게 될 일이었다. 교육은 통치 체제의 질을 결정한다. 교육에 대한 투자는 결실을 맺기까지 한 세대가 걸린다. 마찬가지로, 교육에 투자를 하지 않은 결과는 한 세대 뒤에나 느낄 수 있다. 교육이 그 나라의 생산성, 노동 인구의 질, 투자, 그리고 결국에는 국내총생산GDP을 결정한다. 한 나라의 교육 예산은 국민에 대한 투자라고 할 수 있다.

언론과 민주주의 모두에 중요한 분별력과 질문하는 능력도 교육에 의해 결정된다. 좋은 언론인과 언론사는 자신들의 지도자에게 책임을 물을 수 있는 국민의 힘에서 나온다. 즉, 한 나라의 민주주의의 질은 그 나라 언론인의 질로 확인할 수 있다는 뜻이다.

언론계에서 쌓은 나의 경험은 우리 세대 기자들에게는 일반적인 것이었다. 당시 기자라는 직업은 황금기를 구가하고 있었고, 언론사는 기자들이 그들의 일을 하는 데 필요한 자원과 보호를 충분히 제공해주었다.

나는 뉴스를 보도하는 일이 좋았다. 기자라는 직업 덕분에 엄청난 아드레날린을 내뿜으며 의미를 추구하는 일에 내 이십 대와 삼십 대를 바칠 수 있었다. 그 세계는 마감을 중심으로 돌아가는 학교였고, 나는 그곳에서 세상을 배웠다. 사람들이 그들의 삶에서 가장 감정이 벅차오르는 순간, 그 맨 얼굴의 비극과 기쁨을 경험하고 기록하는 특권을 누렸다. 함께하는 그 순간이 특권이라는 것을 잊지 않음으로써 진정한 관계를 쌓을 수 있었다. 나는 온갖 상황 속으로 걸어들어가 듣고, 배우고, 받아들이고, 솔직해질 준비가 되어 있었다. 좋은 언론은 신뢰와 함께 시작된다고 믿었기 때문이다. 취재 대상이 당신을 신뢰해야 하고, 그다음으로는 당신의 기사를 통해 청중들과 서서히 신뢰를 쌓아가야 한다.

나는 신체적으로, 지적으로, 사회적으로, 그리고 정신적으로 모든 면에서 시험받는 기분이었다. 특히 지적으로 정치에서부터 경제, 통치 체제, 안보, 기후, 지속 가능한 발전 등의 주제를 넘나들면서 다양한 분야의 기사를 작성했고 전문성을 쌓아나갔다.

사회적으로는 의사 결정이 어떻게, 그리고 왜 이루어지는지에 대한 내부 정보를 수집할 수 있을 만큼의 정보망을 구축했다. 좋은 기자에게는 좋은 취재원이 있다. 이것이 기자회견과 탐사 보도의 차이다. 취재원과 관계를 쌓으려면 먼저 정직해야 하고, 선을 명확히 그어야 하며, 자신이 공개적으로 밝히려는 것이 무엇인지 사전에 허락을 받아야 한다. 민감한 기사의 경우, 나는 모든 취재원에게 그것이 기사화된다는 사실을 알려 그들이 복수심에 불타는 지도자나 독재자로부터 자신을 보호할 수 있을 때까지 보도하지 않았다. 취재원을 늘리고 보도의 정교성을 높여갈 때 대중의 신뢰도 얻을 수 있다. 그리고 시간이 흐르면서 기자와 취재원이 서로의 가치관을 이해하게 되면 진실과 정의를 위해 함께 싸울 수도 있다.

취재 환경과 마감 탓에 체력에 무리가 오기도 했다. 전쟁이나 재난이 발생한 현장을 보도할 때에는 세심한 계획만큼이나 회복력이 필요하다. 이는 몇 주간 라면과 통조림으로 끼니를 때우고(예비 차량에 음식물을 실을 수 있다면 말이다) 속보를 전해야 하는 상황에서는 기껏해야 두세 시간 눈을 붙일 정도로 쪽잠을 자야 한다는 뜻이다. 또한 이는 극한의 더위, 추위, 배고픔, 갈증을 견뎌야 한다는 뜻이기도 하고, 무엇보다 공포에 맞서야 한다는 뜻이기도 하다. 언젠가는 우리 팀을 색출하려는 무장 민병대의 급습을 피해 불도 켜지 않은 집 침대 아래에서 숨죽인 채 숨어 있어야 했다.

1991년 차를 타고 필리핀 레이테섬의 오르모크를 끝없이 내달리고 있었다. 한밤중 갑작스러운 홍수로 도시의 일부가 바다로 휩쓸려나간 상태였다. 숲의 황폐화, 기후변화, 지방 정부의 재난 대처 능력, 환경 파괴의 결과를 다루는 기사를 낼 예정이었다. 4,000명에서 1만 명에 이르는 사람들이 사망했다. (추정 사망자 수에 차이가 나는 것은 사상자 수를 낮추는 일에 이권이 걸린 사람들 때문이었다.) 도시에 들어서자 죽음의 악취가 압도했다. 우리는 다리를 건너 시내로 들어가서 파손된 스카이라인을 영상으로 촬영하기 위해 차를 세웠다. 잠이 덜 깬 상태에서 차에서 내리는데 물컹거리는 무언가가 발에 걸렸다. 아래를 내려다보고 그게 사람 손이라는 것을 알고는 거의 토할 뻔했다.

무의미한 죽음, 폭력, 잔혹함을 증언하다 보면 신의 존재를 마주하지 않을 수 없다. 나는 600구 이상의 시체가 오르모크의 공동묘지에 묻힌 것을 보았고, 가족들이 울부짖는 소리를 들었으며, 살이 썩어가는 악취에 둘러싸여 있었다.

그때 나는 신을 믿는 쪽을 택했다. 마음 한편에서는 홍수와 해일로 이렇게 많은 사람들이 잠든 사이에 죽을 수 있다는 사실에 분노가 일었다. 신이 이런 일을 허락했을까? 또 다른 한편에서는 인류에게 치명적인 교훈을 주는, 노아의 방주에 나오는 신을 생각했다. 우리가 그렇게 쉽게 버려지는 휴지 조각일 리 없었다. 나도 모르게, 그들의 영혼을 위해 기도했다. 나에게는 뭔가가 더 필요했다. 이런 순간들을 겪으며 나는 믿음이 단순히 종교가 아니라 그 이상의 것임을 알게 되었다. 신이 부처든, 알라든, 야훼든, 여호와든, 엘 샤다이든 상관없이 말이다.

기자가 되면서 나 자신과 우리가 공유하는 인간성에 대한 믿음을 가져야 한다는 점을 배웠다.

2000년에 이르러 나는 동남아시아 지역 CNN의 얼굴이 되었다. 그해 7월 필리핀에 돌아와 마닐라 로터리클럽에서 교육, 언론, 민주주의를 주제로 연설했다. 그 연설에서 처음으로 우리 언론의 미래에 대한 전망을 분명하게 밝혔다.

나는 전쟁 보도에 대해 이야기하는 대신 한 가지 개념, '객관적인 언론인'이라는 신화에 대해 이야기했다. 그리고 그 개념을 견제와 균형의 시스템을 통해 취재 과정에서 객관성 확보를 목표로 하는 언론의 원칙과 구분했다. 객관적인 언론인 같은 건 없다. 이를 부정하는 사람이 있다면 그 사람은 거짓말을 하는 것이다.

사람들이 '객관성'이라는 말을 쓸 때 무엇을 말하고자 하는지를 분명히 밝히는 게 중요하다. 주로 언론인이 정직하지 못하거나 편향되어 있다고 공격할 때 이 말을 사용하기 때문이다. 내가 '객관성'이라는 말에 유독 강하게 반응하는 건 이런 이유에서다. 언론인에 대해 이야기할 때면 나는 언제나 '객관적'이라는 말 대신 '좋은'이라는 말을 수식어로 쓴다.

좋은 언론인은 균형을 찾지 않는다. 예를 들어 어떤 지도자가 전쟁 범죄를 저지르거나 시민들에게 노골적인 거짓말을 하고 있는데도 균형을 찾는다면, 그것은 거짓 등가성*의 오류로 귀결될 뿐이다. 언론인이 권력자를 대할 때 '균형 잡힌' 방식으로 기사를 쓰는 게 더 쉽고 안전하다. 하지만 이는 비겁한 사람의 탈출구일 뿐이다. 예를 들어, 좋은 언론인은 기후변화를 부정하는 사람들과 기후변화를 연구하는 과학자에게 똑같은 시간과 지면을 할애하지 않는다.

좋은 언론인은 증거에, 반박의 여지가 없는 사실에 의지한다.

---

* false equivalence, 사과와 오렌지의 비교처럼 서로 나란히 놓고 볼 수 없는 것을 비교 대상으로 삼는 오류를 말한다.

좋은 언론이란 강력한 규범 및 윤리 지침의 통제 아래 뉴스룸에서 실행되는 직업적 훈련과 판단의 결과다. 이는 권력자로 인해 곤경에 처하더라도 용기를 가지고 증거를 보도한다는 뜻이다. 공정과 균형이라는 말이 이 맥락의 바깥에서 사용되는 것은 위험하다. 흔히 기득권을 가진 사람들이 이 말을 탈취하기 때문이다.

지금의 나는 그 시절을 그리워하며 되돌아본다. 2000년대 초만 해도 뉴스 매체는 여전히 문지기 역할을 했다. 대중은 기자의 기량과 언론사의 평판을 믿었고 편집 팀의 전문가들은 같은 지침에 따라 판단을 내렸다. 언론의 사명은 공공 영역을 지키는 것이었다. 우리는 우리가 소중히 여기는 가치와 원칙을 수차례의 회의를 통해 다듬어 문서화했다. 이 원칙 가운데 하나에 따르면, 언론인은 문제의 다양한 측면을 귀 기울여 듣고, 그가 그로부터 알게 된 내용을 통합해 대중이 각자의 정보에 입각해 결정을 내릴 수 있도록 돕는다. 이 약속은 신성한 것이었다.

또 그때만 해도 시장 원리와 책임 사이에 균형이 있었다. 언론인과 언론사는 기사의 발행 및 방송과 관련된 모든 일에 법적 책임을 졌다. 뉴스의 제작과, 결정적으로 뉴스의 배포 방식 모두에 대해 말이다. 대중이 기사를 몇 차례나 볼지, 그 기사의 상단에 어떤 헤드라인을 넣을지, 글꼴이나 이미지를 얼마큼 선정적으로 보이게 할지, 기사에 사용되는 언어를 얼마나 공정하고 편향되지 않게 다듬을지 등. 사업 부서와 기자 사이에는 벽이 존재해서 조직 내의 재정적인 이해관계가 뉴스에 영향을 미치는 일을 막았다.

내가 본 것은 우리 모두가 본 것과 다르지 않았다. 모든 사람이 같은 기사를 읽고 같은 뉴스 보도를 보았다. 우리는 사실에 동의했다. 시청각 매체가 인쇄 매체보다 더 감정을 자극하기는 하지만 오늘날 소셜미디어의 설계나 알고리즘과 달리 윤리상 할 수 있는 일에 한계가 있었다.

목표는 논쟁에서 이기는 게 아니었다. 민주주의가 작동할 수 있도록 시민에게 정보를 알리는 것이었다. 언론인은 우리가 공유하는 민주주의 문화, 다시 말해 듣고 토론하고 협상하는 문화의 일부였다. 법적 책임 외에도, 더 나은 미래를 만드는 데 도움이 되어야 한다는 도덕적 책임의식이 있었다.

권력이 작동하는 방식도 더 구체적으로 이해했다. 모든 정부가 진실을 말하는 사람들을 포섭하고 서사를 통제하려 한다는 점을 우리는 알았다. 대부분의 민주주의 국가에서 언론인은 국민의 의지, 즉 알고자 하는 욕구에서 힘을 얻어 국민이 그들의 삶, 국가, 지도자에 대한 의견을 가질 수 있게 해주는 제4계급이었다. 이렇게 국민의 감정과 이성에 다가갈 수 있기에 국가는 언론인에게 접근 권한을 주었다. 최상의 경우 이 관계는 견제와 균형의 장치가 되고, 최악의 경우에는 언론인이 국가가 원하는 이야기를 하는지 여부에 따라 그 접근 권한이 달라졌다.

대부분의 뉴스 그룹에서 권력의 편을 들어야 하는 사업 부서와 국민에게 책임을 다해야 하는 독립적인 편집 부서 사이에 내분이 있었다. 이는 또 하나의 견제와 균형이었다.

지금은 이 모든 것이 사라지고 언론사가 기술 기업으로 대체되고 있다. 기술 기업은 사실, 진실, 신뢰를 지키는 문지기 역할을 대체로 포기했다. 이들 기업의 보상 체계는 권력과 돈을 중심으로 구축되어 권력과 기꺼이 동맹을 맺어 시장에 대한 접근과 성장을 보장받으려 한다. 과거에 우리 모두가 얻는 정보는 기득권으로부터 보호를 받았다. 물론 일부 미디어 대기업의 경우 기득권에 흔들리기도 했다. 그러나 현재 기술 기업 아래에서 당신이 얻는 정보는 오로지 이윤이 목표인 기업에 의해 직접 결정된다.

이것이 지금 우리가 살고 있는 전환기의 현실이다.

2001년 1월 20일 글로리아 마카파갈 아로요가 제14대 필리핀 대통령으로 취임했다. 그는 미국에서 공부한 경제학자였다.

모든 대통령은 이전 대통령에 대한 반작용의 결과다. 독재자 페르디난드 마르코스의 뒤를 이은 것은 평범한 주부이자 고인이 된 영웅의 아내, 코리 아키노였다. 그리고 아키노 뒤를 이어 대통령이 된 인물은 전직 군 장성인 피델 라모스로, 그는 마르코스를 축출하고 처음에는 육군참모총장으로서, 그다음에는 국방부 장관으로서 아키노가 쿠데타 국면을 무사히 헤쳐나갈 수 있도록 도왔다. 라모스의 뒤를 이은 인물은 영화 배우 조셉 에스트라다였다.

에스트라다에게 부패 혐의가 제기되자 필리핀 국민은 거리로 나와 그를 몰아내었고 이는 2차 피플파워로 불렸다. 하지만 에스트라다는 마르코스 같은 독재자가 아니었다. 그는 민주적 절차에 따라 선출되었으며 탄핵 과정에서도 살아남았다. 시위가 법치주의를 훼손한 것일까? 군중의 지혜와 폭도의 지배 사이의 경계는 어디일까?

정치화되어 스스로 킹메이커가 된 군부는 에스트라다를 버리고 부통령인 글로리아 아로요를 대통령으로 지지했다. 아로요는 시위에 떠밀려 대통령이 되기는 했으나 곤혹스러운 임기를 겪었고, 이 사건을 계기로 피플파워의 유산도 변했다. 나는 한 생중계에서 이를 "피플파워의 텃세"로 설명했다. 아로요는 에스트라다의 남은 임기 동안 대통령직을 승계해 수행하다가 재선에 성공해 10년 가까이 재임했으나 끊이지 않는 부패 혐의로 나라를 뒤흔들었다. 사람들은 오랜 문제가 전혀 해결되지 않았다는 것을 알았다.

8개월 후 9·11이 일어나 전 세계를 충격에 빠뜨렸다. 그날, 냉전 시대의 원칙에 고착된 전 지구적 안보 패러다임이 취약성을 드러냈다. 국제 테러 집단이 중심이 된 비대칭전의 시대에 냉전 시대 패러다임은 더 이상 유효하지 않았다. 국민 국가의 위력은 열정과 사명감에 힘입은 다른 종류의 강력한 운동으로 대체되고 있었다. 나는 알카에다의 연결고리를 찾는 일에 몰두하면서 새로운 현상이 보내는 경고 신호를 보았다. 적의에 찬 이념이 어떻게 네트워크를 과격하게 만들고 당시 익히 알고 있던 것, 즉 '창발 행동'을 형성하는지 말이다.

2001년 9월 11일 허울이, 우리가 냉전 이후 평화에 대해 집단적으로 해온 거짓말이 벗겨졌다.[3]

당시 많은 사람들이 알지 못했던 것—그래서 내가 더 충실히 보도하기 위해 애썼던 것—은 동남아시아가 어떻게 알카에다의 초기 온상 역할을 했는지다.[4] 9월 11일 즈음이면 알카에다는 이 지역에서 이미 오랫동안 운영돼오고 있었다. 적어도 1988년 오사마 빈 라덴의 처남인 모하메드 자말 칼리파가 필리핀에 와서 이슬람교 자선단체를 설립했고, 이 자선단체는 와하브주의*와 과격 사상을 전파했다. 1991년부터 1994년까지 필리핀에서는 테러 행위가 약 150퍼센트 증가했다.[5]

그날 9월 11일에 나는 체육관에서 집으로 달려가 서류철과 정보문서를 뒤져(당시에 기자가 사건과 관계를 추적하는 유일한 방법이었다) 미국 비행 학교에서 훈련받아 면허증을 소지한 압둘 하킴 무라드에 관한 필리핀 정보국의 1995년 심문 보고서를 꺼냈다. 그는 알카에다가 모집한 첫 번째 조종사였을 가능성이 있었다. 그는 1995년 마닐라에서 체포되어 미국으로 넘겨졌고, 9·11 공격 당시에는 콜로라도주 플로렌스의 슈퍼맥스 교도소에 있었다.[6]

무라드의 심문 보고서를 다시 읽고서 나는 애틀랜타에 연락해 나를 필리핀으로 보내줄 것을 요청했다. 1995년 당시 마닐라 경찰서장에게 알카에다 음모에 대해 물어볼 수 있도록 말이다. 내가 필리핀에서 최초로 보도한 이 이름들은 이제는 잘 알려져 있다.[7] 람지

* 아랍인들이 쿠란의 가르침대로 살아야 한다고 주장하는 이슬람교 수니파 내부의 운동으로 극단적 금욕주의를 내세운다.

유세프와 칼리드 셰이크 모하메드는 1995년 필리핀에 있으면서 교황 요한 바오로 2세와 미국 대통령 빌 클린턴의 암살 음모를 꾸몄다.[8] 우리가 보도한 보진카 계획*은 아시아에서 출발하는 미국 여객기들을 폭탄 공격하려는 음모였다. 당시 우리는 민간기를 납치해 뉴욕의 세계무역센터, 펜타곤, 시카고의 시어스빌딩**, 샌프란시스코의 트랜스아메리카피라미드*** 같은 건물에 충돌시키는 음모를 무시했는데, 너무나 기상천외했기 때문이었다.[9] 취재를 할수록 1993년부터 2003년까지 알카에다의 모든 주요 음모가 미국의 이전 식민지였던 필리핀과 연관이 있음을 알 수 있었다.[10] 1993년 세계무역센터 공격부터 1998년 동아프리카 주재 미국 대사관들에 가한 폭탄 테러, 2003년 자카르타의 JW매리엇 호텔에 대한 공격까지.

이렇듯 내 경력에서 가장 중요한 두 가지 기사가 필리핀과 관련이 있었다. 필리핀은 21세기 미국과 세계를 위협하는 두 가지 위험 요인인 이슬람 테러리즘과 소셜미디어상에서 벌어지는 정보전의 시험장이었다.

9·11 이후 나는 저 국제 테러 조직망을 추적해 조직원들과의 연결고리와 유사한 음모가 또 있는지를 알아내는 일에 몰두했다.[11] 먼저 오랫동안 접촉해온 이들에게 연락했다. 필리핀, 인도네시아,

---

* Oplan Bojinka, 보진카는 세르비아어로 '큰 폭발'이라는 뜻이다.
** 2013년 뉴욕에 프리덤타워가 건설되기 전까지는 서구에서 제일 높은 건물이었으며 현재는 윌리스타워로 이름이 바뀌었다.
*** 지상 48층에 260미터 높이의 건물로 샌프란시스코의 랜드마크.

싱가포르, 말레이시아에 퍼져 있던 수사관들이 모두 승진을 한 덕분에 재빠르게 자원을 활용하고 정보를 수집할 수 있었다. 이들은 알카에다 소속원들에 대한 과거 정보 보고서를 기꺼이 공유했는데 그 보고서가 무엇을 의미하는지에 대한 분석 결과와 교환하는 조건이었다. 나는 그들보다 더 많은 정보를 가지고 있었다. 당시만 해도 동남아시아에는 중앙집중식 데이터베이스나 공식 정보 공유 프로그램이 없었기 때문이다. 나는 이들이 공유해준 기밀 정보 보고서로 나 자신의 데이터베이스를 갖추기 시작했다.[12] 수사관들은 혼자서는 다루기 힘든 관료체제를 우회하기 위한 방법으로 종종 내게 전화해 새로 찾아낸 이름을 어디서 들어본 적이 있는지 묻거나 새로 얻은 정보가 무엇을 의미하는지에 관해 함께 브레인스토밍을 했다. 그 덕분에 9·11 이후 10년 동안 CNN에서 특종 기사를 잇달아 낼 수 있었다.

나는 테러범들을, 그리고 폭력을 지지하는 적의에 찬 이념이 확산하는 현상을 눈여겨 관찰하면서 사람들이 집단에 가담할 때 어떤 변화를 겪는지를 공부했다. 이미 인도네시아에서 그 변화를 목격한 적이 있었다. 과격화의 과정을 알고 싶어 집단 사고* 이론과 심리학자 솔로몬 애시가 1950년대에 진행한 실험을 살펴보았다. 솔로몬 애시의 실험 결과, 실험 대상자 가운데 75퍼센트가 간단한 문제를 마주했을 때 자신의 결론을 고수하기보다 집단의 압력에 굴복했

* 사고의 다양성 대신 조직 내에서 지배적인 사고방식에 순응하는 경향을 말한다.

다.[13] 애시의 실험은 동료 집단으로부터 받는 압력의 힘을, 그리고 우리가 특정 집단에 속하게 될 경우 어떤 변화를 겪는지를 보여주었다. 나는 스탠리 밀그램('6단계 분리 이론'*을 기억하라)과 필립 짐바르도의 유명한 실험에 의지해 테러범이 권위에 대해 보이는 반응을 이해하고자 했다. 밀그램은 대부분의 사람들이 다른 사람들에게 치명적일 수 있는 충격을 가하라는 말을 들을 때조차 지시를 따른다고 밝혔다.[14] 짐바르도의 연구에 대해서는 이의를 제기하는 사람들이 있지만, 그는 자신의 결론을 고수하고 있다. 사람들이 집단 속에서는 개성을 잃고 주어진 역할에 순응한다는 것이다.[15] 다시 말해, 권위는 우리에게 최악의 자아가 될 자유를 줄 수도 있다. 훗날 소셜미디어와 관련해서도 이 실험들이 떠올랐다. 폭도들을 움직여 표적이 된 사람들에게 분노하게 만들기란 정말로 쉬운 일이다.

나는 또 극단주의와 과격화가 어떻게 사회관계망을 통해 바이러스처럼 퍼질 수 있는지 알게 되었다. 사회관계망 이론 분야에서 니컬러스 크리스타키스와 제임스 파울러가 제시한 3단계 영향 법칙[16]에 따르면, 우리의 모든 말과 행동은 사회관계망에 파문을 일으켜 우리의 친구(1단계), 친구의 친구(2단계), 심지어 친구의 친구의 친구(3단계)에게 영향을 준다.[17] 예를 들어, 내가 외로움을 느낀다면 (그 영향이 최소한으로 확산된다고 가정했을 때) 내 친구가 외로움을 느

* 1967년 스탠리 밀그램이 주창한 이론으로, 지구상의 모든 인간 관계가 6단계만 거치면 모두 연결된다는 것을 편지 전달 실험으로 보여주었다.

길 가능성은 54퍼센트, 친구의 친구는 25퍼센트, 친구의 친구의 친구는 15퍼센트다.[18] 행복이나 희망 같은 정서 외에 흡연, 성병, 심지어 비만도 사회관계망을 통해 확산하고 또 추적할 수 있다.[19]

나는 캘리포니아 몬테레이에 있는 해군대학원의 코어연구소Core Lab[20]에서 미세 조정한 기법을 이용해 사회관계망 지도를 만드는 법을 처음 배웠다.[21] 그리고 테러리스트를 추적하는 과정에서 동남아시아와 오스트레일리아의 알카에다와 제마이슬라미야*가 같은 방식으로 운영되고 있다는 것을 알게 되었다. 이는 훗날 허위 정보망이 확산되는 방식이기도 했다. 이들은 이질적인 집단을 장악해 훈련시키고 자금을 제공하며 지하디** 이념을 전파했다. 이들은 '가까운 적'인 자신들의 정부와 '먼 적'인 미국을 모두 표적으로 삼았다.

9·11 이후 몇 년에 걸쳐 제마이슬라미야와 알카에다의 중앙집중식 지휘 구조는 무너졌다. 하지만 오래된 네트워크들은 계속해서 지하디 바이러스를 퍼뜨렸다. 세포들은 중앙의 지도부 없이 공격을 수행했다. 훈련소는 더 작고 더 임시적인 방식으로 운영되었다.

위험이 더 분산되어 추적하기가 더 어려워졌다.

나는 이후 대테러 작전이 테러 조직에 미친 영향에 대해 이야기하거나 글을 쓸 때면 이 문장을 다양한 방식으로 반복했다.[22]

이를 20년 후에 온라인에 등장하게 된 정치의 과격화로 바꿔서

---

* Jemaah Islamiyah, JI, 동남아시아를 거점으로 활동하는 이슬람주의 무장 조직으로 조직 이름은 인도네시아어로 '이슬람의 모임'이라는 뜻이다.
** 성전을 벌이는 투사라는 뜻이다.

말해보자. 전직 미국 국가안보회의 직원들이 포함된 페이스북의 보안 및 정보 전문가들은 페이스북을 통해 퍼진 온라인 허위 정보망이 한 번 삭제되었다가 몇 년 후 재건된 방식에 대해 똑같은 결론에 도달했다. "위험이 더 분산되어 추적하기가 더 어려워졌다."[23]

2003년 기자 생활 17년 차에 접어들었고 나의 학습 곡선은 정체기에 도달했다. 이제 눈을 감고도 뉴스 속보를 전할 수 있었으며 내가 다루는 모든 기사에서 같은 주제가 반복되고 있다는 것을 알아차리기 시작했다. 자카르타 팀의 업무 흐름은 최고였다. 우리는 규모가 비슷한 다른 모든 지국을 능가했다. 하지만 나는 배우기를 멈춘 상태였다. 이제 정말로 다른 일을 좀 더 해보고 싶었다.

나이 마흔이 넘었으나 여전히 일과 삶의 균형에 대한 개념 없이 학생처럼 살고 있었다. 나의 일이 곧 나의 삶이고 나의 삶이 곧 나의 일이었다. 그러면서 내가 무엇을 희생하고 있는지 알았다. 진짜로 큰 특종이란 필연적으로 내 애정 관계의 끝을 의미할지도 모른다는 생각이 들었다. 나는 분쟁 지역 속보를 전하느라 남동생 결혼식에 참석하지 못했다. 그리고 몇 달 동안 곰곰이 생각한 끝에 아이를 낳는 대신 언론을 택하기로 결정했다. 나는 이 결정을 계속해서 의식하는 게 중요하다고 생각했다. 후회 없는 삶을 살고 싶었고, 지금 겪고 있는 일에도 불구하고 내가 선택한 삶에 만족하기 때문이다.

그 무렵 ABS-CBN의 소유주이자 회장으로 한때 마르코스에 의해 투옥되었던 유제니오 로페스 3세(일명 '개비')가 필리핀 최대의 뉴스 그룹을 이끄는 일을 내게 제안했다. 나는 언젠가 필리핀에서 은퇴하고 싶었다. 어찌 됐든 본능적으로, 불완전하면서 결함이 있는 이 나라가 내 집이 되어버렸다. 그래서 그 제안은 다음과 같은 결론에 이르는 하나의 단계에 지나지 않았다. 마닐라에서 은퇴할 거라면 이곳을 더 살기 좋은 곳으로 만드는 일을 돕지 않을 이유가 있을까? 현장의 경험을 쌓기에는 나이가 들었지만, 아직 이상을 위해 열심히 노력하고 싶었으며 그럴 수 있는 에너지를 가지고 있을 만큼은 젊었다. 게다가 다른 사람들이 무슨 일을 하는지, 정부와 기업이 어떤 제도를 만드는지에 대해 기사를 쓰면서 배운 바도 있었다. 그렇게 얻은 교훈을 실천에 옮기는 경험을 해보고 싶었다.

나를 자극한 것은 개비의 도전적인 질문이었다. "ABS-CBN을 세계 수준의 뉴스 조직으로 만들 수 있겠어요?" 2004년 5월 선거 이후 실시된 설문조사에서 90퍼센트에 가까운 필리핀 국민이 예전과 달리 신문이 아니라 텔레비전에서 정보를 얻는다고 답했다는 것을 알고 있었다. 텔레비전은 이제 필리핀에서 가장 강력한 매체였으며, 따라서 국가 건설을 위한 엄청난 도구가 될 수 있었다.

할 수 없다고 말할 수 없었다.

나는 자카르타 아파트를 비우고 애틀랜타로 날아가 나의 멘토가 되어주었던 이들에게 작별인사를 하고서 2004년 12월 초 마닐라로 돌아왔다. 두 번째이자 마지막 귀향이었다. 2005년 1월 ABS-CBN과 한 배를 타기로 약속했다.

당시 마닐라는 팽창을 거듭하며 더욱 부유한 도시가 되어 있었다. 나는 옛 군사기지에 건설된 신도시—새 아파트 건물이 반짝거리고 거리는 깨끗하면서 비교적 조용했다—인 타기그의 보니파시오글로벌시티에 정착해 새로운 생활을 시작했다. ABS-CBN은 30분 거리의 케손시티에 있는 방송복합시설 내에 자리 잡고 있었는데 마닐라이기에, 교통량에 따라 시간은 늘 고무줄처럼 늘어났다.

나는 확신이 없었다. 나라는 사람을 이루는 정체성의 상당 부분은 CNN 기자로 일한 경력과 관련이 있었다. CNN을 떠나면, 나는 누구일까? CNN 없이 누구든 될 수 있을까? 더욱이 이제 나는 내가 그 결점을 너무나 잘 아는 미디어 시스템 안으로 들어가고 있었다. 여전히 부패, 자기 검열, 후원 문화 그리고 독재 정권 이후 기업과 정치, 사회 부문의 온갖 결함과 씨름하고 있는 ABS-CBN의 내부 정치에서 살아남아 더 건강한 제도를 만드는 일에 도움이 될 수 있을까? 나는 처음 6개월을 교육 컨설턴트로 시작해서 나와 내가 관리하는 사람들이 권력 구조 바깥에서 서로를 알아갈 기회를 가질 수 있게 해달라고 요청했다.

그맘때쯤 나는 다음에 무엇을 하든 내게 가장 중요한 일은 도전해서 계속 성장해가는 것임을 알게 되었다. 아무리 가혹할지라도 진실을 말하는 법을 배우고, 선의의 거짓말과 합리화를 피하며, 투명하고 정직해지는 법을 배우는 게 가장 중요했다.

나를 규정한 것은 뉴스 속보였고, 그래서 내게는 행동 편향*이 있었다. 동시에 다른 목표도 있었다. 2005년 CNN을 떠나기로 결정한 건 어느 정도 내가 기자로서 조직의 방침이나 목표를 만드는 일에 거의 아무런 역할을 하지 못한다는 것을 깨달았기 때문이었다. 특히 여전히 독재국가에서 민주화하는 과정에 있는 나라에서는 모든 조직, 집단, 개인의 행동이 중요했다. 나는 내가 가진 신념으로 실험할 준비가 되어 있었다.

나는 언론의 미래상을, 다시 말해 정부가 간섭할 꿈도 꾸지 못할 정도로 강력하면서 진실에 헌신하는 필리핀의 언론사를 만들고 싶었다.

---

* 어떤 상황이 낯설거나 불분명할 때 똑같은 결과나 더 나쁜 결과가 나오더라도 가만히 있는 것보다는 행동하는 게 낫다는 믿음.

2부

페이스북의 부상, 래플러, 그리고 인터넷의 블랙홀

2005~2017

2010년 5월 ABS-CBN에서

5장

네트워크 효과

티핑포인트를 강타하다

ABS-CBN 자리를 받아들이면서 나는 새로운 것을 만들어낼 수 있는 자유와 자원을 얻었다. 한 나라의 최대 방송사가 국가 건설에 어떻게 도움이 될 수 있을지에 대한 비전 말이다. 21세기 초에 ABS-CBN의 가치관, 문화, 콘텐츠를 바꾸기 위해 우리가 취한 조치는 미디어가 전 세계 민주주의의 재건에 어떻게 도움이 될 수 있는지를 보여주는 단서라고 믿는다. 대중이 뉴스를 만들고, 뉴스가 대중을 만든다. 이전에 국가의 통제를 경험한 적이 있는 ABS-CBN 같은 필리핀의 언론사들은 이를 잘 알았다.

2005년 ABS-CBN은 필리핀 최대의 뉴스 그룹으로 뉴스 부서 직원만 해도 약 1,000명이었다. 수도 마닐라에 기반을 두고 있지만 열

아홉 곳에 지역 방송국이 있고, 북아메리카에 두 곳, 중동에 한 곳, 유럽과 오스트레일리아와 일본에 각각 한 곳씩 총 여섯 개 해외 거점을 운영하고 있었다. 우리는 라디오, 텔레비전, 인터넷으로 콘텐츠를 배포했다. 필리핀의 유일한 24시간 현지 영어 케이블 뉴스 방송이자 전 세계에 뉴스를 배포하는 ABS-CBN의 뉴스 채널인 ANC의 운영도 맡았다.

내가 ABS-CBN에서 맞닥뜨린 첫 번째 도전은 직장 문화를 바꾸는 일이었다. 이 미디어 기업의 문제는 이 나라의 지도자가 처리해야 하는 문제의 축소판이었다. 상황 윤리와 후원 정치에 의해 나, 나의 가족, 나의 친구가 보상받을지 여부가 결정되었다. 나는 CNN의 확실한 성과 기준에 익숙했다. 그곳에서는 의리가 실적을 이기지 못했으며 집단은 성과를 내놓거나 결과에 대해 책임져야 했다.

ABS-CBN에서 가장 시급한 과제는 기자들의 기량을 높이는 일이었다. 나는 기자들의 숙련도가 올라갈수록 시청률도 오를 거라 생각했다. 그래서 2005년 1월부터 부임하자마자 직원들과 함께 교육 프로그램을 시작했다. 그때 나의 두 번째 마닐라 CNN팀의 도움을 받았는데,[1] 그들을 영입해 직장 문화를 변화시키는 실험에 합류하게 했다.

우리는 먼저 ABS-CBN뿐 아니라 필리핀에도 필요하다고 생각되는 세 가지를 규정했다. 나는 우리 팀에게 투명성, 책임성, 일관성을 약속했다. 누가 와도 변함없이 기능하는 시스템을 만들고 싶었기 때문이다. 정부와 마찬가지로 인맥과 무관하게, 그리고 인맥에도 불구하고 작동할 시스템을 제도화해야 했다. 이것이 당시 내게 저 세 가지가 중요했던 이유이며, 지금도 여전히 그렇다. 이 세 가지는 민주주의가 제대로 기능하게 하고 광신적인 독재자의 권력에 저항하는 데 핵심이다.

모든 일이 그렇듯, 최대의 강점은 최대의 약점이기도 하다. 필리핀 사람들은 친절하고 배려가 넘치며 의리가 있다고 알려져 있다. 개인의 의리는 앞서 설명했듯 '마음의 빚'을 뜻하는 '우탕 나 루브'라는 말에 새겨져 있는 핵심 가치다. 하지만 같은 자질이 우리의 또 다른 측면인 봉건주의를 지탱해왔다. 정부든 직장이든 가정이든 필리핀에는 과거의 봉건제까지 거슬러 올라가는 후원 제도가 여전히 존재한다. 탁월함과 전문성을 갖춘 환경을 만들려면 이러한 경향에 정면으로 맞서야 했다. 만일 우리가 속한 회사에서 그 경향을 넘어설 수 있다면 그 너머까지 확산시킬 수 있을 터였다.

이때부터 나는 "친절해지고 싶다면 모질게 굴어라"라고 말하기 시작했다. 관리자는 좋은 사람이 되고 싶어서, 갈등을 피하고 싶어서 부하 직원의 업무를 솔직하게 평가하지 않았다. 세 가지 이유에서 모질게 굴 필요가 있었다. 우리는 최고가 되고 싶고, 세계 수준에 이르고 싶으며, 시국에 대해 진실을 보도하는 책임을 맡은 언론사로서 사회에서 해야 할 역할이 너무 컸다.

여기에는 가혹한 조치가 일부 포함되었다. 우리는 6개월 만에 비대해진 뉴스 조직을 줄이고 뉴스 그룹의 3분의 1을 해고하면서 근무연수 1년당 3개월의 급여를 퇴직금으로 지급하는 조건을 제시해 충격을 완화했다. 이는 고통스러운 과정이었으며 나는 많은 사람들을 해고하는 자리에 직접 참석했다. 리더로서 하는 모든 조치에는 공감이 필수였다. 직원들의 얼굴에서 놀라움, 분노, 불안을 읽고 우리가 왜 직원들을 내보내야 하는지 설명할 때 그것을 이해하고 받아들이는 모습을 지켜보는 건 힘든 일이었다. 이 과정에서, 가장 어려운 결정을 내릴 때는 직접 소통해야 한다는 확신이 더 강해졌다. 나의 결정에 영향을 받는 사람들에게 그 소식을 전할 용기가 없다면 다시 생각해봐야 한다.

우리는 실력보다 의리를 강조하고 맹목의 복종을 요구하며 창의력을 질식시키고 더 큰 선보다 집단에 대한 충성을 강조하는 문화를 조금씩 바꾸기 시작했다. 이것들은 모두 권력을 움켜쥔 정당이나 거듭 되살아나는 권위주의 국가의 공통된 특징이다. 그리고 집단 지성, 개인의 창의력, 조직적이고 즉각적인 행동에 의지하는 뉴스 조직의 핵심 가치에 어긋난다.

나는 모든 직원에게 '나는 이 일을 왜 하는가?'라는 질문을 스스로에게 던져보라고 했다. 그 답이 우리를 핵심 가치로 이끌 터였다. 우리는 직원들에게 개인의 가치관을 정립하고 가능하다면 그것을 조직의 가치관에 조응시킬 것을 촉구했다. 우리는 마침내 "세상을 더 나은 곳으로 만드는 탁월한 언론"이라는 구절로 우리의 철학을 압축했다. 그다음에는 116쪽 분량의 규범 및 윤리 지침을 작성했다. 여기에는 부패에 강력히 대응한다는 내용이 포함되었다. 우리는 언제나 이 지침을 따랐으며, 이에 근거해 사람들을 정직시키거나 해고했다.

2007년 중반 ABS-CBN은 세계 최고 뉴스 조직들과 경쟁하고 있었다. 일부 조치로 회사뿐 아니라 나 개인도 큰 대가를 치렀다. 몇몇 공격은 개인적으로 이루어졌고, 종종 법적인 문제로 비화되기도 했다.

CNN에서 20년 가까이 수백 건의 탐사 보도를 했지만 내게 소송을 건 사람은 없었다. 그러나 ABS-CBN을 이끌던 첫해에만 회사 내부로부터 매달 한 건씩 소송을 당했다. 부패 행위로 해고된 사람들 가운데 한 명은 내가 필리핀 시민인 줄도 모르고 나를 추방하라는 소송을 제기했다. 게다가 몇 주에 한 번씩, 내가 일으키는 변화를 좋아하지 않는 회사 내 직원들이 퍼뜨리는 추악하고 복수심에 불타는 중상모략에 맞닥뜨렸다.

문화를 변화시키려 하면 기존 문화의 반격을 받기 마련이다. 배짱이 있어야 한다. 더 나아가 이 반격은 필리핀을 비롯해 전 세계에서 인터넷과 함께 배가되고 확산될 화내고 분노하는 풍조의 징후이기도 했다. 이것이 내가 떠맡게 된 문화였고, 그렇다면 적어도 내가 영향을 미칠 수 있는 영역에서는 그 문화를 바꾸기로 결심했다.

이 시기 동안 아로요 정부에 대한 공격은 점점 거세졌다. ABS-CBN에 온 지 얼마 되지 않아, 우리는 아로요가 2004년 대통령 선거를 조작했을지도 모른다는 정보를 입수했다. 이 의혹은 아로요가 한 선거관리위원에게 100만 표 이상을 요구하는 듯한 휴대전화 통화 내용이 공개되면서 입증되었다.[2] 이 폭로로 세 차례 탄핵 심판이 이루어졌으나 모두 기각되었고, 대규모 시위가 있어났다.[3]

아로요는 공격에 나섰다. 피플파워 혁명 20주년 기념일인 2006년 2월 24일에 국가 비상사태를 선언하는 대통령령 1017호[4]에 서명했다.[5] 야당 정치인, 극우파와 극좌파, "특정 부류의 국내 언론"이 협력해 정부에 대해 쿠데타를 일으키려 한다고 주장했다. 쿠데타에 대해서라면 사실 아로요의 말이 옳았으며, ABS-CBN도 이를 알고 있었다.

아로요의 선언은 언론의 자유를 심각하게 훼손했다. 정부는 신문사를 급습해 기자들을 영장 없이 구속했고 언론사를 폐쇄하겠다고 협박했으며 ABS-CBN 바깥에 병력수송장갑차를 배치했다. 이 시기 동안 정부는 협박과 법적 소송을 통해 기자들을 통제하려 했다. 보안군이 언론인과 좌파 지도자의 초법적 살해에 연루되어 있다고 의심하는 사람들도 있었다. 정부는 언론의 힘을 두려워했다. 이미 언론이 거리 시위에 불을 붙여 평화로운 방식으로 두 명의 대통령을 몰아낸 경험이 있기 때문이었다.

아로요가 두려워하는 건 당연했다. 사실 ABS-CBN은 아로요 정부를 물러나게 하는 기폭제가 될 수도 있었다. 실제로 군인들은 언론이, 특히 ABS-CBN이 자신들의 행동에 시동을 걸어주기를 기다리고 있었다. 우리 기자 중 한 명이 정예 특수부대와 함께 있었는데, 그들은 우리가 텔레비전으로 자신들을 생중계해준다면 즉시 거리로 진군할 거라고 했다. 나는 기자를 통해 우리는 당신들이 진군한 다음에 그 모습을 중계할 거라고 답했다. 내 마음속에 그어놓은 선은 분명했다. 그들의 행동이 먼저였다.

결국 그들은 진군하지 않았고, 우리도 생중계하지 않았다. 하지만 우리가 군인들의 요구에 동의했다면 우리는 쿠데타를 일으킬 수도 있었다. ABS-CBN의 힘은 이 정도였다.

아로요는 비참한 상황에서도 대통령직을 유지했으며 언론의 자유에 대한 공격도 이것으로 끝난 게 아니었다. 2007년 11월 29일 언론에 대한 가장 심각한 도전이 있었다. 군부 내 반란군이 마닐라의 금융 지구에 있는 페닌슐라마닐라 호텔을—다시 한번—하루 동안 장악했고, 이를 보도하기 위해 그곳에 있던 51명의 기자들이 체포되는 일이 벌어졌다. 그 가운데 열두 명은 우리 방송국 사람들이었다. 정부는 병력을 동원하기 전에 호텔에서 사람들을 모두 철수시키라고 모든 언론사에 경고했다. 우리는 기자들이 호텔에 계속 남아 있게 했다. 정부의 말을 따르면 정부가 군대를 들여보낸 후 무슨 일이 일어났는지 정부 측 설명만을 듣게 될 것이기 때문이었다. 쿠데타 시도 보도 현장에서 우리가 자진해서 물러나야 할 이유는 없었다.

정부는 분쟁 보도 현장을—누구나 체포될 수 있는—'범죄 현장'으로 바꿔놓음으로써 기존 법률을 용도 변경해 언론 자유를 탄압했다. 이는 명백한 헌법 위반이었다. 또한 필리핀 정부는 이때 처음 정치 갈등 상황에서 경찰을 주요 행위자로 이용하는 또 다른 전술을 시도했다. 지난 21년 동안에는 쿠데타 시도나 '소극적 지지 철회'가 있을 때마다 국방부와 군이 처리해왔다.

이는 오늘날 우리가 겪고 있는 일의 시초였다. 장차 두테르테 정부의 공격은 아로요가 시도하고 시험했던 방식에 바탕할 터였다. 실제로, 두테르테의 국가안보 보좌관인 에르모게네스 에스페론을 포함해서 아로요의 많은 충성스런 지지자와 내각 구성원이 두테르테 정부의 일원이 되었다.[6] 두테르테가 자행한 헌법 파괴의 씨앗은 아로요의 재임 중에 뿌려졌다. 그 상처는 처음에는 너무 작고 교묘해서 사람들은 거의 알아차리지 못했다. 우리는 더 일찍 경보를 울렸어야 했다. 이것이 오늘날 우리가 #HoldTheLine(#물러서지마라)을 외치는 또 하나의 이유다.

아로요와 ABS-CBN 시절에 또 하나 배운 게 있다면 바로 위기를 관리하는 법이다. 그 덕택에 독재자가 미디어 기업을 공격하고 기자들이 징역형을 받는 현 상황에 대비할 수 있었다.

모든 위기에는 '골든타임'이 있다. 누군가가 주장하는 서사로 인해 위기가 닥치기 전에 사전에 그에 맞서는 서사를 형성해 알릴 수 있는 시기를 가리킨다. 골든타임을 지키기 위해서는 어떤 메시지를 어떤 방식으로 배포할 것인지(전화, 이메일 등)를 분명하게 알아야 한다. 물론 이 모든 것은 소셜미디어 시대 이전의 일이었다. 특히 그것이 단순히 서사를 통제하기 위해서만이 아니라 위기에 처한 사람들을 보호해야 하는 일과 연관이 있을 경우, 목표는 우리의 서사를 먼저 알리는 것이 된다. 이를 잘 처리하면 다른 모든 것은 거의 따라온다. 이것이 진실성과 사람들이 위협받는 상황에서 조직이 살아남는 방식이다.

ABS-CBN에서 가장 힘든 위기는 앵커이자 친구인 세스 드릴론이 아침 일찍 내게 전화해서 본인과 촬영감독 두 명이 납치당했다는 사실을 알렸을 때였다. 납치범은 아부사이야프라는 조직으로 수년간 필리핀을 혼란에 빠뜨린 알카에다와 관련이 있는 토착 테러 집단이었다.

세스의 무시무시한 전화를 받은 후 시작된 열흘은 다시는 겪고 싶지 않은 협상, 임기응변, 위험 부담이 큰 작전의 나날들이었다. 내 소관인 사람들의 생사를 가를 수도 있는 결정을 내리는 일은 너무도 복잡한 문제였다.

나는 이 위기를 다루기 위해 전권을 요청—받기도 하고—했다. 인사담당자인 리비 파스쿠알에게 납치된 직원들의 직계 가족들을 모아 달라 말하고, 우리는 근처 호텔 두 개 층을 잡아 주변에 경비를 배치했다. 그리고 열흘 동안 잠도 자지 않고 밤낮 우리 팀의 석방을 놓고 협상했다. 초기에, 직원들을 안전하게 구출하기 위해 할 수 있는 일은 모두 할 것이라는 확신을 주고 싶었다. 우리는 그들과 함께했고 그들은 우리와 함께했다. 우리는 신뢰에서 출발했다. 다음에 무슨 일이 일어날지 모르는 상황에서는 솔직해지고 받아들이는 것이 모두가 함께하기 위한 첫 번째 단계이다.

우리 팀은 몇 분 만에 결정을 내리면서 종종 가족들의 승인을 받기도 했다. 나는 내가 내리는 모든 결정에 대해 설명했다. 내가 그릇된 결정을 내리면 모든 것은 나의 잘못이 되리라는 것이 명백했다. 이는 방송국에는 빠져나갈 구실을 주면서도 내가 우리 직원들을 데려오기 위해 옳다고 생각하는 일은 무엇이든 할 수 있게 해주었다. 생사가 달린 문제였다. 한 달 전 납치된 노동자들은 협상을 거부한 이들에게 무슨 일이 일어나는지를 보여주는 본보기였다. 그들은 참수되었고, 그들의 머리는 회사로 배달되었다.

기자들이 이 위기를 관리하게 하는 것이 ABS-CBN이 할 수 있는 최선이었다. 나는 경찰과 대테러 부대 내부 깊숙이에 소식통을 갖고 있었다. 24시간 영어 케이블 뉴스 채널을 이끌 인물로 갓 영입한 글렌다 글로리아는 군부 내부 깊숙이에 소식통을 갖고 있었다.

우리는 세스와 그녀의 팀을 열흘 만에 데리고 나왔다.

이 위기를 관리하는 과정에서 글렌다와 리비, 그리고 나 사이에 깊은 유대가 형성되었고, 이는 우리가 두테르테 시대에 직면하게 될 위기를 처리하며 발휘했던 역량의 기초가 되었다.

격동의 시기였으나 필리핀 최대의 언론사를 이끌며 회사의 자원과 광범위한 청중을 활용해 시민 참여를 강화한 놀라운 시기이기도 했다. 또 이 시기에 기술과 사회관계망의 영향력을 받아들이기 시작했다. 문제는 보도뿐 아니라 사회변화를 위해 전통적인 방송의 힘을 새로운 미디어 및 휴대전화 기술과 어떻게 결합할 것인가였다. 우리는 사람들이 휴대전화를 사용해서 뉴스를 나르며 우리와 협력하기를 바랐다. 이 시기에 내가 목격한 것은 사회를 변화시키고 민주주의를 강화하는 언론의 힘이었다.

그 6년 동안, 우리는 상을 받은 프로그램을 여럿 만들었다. 이 프로그램들은 우리 사회에 구체적이고 계량화할 수 있는 결과를 가져오는 원동력이 되었으며 민주주의의 티핑포인트*로 이어지기도 했다. 우리는 대중매체를 확성기로 활용해 행동을 촉구하는 방송을 하고 인터넷과 휴대전화로 참여 문화를 만들어 시민과 청년들에게 활력을 불어넣었다.

변화가 서서히 늘어나 하나하나 쌓였다. 우리는 뉴스 취재와 제작의 업무 흐름을 바꾸고 품질과 규범과 윤리로 강조점을 옮겼다. 그리고 전 세계 많은 나라에서 시청률을 끌어올리는 (그리하여 수익을 올려주는) 역할을 하는 선정주의와 범죄로부터 거리를 둔 편집 어젠다editorial agenda를 채택했다. 또 내 식대로 말하자면 '설탕에 채소'를 추가하는 전략을 썼다. 심야 뉴스 프로그램인 ('깃발'을 뜻하는) 반딜라Bandila의 브랜드 이미지를 새롭게 하기로 결정했다. 조국을 사랑하는 일을 멋진 일로 만들고 싶었기 때문이다.[7] 젊은이들은 과감해 보이는 뉴스 방송에 흥미를 보였다. 이 모든 것을 주도한 사람은 나중에 래플러의 공동 설립자가 되는 베스 프론도소였다. 이때까지의 변화는 모두 내부와 조직의 변화였다. 반딜라는 빙산의 일각에 지나지 않았다.

---

* tipping point, 작은 요인으로도 큰 변화가 일어날 수 있는 임계점.

우리가 진정 영향을 미치고 싶은 부분은 선거 과정이었고, 더 많은 시민들이 투표에 참여할 수 있기를 바랐다. 우리는 모든 방송의 우선순위를 2010년 5월에 치러질 대선에 두었다. 이를 위해 미국 작가들이 대중화한 두 가지 개념, 티핑포인트와 크라우드소싱을 끌고 왔다.[8]

티핑포인트라는 개념은 역학에 그 뿌리를 두고 있다. 바이러스가 눈치채지 못하는 사이에 증식하다가 전체 시스템을 변화시키는 시점에 도달하는 때를 말한다. 크라우드소싱은 한 집단의 구성원들이 다양한 발상, 상호 간의 독립성, 분산된 구조, 집단 결정에 판단을 맡기는 메커니즘을 갖추고 있다면 한 명의 천재보다 더 현명한 결정을 내릴 수 있다는 뜻이다. 이는 폭도의 지배가 아니라 '집단 지성'이다.

우리는 투표 독려 캠페인을 위해 세심한 계획에 따라 서서히 티핑포인트에 접근하는 방식을 택했다. 커뮤니티를 구축하기 위해 21개 이상 지역에서 종일 방송하는 다중 플랫폼을 활용해 11회의 유권자 등록 캠페인을 벌였다.* 또 시민들이 유권자 등록에 그치지 않고 ABS-CBN의 시민 기자 또는 '투표 감시대원'으로도 등록하도록 유도했다.

우리는 사람들을 끌어들이기 위해 전국에서 50회 이상 강연과 회담을 열었다. 여기에는 청년 활동가 연설, 콘서트, 워크숍이 포함

* 필리핀에서는 유권자 등록을 해야 투표할 수 있다.

되었는데 나도 다수의 행사를 이끌었다. 불과 4개월 만에, 선거관리위원회가 우리에게 활동 속도를 늦춰달라고 요청했다. 유권자 등록 신청이 쏟아져 시스템이 따라잡을 수 없었기 때문이었다.

나는 권한과 희망의 확산, 토론과 참여의 촉진이라는 두 가지 큰 목표에 우리의 자원을 집중했다.

인도네시아에서 테러와 폭도의 폭력을 지켜보며 배운 것이 첫 번째 목표를 달성하기 위한 아이디어의 토대가 되었다. 나는 사회관계망 이론, 심리학자 솔로몬 애시와 스탠리 밀그램, 필립 짐바르도의 실험, 그리고 우리의 모든 말과 행동이 우리의 친구, 친구의 친구, 심지어 친구의 친구의 친구에게까지 영향을 미친다는 3단계 영향 법칙에서 나온 개념에 의지했다. 방송국에서 실시한 포커스그룹 토론을 통해 우리는 필리핀 청년들이 이 나라의 정치과정에 얼마나 큰 불만과 환멸을 느끼고 있는지를 알고 있었다. 우리는 집단 역학과 사회관계망의 힘을 이용해서 긍정적인 일, 즉 희망을 확산시키는 일을 하기로 결정했다.

그리하여 "내가 시작이다"를 뜻하는 "아코 앙 시물라Ako ang simula" 같은 간단한 표어 또는 구호를 사용했다.[9] 마음속에서 그것은 "변화는 나와 함께 시작된다"라는 뜻이기도 하다. 우리는 보편적인 메시지를 가지고 왔다. 이는 마하트마 간디가 남겼다고 알려진 격언—변화를 보고 싶다면 스스로 변해야 한다—에서 영감을 받았으나 그 연원은 고대 그리스의 플루타르코스까지 거슬러 올라간다. "우리 내부의 성취가 외부의 현실을 바꿀 것이다."[10]

우리는 권한 부여를 통해 희망을 확산시키기로 했다. 다른 말로 행동을 요청했다.[11]

크라우드소싱을 활용한 정치 및 사회 분야 시민 저널리즘 프로그램은 이를 떠받치는 수단이었다. 시민 기자들의 기사는 처음에는 우리의 다양한 멀티미디어 플랫폼을 통해 일주일에 세 차례 방송되다가 선거를 앞두고는 황금시간대 뉴스를 통해 매일 밤 방송되었다. 티핑포인트 접근법을 이용해 우리가 취한 각 조치들의 누적 효과를 확신했고, 반복 학습을 통해 시민들로 하여금 나쁜 사건이든 좋은 사건이든 그들이 무언가를 목격하게 되면 휴대전화를 꺼내 그 사건을 기록할 수 있다는 것을 깨닫도록 도왔다. 선거 3개월 전, 우리는 열다섯 팀의 밴드와 함께 콘서트를 열었는데 2만여 명의 시민 기자들이 참석했다.[12]

그러다가 마긴다나오주 학살이 벌어졌고, 우리의 시민 기자 프로그램이 티핑포인트에 도달하게 되었다.

2009년 11월 23일 낮 마긴다나오주에서 기자 서른두 명을 포함해 쉰여덟 명이 살해당했다. 경쟁 정치인이 사전에 계획한 이 살인은 필리핀 역사상 최악의 선거 관련 폭력이었다. 언론인보호위원회*는 이를 두고 "전 세계에서 언론인에게 가해진 가장 심각한 단

* Committee to Protect Journalists, 세계 언론 자유를 수호하기 위한 비영리 단체.

일 공격"이자 "언론인보호위원회 역사에 기록된 가장 심각한 언론 공격"이라고 언급했다.[13] 이 사건의 진상을 폭로한 것은 우리 시민 기자였다.

군이 마긴다나오주 외딴 산꼭대기에서 사람들이 살해되었음을 확인하기 약 45분 전인 오후 3시 47분에 ABS-CBN은 주지사가 되려는 야망을 품은 에스마엘 만구다다투, 일명 '토토'의 친척과 동료들, 게다가 그날 이들을 취재하던 기자들이 납치되었다는 메시지를 받았다. 또 이 메시지는, 그런데도 경찰이 현직 마긴다나오 주지사인 안달 암파투안 주니어의 수하여서 출동하지 않았다고 했다. 우리 시민 기자에 따르면, 군 역시 "토토 만구다다투에 대한 음모가 있다는 보고가 쌓이고 있는데도 모른 체했다."

이 메시지는 무슨 일이 일어났는지, 누구에게 책임이 있는지, 왜 경찰이 출동하지 않았는지 말해주었다.

취재원의 두 번째 메시지는 11분 후에 도착했다.

> 이번 사건에 주목해서 심도 있는 탐사와 공정한 보도를 해주시길 간청합니다. 마긴다나오주 암파투안 일가의 잔학행위는 공공연한 비밀입니다. 모두가 생명의 위협을 느껴 움직이지 않고 있습니다. 이 사람들은 이곳에서 신처럼 행세하고 있습니다.[14]

우리의 취재원은 이 두 개의 메시지에서 무슨 일이 일어났는지, 어디에서 일어났는지, 누가 연루되어 있는지를 알려주었다. 그리고 우리에게 분위기를 전해주었다. 당시 모두가 암파투안 일가를 두려워하고 있었으니 우리에게 저 메시지를 보낸 사람은 엄청난 위험을 감수한 것일 터였다. 우리는 시민 기자가 군인일 가능성이 크다고 추측했다.

30분 후, 필리핀 군 대변인이 납치와 살해 사실을 확인했으며 몇 시간 만에 사망자 수가 늘어났다.

시민 기자의 세 번째이자 마지막 메시지는 그날 저녁 늦게 왔다. 소름 끼치는 학살 현장을 찍은 최초의 사진이었다. 세 구의 사체가 버려진 것처럼 팔다리를 벌린 채 풀밭 위에 누워 있었다. 하지만 우리가 이 사진을 받았을 때는 그것이 진짜임을 입증할 방법이 없었다. 우리 방송국의 기자들을 포함해 이 사건을 보도하기 위해 현장에 몰려든 기자들은 모두 당국에 의해 시내 중심가에 있는 한 호텔에 억류되어 있었다.

우리는 사진에 나오는 흰색 도요타 하이에이스 승합차가 만구다다투 호위대의 것이며 사체들이 납치된 사람들임에 틀림없다는 사실을 확인한 뒤 사진을 공개했다. 우리가 옳았다. 한 군인이 현장에 갔다가 공포에 휩싸여 우리에게 이메일로 사진을 보낸 것이었다. 당시 군만이 그 현장에 접근할 수가 있었다. 나는 이 군인이 범죄가 은폐되는 일을 막고 싶었기 때문에 시민 기자가 되었다고 생각한다.

마긴다나오 학살은 우리 시민 기자 프로그램의 이정표가 되었으며 지역사회와 기관에 깊숙이 뿌리 내린 시민 기자의 엄청난 잠재력을 드러내 보여주었다. 이 사건으로 나는 필리핀 같은 나라에서 시민 기자 프로그램의 핵심은 진실을 위한 개인의 싸움에 달려 있다는 것을 깨달았다. 당신은 잘못되거나 부도덕하다고 여기는 일을 바로잡기 위해 어디까지 갈 수 있는가?

2010년 5월 10일 선거일까지 약 9만 명이 시민 기자로 등록했다. 우리 페이스북 페이지는 보통의 뉴스 사이트보다 400퍼센트 더 많은 참여도를 보였다.[15] 이렇게 선거에서 사회변화를 위한 첫 번째 목표를 달성했다. 우리는 권한과 희망의 씨앗을 널리 퍼뜨렸으며 시민 기자들이 우리의 행동 요청에 답하면 길을 터주었다.

마긴다나오 학살 전후로 많은 시민 기자들이 뇌물, 부패, 선거 폭력, 협박 등을 고발했다. 이들의 행동은 이후의 분위기를 형성하는 데 도움이 되었으며 후보자와 그 지지자들이 드러내놓고 선거법을 위반하는 일을 어렵게 만들었다. 휴대전화를 가진 이라면 누구나 그들의 행위를 포착하고 고발했으며 자신들을 후원하는 ABS-CBN의 방송 권한을 온전히 누릴 수 있었다.

당시 나는 참여형 미디어가 얼마나 강력할 수 있는지, 시민들이 휴대전화를 이용해 어떻게 정의와 책임을 요구하는 권한을 발전시킬 수 있는지를 확인했다. 기술이 어떻게 선한 일에, 다시 말해 시민의 권한 증대, 투표와 민주적 참여, 도덕성과 진실에 이바지할 수 있는지를 확인했다. 그렇기에 나는 여전히 필리핀이 두테르테 치하의 나라가 되도록 운명지어지지 않았으며, 달려가 도움을 청할 수 있는 자유로운 언론만 있다면 독재자의 탄압을 용납하지 않을 것이라 믿는다.

사회변화를 위해 설정한 또 다른 목표는 토론과 참여를 촉진하는 것이었다. 대부분의 필리핀 정치인들이 여전히 중요한 문제에 대해 공개 토론하기를 피했으나, 나는 선거를 위해 툭 터놓고 어떤 제약도 없이 토론하는 모습을 보고 싶었다. 2009년 초에는 후보들이 같은 무대 위에서 서로 얼굴을 맞대지도 않았다. 기자의 질문에는 답했으나 경쟁 후보와 부딪히는 일 자체를 피했다. 우리는 이를 바꾸고 싶었다.

그래서 12개월 동안 매달 다양한 정치인들을 토론에 초청했다. 또한 매달 새로운 참여 방식을 추가했다. 선거 1년 전에는 학생 청중이 생생히 지켜보는 앞에 대통령 후보들을 모았다. 특히 비교적 새로운 플랫폼인 페이스북으로 인터넷 참여를 할 수 있게 한 다음, 트위터 그리고 사실상 페이스북의 원조 격으로 필리핀에서 인기를 끌던 플랫폼인 멀티플라이Multiply를 추가했다. 또 각 후보의 편에서 생중계를 할 블로거를 초대하고 우리의 뉴스 웹사이트에 실시간 채팅을 도입했다. 네 번째 달에는 시민들이 네 가지 기기로 선거운동에 참여할 수 있었다. 텔레비전 화면으로 토론회를 보거나 휴대전화로 지지 의사를 밝히거나, 페이스북과 트위터로 댓글을 쓸 수 있었다. 필리핀의 다른 어떤 텔레비전 방송국도 이런 다면적 접근을 시도하지 않았을 때였다.

2010년 3월에는 부통령 토론회를 열었다. 후보 여섯 명이 한 번에 두 사람씩 서로 마주한 두 개의 연단에 서서 돌아가며 맞붙었다. 한 후보가 다른 후보에게 질문하면 대답할 수 있는 일정 시간이 주어졌다. 우리는 후보들에게 온라인으로 생중계할 블로거를 데려와서 시청자와 독자의 질문에 실시간으로 답해달라고 요청했다.

시민들은 트위터, 페이스북 외 다양한 온라인 플랫폼으로 토론회를 지켜보았고, 우리는 그들에게 간단한 질문을 했다. "후보가 한 말을 믿습니까?"

청중은 타갈로그어로 (믿는다를 뜻하는) 나니니왈라naniniwala와 (믿지 않는다를 뜻하는) 힌디 나니니왈라hindi naniniwala 가운데서 선택할 수 있었다.

우리는 그 결과를 즉시 화면에 표시했다. 사람들은 후보의 말뿐 아니라 다른 사람들이 그에 반응하는 방식에도 반응했으며 그래서 페이스북, 트위터, 우리 웹사이트의 채팅방에서 더 많은 대화와 참여가 촉발되었다. 후보들은 실시간으로 대중의 반응을 보고 판단해서 대처해야 했기 때문에 서로에게 일반 기자들보다 더 정통하고 예리한 질문을 할 수 있었다.

그날 밤, 나는 평소 뉴스 속보를 전할 때 솟구친다고 느끼던 아드레날린에 더해 새로운 기술로 인한 생리적인 효과를 톡톡히 느꼈다. 당시의 내 상태는 분명 중독을 일으키는 도파민과 '연결돼 있다'는 감각을 높이는 옥시토신('사랑의 호르몬'으로도 알려져 있다) 수치가 모두 높았을 것이다.[16] 트위터, 페이스북, 온라인 채팅의 세 개

화면을 통해 우리의 텔레비전 화면에서 무슨 일이 벌어지고 있는지를 지켜보았다. 청중의 피드백이 계속해서 올라오며 내게 영향을 주었고, 그것은 더 많은 피드백을 촉발했다. 이것이 선한 네트워크 효과라고 나는 믿고 싶었다.

토론은 누군가를 믿을지 말지를 결정하게 하는, 보통은 측정하기 어려운 직감을 계량화해서 최대한 후보의 정직도를 판가름할 수 있게 했다. 우리는 어떤 정치적 전략이 효과가 있고 없는지 확인했으며, 모두가 함께 이 일을 해냈다.

혁신과 참여로 커뮤니티 안에서 우리가 가진 힘을 나눌 수 있었고 사업 역시 번창했다. 2007년 "투표하고 감시하자Boto Mo, iPatrol Mo"를 구호로 삼은 시민 저널리즘을 도입한 후, 우리의 총수익은 지난 대통령 선거에 비해 400퍼센트 가까이 증가했다. 이런 추세는 2010년 말 내가 이 방송국을 떠날 때까지 계속되었다. 영어 방송을 하는 ANC는 10년의 운영 기간 끝에 처음으로 수익을 냈다.

이후 몇 년간, 우리는 우리의 실험이 미친 영향을 추적 관찰했다. 신뢰할 만한 여론조사 기관인 펄스아시아가 2010년 7월 발표한 조사 결과는 "아코 앙 시물라" 운동이 미친 영향을 보여주었다. 1999년 펄스아시아가 조사를 시작한 이래 필리핀의 미래를 낙관한다고 답한 사람들의 비율이 가장 높게 나왔다. 53퍼센트의 사람들이 낙관한다고 했으며, 11퍼센트의 사람들이 비관한다고 답했다. 비관적이라고 답한 사람의 비율도 조사 이래 가장 낮은 수준을 기록했다. 이 조사는 또 우리 방송국의 신뢰도가 높아졌음을 확인시켜주었는데 ABS-CBN이 필리핀 전체에서 신뢰도 1위에 올랐다.

우리의 계획은 효과가 있었다.

이는 구식의 네트워크 효과—나라에서 가장 큰 미디어 조직의 힘—가 더 강력한 네트워크 효과를 가진 기술 자체에 의해 뒤집힐 때까지 제대로 작동했다.

ABS-CBN은 내게 최고이자 최악의 필리핀 문화—온정과 의리, 후원을 조장하는 풍조—를 가르쳐줘 오늘날 래플러를 운영하는 방식의 기틀을 마련하는 데 도움이 되었다. ABS-CBN 뉴스앤커런트어페어*에 6년을 몸담으며 우리는 상황을 반전시켰다. 3년 만에 안정을 이루었으며 노동법을 따르는 새로운 규범 및 윤리 지침을 만들었다. 예상대로, 시스템과 리더가 투명해지자 집단은 정의감을 느꼈으며 이는 책임감과 일관성으로 이어졌다. 우리는 실력과 성과에 따라 직원들에게 보상했다.

2005년 내가 ANC로 영입한 사람들 가운데 한 명이 트윙크였다. 일한 지 1년이 조금 넘었을 때 트윙크는 유방암 진단을 받았다. 트윙크는 극소수의 사람들에게만 이 사실을 알리고 국소 유방절제술과 30회의 방사선 치료를 받았다. 그러는 동안에도 내내 일을 했다. 치료를 받고 방송국에 와서 프로그램을 편집하고 앵커로서 진행했다. 트윙크는 "겨드랑이에 부착한 분홍색 혈청이 든 작은 주머니를,

* News and Current Affairs, ABS-CBN의 뉴스 제작 자회사.

모르는 사람들은 새로운 파워드링크라고 여길 정도로 태연히 들고 다녔다"고 자랑했다. 그리고 암을 이겨냈다.

나는 이 시기에 전처럼 트윙크를 자주 보지는 못했지만 트윙크의 앵커 자리는 내 사무실에서 몇 걸음밖에 떨어져 있지 않아 이따금 들르곤 했다. 트윙크는 종종 내가 너무 흑백이 분명해서 적을 지나치게 많이 만든다고, 너무 많은 문제를 한 번에 해결하려 한다고 말했다. 트윙크는 상대를 골라서 싸우라고 했고, 체체는 물러서지 말라고 했다.

권력을 원하는 사람들은 권력을 얻기 위해 온갖 일을 다 할 것이다. 결국 내가 요구하는 모든 극적 변화에 가장 강하게 저항한 이들은 뉴스 그룹의 기자, 프로듀서, 편집자가 아니었다. 진짜 저항은 ABS-CBN이라는 기업 핵심에서 권력을 쥐고 있는 소수, 그리고 뉴스 보도의 목적과 일관성을 약화시키려는 그들의 노력에서 생겨났다. 만일 뉴스가 부패에 대해 무관용 원칙을 취하면—예를 들어 ABS-CBN의 다른 모든 부문에서도 연예 담당 기자에게 자사의 스타를 띄워달라고 돈을 줘서는 안 된다—부패 관행에 의지해 성공하려는 사람들은 무엇을 할 수 있을까?

권력을 쥔 이 소수의 사람들은 수십 년 동안 이어온 우정과 신뢰를 허무는 험담과 사소한 분쟁으로 나의 대리인과 협력자를 하나씩 분열시켰다. 내부의 위협 때문에, 상사인 개비가 내게 개인 경호원을 붙여준 적도 있었다.

2022년 내가 겪고 있는 대부분 일—법적 소송, 조직적 중상모략,

동성애를 혐오하는 비방, 악의에 찬 인신공격—은 이보다는 훨씬 더 작은 규모이기는 해도 과거 이미 겪은 바가 있다. 그 경험은 고통스럽기는 했으나 좋은 훈련이 되었다. 나는 이 글을 쓰면서 웃고 있다. 당시의 일이 나를 더 강하게 만들고 내가 현재의 싸움을 준비하는 데 도움이 되었기 때문이다.

시스템을 바꾸려고 하면 시스템이 반격한다.

2010년 10월 어느 날, 개비가 나를 사무실로 불렀다. 해가 지기 직전, 마닐라가 정말 아름다운 시간이었다. 태평양이 분홍빛과 보라빛으로 물들고 대기는 후텁지근했다. 하루 중 내가 가장 좋아하는 시간이었다. 개비가 비서에게 마티니를 가져다달라고 했을 때 나는 미소를 지었다.

개비는 놀리 데 카스트로에 대해 이야기하고 싶어했다. 그는 과거 황금시간대 뉴스 앵커로, 나는 거의 1년 동안 그의 방송 복귀를 막아왔다. 데 카스트로는 필리핀에서 가장 인기 있는 앵커였으며 최근에는 글로리아 아로요 정권에서 부통령을 역임했다. 이는 필리핀의 정치와 언론이 얼마나 밀접한 관계에 있는지 말해준다! 데 카스트로는 황금시간대 뉴스 방송의 메인 앵커로 복귀하고 싶어했고 개비는 새로운 경쟁 방송사에 그를 빼앗길까 봐 염려했다. 나는 그를 적절히 돌려보내고 투명해져야 한다고 생각했다. 무엇보다 그는 필리핀 부통령으로서 부패 혐의를 받기도 했다.

그 자리에서는 어떻게 해야 할지 확신하지 못했지만, 내가 그어놓은 선이 분명하다면 행동 역시 그러해야 했다. 회사의 사주가 내가 원치 않는 일을 하기를 원한다면 그 일을 받아들이거나 내가 떠나야 했다. 이야기를 마칠 무렵 나는 사직서를 제출했고, 내 후임자를 고르는 일을 도왔으며,[17] 인수인계 일정을 정했다.

나중에, 나는 서면으로 놀랍고 믿기 힘든 6년의 시간에 대해 우리 팀에게 고마움을 전했다.[18] 우리는 함께 위험을 감수하며 우리의 언론과 필리핀의 미래를 규정하는 일을 도왔다. 우리는 꿋꿋하게 부패에 반대하는 입장을 취했고 소셜미디어의 성장을 받아들였으며 시민 기자들과 제휴해 우리의 선거와 우리나라의 진실성을 지켜냈다. 나는 팀원들에게 편집의 독립성을 소중히 할 것을 요청했다. 팀원들이 명료한 생각과 체력, 옳은 일을 위해 싸울 용기를 갖기를 바랐다. 평범함과의 타협을 피하라고 상기시켰다.

ABS-CBN에 재직하던 시절, 내게 중요한 사람은 세 명의 여성이었다. 이들의 전문성과 가치관이 우리를 평생의 친구이자 협력자로 만들어주었다. 우리는 함께 언론 그리고 민주주의에서 언론이 해야 할 역할에 대한 서로의 전망을 세밀하게 조정해나갔다.

우리는 어떻게 하면 우리가 원하는 바를 이룰 수 있을지 꿈꾸기 시작했다. 차이 호필레냐, 글렌다 글로리아, 베스 프론도소와 저녁 식사를 하면서 나는 잔을 들어올렸다. “좋아, 이제 골치 아픈 문제는 그만.” 내가 말했다. “우린 살아남았어!”

모두가 웃음을 터뜨렸다. 이후 몇 년 동안 적들은 우리를 마녀라 부르게 될 터였다.

이것이 우리가 나중에 '래플러'라고 부르게 될 회사의 토대가 되었다.

래플러의 공동 설립자들. (왼쪽부터) 나, 차이 호필레냐, 베스 프론도소, 글렌다 글로리아. 2017년 3월 7일 마닐라 캐피털커먼스에 위치한 에스탄시아 쇼핑몰 바깥에서 찍은 사진이다.

6장
변화의 물결을 일으키다
팀 만들기

래플러는 네 명의 공동 설립자를 마낭manang이라고 불렀는데 굳이 번역하자면 '언니'라는 뜻에 가깝다. 이것이 우리가 팀을 대하는 방식이었다. 우리는 서로 다른 성격과 일 습관이 뒤섞인 혼합물이었다. 정치 견해도 달랐으나 그다지 염려하지는 않았다. 언제나 정치보다는 좋은 언론, 진실, 정의에 대한 헌신을 우선했기 때문이었다.

ABS-CBN에서 일한 지 2년 가까이 되었을 무렵 나는 글렌다 글로리아를 영입해 ANC를 이끌게 했다. 글렌다는 마르코스 시절을 겪으면서 봉건주의와 후원 중심의 정치가 어떻게 한 지역과 한 국가를 잠식할 수 있는지 직접 경험해 알고 있었다. 또한 일찍이 내가 함께 일한 사람들 가운데 최고의 뉴스룸 관리자였으며 래플러의 공동 설립자가 될 터였다. 내가 당근이라면 글렌다는 채찍이었다. 글렌다는 우리에게 기대치를 부여하는 교관이었고, 글렌다를 실망시키는 사람은 누구든 화를 입을 각오를 해야 했다.

차이 호필레냐는 신생 회사로 필리핀 최대의 신문사가 된 〈필리핀 데일리 인콰이어러〉에서 글렌다와 함께 일하며 노동조합을 이끌었다. 이들이 만든 모든 정책에는 오랫동안 간직해온 노동 원칙이 반영되어 있었다. 정치와 언론에 대한 책을 몇 권 쓰기도 한 차이는 필리핀의 언론 윤리와 부패에 관한 가장 권위 있는 책의 저자이며 ABS-CBN의 규범 및 윤리 지침을 만들 때 도움을 주었다. 차이는 교사였으며, 어느 정도는 그 덕분에 래플러 팀 구성원들도 빠르게 성장할 수 있었다. 차이는 살벌하고 비밀스러운 뉴스 조직에는 존재하지 않는 문화를 래플러에 불어넣는 데 도움을 주었다.

래플러의 마지막 창업자인 베스 프론도소는 ABS-CBN에서 11년을 일한 베테랑이었다. 베스가 이 방송국을 이끌면서 보여준 공식 및 비공식의 리더십은 내가 폭풍우 몰아치는 정치 상황을 헤치고 나가는 데 도움이 되었다. 베스는 승진을 거듭했고, 이는 베스가 정치와 내분이 어떻게 비효율을 낳는지 이해하고 있다는 것을 뜻했다. 베스는 이 뉴스 그룹에서 가장 많은 예산을 처리했으며, 대개 취재한 뉴스를 어떻게 배치할지 판단하는 최종 결정자로서 매일의 방송 형식과 내용을 결정했다. 베스는 적절한 균형을, 다시 말해 진지한 뉴스인데도 시청률을 높이는 마법의 지점을 찾아내는 사람이었다. 야심찬 보도에는 돈을 쓰는 게 옳다고 생각하는 사람이었고,

그것이 우리의 뉴스 어젠다의 일부라고 확신했다.

그리고 나? 나는 커피를 몇 잔 마시고 나면 에너지가 넘쳐 가만히 있지 못하며 이것이 좋기도 하고 나쁘기도 하다는 사실을 안다. 다른 래플러 직원들은 내가 의욕이 넘쳐 언제나 아이디어를 제시하지만 흔히 불가능한 목표를 설정한다고 말했다. 래플러의 시작을 함께한 직원 열두 명 가운데 한 명인 나타샤 구티에레스는 내가 순진해 보이지만 공격 병기라고 했다. "머릿속에 항상 바퀴를 굴리면서 그게 계속 휘젓고 돌아다니게 해요. 대개는 민주적이지만 상황에 따라서는 합의에도 불구하고 단독으로 결정을 내리죠."

2011년 마낭들은 다섯 가지 공통점을 갖고 있었다. 하나는 돈을 보고 움직이지 않는다는 점이었다. 우리는 받고 있는 월급의 30퍼센트에서 90퍼센트를 포기하는 일임을 알면서도 ABS-CBN를 사직했다. 모두가 뉴스 그룹을 관리한 폭넓은 경험을 가지고 있었고, 주류 언론의 경향에 도전하는, 적어도 한 군데 이상의 독립 언론에서 일한 적이 있었다. 또 언론의 힘을, 그 사명과 규범과 윤리를 믿었다. 모두 14시간에서 16시간을 일하며 뉴스를 만드는 참호 속에서 하루를 보내는 데 익숙했다. 무엇보다 우리는 모두 이전에 경험했던 것보다 더 나은 무언가를 만들어내고 싶어했다.[1]

우리는 서로의 성격을 보완했다. 그래서 압박감을 느끼면서도 본능에 따라 올바른 결정을 내릴 수 있었다. 나는 대개 가장 공격적이었고 글렌다는 가장 신중했으며 차이는 언제나 중도를 찾고 베스는 전술과 철학을 따졌다. 함께라면 우리는 완전한 행동 방침을 찾아

낼 수 있었다. 천칭자리 두 명과 사자자리 두 명의 조합으로, 우리는 각각의 합보다 훨씬 더 좋은 팀을 만들었다. 21세기 언론의 사명을 되살릴 전문성과 용기가 우리에게 있었다. 우리는 필리핀뿐 아니라 전 세계적으로도 완전히 새로운 무언가를 만들어내고 있었다.

우리는 모두 여성이었으며, 사실뿐 아니라 우리의 감정과 가치관에 근거해 결정을 내렸다. 동시에 우리 각자는 사적이고 예민할 수 있는 존재였기에 때로는 비판을 호의적으로 받아들이지 않았다. 가끔은 서로에 대한 깊은 의리가 의사 결정에 영향을 미쳤다. 우리는 이런 약점을 경계했다. 하지만 결국 우리가 하는 일에서 우리의 우정, 참호 속에서 다져진 신뢰가 중요하다는 사실을 알았다. 두테르테 이전에도 우리는 함께라면 두려울 게 없었다.

2011년 7월 회사를 설립했다. 다음 해 1월 뉴스 웹사이트를 출범시켜 5년 만에 손익분기점에 이르는 것이 우리의 계획이었다. 이는 전통적인 뉴스 그룹이 설정하는 기간의 절반이었다.

마낭들은 타기그에 있는, 양쪽 유리창으로 빛이 들어오는 내 아파트에서 만났다. 우리는 새 회사 이름을 '래플러Rappler'로 정했다. 이는 '떠들다'를 뜻하는 'rap'과 '물결을 일으키다'를 뜻하는 'ripple'의 혼성어였다.

큰 실험이었다. 우리는 우리 독자들의 호주머니 속 휴대전화에 텔레비전 뉴스를 넣고 싶었다. 2010년에는 그저 꿈에 불과한 일이었다. 그러나 ABS-CBN에서 거둔 성공을 통해 나는 크라우드소싱을 이용해 참여형 언론을 만들어 우리나라의 제도를 밑에서부터 새롭게 쌓아올리는 일에 기여할 수 있는 가능성을 보았다. 이는 우리가 오랫동안 보도해온 하향식 통치 체제보다 더 큰 희망을 주었다. 정부는 언제나 국민이 참여할 때 일을 더 잘하는 법이다.

우리 모두는 단순히 기사를 보도하는 것 이상의 일을 하고 싶었다. 탁월한 언론은 세상을 바꿀 수 있다고 믿었다. 변화의 방법론도 가지고 있었다. 우리는 서로 맞물린 세 개의 원—탐사 보도, 기술, 커뮤니티—이 있고 이 원들이 만나는 중심에 래플러가 있는 벤다이어그램을 상상했다. 요점은 이랬다. "래플러가 행동하는 커뮤니티를 만들고 우리가 그 커뮤니티에 언론이라는 양식을 공급한다."

우리 논의의 기본원칙은 래플러의 기자는 편집의 독립성과 영리 권한을 갖는다는 것이었다. 이는 책임의 끝에 기자들이 있다는 뜻이다. 이사회나 주주들에게 자문을 구하지만 최종 결정권은 우리에게 있다.[2] 우리는 ABS-CBN이나 다른 미디어 기업에서 영리적인 의사 결정 권한이 없는 편집의 독립성이란 무의미하다는 사실을 배웠다. 물론 우리는 직원들에게 적절한 급여를 줄 수 있을 만큼 돈을 벌어야 하고, 그래야 독립성을 유지할 수 있다는 것도 알았다. 우리의 주요 목표는 지속 가능한 사업 모형을 만드는 것이었다.

우리는 인터넷에 접근하는 방식도 달랐다. 기성 언론은 인터넷을 부가적인 것으로 보았다. 우리는 이른바 '브랜드랩BrandRap'이라고 이름 붙인 네이티브 광고* 모델을 중심으로 영업 팀을 꾸렸다. 이 네이티브 광고를 위해 완전히 별도의 팀이 후원 기사를 제작했으며, 이를 우리 사이트에 분명하게 표시했다. 필리핀에서는 처음 있는 시도였다. 우리는 이사회부터 기자까지 경험을 혁신과 융합했다. 래플러 사업을 이끄는 네 마낭은 언론 분야에 깊이 있는 경험을 갖고 있었다. 또 우리의 창립 이사들은 더 깊은 사명의식을 갖고 있었다. 우리는 새로운 기술을 가지고 노는 밀레니얼 세대가 아니었다. 구세계의 조직을 운영해본 다음, 새로운 것을 이해하기 위해 뛰어들어야 하는 사람들이었다.

우리의 첫 번째 기획 가운데 하나는 페이스북을 통한 실험이었다. ABS-CBN에서 일하던 2008년 당시 페이스북이 가진 동원력을 부인할 수 없다는 것을 깨달았다. 우리는 페이스북 페이지 Move.PH에 우리의 실험을 올리기 시작했다.[3] 페이스북의 검색 기능이 더 좋았더라면 독자적인 웹사이트를 열지 않았을지도 모른다. 처음에는 페이스북과 설립자 마크 저커버그가 필리핀 같은 국가를 위해, 민주주의 미래를 위해 뭔가를 할 수 있을 것이라고 생각했고, 매우 흥분하며 낙관했다.

우리는 첫 공식 행사를 소셜미디어에서 개최했다. 마닐라에서 차로 약 네 시간 거리의 서늘한 북부 도시 바기오에 있는 필리핀바기오 대학교의 학생 500명을 위한 네 시간짜리 워크숍이었다. 학생들

* native advertising, 해당 웹사이트에 맞는 고유한 방식으로 기획 및 제작한 광고로, 기존 광고와는 달리 웹사이트 이용자가 경험하는 콘텐츠의 일부로 작동해 기존 광고보다 사용자의 관심을 적극적으로 끄는 형식을 사용한다.

에게 소셜미디어를 좋은 일에 이용하는 방법을 알려주는 것이 우리의 계획이었다. 우리는 지역 환경문제와 이를 해결하기 위한 소셜미디어 사용법에 초점을 맞췄다. 내가 한 기조연설의 제목은 "사회변화를 위한 소셜미디어"였다.

우리는 이 행사를 위해 무대와 온라인 실시간 방송을 준비했다.[4] 온라인 실시간 방송 플랫폼이 생기기 전인 2011년, 우리는 텔레비전에서 일하면서 알게 된 것을 새로운 인터넷 세상에 적용하고 싶었다. 그 무렵 이미 필리핀은 소셜미디어 사용에서 세계를 선도하고 있었다. 휴대전화 보급률이 94퍼센트였으며 웹 사용자의 평균 연령은 23세 미만이었다. 주중 소비 시간에서 인터넷이 텔레비전을 앞질렀다.[5] 텔레비전이 여전히 가장 많은 수익을 벌어들이고 있었지만 우리는 인터넷이 미래라고 확신했다.

워크숍에서 나는 인터넷에서 보았던 가능성에 대해 이야기했다. 인터넷은 우리가 생각하고 행동하는 방식에 커다란 격변을 일으키고 있었다.[6] 당시에는 인터넷이 민주주의에 미칠 긍정적인 영향력만을 보았다.

나는 슬라이드를 사용해 학생들을 그해에 아랍의 봄을 겪은 중동과 북아프리카—이집트, 튀니지, 바레인, 리비아—로 데려갔다. 서구에서는 이 혁명에서 페이스북과 트위터가 어떤 역할을 했는지를 두고 논쟁이 한창이었다.[7] 하지만 이에 대한 학자들의 견해가 어떠하든, 사람들의 오래된 불만에 불을 붙이고 그들에게서 두려움을 없애고 용기를 끌어올린 건 인터넷과, 특히 소셜미디어의 힘이 컸다. 소셜미디어가 없었다면 시위를 그렇게 신속히 조직할 수 없었을 것이다. 그리고 그 결과는 독재 정권의 몰락이었다.

나는 미디어 이론가인 마셜 매클루언의 획기적 작업 「매체가 곧 메시지다The Medium Is the Message」를 언급하며 메시지를 전하는 매체 자체가 메시지를 형성하고 규정한다고 학생들에게 말했다.[8] 소셜미디어의 즉각성이 혁명의 발생 속도를 가속화했다. 권위주의 정부는 그 메시지를 따라가거나 통제할 수 없었다. 당시 시위는 느슨하고 위계도, 지도자도 없는 웹상의 네트워크를 모델로 삼았기 때문이다. 독재자는 누구를 체포해야 할지 알 수가 없었다. 해체해야 할 정당도 없고 분쇄해야 할 지하의 반란군도 없었다. 이들은 바로 민중이었으며 민중과 싸우는 정부는 결국 실패할 터였다.

오늘에 와서 당시 학생들 앞에서 한 발표를 떠올리니 민망하다. 2011년 내가 환영했던 바로 그 발전이 곧 플랫폼 사업 모델에 의해 미세 조정되고 국가 권력에 포섭되어 민중에게 등을 돌리고 있기 때문이다. 그 결과 디지털 권위주의의 부상, 사실의 죽음, 오늘날 우리와 함께 숨 쉬는 교활한 대중 조작을 부채질하고 하고 있다.

당시에 인터넷의 해악을 보지 못한 건 아니었다. 나는 인터넷이 우리의 생리에 미치는 영향에 주목했다. 워크숍의 청중이었던 500명의 청년들은 주요한 변화를 겪고 있었다. 강연장에 모인 학생의 75퍼센트 이상이 페이스북 계정을 갖고 있었다. 트위터 계정을 가진 학생은 그 수가 좀 더 적었다. 플랫폼 참여는 뇌의 도파민 수치를 높여 감정을 왜곡하는 효과를 낳았다.[9] 감정이 고조되면서 우리의 기대와 우리가 그 기대에 반응하는 방식도 바뀌고 있었다. 소셜미디어만이 아니라 현대 세계의 온갖 기술적 방해물들이 우리를 객관성보다 선정주의에 혹하도록 길들이고 있었다.[10] 그날 나는 집중력을 잃은 세대가 되지 말라고 청중에게 경고했다.[11]

하지만 소셜미디어의 좋은 면에 너무 흥분한 나머지 그 단점을 간과한 게 사실이다. "우리는 더 많이 연결되고 있습니다." 나는 그날 학생들에게 말했다. "더 사회적이 되었고 최소한의 비용으로 함께 행동하기를 결정할 수 있습니다." 워크숍의 목적은 학생들에게 공동의 선을 위해 소셜미디어를 이용할 수 있다는 것을 보여주는 것이었다.

몇 주 동안 진행된 이 워크숍에서 래플러의 시민 참여 부문인 MovePH가 생겨났다. 우리의 계획은 언론의 핵심 부문을 소규모로 유지하면서 시민 참여 팀과 파트너들에게 사실과 정책적 질문을 던지는 데 집중하는 것이었다. 우리의 이야기를 가지고 세상을 더 나은 방향으로 변화시키는 것은 이들의 몫이었다. 물론 완전한 것은 없다. 우리가 수차례의 워크숍을 통해 교육한 사람들 가운데에는 나중에 두테르테와 마르코스 온라인 부대의 주요 선전원이 된 사람도 있었기 때문이다.

우리는 또 인터넷에서 멀티미디어와 영상을 자유자재로 다루기 시작했다. 텔레비전에서 일한 경력을 바탕으로 휴대전화를 이용해 생중계를 할 수 있는 방법을 찾았는데, 이는 소셜미디어 플랫폼에서 본격적으로 생중계를 도입하기 몇 년 전의 일이었다. 기자들이 주로 아이폰을 카메라로 사용했기에, 우리는 아이폰에 맞는 금속 케이스를 만들었다(보도를 할 때는 삼각대를 연결해 사용할 수 있었다). 2012년 1월 래플러가 출범했을 때 래플러의 기자들은 이 장비를 가지고 다니면서 혼자 일했다. 일반적인 텔레비전 제작진과 달리, 우리 기자들은 취재, 소셜미디어 라이브, 그리고 생중계와 녹음까지 모두 직접 했다.

현장에서 일부 다른 방송국 사람들은 휴대전화 앞에 서서 스탠딩을 하고 있는 우리 기자들을 비웃곤 했다. 하지만 래플러가 영상을 실시간 또는 거의 실시간으로 올리기 시작하자—사무실로 돌아가 영상을 편집할 필요가 없었다—텔레비전 방송국보다 몇 시간 앞서 속보를 전할 수 있었다. 경쟁사들은 곧 우리 방식을 채택하기 시작했고, 1년 후에는 우리의 이점이 사라졌다.

텔레비전 방송에서 쌓은 지식을 인터넷 생중계에 적용하기도 했다. 텔레비전 생방송에는 주로 옥외 방송용 밴이 사용되었는데, 그 비용이 대략 100만 달러였다. 래플러는 이스즈 밴 위에 IP 위성을 달아 인터넷 생중계에 활용했는데, 제작비용은 10만 달러였다. 이 밴이 있으면 필리핀 어디서든 생방송을 할 수 있었다. 특히 자연재해가 발생했을 때 기자들은 밴을 타고 취재를 하면서 정보를 모으고, 우리가 지나가는 곳에 휴대전화 신호가 잡히는지를 묻는 질문을 올리거나 전기 및 휴대전화 서비스가 가능한 지역을 보여주는 실시간 지도를 만들 수 있었다. 2013년 11월 필리핀에서는 욜란다

2013년 래플러의 멀티미디어 부문 기자인 나타샤 구티에레스가 우리가 만든 금속 케이스, 삼각대, 그리고 조명 등의 장비를 들어 보이고 있다.

로 부르는 초대형 대풍 하이옌이 상륙했을 때 우리가 손수 만든 이밴이 제 역할을 톡톡히 했다. 래플러는 정부 및 다른 NGO들과 함께 재해 지역 바깥으로 정보를 전송할 수 있었다. 하지만 우리의 금속 케이스가 가벼운 플라스틱 제품이 나온 후로 더 이상 필요가 없어진 것처럼 IP 밴은 2016년 페이스북이 생방송 서비스를 시작하면서 더 이상 쓸모가 없어졌다.[12]

래플러의 처음 몇 년은 변화의 속도를 따라잡는 데만도 힘이 부쳤다. 그러나 통치의 문제를 해결하기 위해 다양한 전 사회적 접근을 실험하면서 그에 맞춰 우리의 업무 흐름을 바꿔나갔다. 그와 동시에 우리의 탐사 보도 기자들은 권력에 책임을 묻기 위해 노력했다.

출범하고 1년 반 만에 래플러는 필리핀의 세 번째 주요 뉴스 사이트가 되었다.[13] 첫 3년 동안 우리 뉴스의 도달 범위와 수익이 100퍼센트에서 300퍼센트까지 증가했다. 몇 가지 요인 덕분이었는데 그 중 하나는 우리의 탐사 보도가 영상에 중점을 두었다는 점이다. 이는 다른 언론사보다 훨씬 먼저, 페이스북과 유튜브가 영상의 유비쿼터스 시대를 열기 훨씬 전에 일어난 일이었다. 또 다른 요인은 정보가 어떻게 래플러 사이트에서 일반 대중으로, 또 일반 대중에게서 래플러 사이트로 흐르는지 사회관계망 분석을 발전시켰다는 점이다. 마지막으로, 우리는 기분을 통해 참여를 유도함으로써 하나의 기사가 어떻게 우리 사회에 감정의 물결을 일으키는지를 알 수 있었다. 실제로, 우리는 페이스북이 이모티콘을 도입하기 약 4년 전에 무드 미터Mood Meter(기분 측정기)와 무드 내비게이터mood navigator를 출시했다.[14]

우리는 사회관계망이 인간 행동에 미치는 영향을 분석하는 사회관계망 지도를 이용해 급변하는 정보 생태계에서 발생할 수 있는 창발 행동을 예측하기 위해 소셜미디어를 사용하기 시작했다. 나는 이러한 데이터를 사이트 개발에 시동을 걸고, 정치 부패를 물리치고, 시민 중심의 제도를 아래에서부터 끌어올리는 등의 모든 일에 이용할 수 있으리라 확신했다.

새로운 기술은 기자들에게 새로운 힘을 가져다주었다. 우리는 미디어 산업에 일어나는 극적인 변화를 두려워하는 대신, 오래된 문제를 해결하는 데 그 변화의 도움을 받고자 했다. 기사를 만들어내는 것을 넘어 크라우드소싱과 커뮤니티 구축으로까지 나아가고자 했다. 미디어의 힘이 강력하기는 하지만, 새로운 기술을 이용해 정확히 얼마나 강력한지를 밝힐 수 있을까? 우리는 제도가 약하고 부패가 고질적인 필리핀 같은 나라에서 무드 미터를 이용해 좌절한 사회의 시대정신을 포착했다. 정확한 기사, 정확한 정보가 투표든 홍수가 난 마을을 돕는 일이든 부패를 고발하는 일이든 실제 세계의 행동을 촉발하는 동력이 될 수 있을까? 한 연구[15]는 우리가 내리는 결정의 80~95퍼센트가 생각이 아니라 감정에 의지한다고 했다.[16]

이것은 빙산과 같았다. 빙산의 끝은 우리가 읽거나 볼 수 있는 기사로, 측정 가능한 성과 지표를 가지고 있다. 그러나 각각의 기사는 사회관계망을 통해 감정을 실어나르며 이제 그것은 물리적 관계망이 아닌 소셜미디어를 통해 확산되고 있다. 소셜미디어는 물리적 관계망보다 네 배는 더 강력한 영향력을 발휘한다. 시간이 지나면 이러한 감정이 뒤섞여 행동을 변화시킬 수 있다는 것이 우리의 생각이었다. 저 사회관계망의 지도를 그릴 수만 있다면 기사에 따라 붙는 감정들이 어떻게, 왜 사회를 돌아다니며 인간의 행동을 변화시키는지 알 수 있게 될 터였다.

기사가 어떻게 사람들의 감정을 자극하고 그 감정이 어떻게 사회를 돌아다니는지 측정하기 위해 사용한 도구가 무드 미터였다. 사람들이 가장 즉각적이고 가장 쉽게 할 수 있는 행동은 해당 기사에 대해 어떤 기분을 느끼는지 클릭하는 것이었다. 각 기사에 독자가 클릭할 수 있는 무드 미터를 끼워 넣어두면, 무드 내비게이터가 그 결과를 집계해 사이트에 상위 열 개 기사로 게시되었다. 더불어 그 날의 전반적인 기분도 함께 표시되었다. 시간이 지날수록, 동향이 분명해지면서 우리가 서비스하는 대중에 대해 더 많은 통찰을 얻을 수 있었다. 이들이 느끼는 감정뿐 아니라 가장 관심을 가진 쟁점까지 말이다.

우리는 빙산의 일각을 측정하기 위해 순 방문자, 페이지 조회 수, 사이트에 머문 시간이라는 세 가지 지표를 활용했으나, 이 정보를 다루는 방식에 주의를 기울여 기자들이 이 모든 지표를 보지 못하게 했다. 만약 기자들이 본다면 중요한 기사는 쓰지 않고 접속량으로 보상받는 기사만 계속 쓰지 않을까? 이렇게 되면 양질의 언론이

아니라 조회수 올리기에 급급해질 수 있었다. 또한 온라인 접속량만 신경 쓰는 기자는 우리가 조성하고 싶었던 협업 문화에 반하여 소모성 경쟁을 초래할 수 있다고 생각했다.

기분 지표를 활용하는 경우는 따로 있었다. 우리는 매년 '기분으로 보는 한 해'를 정리했다.[17] 2016년 두테르테의 대대적 선전전이 시작되기 전 5년 동안 우리의 사용자 사이에 가장 우세한 감정이 압도적으로 '기뻐요'였다는 걸 알 수 있었던 것도 이 덕분이었다.[18] 시간이 흐르며 페이스북과 유튜브의 탐욕을 이용하는 허위 정보망이 늘었고, 우리는 사람들의 행동이 어떻게 변화하는지를 실시간으로 지켜볼 수 있었다. 정보 조작으로 인해 '화나요' 표가 인위적으로 늘어나면서 '뉴 노멀'이 형성되기 시작했다.

또 매일의 무드 내비게이터는 그날의 기사들이 어떻게 사회에 스며드는지 알려주었다. 예를 들어 정치인 또는 기업이 특정 기분을 반복 클릭하는 경우, 필리핀의 기득권을 드러내는 역할을 했다. 우리는 여론을 조작하려는 시도를 추적해서 때로는 공개해 보도하기도 했다. 그리고 수개월에 걸쳐 동향을 추적하기 시작했다.

래플러가 처음 보도한 선거는 2013년 5월 13일의 중간 선거였다. 그달의 기분을 보면 '기뻐요'가 '화나요'와 '짜증나요'로 바뀌는 순간을 추적해볼 수 있다. 이 경우 투표가 끝난 후 선거 결과를 전하는 데 사소한 문제가 생긴 다음이었다. 이 달 말 '화나요'가 급등한 것은 강간 사건 관련 농담과 한 경쟁 방송사의 연예인이 어떤 기자에게 뚱뚱하다고 망신을 준 일 때문이었다.[19] 흥미롭게도, '기뻐요'와 '화나요'의 참여가 모두 증가했다.

우리는 우리 기자뿐 아니라 정부와 시민사회 동료, 그리고 광고주에게도 이런 생태계를 공개했다. 이 같은 성장 및 유통 모형은 양쪽 모두에게 효과가 있었다. 우리 모두 사람들이 무엇을 원하는지,

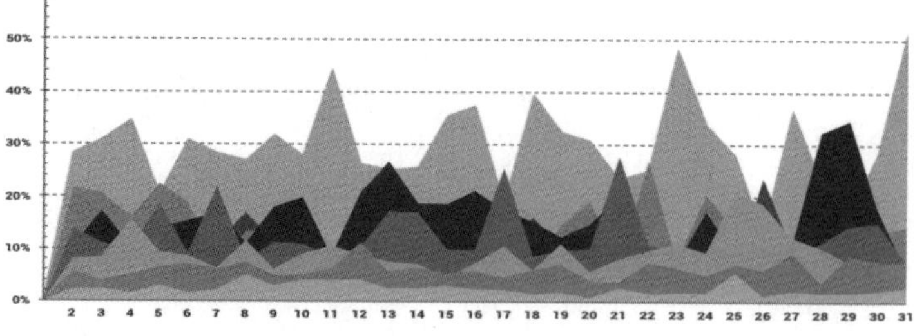

무엇에 관심이 있는지 이해할 필요가 있었다. 래플러는 이 모두를 투명하게 공개했다.

2014년 즈음 우리가 가장 야심 차게 설정한 목표에서 구체적인 결과를 보기 시작했다. 기획 기사로 박차를 가한 래플러의 네 가지 캠페인이 소셜미디어상의 크라우드소싱을 시민 참여로 전환하고 있었다.

첫 번째는 가장 먼저 시작한 반부패 운동인 #BudgetWatch였다.[20] 우리는 정부의 부패를 막는 유일한 방법은 납세자에게 자신의 돈이 어디로 가는지 보여주는 것이라고 생각했다. 그래서 예산 자료를 이해하기 쉽고 시각적으로 보기 좋은 방식으로 공개했다. 미끄럼틀과 사다리Slides and Ladders 게임[21]처럼 예산 승인 절차를 보여주거나, 다른 상호작용형 게임[22]처럼 사람들이 각자의 제안서를 제출하고 그것이 다양한 정부 부문에 어떤 영향을 미치는지 볼 수 있게 했다.

두 번째 운동인 #ProjectAgos[23]는 기후변화 및 재난 위험 줄이기 운동이었다. 이는 래플러를 운영한 첫 5년 동안 가장 성공을 거둔 기획이었다. 그도 그럴 것이 필리핀은 매년 평균 스무 차례의 태풍이 발생하고 2012년에는 세계에서 세 번째로 재난 위험이 심각한 나라였기 때문이다. 재난이 발생한다는 건 우리 모두가 힘을 모아야 한다는 뜻이었다.

래플러는 필리핀 기후변화위원회, 민방위본부, 민간 부문 협력 단체, 오스트레일리아 국제개발처AusAID, 그리고 나중에는 유엔개발

계획UNDP를 포함한 거의 40개 단체와 협력했다. 그렇게 해서 기후 관련 재난을 극복하기 위한 원스톱 온라인 플랫폼[24]을 만들고 시범 운영했다. 여기에는 위험 정보 데이터베이스[25]와 위험 지도 및 규정 준수 추적기 같은 대화형 도구가 포함되어서 공무원이 폭풍우에 대비할 때 도움을 주고 주요 기상 문제가 발생하기 전, 도중, 후에 필요한 광범위한 정보를 제공했다. 예를 들어, 태풍이 닥쳤을 때 크라우드소싱 구조 요청 지도를 통해 최초의 응답자가 구조 요청을 확인한 뒤 응답할 수 있게 했고 도움을 원하는 다른 사람들에게 더 넓은 시야를 제공할 수 있었다. 이 계획은 2013년부터 2016년까지 기상 교란으로 인한 사망자 수를 세 자리에서 낮은 두 자리로 줄이는 데 기여했다. 당시 사용한 해시태그는 #ZeroCasualty였다.[26] 그러나 훗날 두테르테 정부가 이 성공적인 계획을 폐기하면서 사망자는 곧 세 자리 수로 다시 늘었다.

세 번째 운동은 유엔세계식량계획WFP, 필리핀 사회복지개발부와 협력한 #HungerProject였다.[27] 필리핀의 기아 발생률은 아시아에서 가장 높은 축에 들었고, GDP가 성장하는데도 계속 증가하고 있었다. 만성 영양 부족으로 인한 발육 부진, 연령에 비해 작은 키가 특히 문제였다. 우리는 래플러에 정보 저장소를 만들어 사회에서 가장 취약한 부문에 도움의 손길이 닿을 수 있게 했다. 가난한 지역 사람들이 쌀 한 컵 대신 제대로 된 음식을 구할 수 있게 되었다.[28]

네 번째 운동인 #WhipIt[29]는 팬틴과의 상업적 제휴로, 젠더 편향과 여성의 권리에 초점을 맞춘 것이었다. 래플러는 조사[30]를 의뢰해 필리핀 사회가 여성을 어떻게 인식하는지[31] 살피고 혁신적인 광고 캠페인을 시작하기 위해 여성들을 위한 포럼을 조직했다. 온라인에서 일어난 이 잔물결은 페이스북 최고운영책임자 셰릴 샌드버그[32]가 이에 대한 게시물을 올리면서 전 세계에서 반향을 일으켰다. 그 결과 팬틴 제품 제조사인 프록터앤드갬블P&G이 필리핀에서 시작한 이 캠페인을 서구로 확산시키겠다고 발표했다.

래플러를 설립한 시기는 빅데이터가 세계를 막 변화시키고 있던 때였다. 이는 래플러에게 초기의 이점으로 작용했다. 소셜미디어 플랫폼과 다른 기업들이 접근을 차단하기 전, 구조화한 빅데이터와 비구조화한 빅데이터를 모두 이용할 수 있었기 때문이다. ABS-CBN에서 일하던 시절과 마찬가지로, 내게 가장 중요한 영역은 선거였다.

2013년 5월 선거 당시, 래플러는 우리와 비슷한 서구의 언론보다 앞서나갔다. 우리는 필리핀 선거위원회와 계약을 맺어 자동화한 투표 결과의 전체 데이터 세트를 사용자 친화적 인터페이스로 공개했다. 세계 최초로 상세한 투표 결과를 실시간으로 이용 가능하게 만든 것이었다.

우리는 총 9만 2,509곳의 각 선거구에서 얼마나 많은 사람들이 어떤 후보에게 투표했는지를 실시간으로 분석할 수 있게 해주는 보도 모형을 만들었는데, 이는 역사상 가장 규모가 크고 빠른 전자 선거 개표 방식이었다.[33] 사람들은 더 이상 텔레비전 앵커가 결과를 발표할 때까지 기다릴 필요가 없었다. 즉시 검색하거나 시간을 되돌려 이전 결과를 살펴볼 수도 있었다. 이는 선거 결과 보도를 투명하게 만들어 보도가 편향되었다거나 특정 경향을 따른다는 오랜 의혹을 털어냈다.

2013년 우리는 또한 소셜미디어에서 반부패 운동이 어떻게 펼쳐질 수 있는지 확인했다.[34] 어쨌든 당시는 소셜미디어가 정부의 개혁을 요구하는 시민들에게 힘을 부여하는 소셜미디어의 황금기였다. 페이스북에 최초로 그들의 정부에 더 나은 통치 체제를 요구하는 글을 게시한 이들 중 하나가 바로 2011년 뉴욕에서 일어난 '월스트리트를 점령하라' 시위대였다.

그 무렵 코리 아키노의 아들 베니그노 아키노 3세가 대통령으로 선출되었다. 선심성 정치, 지역 계획 사업에 공적 자금을 전용하는 의회 관행을 포함해서, 예전 마르코스 시대의 부패 문제가 그대로 계속되었다. 연줄이 좋은 여성 사업가인 재닛 림 나폴레스가 열두 명이 넘는 국회의원과 공모해 농민을 위한 공적 자금에서 2억 3,200만 달러를 빼돌린 혐의를 받으면서, 아키노 정부에 대한 국민의 분노가 폭발했다.

광고 회사를 운영하는 피치 랄론소-브레타냐는 분노에 차서 자신의 지인들과 함께 페이스북에 부패를 비판하는 글을 올렸다. 그는 한 번도 시위를 이끌어본 적이 없는 인물이었으나 이것이 필리핀 최초로 소셜미디어가 조직한 대규모 시위를 촉발했다.[35]

가상 세계에 사람들이 모여드는 것을 지켜보는 일은 대단히 흥미

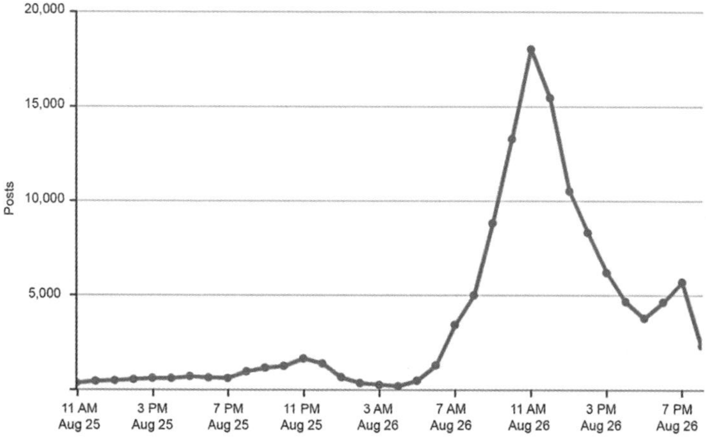
20,000
15,000
10,000
5,000
Posts
11 AM Aug 25
3 PM Aug 25
7 PM Aug 25
11 PM Aug 25
3 AM Aug 26
7 AM Aug 26
11 AM Aug 26
3 PM Aug 26
7 PM Aug 26

로웠다. 시위에 관한 아이디어가 처음 떠오르고 그것이 트위터에서 1만 회 언급되는 데는 8월 17일부터 25일까지 7일이 걸렸다. 그러다가 시위 전날 그 수가 기하급수로 증가했다.

2013년 8월 26일 오전 11시에 시위대가 마닐라 중심부에 있는 루네타파크에 도착했다. 그때쯤 트위터 메시지는 초당 다섯 개씩 올라오고 있었다.[36] 중앙 조직이 없었기 때문에, 시위에 나온 사람들은 실제로 무엇을 해야 할지 몰랐다. 중앙 무대도, 프로그램도 없었다. 사람들이 도착해서 무리 지어 돌아다녔다. 일부 가족들은 소풍을 나온 것 같았다. 피치 랄론소-브레타냐의 페이스북 게시글은 결국 8만에서 10만 명의 사람들을 불러모았다. 그 해시태그는 #MillionPeopleMarch였다.[37]

이날은 우리 래플러가 사람들에게 하나의 조직으로 처음 인정받은 날이기도 했다. 사람들은 래플러 현장 팀에게 다가와 인사했다. 물론 그들은 우리의 청중이었다. 그리고 이 시위는 사회변화를 위해 정부의 개선을 요구하는, 디지털에 의해 촉발된 행동이었다. 우리는 시위를 이끄는 중심점과 접속점을 찾기 위해 소셜미디어 활동 지도를 만들었다. 이 커뮤니티 지도는 현실의 활동을 빠르게 반영하며 바뀌어갔다.

우리의 마지막 반부패 크라우드소싱 행동은 2016년 8월 10일에 있었는데 #NotOnMyWatch라 불렸다.[38] 래플러의 MovePH는 이를 위해 필리핀 중앙인사위원회와 행정감찰실, 두 개의 정부 기관과 협력했다. 이들에 따르면, 필리핀에서는 스무 가구당 한 가구가 뇌물을 주고 뇌물을 준 가구 가운데 5퍼센트만이 그 사실을 알린다. 그래서 우리는 온라인 양식과 페이스북 메신저 챗봇을 사용해 손쉽게 부패를 제보할 수 있게 했다. 우리의 신생 팀이 제안한 선전 구호인 "손에 대고 말해요!"*는 부패에 대한 무관용 원칙을 표현한 것이었다.

이 캠페인은 2016년 9월 24일에 시작해서 이틀 안에 200만 개가 넘는 계정[39]에 도달했으며 4,000명의 서약과 적어도 30건의 제보를 받았다.[40] 우리와 협력하는 정부 기관이 그 제보를 이용해 책임을 물은 뒤 제보를 한 시민에게 실시간 피드백을 제공했다는 점에서 유례가 없는 실험이었다. 제보자는 원하는 경우 익명을 보장받았다.

3개월 전인 2016년 6월 30일 변호사이자 검사이자 오랫동안 다바오 시장을 지낸 로드리고 두테르테가 필리핀 대통령이 되었다. 두테르테는 말라카냥 궁에서 래플러와 최초의 일대일 인터뷰를 했다. 인터뷰를 마무리 지을 때, 두테르테는 #NotOnMyWatch에 대한 공익광고를 하는 데 동의했다. 그는 "손에 대고 말해요"라는 구호대로 자신의 커다란 손에 대고 온화하게 말하며 이 캠페인을 지지했다.[41]

---

* 'Talk to the hand'는 원래 듣기 싫어하는 상대를 비꼬는 표현으로 귀로 안 들으니 손에다 대고 말한다는 뜻인데 여기서는 휴대전화로 부패를 알리라는 뜻으로 쓰였다.

"저는 정부의 부패를 막겠다고 약속했습니다. 저 혼자서는 할 수 없는 일입니다. 여러분이 제가 하는 일을 알고 저를 도와주어야 합니다. 여러분이 자기 권리를 주장하는 것만으로도 도움이 될 수 있습니다."

1980년대 후반 아직 CNN과 함께 일할 때, 나는 자경단을 통해 시를 정화하고 있는 시장에 관한 기사를 썼다. 사법제도가 더디게 작동한다는 이유로 그는 자경단의 살인을 묵인했다. 호의적인 기사가 아니었다. 나는 그때 처음 로드리고 두테르테를 만났다. 거의 30년이 지나 그가 대통령 후보가 되어 다시 만났을 때 그는 우리의 이전 인터뷰를 온화하게 상기시켰다. 또는 온화하다고 나는 생각했다.

두테르테는 자신이 대통령이 되면 세 가지 일이 일어날 것이라고 단호히 말했다. 그러면서 그 세 가지를 손가락으로 꼽았다. "부패를 막고, 범죄를 막고, 정부를 바로잡을 겁니다."

두테르테라는 인물이 다른 사람과 다른 점이 있다면, 그는 이를 위해 기꺼이 살인을 저지르리라는 점이었다.[42]

"내가 범죄를 막겠다고 말하는 건, 말 그대로 범죄를 막겠다는 거요." 필리핀의 최장수 시장 가운데 한 사람인 두테르테가 말했다. "내가 당신을 죽여야 한다면, 죽일 거요. 직접."[43]

나는 그의 말이 진심인지 알아내기 위해 그의 눈을 바라보았다. 그는 진심이었다.

2016년 두테르테는 오랜 정치인 집안 출신의 후보자들과 맞붙었다. 그는 자기 생각을 그대로 말하는 사람이었고, 그 말은 조잡한 민족주의적, 포퓰리즘적 수사뿐 아니라 모욕적이고 기이한 농담, 그리고 번뜩이는 잔인함을 품고 있었다. 자신을 아돌프 히틀러에 비교하고,[44] 필리핀에서 집단 성폭행을 당하고 살해된 오스트레일리아 선교사를 성폭행할 기회를 놓쳤다고 농담을 했다.[45] 이에 대해 비판이 일자, 당시 미국 대통령인 버락 오바마와 프란치스코 교황을 "창녀의 아들들"이라 부르며 악담을 퍼부었다.

또 두테르테는 페이스북을 성공적으로 이용해서 필리핀의 최고직에 오른 최초의 정치인으로, 이 나라의 정치를 영원히 바꿔놓고 있었다.

마지막 선거 유세를 하던 날 두테르테는 이렇게 말했다. "인권법은 잊어버리십시오. 내가 대통령 궁에 간다면 내가 시장으로서 하던 일을 할 것입니다. 마약 밀매자, 노상강도, 무위도식자는 사라지는 게 나을 것입니다. 내가 여러분을 죽여버릴 것이기 때문입니다. 나는 여러분 모두를 마닐라만에 갖다버려 그곳 물고기들을 살찌울 것입니다."[46]

두테르테는 39퍼센트의 표를 얻어 당선되었다. 취임한 지 몇 시간 만에, 두테르테가 헌법을 수호하겠노라고 서약한 곳 가까이에서 첫 번째 살인이 벌어졌다. 당시 우리는 상황이 얼마나 나빠질지 전혀 몰랐다.

얼굴은 덮여 있고, '나는 마약왕이다'라고 쓴 표지판을 걸고 있는 사체에서 경찰이 증거를 수집하고 있다. 2016년 7월 28일 마닐로 톤도의 거리에서 발견되었다.(래플러)

7장

친구의 친구가 민주주의를 어떻게 무너뜨리는가

빠르지 않게, 천천히 생각하라

세계에서 가장 분주한 싱가포르 항구의 전망은 얼마나 멋진지! 나는 동남아시아에 있는 한 빛나는 건물의 최상층에서 통유리창을 내다보고 있었다. 내가 있는 곳은 페이스북 사무실이었다.

2016년 8월이었다. 두테르테 정부는 약 6,000명의 정무직 공무원과 함께 정권을 장악했다. 두테르테는 이들을 임명한 이유가 충성심 때문이라고 자랑스럽게 밝혔다. 다바오 시장 시절부터 함께해 온 경찰 및 검찰, 군 인사를 비롯해 지역 공무원들이 필리핀 수도의 최고위직을 차지했다. 처음에 나는 이들의 역량이 문제라고 생각했다. 이들이 맡은 일을 제대로 하지 못하면 책임을 추궁당할 것이라고 생각했다.

그러다 매일 나오는 사망자 보도가 더 걱정스러운 문제가 되었다. 가난한 지역의 거리에서 사체가 발견되고 목격자들은 밤에 집으로 들이닥치는 살인범에 대해 속삭였다. 두테르테의 마약과의 전쟁은 마닐라를 배트맨 없는 현실 세계의 고담시로 바꿔놓기 시작했다.

래플러는 기자 한 명과 제작 팀 하나를 야간 근무에 배정했다. 이들은 곧 매일 밤 최대 여덟 구의 시신이 인도나 거리에 버려지고 이들의 피가 길바닥에 웅덩이를 이루고 있다고 보도하기 시작했다. 끔찍한 살인이었다. 일부는 손발이 묶이고 얼굴은 강력 접착테이프로 휘감긴 채 "마약판매자, 나처럼 되지 마라HUWAG TULARAN"라고 휘갈겨 쓴 표지판을 달고 있었다.

나는 폭력에서 거리가 먼 싱가포르에 있다는 사실에 안심했다. 눈부신 항구의 전망이 내려다보이는 꼭대기 층의 구내식당에 들어서면서 직원들에게 점심을 무료로 제공하려면 비용이 얼마나 들지 계산하고 있었다. 래플러는 팀을 제대로 유지하기 위해 직원들에게 영양가 있는 점심을 무료로 제공하는 것을 고려하고 있었다. 직원들이 원하기도 했지만, 우리로서는 세금 공제를 받을 수도 있었다. 그렇긴 해도 내 시야가 닿는 곳 끝까지 펼쳐진 인도, 중국, 미국 요리는 우리 같이 작은 신생 기업으로서는 상상할 수 없는 여유였다.

내가 방문한 목적은 래플러와 많은 제휴 사업을 해온 페이스북 아시아 지사 측 파트너들에게 경고를 전하기 위해서였다. 이들 가운데 켄 테는 페이스북 싱가포르 지사에서 특히 필리핀의 뉴스 그룹을 담당하는 이였고, 클레어 웨어링은 아시아-태평양 정책 커뮤니케이션을 책임지고 있었으며, 엘리자베스 에르난데스는 아시아-태평양 지역을 위한 공공 정책을 맡고 있었다. 나는 엘리자베스가 휼렛패커드에 일하고 있을 때 처음 만났다. 필리핀인으로 페이스북에서 중요한 위치에 있는 그녀가 필리핀에 분명 도움이 되리라고 생각했다. 하지만 그렇지가 않았다.

래플러와 페이스북의 관계는 기대감 속에 시작되었다. 2015년 초 필리핀의 뉴스 그룹과 제휴 관계를 구축하는 일을 맡은 켄 테가 먼저 연락을 해왔다. 래플러가 온라인 언론을 사회관계망 이론과 융합했다는 점에서 타당한 선택이었다.[1] 페이스북이 동남아시아에서 인원을 늘리고 있을 무렵, 유엔에 근거지를 둔 월드서밋어워드World Summit Awards는 이미 래플러를 "가장 훌륭하고 가장 획기적인 디지털 혁신" 마흔 개 사례 가운데 하나로 선정했다.[2] 페이스북은 2016년 샌프란시스코에서 열린 개발자를 위한 연례 회의인 F8에서 래플러를 소개하기도 했다.[3]

페이스북은 그해 필리핀에 첫 사무실을 열면서, 필리핀 사람들이 텔레비전 시청보다 페이스북과 인스타그램을 하면서 보내는 시간이 1.7배 더 많다는 놀라운 통계를 발표했다. 필리핀 사람들은 세계 평균보다 60퍼센트 더 많은 페이스북 친구를 갖고 있었으며 30퍼센트 더 많은 메시지를 보내고 있었다. 필리핀인의 65퍼센트가 매일 페이스북에 접속했고, 그중 90퍼센트가 모바일 앱을 사용했다. 필리핀 사람들은 5분 가운데 1분을 온라인에서 보내고 4분 가운데

1분을 휴대전화를 사용하며 보냈다. "필리핀 사람들은 모바일 우선 국가로 매우 높은 참여도를 나타낸다"고 당시 페이스북 아시아-태평양 부사장은 말했다. "창의적이고 기업가 정신이 넘치며 공동체 의식이 강한 사람들로 가득하다."[4]

래플러가 기성 언론사를 빠르게 앞서기 시작한 것은 어느 정도 페이스북을 이용했기 때문이었다. 우리는 일찌감치 이 플랫폼을 받아들였으며 페이스북이 필리핀에서 거둔 성과를 그들보다 더 잘 알고 있었다. 우리가 매일 데이터를 추적 관찰해 발견한 것에 페이스북 경영진은 종종 놀라곤 했다. 나는 내가 사실상 페이스북을 위해 일하고 있다는 생각을 은밀히 즐기기도 했다. 나의 세대에 CNN이 그랬듯 페이스북이 현 세대의 정보 흐름을 결정하고 있다고 생각했기 때문이다.

나는 언제나 페이스북이 다음에는 무엇을 내놓을지 열렬히 기대했다. 2015년 페이스북은 Internet.org라는 애플리케이션과 웹사이트를 출범시켰다. 개발도상국에서 페이스북을 포함해 다양한 웹사이트에 무료로 쉽게 접속할 수 있도록 하기 위한 의도였다. 이때 필리핀이 주요 시범 사례로 이용되었다. 마크 저커버그는 프리베이직스Free Basics[5]로 알려지게 되는 이 서비스가 사람들에게 좋은 일을 할 뿐 아니라, 근본적으로 그 요금을 지불하는 통신 제휴사에도 좋은 일이 될 것이라 주장했다. 페이스북은 당시 필리핀의 최상위 이동통신사 두 곳보다 작은 글로브Globe[6]와 제휴했다. 래플러는 일정 부분 크라우드소싱 캠페인을 매개로 페이스북과 글로브 두 곳과 제휴를 맺고 있었다. 글로브는 페이스북에 무료로 접속할 수 있다는 점을 미끼로 던져 15개월 만에 경쟁업체를 추월했다.[7]

페이스북은 필리핀 최상위 네 개 언론사에 또 다른 신제품인 인스턴트 아티클* 서비스에 참여할 것을 요청했는데, 이 네 개 언론사는 텔레비전 방송사인 ABS-CBN과 GMA-7, 영자 신문인 〈필리핀 데일리 인콰이어러〉, 그리고 래플러였다. 다른 세 군데 언론사와 달리 래플러는 모든 기사를 우리의 웹사이트가 아니라 인스턴트 아티클에 게재하기로 결정해 그 전후의 경과에 대한 명확한 지표를 얻을 수 있었다. 하지만 인스턴트 아티클은 처참히 실패했으며 우리는 곧 이를 중단했다. 페이스북은 이 서비스를 유지하려면 뉴스 사가 할 일이 너무 많다는 것을 인정했다. "빠르게 움직여 끝장을 보라"라는 페이스북의 사고방식은 기업이나 사람들을 충분히 생각하기 전에 새로운 프로젝트에 합류하도록 몰아갔다.

마크 저커버그는 Internet.org와 이를 통해 개발도상국이 얻으리라 추정되는 이점을 홍보하면서 지금까지도 여전히 이용하고 있는 전략을 이용했다. 즉, 독립적인 연구라고 여겨지는 정보 분석을 통해 여론을 흔드는 것이었다. 2014년 2월 바르셀로나에서 열린 모바일산업협의회에서 저커버그는 이렇게 말했다. "얼마 전에 나온 딜로이트 연구에 따르면, 신흥 시장에서 모든 사람을 연결할 수 있다

* Instant Articles, 페이스북이 각 언론사에서 기사를 제공받아 자사의 서버에 저장해서 인링크 방식으로 독자에게 제공하는 방식.

면 1억 개 이상의 일자리를 만들고 많은 사람들을 가난에서 벗어나게 할 수 있습니다." 좋은 이야기였다. 하지만 저커버그는 딜로이트 연구를 의뢰한 것이 페이스북이며 그들의 연구는 페이스북이 제공한 데이터에 기초한 것이라는 말은 하지 않았다.[8]

하지만 당시는 내가 저커버그의 주장을 아무런 비판 없이 받아들이던 때였다. 그리고 그날 심각한 우려를 안고 싱가포르에 가기는 했으나 그 바탕에는 굳은 신뢰가 있었다. "상대를 신뢰할 수 없다는 사실이 드러날 때까지 신뢰하라"라는 격언 또한 내가 오랫동안 주문처럼 되뇌어온 것이었다. 나는 페이스북이라는 회사가 얼마나 파편화되어 있는지 이제 겨우 알아차리기 시작했다. 어떤 면에서는 그럴 만도 했다. 페이스북은 이제 막 적응하면서 동시에 성장하기 시작한 세계적인 거대 신생 기업이었다. 이는 싱가포르 팀이 Internet.org와 프리베이직스를 홍보하기 위해 래플러에 관한 짧은 동영상을 제작했던 사람들과 완전히 다르다는 뜻이었다.[9] 싱가포르 팀은 멘로파크의 페이스북 본사에서 규정을 만들고 위반 사항을 감시하는 사람들과도 달랐다(이들은 훗날 진실성 팀Integrity team으로 불리게 된다).

즉, 상황을 완전히 파악하고 있는 사람이 아무도 없다는 뜻이었다.

나는 호화로운 뷔페에서 점심 메뉴를 고른 후 켄, 클레어, 엘리자베스를 따라 기다란 식탁으로 가서 식사를 했다. "우리가 찾아낸 건 정말로 걱정스러울 정도예요." 나는 세 사람에게 말했다. "이런 건 한번도 본 적이 없거든요. 하지만 대단히 위험하다는 점은 분명합니다."

내가 그곳에서 전달하려 한 문제에는 역사가 있다.

미국의 옛 식민지로, 필리핀의 1억 1,300만 명에 달하는 인구[10]는 영어를 쓰고 대학 진학률이 제법 높은 데다 서구 문화에 친숙한 노동력을 가지고 있었다. 이런 까닭에 필리핀은 오랫동안 서구에 값싼 노동력의 원천으로 여겨졌다. 2010년 필리핀은 인도를 제치고 세계 최대의 콜센터, 업무 처리 위탁* 및 공유 서비스의 중심지로 부상했다.[11] 더욱 중요한 것은 필리핀이 핫메일의 등장과 스팸 메일이 문제가 되던 시절부터 인터넷 사기의 주요 발상지가 되었다는 점이다. 합법과 불법 사이 애매한 영역에서 활동하는 많은 외국 기업이 필리핀으로 온 것은 인터넷 규제가 거의 없거나 전혀 없고, 있더라도 시행력이 없었기 때문이다.[12] 필리핀의 일부 지역은 전 세계 이메일 주소로 스팸을 보내는, 완곡히 말해 '온라인 작업onlining'으로 알려진 서비스로 명성을 떨쳤다.[13]

또한 필리핀은 폭력성이 강한 극단주의자들의 토론장으로 가장 유명한 혐오 공장인 에잇챈8chan(나중에는 8kun으로 이름을 바꾸었다)의 근거지이고, 나중에는 큐어논**과도 연결되어 있다고 알려졌다. 큐어논을 만들었다고 의심되는 미국인 부자父子는 마닐라 남쪽에

* BPO, 기업의 핵심 업무를 제외한 다양한 경영 활동을 제3의 공급자에게 하청 주는 방식.
** QAnon, 미국 극우 음모론의 인터넷 거점.

있는 한 돼지 농장에 살고 있었다.[14]

2010년과 2012년 사이 인터넷 보안 연구자들과 법 집행기관이 발전한 기술을 바탕으로 스팸봇을 제거하고 통제하기 시작하면서 전 세계에 걸쳐 단속이 이루어졌다. 이후로 많은 것이 달라졌다. 이 자생적으로 성장한 산업에 관련된 사람들이 새로운 사업 기회를 찾아 소셜미디어로 눈을 돌리게 된 것이다.[15] 필리핀에서는 2016년 대통령 선거 훨씬 이전부터 정부가 뻔뻔하게 권력을 공고히 할 수 있는 방향으로 수렴하는 세 가지 동향이 있었고, 이를 위한 무대가 만들어져 있는 상태였다. 클릭 및 계정 농장과 허위 정보 작전, 그리고 광고 산업의 애매한 영역에서 점점 성장하고 있던 정치 인플루언서의 등장이었다.

이미 2015년에 필리핀에서는 전화번호 인증을 거쳐 소셜미디어 계정을 만드는 계정 농장에 대한 보도가 있었다.[16] 이런 현상은 전 세계로 확산될 될 터였다. 그해에, 한 보도는 도널드 트럼프의 페이스북에 '좋아요'를 누르는 거의 대부분이 미국 이외 지역 사람들이며 트럼프의 팔로어 스물일곱 명 가운데 한 명[17]이 필리핀인임을 알렸다. 영향력의 경제influence economy가 위력을 발휘하면서 일부 수상한 회사들이 필리핀에 사무실을 두고 트위터의 '좋아요'와 팔로어를 팔았다.[18] 이제 정치 마케팅은 '네트워크상의 허위 정보'로 진화했다. 필리핀 정치인들이 소셜미디어 실험에 돌입했을 때 많은 이들이 그 운영을 광고 및 홍보 전략가에게 위탁했으며, 이들은 디지털 인플루언서부터 커뮤니티의 가짜 계정 운영자까지 광범위한 스펙트럼에 걸쳐 있는 계정을 조직적으로 활용했다. 이들은 법과 윤리의 회색지대에서 이미 작동하고 있던 이질적인 요소들에 형태를 부여했다.[19] 공급이 수요를 만나 허위 정보는 큰 사업이 되었다.

필리핀은 사기의 중심지이기도 했다. 2019년 무렵 필리핀은 자동화된 것이든 인간에 의한 것이든 온라인 공격 분야[20]에서 세계를 선도했다. 미국, 러시아, 영국, 인도네시아가 멀찌감치에서 그 뒤를 이었다. 당시의 한 보도에 따르면 여기에는 세 가지 이유가 있었다. "정교한 도구, 값싼 노동력, 온라인 사기에 따르는 만족할 만한 경제적 보상." (온라인 공격의 43퍼센트가 봇이 아니라 사람이 하는 것이었다.) 필리핀은 또 불법 소프트웨어 설치율이 평균을 웃돌아[21] 개인 컴퓨터를, 자동적으로 공격을 수행하는 봇넷 플랫폼으로 바꿔버리는 악성 소프트웨어malware를 심기 용이했다.

그 결과 필리핀 광고계에 곧 전 세계 다른 국가들도 스스로 던지게 될 불편한 질문이 제기되었다. 얼마나 많은 사람들이 저 애매한 회색지대에서 '프리랜서'로 일하고 있는가? 얼마나 많은 사람들이 이제는 가짜 계정 및 '좋아요' 생성자로 알려진, 전 세계 혹은 신흥 시장의 '인플루언서들'과 함께 일하고 있는가? 다국적 고객과 일할 때 실제 영향력과 사기 사이 경계를 어떻게 규정하는가? 소셜미디어 플랫폼이 설계된 방식 자체가 이 모든 행동을 조장하고 있었다. 그리고 젊은 세대, 특히 이 기술 플랫폼 산업에서 일하게 된 젊은이들의 가치관에 불순한 영향력을 미치고 있었다.

정치인들은 국민에게 헌신하겠다고 한 약속을 내팽개치고 한때

마케팅 도구였던 것을 악용해서 자신이 섬긴다고 하는 국민을 뻔뻔하고 교활하게 조종했다.

이 모두가 권력과 돈의 문제였다.

필리핀에서 이런 일이 벌어지기 시작한 때는 2014년이었다. 당시 팬들이 스타를 지지하기 위해 소셜미디어를 이용하기 시작했으며, 정치 공작을 벌이는 이들은 이런 참여로부터 소셜미디어의 잠재력을 발견했다.

어느 날, 우리는 디지털 발자국*이 큰 15세 미만의 아이들 십여 명을 사무실에 초대했다. 트위터가 그 영향력을 인정한 인물들이었다. 이들이 한 일은 앨더브AlDub 현상으로 알려지게 되었다.[22] 앨더브는 필리핀 배우인 앨든 리처즈와 일명 '야야 더브'로 불리는 메인 멘도사의 이름을 딴 놀이였다. 두 사람은 오후 시간대 인기 텔레비전 프로그램의 출연자로 서로 한 번도 만나지 않고 연인 관계를 이어오고 있는 두 연인 역할을 맡았다. 팬들은 두 사람을 만나게 하려고 압력을 가하기 시작했는데, 이들의 소셜미디어 팔로어들이 올린 트위터 포스팅 수는 한 주제에 관한 포스팅 수의 세계 기록을 깰 정도였다. BBC가 언급한 대로, 이전의 세계 기록은 2014년 7월 FIFA 월드컵 결승전에서 독일이 브라질을 물리쳤을 때였다.

어린 팬들은 코드를 시험하며 해독하고 팬 그룹을 구축함으로써

* 특정인이 인터넷을 사용하면서 남긴 활동 정보.

페이스북이 '조직화한 허위 행위'*라고 일컫는 활동의 무해한 효시를 만드는 데 기여했다. 이들은 인위적으로 특정 해시태그 트렌드의 순위를 높였고, 때로는 그게 무엇이든 다른 트렌드를 이용하기도 했다. 이날 만난 청소년들은 사람들을 조직해 "분당 7,000개의 트윗을 올리"게만 하면 해시태그 트렌드를 만들 수 있다고 말했다. 이런 그룹들이 점점 커지고 큰 성공을 거두고 있었기에, 기업 마케팅이 이 작전에 달려드는 건 시간문제일 뿐이었다.

그러다가 팬덤이 정치화되기 시작했다.

샘이라는 청년의 경험을 통해 이런 변화가 얼마나 쉽사리 일어날 수 있는지 살펴보자. 이십 대 초반인 샘은 내 친구 회사에서 일하고 있었는데 청바지와 딱 달라붙는 셔츠를 입고 군데군데 파란색으로 염색한 머리를 하고 래플러 사무실에 왔다. 샘은 본인이 두테르테의 마약과의 전쟁을 국가적 사안으로 만드는 데 기여했다고 소개했다. 선거운동 기간 동안 국가의 관심사 가운데 여덟 번째 문제에 불과했던 것을 첫 번째 관심사로 바꿔놓았다는 것이다. 그는 자신이 두테르테가 대통령 선거에서 승리할 수 있도록 도왔다고 말했다.

"사람들을 좌지우지하는 일은 재밌어요." 샘이 말했다. "어떤 사람들은 그걸 두고 악랄하다고 말하지만 생각해보세요. 나는 신과

* coordinated, inauthentic behavior, 혹은 CIB. 페이스북의 계정, 페이지, 그룹, 이벤트 등을 조작해 여론을 오도하는 행위.

같아요. 사람들이 내가 하길 바라는 일을 하게 만들 수 있거든요."

샘은 학창 시절 연애를 소재로 하는 익명의 페이지에서 시작해 어떻게 페이지의 영향력을 키워나갔는지 지칠 줄 모르고 이야기를 이어갔다. 그는 가장 짜릿한 데이트나 최악의 이별에 대해 물으면서 사람들과 대화를 시작했다. 그리고 300만 명 이상의 팔로어를 거느린 커뮤니티를 만들었다. 겨우 열다섯 살에 사람들의 흥미를 끌 수 있다고 생각한 주제를 이용해서 그룹을 발전시켰다. 한 페이지는 기쁨, 또 다른 페이지는 정신력에 대한 것이었다. 대략 1년 후, 기업들이 샘에게 자사 제품을 언급해달라고 요청하기 시작했다. 그 무렵 샘은 이십 대였으며 몇 개 플랫폼에서 최소 1,500만 팔로어를 보유하고 있었다고 말했다.

샘이 광고에서 정치로 전환한 것은 이때였다. 그는 두테르테의 선거 캠프에 합류했다. 지역 사투리를 활용해 각 지역에 관한 일련의 페이스북 그룹을 만들었다고 했다. 처음에는 순수하게 관광 명소와 지역 뉴스에 관한 글로 시작했다. 그러면서 가끔 그 사이에 범죄 기사를 끼워 넣었다. 이 그룹은 매일 접속자 수가 가장 많은 시간대에 한 가지씩 이야기를 공유했다. 그런 다음 샘과 친구들은 범죄를 마약과 연결 짓는 댓글을 쓰곤 했다. 이렇게 해서 두테르테의 '마약과의 전쟁'이 필리핀에 중요한 문제로 비치게 되었다는 것이다.

이것은 페이스북이 주목하지 않은 전술이었다. 우리가 현재 '애스트로터핑'*이라 부르는 이 전술은, 다시 말해 가짜 편승 효과는 대단히 효과적이었다.

샘의 이야기를 수차례 복제하면 바로 두테르테의 선거운동 조직의 진화 과정을 엿볼 수 있다. 샘은 현재 디지털 회사를 운영하고 있다. 남자 아이돌 그룹 스타일의 복장에서 정장으로 옷을 바꿔 입고 정치 후보자와 기업에 서비스를 제공하고 있다.

2016년 래플러는 샘이 그랬던 것처럼 담론을 바꾼 사람들과 온갖 허위 정보망을 추적하기 시작했다. 우리 탐사 팀은 이 현상을 이해하고 싶었다. 우리는 전 세계에서 이런 일을 하는 몇 안 되는 언론사 가운데 하나였다. 그랬기 때문에, 나는 페이스북 싱가포르 팀에게 우리가 알게 된 사실을 알리고 싶었다.

래플러는 필리핀의 온라인 정보 생태계 및 정치적 삶이 악화되는 과정을 세 단계로 기록했다. 첫 단계는 2014년과 2015년 선거운동 조직의 실험과 구축 과정이었다. 두 번째 단계는 새로운 온라인 흑색 작전**의 상업화였다. 세 번째 단계는 필리핀 최고 권력의 강화와 정치 양극화의 전국적인 확산이었다.

민주주의 국가에 사는 사람이라면 어떤 식이든 같은 현상을 목격했을 가능성이 있다. 이 각각의 국면들은 필리핀에서 멀리 떨어진

---

* astroturfing, 애스트로터프라는 인조 잔디 브랜드에서 가져온 용어로, 특정 사안이 마치 풀뿌리처럼 자발적으로 형성된 것으로 보이게 만드는 여론 조작 행위를 일컫는다.

** black op, 외교상, 국제법상 마찰이 일어나는 상황을 회피하기 위해 공식적으로는 인정 또는 인증하지 않은 비밀 작전.

곳에서 내려진 국제적 결정, 그리고 현실에 의해 가능해졌다. 그 어느 때보다도 지역적인 것이 세계적인 것이 되었고, 세계적인 것이 지역적인 것이 되었다.

처음에는 무슨 일이 일어나고 있는지 파악하기조차 어려웠다. 래플러와 내가 소셜미디어에서 살다시피 한 이후, 우리는 우리가 알게 된 것보다 더 많은 변화를 느꼈다. 2016년 필리핀 대통령 선거를 앞두고 두테르테 후보 측의 소셜미디어 플랫폼에서 새로운 배포 기술과 메시지 방식이 감지되기 시작했다. 한 예로, 두테르테의 지지자들은 두테르테에게 비판적인 질문을 던진 한 학생의 죽음을 촉구하는 페이스북 페이지를 만들었다.[23] 우리는 이 새로운 형태의 선동 행위를 확인하고 이를 주제로 한 최초의 사설인 "#AnimatED: 온라인 폭도가 소셜미디어를 황무지로 만든다"[24]를 발표했다. 우리가 선거운동 조직에 시정을 요구하자, 그들은 지지자들에게 "예의를 차리고 지성을 갖고서 품위를 지키며 배려심을 보여달라"고 요청했다.[25] 이때는 초창기였다.

페르디난드 마르코스의 아들 페르디난드 마르코스 주니어, 일명 '봉봉'은 같은 선거에서 부통령에 출마했다.[26] 우리는 마르코스 일가의 과거 역사를 수정하려는 뚜렷한 움직임, 다시 말해 이 일가의 기록을 세탁해 재평가하려는 시도를 소셜미디어에서 관찰했다. 그리고 분노와 혐오를 불러일으켜 유권자를 양극화하는 결과를 낳는 '우리 대 그들'이라는 세계관의 강한 존재감을 확인했다.

새로운 흑색 작전 산업의 상업화와 관련이 있는 두 번째 단계에서 이 산업은 오랫동안 법의 회색지대에서 운영되어온 지하 디지털 경제를 이용했다. 전 세계, 특히 우크라이나에서 악명 높은 봇과 가짜 계정의 문제가 불거지기 전인 2014년에 이미 래플러는 필리핀에서 '통신사 전쟁'이 벌어지는 동안 이루어진 허위 정보 작전을 발견했다. 우리는 "#SmartFREEInternet: 트위터에서 벌어지는 흑색작전 활동의 해부"라는 기사에서[27] 한 회사가 세 종류의 계정을 이용해서 어떻게 대중의 인식에 영향을 미칠 수 있는지 보여주었다.

필리핀장거리전화회사Philippine Long Distance Telephone Company, PLDT와 그 이동통신사인 스마트Smart는 글로브 텔레콤 및 그 이동통신 자회사와 사용자를 놓고 싸우고 있었다. 스마트는 해시태그 #SmartFreeInternet을 사용해 트위터와 페이스북에서 홍보를 진행하고 있었다. 래플러는 어떻게 봇과 가짜 계정이 결합해서 전체 #SmartFreeInternet 온라인 광고를 갑자기 중단시켰는지 기록했다. 누군가가 이 해시태그를 사용하면 봇이나 가짜 계정에 신호가 가서 자동으로 부정적인 메시지를 보내는 방식이었다.

그들은 1990년대 미국 컴퓨터 산업에서 대중화한 오래된 전략을 이용했다. 주로 IBM과 마이크로소프트 같은 컴퓨터 회사가 경쟁사를 표적으로 삼은 이 전략은 "두려움fear, 불확실성uncertainty, 의심doubt" 또는 그 첫 글자들을 따서 FUD로 알려졌다. 허위 정보 작전은 부정적 정보와 거짓말을 퍼뜨려 두려움을 부추긴다. 우리가 그린 온라인 대화 지도는 "시골 지역에서부터 도시를 포위해 들어가는" 공산주의의 전략을 떠올리게 했다. 이는 스마트가 타깃으로 삼은 밀레니얼 세대에 스마트의 트위터가 도달하지 못하도록 효과적으로 차단했다. "일부 기업, 이익단체, 정부는 이들 플랫폼의 합법적 사용을 방해할 정도로 가짜 소셜미디어 자원을 대규모로 동원한다." 우리는 기사에서 이렇게 썼다. "이와 같은 관행을 방치하면 트위터 같은 플랫폼이 황무지로 변해 사람들의 참여를 막고 대중의 잠재력을 영구히 제한할 수 있다."

그리고 실제로 불과 2년 후 우리는 FUD 전략이 정치와 선전 활동으로 옮겨가는 것을 목격했다. 이는 놀라운 일이 아니었다. 2014년 이 전략을 실험한 사람들 가운데 일부가 샘처럼 정치로 눈을 돌려 2016년 두테르테를 위해 그것을 이용하기 시작했기 때문이다.

나는 우리가 이 정치로의 전환을 어떻게 처음 발견하게 되었는지를 켄, 클레어, 엘리자베스에게 보여주었다. 래플러와 ABS-CBN을 공격하는 네트워크에 대한 탐사가 그 시작이었다.

먼저, 차이가 이끄는 팀이 공격자의 페이스북 계정, 그 '친구들'의 계정, 이들 계정이 속한 그룹을 스프레드시트에 자세히 기록했다. 도표 하나에 스물여섯 개의 계정과 함께 이 계정들이 주장하는 '사실', 즉 그들이 일하는 곳, 다니는 학교, 직업, 사는 곳을 정리했다. 우리는 각 계정마다 기자를 한 명씩 붙여 그 상세한 사항을 확인하게 했다. 그 결과 하나부터 열까지 모든 주장이 거짓말인 것으로 드러났다.

저 스물여섯 개 계정은 대부분의 사용자와는 다른 행동을 보였다. 이들은 친구 수보다 더 많은 페이스북 그룹에 속해 있었다. 한 예가 무샤 바우티스타의 계정이었다. 이 계정은 자신을 ABS-CBN의 '소프트웨어 분석가'라고 소개했다. 바우티스타의 공식 친구 목록에 따르면 친구는 열일곱 명에 지나지 않았으나 페르디난드 마르코스 주니어를 위해 선거운동을 하는 그룹, 재외 필리핀인 커뮤니티, 사고팔기 그룹을 포함해 100개 이상 되는 그룹의 회원이었다. 이 그룹들의 회원은 수만 명에서 수십만 명에 이르렀다.[28]

우리 팀은 적어도 3개월에 걸쳐 이들 공개 그룹에서 저 개인들의 메시지가 도달하는 범위를 수작업으로 계산했다. 그 결과 페이스북의 가짜 계정 하나가 어떻게 300만에서 400만 명에게까지 도달할 수 있는지를 도표로 만들어[29] 거짓말의 도달 범위가 기하급수로 늘어난다는 사실을 밝혀냈다. 이를 수치화한 것은 래플러가 최초라고 생각한다.

또 나는 흑색 작전을 펼치는 이들이 어떻게 인구통계학적 전술을 발전시켜 소셜미디어를 무기화하는지 싱가포르 페이스북 팀에게 보여주었다. 그들은 소수의 상류층, 중산층, 광범위한 기층민에 따라 다른 전략을 사용했다.[30] 먼저 콘텐츠를 만든 다음 그것을 전술적 배포망을 통해 증폭시켰다. 페이스북이 배포망의 핵심 경로였지만, 같은 노력이 모든 소셜미디어 플랫폼에서 이루어졌다.

우리가 본 것은 온라인에서 벌어지고 있는 일종의 비대칭 전쟁이었다. 이 경우에는 골리앗이 다윗의 전술을 사용하고 있기는 하지만 말이다. 플랫폼과 더 큰 힘들이 반란군의 은밀한 전술을 쓰고 있었다. 허위 정보망을 통해 퍼지는 친두테르테와 친마르코스의 거짓말에 맞서는 사람은 누구나 가스라이팅을 당하거나 미쳤다는 소리를 들었다. 이들은 나쁜 자들이 저지르고 있는 일을 착한 사람들의 탓으로 돌렸다.

같은 과정이 전 세계 다른 민주주의 국가에서도 일어나고 있었다. 페이스북은 이를 인지하기 시작했으나 곤경에 빠졌다고 생각했다. 미국의 경우 극우 및 대안우파 그룹 사이에 더 많은 거짓말이 퍼지고 있었다. 페이스북은 이를 증명할 데이터를 갖고 있었으나 공화당 지지자들이 멀어질까 봐 아무것도 하지 않았다(페이스북의 은폐 사실을 폭로한 독립 연구가 이루어지는 것은 훨씬 뒤의 일이다). 이는 대중이, 즉 저 정보 작전의 표적인 사용자들이 정상적인 정보 흐름처럼 보이는 것에 맞서 스스로를 방어할 수단이 없는 채로 그대로 노출되고 있다는 뜻이었다. 도널드 트럼프는 대선 기간과 재임 기간 내내 거리낌 없이 노골적인 거짓말을 했으며 그의 모든 거짓말은 필리핀에서와 비슷하게 상향식 소셜미디어 작전에서부터 출발했다. 트럼프와 두테르테 모두 대중의 생각과 행동을 바꿔놓았다.

래플러는 우리의 정보 생태계를 추적 관찰할 수 있는 데이터베이스를 만들 방법을 고민하기 시작했다. 일종의 허위 정보망에 대한 인터폴인 셈이었다. 기술을 이해하기 위해 기술을 구축해야 했다. 어떤 콘텐츠가 퍼지고 어떤 관계망이 그것을 퍼뜨리는지 알기 위해 데이터 수집을 자동화하는 데서부터 시작했다. 정보 지도가 래플러의 DNA에 장착되었다. 초기에 우리는 이에 대해 좀 더 긍정적인 질문으로 답을 구하고자 했다. 하나의 생각이 커뮤니티 안에서 어떻게 확산되어 시민 행동에 활력을 불어넣는가? 예를 들어 우리는 온라인 커뮤니티의 형성을 연구함으로써 필리핀에 이념에 기반을 둔 진정한 정당이 있는지를 판단해보려고 했다. 이제 우리는 답을 얻었다. 필리핀에는 이념에 기반을 둔 진정한 정당은 없고 인물 중심의 정당이 있을 뿐이었다.[31] 기자들이라면 질적으로 이미 다 아는 사실이었지만 뒷받침할 데이터가 있다는 건 또 다른 일이었다.

이것이 우리가 '샤크탱크Sharktank'라고 부르는 데이터베이스가 생겨나게 된 배경이었다.[32] 우리는 거짓말을 식별하기 위해 사실 확인을 거친 다음, 어떤 관계망이 반복해서 그 거짓말을 공유하는지 추적 관찰했다. 데이터를 조직하는 법을 배웠기에 필리핀 전역의 공공 정보를 추적할 수 있었다. 그다음 모든 정보를 공개했다.

이후 몇 년 동안 우리를 공격하는 가장 힘이 센 공무원들에게 맞섰을 때, 사람들은 내게 어떻게 용기를 내는지 물었다.

"쉬워요." 나는 대개 이렇게 대답했다. "난 사실을 갖고 있거든요."

점심을 먹으면서 우리가 알게 된 사실을 켄, 클레어, 엘리자베스에게 공유하고 그것을 입증할 수 있도록 더 많은 데이터를 제공해달라고 요청했다. 이 일이 어디까지 이어질 수 있을지 이들이 생각이나 해봤을까?

"뭔가 조치를 취해야 합니다." 나는 이렇게 외쳤다. "안 그러면 트럼프가 이길 수 있거든요."[33]

2016년 8월까지만 해도 그런 일은 불가능해 보였기 때문에 우리는 모두 웃음을 터뜨렸다.

회의가 끝날 무렵, 그들은 심란해 보였다. 이런 일을 다뤄본 적이 없기에 어떻게 생각해야 할지 몰라서가 아닐까 하고 짐작했다. 솔직히 래플러는 인터넷과 데이터를 그들보다 더 잘 이해했다. 하지만 최소한 페이스북이 우리의 탐사 결과에 대해 함께 성명이라도 내기를 원할 거라고 생각했다. 페이스북의 알파 파트너로서 나는 우리가 목격하고 있는 교활한 조작을 막기를 원했다. 지금 대체 무슨 일이 일어나고 있으며 그것을 막기 위해 페이스북이 무엇을 해야 하는지 보도할 수도 있었다. 하지만 당시에 느끼는 위기감이 워낙 커서 그냥 기사를 내보내기보다 잘못된 것을 바로잡는 일이 더 중요하다고 생각했다.

결과적으로 회의 후 켄, 클레어, 엘리자베스로부터 아무런 답도 듣지 못했다. 나는 그들에게 답이 오기를 기다리며 8월과 9월을 그냥 보내버렸다.

2016년 9월 2일 금요일 밤 10시에 두테르테의 고향 다바오의 한 야시장에서 폭발이 일어났다.[34] 이 사건으로 십여 명이 사망하고 십여 명이 부상을 입었다. 불행히도, 이런 폭력은 필리핀에서 드문 일이 아니었다. 하지만 새 정부의 대응은 확고하게 변했다.

폭발 다음날 아침, 두테르테는 전국이 "무법 상태state of lawlessness"

라고 선언했다.[35] 이를 정당화하는 구실로 두테르테는 자신의 특별한 관심사인 불법 마약 문제를 끌고 왔다. 내 생각이 망상인가? 그건 아니다. "지금은 비상한 시기입니다." 두테르테가 말했다. "……이 나라는 넘쳐나는 마약, 초법적 살인으로 위기에 처해 있으며 무법 상태, 무법의 폭력이 판을 치고 있습니다."

두테르테는 계엄령이나 전국 통행금지령을 선포하지는 않았으나 필리핀 전역에 군인들을 더 많이 배치했다. 검문소가 늘었다. 온라인의 두테르테 지지자들은 이 선언을 정당화하기 시작했다. 과거에는 이 정도의 폭발 사건에 이처럼 강력한 조치를 취한 일이 거의 없었기 때문에 대중의 지지가 필요한 사안이었다.

토요일 아침에 식사를 하려고 앉아 컴퓨터를 켰다가 깜짝 놀랐다. 곧바로 우리의 소셜미디어 책임자인 스테이시 데 헤수스, 탐사 책임자인 제마 멘도사에게 전화를 걸었다. 한 시간 안에, 공동 설립자들에게도 전화해서 상황을 알렸다. 생전 처음 겪는 일이었다.

실시간 구글 애널리틱스*에 따르면, 거의 6개월 전 기사인 "다바오 검문소에서 체포된 폭탄을 든 남자"가 우리의 1위 기사였다.[36] 폭발 사건이 일어나기 5개월 전인 2016년 3월 26일에 나온 이 기사가 당시 24시간이 넘도록 1위를 유지했으며 48시간 이상 상위 10위권에 머물렀다.

여론을 조작하는 어설픈 정보 작전이 이루어지고 있는 것을 실시

---

* 웹사이트 접속량을 추적해 보고해주는 구글 서비스.

2016년 래플러가 처음으로 정보 작전을 확인했을 때, 우리의 오래된 기사를 최초로 게시한 페이스북 계정이다.

간으로 확인한 것은 그때가 처음이었다. 익명 및 가짜 계정, 밈 페이지, 두테르테 팬 페이지, 그리고 수상쩍은 웹사이트들[37]이 손잡고 움직여서 3월에 나온 "폭탄을 든 남자" 기사가 두테르테의 무법 상태 선언이 정당하다는 것을 뒷받침하는 속보 기사인 것처럼 보이게 만들었다. 사람들은 이에 속아 거짓말을 공유했다.

필리핀에서 국가의 '조직화한 허위 행위'(페이스북은 뒤늦게 이런 작전을 일컫는 용어를 만들었다)는 이렇게 시작되었다. 이는 독립 언론, 특히 래플러에 대한 대중의 신뢰를 손상시키기 위해 벌인 공개적인 온라인 전쟁의 서막이기도 했다.

이 오래된 기사의 조회 수는 처음에는 32회였으나(주로 구글 검색에서 발생했다) 정보 작전이 시작된 다음날에는 10만 5,000회 이상의 조회 수를 기록해 3,281배 이상 기하급수적으로 증가했다!

그들이 부주의하게 우리의 주의를 환기시키지 않았다면 이 작전은 훨씬 더 큰 성공을 거뒀을 것이다. 일부 사용자가 기사 링크를 직접 공유해서, 원래 기사를 용도 변경한 웹사이트들이 래플러에 다시 링크되었다. 이는 저 웹사이트들을 만든 사람들이 저작자를 표시하는 습관이 몸에 깊이 밴 전직 기자 또는 편집자라는 뜻일 수 있었다. 래플러가 알아낸 사실을 발표하자마자 이 또한 중단되었다.

주요 웹사이트 세 곳은 모두 우리의 기사를 통째로 가져다가 맥락을 무시한 채 허락도 받지도 않고 전재했다. 뉴스트렌드PH Newstrendph.com, 소셜뉴스PH SocialNewsph.com, 피노이트리뷴 pinoytribune.com은 모두 두테르테 대통령이 취임 선서를 하고 며칠 뒤에 만들어진 뉴스 사이트였다. 우리가 이 작전을 폭로한 직후에 모두 기사를 내렸다.

일부 페이스북 페이지들은 래플러의 기사를 직접 공유했으나, 두테르테의 전사 dutertewarrior, 2016 두테르테 대통령 DigongDuterte2016, 비야헹 두테르테 Byaheng Duterte 등 몇몇 친두테르테 페이지들은 날짜가 지난 예전 기사를 용도 변경해 전재한 웹 페이지를 사용했다. 그들은 기사를 불과 몇 분 만에 공유했으며 불필요한 우려를 불러일으키는 설명을 똑같이 달고 있었다. 이 세 페이지의 게시글 아래에 모두 수백 개의 댓글이 달리면서 수천 회 공유되었고, '좋아요' 수도 수천 개였다.

이들 페이지 운영자들은 수동으로 날짜와 시간을 변경해 자신들이 올린 기사가 마치 폭발 사건 전인 9월 1일 목요일에 발행된 것처럼 보이게 만들었다.

우리는 우리의 기사가 잘못된 인식을 형성하는 데 이용되고 있음을 경고하기 위해 래플러 페이스북 페이지에 글을 올리기로 결정했다. "래플러는 여러분이 정보의 출처를 확인하고 오래된 기사의 공유를 중단할 것을 요청합니다." 우리가 페이스북에 글을 올린 것은 2016년 9월 4일 일요일 오후 6시 18분이었다. "여러분의 피드에서 이 기사를 보게 된다면, 그것이 2016년 3월 25일에 있었던 일임을 다른 사람들에게 알려주세요." 또 우리 웹사이트의 해당 기사 페이지에 짤막한 편집자 주를 추가했다. 모든 독자들이 볼 수 있도록 기사의 첫 문장에 "이 기사는 2016년 3월 26일에 발행되었습니다"라는 문구를 넣은 것이다.

하지만 우리는 래플러의 기사를 가지고 이루어진 작전의 전모를 밝히지 않기로 결정했다. 허위 정보를 증폭시키고 싶지 않았기 때문이다. 초기에 우리는 대체로 조작 사실을 알아내고 허위 정보를 바로잡고 그 도달 범위를 제한하려 애썼다. 그것이 균형을 잡는 방

법이라 생각했다. 그러다 이후 몇 년간 반복되는 일에 이골이 나서 철저한 투명성만이 우리가 나아갈 길이라고 결정하게 되었다. 허위 정보망에 참여하는 계정들을 완벽하게 표시한 괴상한 지도를 발표하는 일도 여기에 포함이 되었다. 우리는 가장 꼼꼼한 독자가 원하는 만큼 많은 정보를 제공하기로 했다.

이 사례에 대한 탐사는 몇 년 동안 계속되었다.[38] 우리는 "폭탄을 든 남자"와 연관된 온라인 네트워크가 두테르테의 선거운동과 관련된 핵심 인사와 연결돼 있다는 사실을 알아냈다. 2021년 8월, 나는 세 주요 허위 정보 웹사이트 가운데 하나인 뉴스트렌드PH의 인터넷 주소가 사라진 사실을 알게 되었다. 이 웹페이지 주소에는 중국 온라인 도박 사이트가 연결돼 있었는데, 이는 두테르테의 논란 많은 계획인 필리핀해외게임사업Philippine Offshore Gaming Operation, POGO과 관련이 있었다.[39] 세 군데 친두테르테 웹사이트가 중국의 허위 정보 작전과 연결돼 있을 수 있음을 시사하는 것이었다. "폭탄을 든 남자" 기사는 두테르테 정부의 새로운 동맹국인 중국과의 연결고리로 이어졌다.

나는 우리가 가진 모든 정보를 켄, 클레어, 엘리자베스와 공유했다. 페이스북은 이런 작전을 다룰 준비가 돼 있지 않았고 경영진은 데이터와 사실을 마주하고도 자신들의 플랫폼에서 무슨 일이 일어나고 있는지 완전히 이해하지 못하고 있는 것 같았다. 그들이 우리의 사례를 주의 깊게 살펴보았으리라는 점은 의심하지 않는다. 그러나 초기에 그들은 아무 일도 하지 않았다. 시기적절하게 조치를 취했더라면 페이스북은 스스로 갉아먹은 신뢰의 체계를 유지할 수 있었을 것이다. 조기에 개입했더라면 이후 이어진 허위 정보 작전을 조장하고 그 활동에 보상을 주는 무정부상태와 혼란을 막을 수 있었을 것이다.

몇 달 후, 팔로어들에게 대중을 오도하려는 저들의 시도를 경고했던 우리의 게시글을 페이스북이 삭제했다. 우리의 소셜미디어 책임자인 스테이시가 페이스북이 내놓은 이유를 내게 보내주었다. "이 메시지는 우리 커뮤니티 기준에 맞지 않는 링크를 포함하고 있기 때문에 삭제되었습니다."[40]

우리가 항의하자 페이스북은 그 게시글을 복구했지만 몇 달 후 확인했을 때 다시 삭제되어 있었다. 그래서 재차 항의했으나 페이스북은 응답하지 않았다.

2021년 8월 1일 현재 그 링크는 끊겼다. 페이스북은 이런 일이 일어났다는 사실을 사용자들에게 알리고 싶지 않은 듯했다.

처음에 흥미로운 가능성을 열어준 페이스북에 대한 나의 환멸이 점점 커지기 시작한 건 이때부터였다. 지금은 환멸을 넘어, 페이스북이 전 세계 민주주의를 가장 심각하게 위협하는 요인 가운데 하나라고 생각한다. 기술 기업들의 성장 및 수익에 대한 탐욕에 우리의 자유를 빼앗겼다는 사실이 놀라울 뿐이다. 기술은 우리의 경험과 데이터를 빨아들여 인공지능으로 조직화한 뒤 그것으로 우리를 조종해 최악의 인간성을 끌어낼 정도의 행동을 낳았다. 하버드 경영대학원의 명예교수 쇼샤나 주보프는 이 착취형 사업 모델을 '감시 자본주의'[41]라고 일컬었다. 우리 모두가 이런 일이 일어나도록 방치했다.[42]

오늘날 페이스북은 공공의 안전보다 돈벌이를 선호한다. 페이스북이 정해둔 대개는 느슨한 콘텐츠 규칙은 로비 활동을 통해 얼마든지 왜곡하거나 어길 수가 있다. 2020년 이 플랫폼은 859억 달러의 수익을 냈는데도 약 30억 명에 달하는 사용자에 대한 보호 장치를 마련하는 일은 여전히 뒷전이었다. 이 수익은 2021년 1,201억 8,000만 달러로 40퍼센트 늘어났다.

구글에서 페이스북으로 감시 자본주의[43]—인적 데이터를 시장에서 교환 및 거래 가능한 상품[44]으로 취급하는 체계—를 이전해 온 인물은 셰릴 샌드버그[45]였다. 마크 저커버그는 2008년 그녀를 자신의 2인자로 영입했다. 샌드버그는 페이스북의 사업 모델을 만들고 미세 조정했으며 정책 및 진실성 팀을 운영했다. 언론기관이 자사의 이익에 반하는 내용을 발표해야 한다면 어떤 일이 일어날까? 언론사에서는 그 고유한 이해 충돌 때문에 편집 책임자와 사업 책임자 사이에 은유적인 벽을 놓는다. 편집 책임자는 사업 책임자와 싸우기 마련이다. 이렇게 해서 기성 언론은 고군분투하기는 했으나 살아남았다. 페이스북에서 셰릴은 이 두 기능을 함께 무너뜨렸는데, 이는 모든 결정이 정치화되었음을 뜻한다. 모든 결정이 이윤을 내고 페이스북의 이익을 보호하는 쪽으로 이루어졌다.

2011년 셰릴은 하버드 동창인 조엘 캐플런을 영입해 미국의 보수주의자들과 극우주의자들에게 로비하고 구애했다. 2014년 캐플런은 페이스북의 세계 공공 정책 부문 부사장이 되어 워싱턴에서 대정부 활동을 하고 로비를 벌이며 전 세계 콘텐츠 조정 정책*을 결정했다. 구글과 트위터를 포함한 다른 기업들은 공공 정책 및 로비 활동을 콘텐츠 규정을 만들고 시행하는 팀 활동과 분리시키고 있다. 페이스북을 퇴사한 몇몇 직원들이 양자를 분리하도록 회사에 요구했으나 페이스북은 요지부동이다. 페이스북 내부 문건인 "콘텐츠 정책에 대한 정치의 영향"에는 캐플런의 사람들이 2015년 당시 도널드 트럼프 대통령 후보를 비롯해 "강력한 지지층을 수시로 보호해왔다"는 내용이 담겨 있었다.[46]

페이스북이 정치인의 거짓말을 지속적으로 허용하고, 러시아의 허위 정보 및 정보 작전에 대한 진실을 감춘 채 발표를 얼버무리며, 극단주의 단체가 성장하는 것을 바라만 보면서 그들의 결집을 돕는 메타 서사가 확산되도록 방치하는 이유도 일정 부분 이 때문이다.

---

* 공격받을 수 있거나 위험한 또는 바람직하지 않은 콘텐츠의 처리 관련 정책.

2021년 1월 6일 국회의사당에서 일어난 폭력 사태가 그 단적인 예이다. 이 사건은 도널드 트럼프가 수천 명의 미국인들에게 자신의 선거 패배에 항의하는 시위를 조직해 국회의사당을 공격할 것을 촉구하면서 벌어졌다. 이는 실리콘밸리의 자업자득이었다.[47] 최근 조사에 따르면, 최대 40퍼센트의 미국인들이 여전히 트럼프가 선거에서 이겼다고 생각하며 여기에는 민주당 지지자도 10퍼센트 가까이 포함돼 있다.[48]

페이스북의 모든 말과 행동에는 세 가지 가정이 함축돼 있다. 첫째, 정보는 많을수록 좋다. 둘째, 정보는 빠를수록 좋다. 셋째, 거짓말, 혐오 발언, 음모론, 허위 정보, 표적 공격, 정보 작전 등 그릇된 행위는 페이스북이 가진 더 큰 목적을 위해 허락될 수 있다. 이 세 가정 모두 돈을 더 많이 벌어들일 수 있는 방안이기에 페이스북에는 더할 나위 없이 좋지만 사용자와 공공 영역에는 어느 것 하나 이로울 것이 없다.

'더 많은 정보'와 '더 빠른 정보'가 가진 위험이 우리를 디스토피아로 이끈다. 쓰레기 정보로 인한 정신의 질식, 사고의 명료성 상실, 집중력 부족, 그리고 집단의 사고보다 개인적인 생각에 힘을 부여하기 등이 그것이다. 복잡한 결정을 내려야 하는 경영진과 리더가 개요서를 요청하는 데는 이유가 있다. 원자화한 정보는 대개 아무런 도움이 되지 않는다. 설상가상 지나치게 감정이 실리면 합리적 의사 결정에 찬물을 끼얹는 소방호스가 된다.

이런 온라인 정보 생태계에서 거짓말이 거듭 반복되면 사실이 된다. 기자로서 나는, 우리는 우리가 쓴 가장 최근의 기사만큼만 훌륭할 뿐이며 어떤 오류든 책임지고 바로잡아 공개해서 알려야 한다는 것을 안다. 정정 페이지를 두고 있는 건 이런 이유에서다. 우리가 사실을 보도하는 것은, 바로 그 사실이 우리가 공유하는 현실을 만들어내기 때문이다. 페이스북의 상호 분리된 개별 피드 개념과 함께 우리의 삶이 수십억 개의 트루먼쇼로 분열되기 시작했다. 당신의 '뉴스' 피드는 나의 것과 다르며, 당신이 당신에 대한 거짓말을 본다면 그저 그것을 '음소거'하면 된다. 이 음소거 개념은 사업성을 좋게 만드는 또 다른 개념이지만 거짓말이 사회에 미치는 영향을 은폐한다. 그로 인한 현실은, 검증받지 않는 거짓말로 인해 지구가 평평하다고 믿는 사람들, 큐어논, 스탑 더 스틸, 백신 접종에 반대하는 이들의 과격 운동 같은 것들이 만들어지고 유지되는 것이다. 이는 가장 유해한 음모론의 일부일 뿐이다.

국가보다 기업을 우선시하고[49] 다른 무엇보다 성장을 우선시하는 마크 저커버그의 결정은 사실보다 거짓을 앞세우는 것을 넘어 페이스북을 탄생시킨 바로 그 정보 및 신뢰의 생태계를 파괴하고 있다. 저커버그가 자신의 사이트에 1퍼센트의 허위 정보를 받아들이는 것은 확인되지 않은 인구 중에 1퍼센트의 바이러스가 있어도 괜찮다고[50] 말하는 것과 같다. 허위 정보와 바이러스 모두 잡아낼 수 있다. 그리고 그것을 근절할 수 없다면 그것이 우리를 죽일 수도 있다.

나는 저커버그가 어떻게 그런 결정을 내렸는지 이해하려 노력했다. 최대한 이해한 바로는 그런 결정이 반복적인 소프트웨어 개발 과정에 내장돼 있다는 것이다. 기술 제품을 만들 때 우선순위를 정하는 과정이 있다. 집을 지을 때처럼 못, 시멘트, 도구, 나무 식으로 각 요소들을 분해해야 한다. 그런 다음 기술 부서에서 '애자일 개발'이라고 부르는 단계별 구축 과정을 거친다. 이는 하나의 작업이 완료되면 그 완료된 내용에 따라 신속한 전환이 가능하도록 작업을 쪼개는 것이다.

그렇다면 무엇을 먼저 만들지 우선순위를 어떻게 정해야 할까? 래플러에서 우리는 우리가 가진 가치관과 목표에 따라 우선순위를 택한다.

페이스북의 경우, 저커버그는 애초에 페이스북의 모든 기술자에게 사용자 데이터에 무제한 접근할 수 있는 권한을 주었다. 이 선택에는 경험이 풍부하고 책임감이 있는 기업 경영진의 생각이 아니라 한 젊은이의 생각이 반영돼 있었다. 뒤집힌 세상에서, 이것은 페이스북의 채용 도구이기도 했다. 저커버그는 기술자들에게 관료적 간섭 없는 업무 현장을 제공했고, 그래서 기술자들은 다른 회사와 달리 현실의 문제로 방해받는 일 없이 사용자 데이터를 가지고 마음껏 시험하며 개발할 수 있었다.

누군가[51]가 이런 선택이 어떤 일을 불러오게 될지 예상하고 2015년 9월 저커버그에게 그 문제를 건의했을 때, 이미 1만 6,744명에 달하는 페이스북 직원[52] 전원이 우리의 개인 정보에 접근할 수가 있었다. 접근 가능한 개인 정보는 우리의 게시글부터 페이스북의 광고 알고리즘이 우리들 각각을 무리 짓는 방식(예를 들어 우리의 정치적 견해에 기초해서)까지, 그리고 특정 장소와 특정 순간에 우리가 보내는 메시지(많은 경우 이는 보안 문제를 야기할 수 있다)까지 포함했다. 일부 페이스북 기술자는 사용자의 데이트 방식과 연인 관계를 추적하기도 했다.[53]

모든 소셜미디어 플랫폼이 내린 또 다른 유해한 결정은 친구의 친구를 추천하는 알고리즘을 통해 사업을 성장시키려 한 것이다. 소셜미디어 기업의 경영진들은 이른바 A/B 테스트를 통해 이것이 가장 효율적인 방법임을 알게 되었다. A/B 테스트는 인터넷상에서 두 가지 선택지가 사용자에게 미치는 영향을 시험한다. 이는 실제 인간을 대상으로 한 실시간 실험으로, 우리를 파블로프의 개로 취급하는 것과 같다. 우리가 클릭하면 우리의 인간 관계망이 커지고, 더 나아가 친구의 친구까지 서비스를 받게 되면 그 플랫폼의 네트워크는 더욱 확장된다.

그래서 2016년 두테르테가 페이스북의 도움을 받아서 당선된 후, 이 '친구의 친구' 알고리즘은 분열을 불러일으키는 '우리 대 그들'이라는 두테르테의 수사법과 더불어 필리핀 사람들을 더욱 과격하게 만들었다. 친두테르테 성향이면서 친구의 친구로부터 게시물을 추천받은 사람은 더욱 우경화되었다. 반대로 반두테르테 성향이라면 더욱 좌경화되었다. 시간이 지날수록 양측의 골이 깊어졌다. 이는 전 세계에서 주요한 문제가 되었다. 인도 총리 나렌드라 모디, 브라질 대통령 자이르 보우소나루, 미국 대통령 도널드 트럼프를 두테르테라고 생각해보라. 핵심이 무엇인지 알 수 있을 것이다.

알고리즘은 우리를 과격하게 만드는 콘텐츠를 제공한다. 예를 들어, 한번 애매한 음모론을 클릭하면 다음에 플랫폼은 우리에게 그보다 더 극단적인 콘텐츠를 제공한다. 그래야만 우리가 계속 스크롤을 내리기 때문이다.[54] 큐어논 같은 집단은 활동이 정지되고 금지될 때까지 웹의 가장 어두운 구석에서 트위터와 페이스북으로 퍼져나갔다(이들의 활동은 필리핀과도 연관이 있다).[55] 금지되는 데는 몇 년이 걸렸다. 그동안 음모론에 노출되어 그것을 믿게 된 사람들에게 무슨 일이 일어났을까? 이러한 금지를 또 다른 음모의 증거로까지 생각하는 이들의 인지 편향을 어떻게 해야 할까?

저 기술상의 결정이 감시 자본주의 모델에 먹이를 제공했다. 기업들은 우리에게 친구의 친구를 추천해 점점 더 성장했고, 우리에게 감정적이고 과격하고 극단적인 콘텐츠를 제공함으로써 사이트에서 점점 더 많은 시간을 보내게 만들었다. 이 모델은 우리의 이성적이고 논리적인 사고, 즉 대니얼 카너먼이 말한 "느린 생각"[56]을 우회해 "빠르게 생각하는" 뇌를 건드렸다. 편도체에 박혀 있는 빠르고 본능적이며 대체로 무의식적인 감정 반응 말이다. 작고한 생물학자 E.O. 윌슨은 이를 "구석기시대의 감정"이라고 했다. 만약 우리의 감정을 자극해서 공유하거나 행동하게 만드는 경향이 있는 무언가를 본다면 일단 속도를 늦춰라. 빠르지 않게, 천천히 생각하라.

하지만 속도를 늦출 수 있는 우리의 능력은 한정돼 있다. 페이스북은 시간이 지날수록 그 위험성을 알면서도 파괴적이면서 대단히 해로운 순환 고리를 만들었기 때문이다. 우리가 페이스북에서 시간을 많이 보낼수록 이 회사는 데이터를 더 많이 얻고, 이 데이터를 바탕으로 우리를 속여 페이스북에서 더 많은 시간을 보내게 한다. 이때 우리는 호르몬과 도파민 같은 신경전달물질에 의해 촉발되는 감정의 지배를 받게 된다. 우리는 뭔가를 하고 있다고 느끼지만 실제 세계에서 행동하고 성취를 이룰 에너지가 빨려 나가 결국에는 시간 낭비를 할 뿐이다. 인간 배터리로 작동하는 매트릭스를 생각해보라. 그렇다면 우리는 무엇을 하고 있었던 걸까? 우리 자신의 트루먼쇼를 수행하고 있었던 것이다.

이것은 빅데이터 회사가 만들어낸 알고리즘의 수많은 부작용 가운데 하나에 지나지 않는다. 이 알고리즘은 흔히 그것을 코딩한 사람—대체로 젊은 백인 남성—의 편견과 이들이 제공하는 데이터 세트를 기반으로 한다. 이는 미국의 교육, 재정, 범죄 보도 및 민주주의에 부작용을 낳았다. 페이스북, 유튜브 같은 미국 플랫폼들이 저 같은 편견을 전 세계에 퍼뜨렸다.

페이스북은 우리의 행동을 바꾸고 있으며 전 세계 사용자 데이터베이스를 실시간 실험실로 이용하고 있다. 집단 역학에 관한 사회학 실험이 보여주듯, 그것은 개인과 사회를 변화시킨다. 큰 규모에서 보면 이런 대규모 집단의 행동 변화는 창발 행동으로, 개별 부분에서 그 유기적 변화를 예측할 수가 없다. 나는 인도네시아에서 과격한 테러리즘이 퍼져나가는 방식을 연구하면서 창발 행동이 실제 현실에서 서서히 일어나는 것을 지켜보았다. 오늘날 온라인에서는 그 과정이 더 강한 약물을 주입받은 것처럼 빠르게, 전 세계에 걸쳐 신뢰를 파괴하고 사회를 무너뜨리고 있다.

이는 20세기 거대 담배 회사들이 퍼뜨린 거짓말과 전략을 떠올리게 한다. 페이스북과 이로부터 이득을 얻는 정치인들은 그로 인해 대중이 입는 피해를 충분히 잘 알고 있다. 페이스북은 세계 최대 뉴스 배급사이지만, 소셜미디어에서는 분노와 혐오를 덧붙인 거짓말이 사실보다 더 빠르게 더 멀리 퍼진다는 사실을 보여주는 연구가 있다.[57] 현재 우리에게 뉴스를 전해주는 바로 그 플랫폼들이 사실과 언론보다 거짓말의 손을 들어줄 수밖에 없다는 뜻이다. 그들은 계획적으로 우리를 분열시키고 과격하게 만든다. 분노와 혐오를 퍼뜨리는 것이 페이스북의 사업에 더 이롭기 때문이다.

미국에서는 극단주의가 급증하면서 위기가 본격화되었다. 영국과 유럽은 여전히 브렉시트, 시리아 난민 위기, 우익 국가주의의 부상으로 휘청거리고 있다. 비슷한 경험이 브라질에서 반복되었다. 소셜미디어, 그 가운데서도 주로 유튜브가 자이르 보우소나루와 그 지지자들을 주류로 만들어놓았다. 헝가리에서는 빅토르 오르반의 강한 반이민 정책에 대한 노련한 홍보가 유권자들을 매료시켰다. 인도에서는 세계 최대의 민주주의 체제가 나렌드라 모디의 정치 조직인 추악한 인도인민당BJP의 희생물이 되었다. 전 세계 어디에서나 사회가 온라인 폭력이라는 먹이를 꾸준히 공급받고 있으며 이 온라인 폭력이 현실의 폭력이 되고 있다. 여러 형태의 백인 대체론* 이 노르웨이, 뉴질랜드, 미국에서 대규모 총격 사건을 촉발하면서 '우리 대 그들', 다른 말로 파시즘의 부상에 동력을 공급하고 있다.

분노와 혐오가 결합해서 도덕적 분개로 이어지고, 이것이 폭도의 지배로 바뀌고 있다.

2016년 래플러는 #NoPlaceForHate 캠페인[58]을 시작해서 더욱 적극적인 댓글 관리 기준을 도입해 우리가 서비스하는 사람들을 보호하고 그들의 주의를 환기시키고자 했다. "우리는 욕하고 비난하며 비하하고 모욕하며 협박하는 댓글을 절대 용인하지 않습니다." 우리는 래플러 웹사이트와 소셜미디어 계정에 이렇게 썼다. "…… 언론의 자유가 명예를 더럽히고 신뢰성을 망가뜨려도 좋다는 허가증을 뜻하지 않습니다. …… 언론의 자유는 누구든 자기 생각을 말하고 무례하지 않게 반대 의견을 표명할 수 있는 권리를 인정하는 것입니다. 우리는 우리의 공간을 되찾을 것입니다. …… 누구도 자기 생각을 쓰거나 말하기를 두려워해서는 안 됩니다."[59]

이것은 페이스북이 행사했어야 할 권한이다. 마크 저커버그가 "혐오 발언에 대응하는 방법은 더 많이 발언하는 것"이라는 미국 대법원 판사 루이스 D. 브랜다이스의 금언에 대한 자신의 무지하고

---

* 혹은 '거대 대체론'. 비유럽인구의 폭발적 증가와 백인 유럽인의 저조한 출산율로 인해 백인이 다수인 유럽의 인구 분포가 비유럽인 특히 아랍, 터키의 이슬람교인이 다수인 형태로 바뀐다는 이론.

이기적인 해석을 고수하지 않았다면 세상은 매우 달라졌을 것이다.[60] 브랜다이스가 이 말을 한 것은 1927년이었다. 즉 풍요의 시대 이전, 거짓말 하나가 백만 번 이상 공유될 수 있는 페이스북의 시대 훨씬 이전의 일이었다. 브랜다이스의 말은 페이스북의 알고리즘이 개입하지 않는, 평평한 경쟁의 장에서만 효력이 있다. 페이스북의 선택은 혐오 발언, 허위 정보, 음모론에 확성기를 대주었다. 감정을 자극하는 콘텐츠가 사용자로 하여금 계속 사이트에 머물면서 마우스를 스크롤하게 해 플랫폼에 더 많은 수익을 가져다주었다. 페이스북은 기자들에게서 문지기의 책임을 빼앗아갔다. 만약 페이스북이 그 책임을 기자들만큼만 진지하게 받아들였다면 오늘날 세상은 훨씬 더 나은 곳이 되었을 터이다.

래플러가 페이스북과 똑같은 결정에 직면했을 때, 그러니까 마약과의 전쟁을 정당화하고 세상을 '우리 대 그들'로 분열시키는 혐오를 조장하는 정보 작전에 위기 의식을 느꼈을 때, 우리는 빠르게 행동했다. 사용자, 공공 영역, 민주적 토론을 보호하고 싶다면 행동 방침은 간단했다.

우리는, 혐오를 뿜어내면서 마약과의 전쟁에 의문을 제기하는 사람을 공격하는 두테르테 지지자들이 어떻게 댓글 타래를 통제하는지 보았다. 몇몇 사용자들이 맞섰으나 시간이 갈수록 대부분의 사람들이 침묵을 택했다. 그렇게 공격은 성공을 거두었다. 승리한 서사가 마약 중독자와 밀매자는 죽여야 한다는 두테르테의 주장을 뒷받침하며 매일 밤 인도에 버려진 사체에 대한 대중의 반응을 무디

게 하고 더 많은 살인에 편승하는 효과를 불러일으켰다. 다섯 살 난 대니카 메이 가르시아가 집 화장실에서 나오다가 마약과의 전쟁 작전으로 할아버지를 잡으러 온 경찰의 총에 맞아 죽었을 때 나는 인내심의 한계를 느꼈다.[61]

필리핀 사람들이 마약 중독자와 밀매자를 죽이는 일을 묵인하고 심지어 지지한다는 사실은 충격이다. 필리핀은 유엔인권선언문에 처음으로 서명한 나라들 가운데 하나였기 때문이다. 나는 우리의 가치관이 달라졌다고는 생각하지 않는다.

죽고 고문당한 필리핀 사람들의 이미지가 전 세계의 주목을 끌기 시작했다. 필리핀에서 살고 있는 이들의 공포감이 나날이 커지는 것 같았다. 래플러는 인터넷의 무기화에 대한 3회 연속 기사를 내기로 결정했다. 내가 1, 2회차를 쓰고[62] 차이가 3회차를 썼다[63]. 우리가 발견한 "폭탄을 든 남자" 정보 작전과 마찬가지로, 이것은 완전히 새로운 영역이었다. 우리는 무슨 일이 일어나고 있는지 인지하고 그 점들을 연결했으나 아직 그 이유를 알지 못했다. 우리는 우리가 무슨 일을 겪고 있는지 설명할 말을 찾아야 했다.

나는 엘리자베스, 클레어, 켄에게 마지막으로 이메일을 보내 성명을 요청했다.

이 연속 기사를 내보내기 전, 글렌다와 나는 기사를 이사회에 돌려 전폭적인 승인을 받았다. 그리고 2016년 10월 3일, 연속 기사를 내보내기 시작했다. 나는 인터넷의 무기화에 대한 폭로가 래플러와 나에게 무슨 일을 불러올지 전혀 몰랐다. 당시 이 획기적인 연속 기사가 우리 모두에 대한 형사 고발로 이어질 거라 생각한 사람은 아무도 없었다.

하지만 나는 후회하지 않는다. 다시 그런 상황이 온다면 또 그렇게 할 것이다.

2017년 4월 19일 캘리포니아주 산호세에서 열린 F8 회의에 참석해 마크 저커버그를 만났다.(페이스북 제공)

8장

법의 지배는 어떻게 내부에서부터 무너지는가

침묵은 공모다

내 생일 다음 날인 2016년 10월 3일이었다. 페이스북은 침묵했다. 그렇지만 우리는 그날 인터넷의 무기화에 대한 연속 기사 가운데 첫 기사를 내보내기로 결정했다.

나는 기사를 마지막으로 다듬으며 아침 시간을 보냈다.[1] "폭탄을 든 남자" 기사에 대한 탐사 과정을 검토하고 데이터를 살펴보았다. 그런 다음 당시 널리 퍼지고 있던 죽은 소녀의 사진을 기사에 포함시켰다. 두테르테의 마약과의 전쟁 대변인인 피터 티우 라비냐는 마약 거래자가 왜 죽어야 하는지를 보여주는 자료로 이 사진을 공유했다. 그는 이 소녀가 필리핀인이라고 암시하듯 말했으나 사진의 출처는 사실 브라질이었다. 선동을 위해 또다시 거짓말을 한 것이었다.

마지막으로 이 연속 기사에 대한 소개 글을 검토했다. 이 글에서 나는 민주주의를 "천 갈래로 찢어 죽이는" 정부의 전략이 인터넷의 힘과 소셜미디어의 알고리즘을 이용해 혼란과 의심을 뿌리고 있다고 주장했다. 우리의 연속 기사는 소셜미디어를 장악한 유료 선전, 악용당하기 쉬운 새로운 정보 생태계, 그것이 인간 행동에 미치는 영향 등 새롭게 나타난 현상을 비판하기 위한 것이었다. 우리는 또 페이스북 가짜 계정 스물여섯 개로 이루어진 네트워크에 대해 상세히 설명했다. 이 네트워크는 적어도 300만 개의 다른 계정에 영향을 미쳤다.

우리 사무실은 개방형으로 설계되었다. 편집자들은 〈스타트렉〉에 나오는 것처럼 원형으로 솟아오른 지휘 갑판과 같은 중앙 연단에서 일했다. 연단에서 태양 광선처럼 뻗어나온 책상은 편집자들의 관리하에 있는 직원들의 자리였다. 일부 벽에는 대형 텔레비전 몇 대가 걸려 있고, 모두 유리로 분리된 회의실과 사무실들이 공장 같은 공간의 나머지를 차지하고 있었다. 회의실과 사무실들은 대개 우리가 브레인스토밍을 하는 동안 휘갈겨 쓴 여러 색상의 메모, 메시지, 도표, 수들로 뒤덮여 있었다. 한 모퉁이에는 마낭들과 관리자들의 책상이 있었으며 내 사무실은 가장 뒤편에 있었다. 한쪽은 창문으로, 다른 쪽은 유리벽으로 둘러싸여 있어서 나는 그 위에 숫자와 날짜를 적어놓고는 했다. 이 유리벽 건너편에는 글렌다와 차이가 앉았고, 베스는 스튜디오와 조정실이 내려다보이는, 뉴스룸 반대편에 앉았다. 뉴스룸은 힘차게 요동쳤다. 게다가 나는 막 코카콜라 제로를 세 캔 마신 참이었다.

나는 차이의 책상으로 다가가 어깨너머로 기사를 읽기 시작했다. 차이가 작업을 마친 후 나를 쳐다보았다. 우리는 최소한 세 번은 그러고 있는 참이었다.

"좋아." 차이가 말하고는 커서를 마지막 단추 위로 옮겼다. "준비됐어?"

"가보자고!" 내가 말했고, 차이가 클릭해 기사를 올렸다.

오후 7시였다. 나는 소셜미디어 책임자가 당직 편집자들과 함께 일하고 있는 연단으로 달려갔다. "스테이시, 기사 나왔어요. 공유해 줄래요?"

"알았어요." 스테이시가 막 발행한 기사를 불러와 스크롤했다. 그 다음 우리 내부의 페이스북 페이지와 슬랙에 기사를 올려 다른 래플러 직원들에게 알렸다.

"폭풍 공유할게요!" 스테이시가 손가락으로 빠르게 알리는 글을 입력하면서 말했다. 그러고는 래플러의 소셜미디어 피드에 올릴 기사 게시물을 준비했다. '폭풍 공유Megashare'는 래플러의 기사 배포수가 직원 열두 명의 네트워크에 의존하던 2012년부터 우리의 행동 개시 구호였다.

나는 스테이시가 쫙 빼입은 사실을 알아차렸다. "어, 멋져요! 무슨 일이에요?" 내가 물었다.

"그냥 우울해서 차려입어봤어요." 스테이시가 웃음을 터뜨리며 대답했다.

"공격이에요?" 내가 물었다. 스테이시는 우리의 #NoPlaceForHate 캠페인을 담당하고 있었다. 이 캠페인은 래플러 페이지에 대한 공격으로 우리의 사기를 꺾으려는 작전에 맞서기 위해 시작되었으나 예상치 못한 추가 공격이라는 판도라의 상자를 열어젖혔다. 우리는 페이스북에서 살다시피 했기 때문에 조직적으로 이어지는 공유의 내재적 장단을 익히 알고 있었다. 하지만 이번엔 달랐다.

"너무 빨라요, 마리아." 스테이시는 인터넷 창을 열고 페이스북 페이지가 어떻게 관리되고 있는지 보여주었다. "우리가 뭔가를 게시하는 즉시 몇 초 안에 댓글이 달려요. 하지만 아주 간단하고 반복적인 댓글이에요." 스테이시가 게시글 몇 개와 래플러가 기사를 게시한 후 몇 초 만에 쏟아지는 친두테르테 성향의 댓글들을 보여주었다.

"봇을 사용하는 거 같아요?" 내가 물었다. "그럴지도요. 봇 경보 장치가 있어 댓글이 달리도록 프로그램 되었을지 몰라요." 일리가 있었다. 어떤 게시물에서 두테르테의 이름이 언급되면 자동으로 댓글이 달리도록 설정해두고 그다음엔 그들의 '키보드 전사들'이 등장해 더 많은 댓글을 달도록 할 수도 있었다.[2] "하지만 이건 예전보다 더 정교한 방식인데."

나는 한 달 전 일을 떠올렸다. 그때 래플러는 대통령 궁에서 사임하는 베니그노 아키노[3] 대통령과 마지막 인터뷰를 진행했다. 인터뷰를 마친 후, 아키노가 나를 한쪽으로 끌어당겼다. "이런 공격은,"

그가 조용히 속삭였다. "그들은 대단히 빠르게 움직이고 있어요. 그들이 실제 사람일까요?"

"대통령님, 그런 것 같아요. 실제 사람들이에요." 나는 이렇게 대답했다.

실제로 두테르테의 소셜미디어 캠페인 관리자인 닉 가부나다는 조직적 활동을 위해 자신이 어떻게 500명의 자원봉사자를 거느린 온라인 부대를 창설했는지 나중에 우리에게 말해주었다. 이 자원봉사자들은 지역에 따라 네 개 무리로 조직되었다. 필리핀의 주요 섬인 루손, 비사야스, 민다나오, 그리고 1,000만에서 1,200만 명의 해외 필리핀 노동자를 포괄하는 OFWOverseas Filipino Workers가 그 거점이었다.[4] 전직 최고의 미디어 및 광고 책임자였던 닉은 훗날 페이스북이 '조직화한 허위 행위'를 이유로 활동을 정지한 세계 최초의 민간인이 된다.[5]

당시 나는 아키노가 온라인 공격의 속도에 대해 언급한 부분을 간과했다. 실제 그런 일이 우리에게 일어나고 있는 지금, 아키노가 무슨 말을 하려던 것인지 이해하기 시작했다. 공격을 당하기 전에는 그 규모와 효과를 실제로 알 수가 없다.

빅데이터와 엑셀 작업 시트의 차이처럼, 그 압도적인 양과 빈도는 공격을 완전히 새로운 것으로 만들어 오로지 공격의 대상만이, 그것도 직관적으로만 그 패턴을 알아볼 수 있다. 공격은 먼저 심리에 영향을 미치는데 이 또한 공격 대상만이 느끼는 것으로, 불확실성과 두려움이 증대된다. 두 번째는 그 공격을 보는 대중에게 미치는 영향으로, 이는 '샘'이 두테르테의 마약과의 전쟁을 선전했을 때와 같은 '애스트로터핑' 효과를 낳는다. 즉, 가짜 편승 효과로 인해 어떤 쟁점이나 문제에 대한 대중의 인식이 바뀌는 것이다. 실제로, 이 전략은 매일 진화하고 있다.

우리는 연속으로 두 번째와 세 번째 기사를 발행하기 전, 첫 번째 기사에 대한 정부와 대중의 반응을 보고 싶었다. 그러고서 그 주의 끝에, 친두테르테 활동을 하는 모카 우손이라는 인물의 사례를 조명한 두 번째 기사 "페이스북 알고리즘이 어떻게 민주주의에 영향을 미치는가"[6]와 세 번째 기사 "소셜미디어의 가짜 계정, 조작된 현실"을 발행했다.[7]

이는 미국을 포함해 세계 최초로 페이스북이 어떻게 민주주의를 좀 먹고 있는지 보여주기 위해 데이터와 증거가 될 만한 사례를 모은 최초의 시도였다.

나는 정부 관계자들이 첫 번째 기사를 어떻게 판단해야 할지 몰랐으리라 확신한다. 그들은 "폭탄을 든 남자" 사건과 마찬가지로 대응책을 마련하고 공식화하는 데 시간이 걸렸다. 어쩌면 우리가 두테르테 이전의 과거를 떠올리며 정부의 솔직한 대응에 대비하고 있던 것은 순진한 행동이었을지 모른다. 무엇보다 나는 그들이 사실과 데이터에 어긋나는 주장을 할 수 없으리라고 생각했다. 정부가 스스로 잘못을 인정하고 '블로거'라 불리는 온라인 부대의 활동을 제한하리라 생각했다.

내가 몰랐던 건 정부가 사실과 언론의 폭로에 대처하는 새로운 전략을 개발하고 있다는 사실이었다. 그들은 그럴 필요가 있었다. 그 무렵 필리핀의 뉴스 매체들이 두테르테의 사악한 마약과의 전쟁을 드디어 조직적 살인으로 묘사하기 시작했기 때문이다.

2016년 6월 선거 이후 매일 밤 평균 서른세 구의 시체가 거리에서, 그리고 마닐라의 가난한 지역에서 발견되었다.[8] 몇몇 언론사는 희생자 명단을 발표하기 시작했다. 필리핀 최고 신문사인 〈필리핀 데일리 인콰이어러〉는 "살인 명부"라는 제목의 페이지를 열었다.[9] 그 명단의 첫 번째에 오른 사람은 두테르테가 취임 선서를 하고 몇 시간 후에 살해당한 이였다. ABS-CBN 역시 참여형 살인 사건 지도를 발행했다.[10]

래플러는 살해당한 사람들의 상세한 약력을 최초로 공개한 언론사 가운데 하나였다. "처벌받지 않은 사람들"[11]이라는 기사에서 숫자들에 이름과 얼굴을 부여하고 경찰이 살인에 연루된 정황을 자세히 설명했다. 사망한 사람들은 대개 마닐라에서 가장 열악한 지역 출신이었다. 많은 이들이 십 대이거나 아이들이었다. 우리는 늘어나는 사망자 수와 그 숫자를 바꿔치기 하려는 경찰의 시도를 면밀히 추적했다. 마약과의 전쟁—실제로는 가난한 사람들에 대한 전쟁[12]—은 우리의 주요 관심사였다.

이 세 군데 뉴스 그룹은 모두 몇 달 안에 두테르테 대통령의 표적이 된다. 두테르테는 취임 이후 거의 6,000명에 달하는 공무원을 임명했는데, 이들을 뽑은 기준은 실력이 아니라 충성심이었다고 그 자신의 입으로 말했다. 이들은 두테르테가 벌이는 마약과의 전쟁의 보병이 되었으며, 그들 사이에는 일반적으로 어떤 일을 저질러도 처벌받지 않는다는 분위기가 팽배했다. 두테르테의 사람들은 자신들이 돈이든 법이든 부패를 저질러도 된다는 걸 알았다. 그들은 신체적 폭행이나 심지어 살인을 저질러도 처벌을 피할 수 있었다. 두테르테는 이들에게 완전한 면책을 보장했다. 그 스스로 "로드리고 두테르테에게는 수많은 살인에 대한 사면권이 있다"며 "로드리고 두테르테가 이에 서명했다"라고 말했다.[13]

두테르테는 다바오 시장 시절, 시민들을 위력으로 다스리며 매주 라디오 및 텔레비전 프로그램에 출연해 마구잡이식 명령을 내렸다. 마닐라로 옮겨와서도 이 방식을 그대로 되풀이했다. 실제로 대중매체는 두테르테 리더십의 중심에 있었으며, 그는 테러를 유도하는 듯한 폭력적인 수사학을 자주 사용했다. "히틀러는 유대인 300만 명을 학살했습니다." 언젠가 두테르테는 이렇게 말했다. "오늘, 여기에는 마약 중독자 300만 명이 있습니다. 나는 기꺼이 그들을 학살할 것입니다." 그의 언어는 거짓되고(히틀러는 유대인 600만 명을 살해했으며 필리핀에 마약 중독자가 300만 명 있다는 말은 믿기 어렵다) 선동적이지만 페이스북과 소셜미디어를 통해 널리 퍼져나갔다.

연예인 모카 우손은 두테르테 취임 후 중요한 전환기에 정부가 수행하는 공격의 핵심에 있었다. 우손의 인기 있는 페이스북 페이지는 처음에는 주로 성생활 관련 조언과 본인이 이끄는 여성 밴드인 모카걸스Mocha Girls와 침실에서 하는 합주 관련 정보가 대부분이었다. 하지만 곧 기자들, 그리고 두테르테 정부에 의문을 제기하는 사람들에 대한 앙심으로 폭발했다. 우손은 쿠데타 시도나 CIA 작전 같은 음모론을 매일 올리기 시작했다. 두테르테의 작전 팀은 우손의 소셜미디어가 가진 영향력을 이용했으며 나중에는 우손을 정부 관료로 임명하기도 했다.

우손의 페이지는 폭발적으로 성장했고 우손 자신 또한 섹시 댄서에서 정치 블로거, 선전가, 정부 관료로 진화했다. 이는 국가 자원을 등에 업어 이미 강력한 정부가 페이스북의 알고리즘 덕분에 어떻게 그 권력을 한층 더 남용할 수 있는지 보여주는 주요 사례였다.

2016년 8월 우손은 '매춘 언론presstitute'[14]—언론을 뜻하는 'press'와 매춘부를 뜻하는 'prostitute'의 혼성어—이라는 용어와 함께 밈을 도입해 주류 언론을 부정적으로 묘사했다. 우손의 서사는 분명했다. 기자들은 부패했다는 것이다. 그들의 자금줄, 다시 말해 두테르테를 무너뜨리고 싶어하는 사람들에게 돈을 받고 뭐든 기사로 쓴다는 말이었다. '우리 대 그들'라는 구분이 일반 대중에게까지 널리 퍼져 국가적 서사로 자리 잡았다. 그러나 기자들은 한동안 무슨 일이 일어나고 있는지 몰랐다. 그렇게 심어진 메타 서사가 유통됨에 따라, 미디어는 두테르테에 대해 '편향된'[15] 태도를 갖게 되었다. 두테르테는 종종 '마닐라 제국'의 엘리트 및 과두제 집권층에 도전하는 약자로 그려졌다. 2016년 대선 기간 소셜미디어에서 발생한 공격이 미국 사회의 균열선, 특히 성별, 인종, 그리고 정체성을 노렸던 것처럼 필리핀에서의 공격도 근본적인 지점을 건드렸다. 부자 대빈자, 시골 대 도시, 엘리트 대 서민의 대립 구도였다.

우리의 내부 데이터베이스인 샤크탱크의 데이터 지도는 2016년과 2018년 3월 사이에 특정 단어의 사용이 급증했음을 보여주었다. 부패를 뜻하는 '바야란bayaran', 평범한 필리핀인의 삶과는 동떨어진 엘리트로 묘사되는 아키노 일가의 상징색인 노란색을 가리키는 '딜라완dilawan', 그리고 '편향' 등이 그것이었다. 절정에 이르렀을 때는, 우손을 비롯한 사람들이 온라인에서 판에 박은 문구로 하루 3만 개의 댓글을 쓰면서 '편향'이라는 말을 사용했다. 래플러가 추적 관찰한 그룹과 페이지에서는 바야란이라는 말이 거의 5만 개의 게시물과 180만 개가 넘는 댓글에서 발견되었다.

래플러는 이미 #NoPlaceForHate 캠페인으로 이들의 표적이 되어 있었다. 하지만 인터넷의 무기화를 다룬 연속 기사에 대한 반응은 우리의 정보 생태계가 얼마나 바탕부터 오염되었는지 보여주었다. 나는 언론인이 더 이상 사실과 정보의 문지기가 아니라는 사실을 받아들이기 시작했다. 새로운 문지기인 기술 플랫폼은 디지털 포퓰리스트와 권위주의자에게 핵무기에 상당하는 것을 제공하는 규칙을 제정해 우리 사회와 전 세계의 민주주의를 전복시켰다.

인터넷의 무기화 연속 기사가 공개되자 래플러에 대한 공격이 대규모로 시작되었다. 2016년 10월 4일 처음에는 드문드문, 그다음에는 한 차례 흩뿌리는 식이다가 10월 8일 RJ 니에토라는 블로거의 페이스북 페이지인 "생각하는 필리핀인Thinking Pinoy"이 두테르테 지지자들에게 래플러를 팔로우하지 말라#UnfollowRappler고 요구하기 시작하면서 공격이 해일처럼 밀려왔다.

하루가 지난 10월 9일 일요일 저녁 아홉 시쯤 모카 우손이 가담해 한 시간짜리 페이스북 생방송 영상을 공개했다. 이 영상은 두테르테 정부의 첫 100일에 대한 선전과 "적들이" 두테르테를 무너뜨리기 위해 어떻게 "연중무휴로 움직이는지"에 대한 선전으로 가득했다. 우손의 게시물 제목은 "나를 비난하는 래플러에 대한 나의 반응"이었으나 "주류 언론" 래플러와 나를 왜곡하고 빈정거리는 장광설로 이어졌다. 이것이 의도한 것인지, 명백한 무지인지, 아니면 둘이 합쳐진 것인지 분명치 않았다.

"우리가 조용히 움직이는 동안 우리를 공격하는 사람들이 있다. 나는 더 이상 주류 언론을 읽지 않는다." 우손은 필리핀어로 이렇게 말했다.

그 사이에 우손의 페이스북 페이지에 달린 댓글 수가 급증했는데, 일부는 가짜 계정이 가담한 것이었다. (페이스북은 2년 후 이 계정들을 삭제하게 된다.) 그날 밤, 두테르테 측의 소셜미디어 공격은 그 선전 기계를 설계한 사람들이 보여주고 싶었던 바를 달성했다. 우손과 두테르테에 대한 지지가 급증했으며, 그 지지는 곧바로 나와 래플러를 기관총처럼 겨누었다.

5년 후 미국 시민들이 국회의사당을 습격한 뒤 페이스북이 결국 '좌표 찍기brigading' 또는 조직화한 온라인 폭력 행위에 관한 정책을 발표하면서 이런 행동을 가리키는 용어가 마침내 표준화되었다. 이 공격은 몇 가지 범주로 나뉘었다. 공격하거나 칭찬하기 위해 만든 가짜 계정을 뜻하는 '꼭두각시 계정sock puppet', 표적이 된 계정에 부정적인 영향을 미치기 위해 조직화하는 '다중 신고mass reporting', 일반 대중이 자발적으로 지지하거나 관심을 보이는 것처럼 만들기 위해 올리는 가짜 게시물 또는 거짓말을 뜻하는 '애스트로터핑'.

"그들은 두테르테를 제거하고 싶어한다." 우손은 페이스북에서 의혹을 제기했다. "우리는 그저 공정한 뉴스 보도를 요구할 뿐이다. 그들은 비난하기에 바빠 중요한 것을 잊고 있다. …… 기자들이 자기 본분을 다했다면 온 국민이 소셜미디어로 몰려가지 않았을 것이다. 그들은 두테르테가 벌이는 좋은 일을 인정하지 않는다."[16]

"우리가 '매춘 언론'이라고 해서 래플러 당신들 기분이 상했나?" 우손이 물었다. "왜 그렇게 예민하게 구는지? 당신들이 매춘 언론이 아니라면 그 말에 꽂히면 안 되지 않나?" 이처럼 우손은 종종 앞뒤가 맞지 않는 결론으로 성급히 건너뛰었으며 온라인 여성 혐오를 동원하기도 했다. 하지만 우손의 청중들이 원하는 것은 바로 이런 단순화였다. 우손은 우리의 연속 기사가 내놓은 데이터와 의문을 한 문장으로 압축했다. 그리고 자신을 지켜보는 사람들과 음모론을 부추기는 사람들의 자아를 가지고 놀았다.

"마리아 레사는 우리가 봇이고 인터넷 트롤이며 가짜 프로필이라고 말했다. …… 너희들, 가짜야?" 우손이 온라인 청중들에게 물었다. "…… 그 여자는 우리가 '친두테르테 선전'을 한다고 했다. 이제 애국심을 갖는 게 선전이 되었다! 애국자는 인터넷 트롤이 된다.

두테르테는 대통령이 아닌가? 두테르테에게 존경심을 보여야 하지 않을까?"

우손은 래플러에 대한 거짓 정보를 많으면 하루에 다섯 개씩 올리는 니에토, 즉 '생각하는 필리핀인'의 게시글—이 모든 공격은 페이스북에서 증폭되었다—을 인용하면서 휘파람으로 사냥개를 불러들이는 것과 같은 수법으로 나와 래플러에 반대하는 지지자들을 결집시켰다. 페이스북은 개인 게시물이나 연예인 동영상이 한때 텔레비전 방송사들이나 가능했던 수준으로 널리 배포될 수 있게 해주었다. 래플러와 나는 무방비 상태였다. 두테르테의 선전 기계는 폭군 같은 페이스북의 알고리즘 설계를 십분 활용했다.

모카 우손은 2018년 3월 12일 게시물에서 이렇게 말했다. "마리아 레사, 래플러, 뉴스가 험담에 머물러선 안 되잖아." 우손은 이 게시물에서 자신의 페이스북 페이지와 '생각하는 필리핀인' 페이지를 래플러의 페이지와 비교하면서 빨간색 타갈로그어 글씨로 이렇게 썼다. "아무도 당신네를 믿지 않으니, 다른 페이지의 팔로어들을 '가짜 계정'이라고 하는 거지. 억울해하지 말고, 당신네 페이지의 참여도가 낮다고 해서 페이스북을 비난하는 짓은 그만두시지."

우손 같은 정치 공작 전문가들은 자신들이 주류 언론의 접속량을 능가하고 있다고 자랑했다. 심지어 페이지 조회 수를 게시하기도 했다. 그러면서 기자와 뉴스 조직의 신뢰도를 무너뜨렸다. 필리핀어에는 이런 행동을 가리키는 말이 있다. '탈랑칸talangkaan'은 게가 정상에 오르기 위해 서로를 밟고 기어오르는 행위를 말한다. 두테르테의 호위 기사들은 우리의 정보 생태계를 확연히 바꿔놓고 있었다. 페이스북이 조치를 취하기 전까지 몇 년 동안 같은 일이 반복되었다.

이런 식의 정보 작전은 전 세계에서 벌어지고 있다. 거짓말이 거듭 반복되면서 특정 쟁점에 대한 대중의 인식을 기하급수적으로 변화시킨다. 선전이 중요하다는 건 권력자들이 늘 알고 있는 사실이었지만 소셜미디어의 시대에 그 중요성은 새로운 의미를 얻고 그 정점을 기록했다. 전 세계 페이스북 사용자 수가 30억 명이 넘어서면서 세계의 지도자들은 개인 소셜미디어 사용자를 통해 권력 정치를 실행하는 방법을 찾아냈다.

2016년 필리핀에서 일어난 일은 전 세계 민주주의 국가에서 시작된 모든 허위 정보 작전의 축소판이다. 봇, 가짜 계정, 콘텐츠 제작자(모카 우손 같은 실제 사람들)가 결합해서 바이러스처럼 실제 사람들을 감염시켰다. 이를 의심하지 않는 시민들은 자신이 감염되었다는 사실조차 알지 못했다. 돌이켜보면 비극적 사건의 메타 서사는 언제나 유해한 인터넷 서사들을 통해 몇 년 전에 일찌감치 그 씨앗이 뿌려진다는 걸 알 수 있다. 내 경우에, 우손과 니에토가 "기자는 범죄자나 마찬가지다"와 "마리아 레사를 체포하라" 같은 구호를 뿌리기 시작한 것은 내가 처음으로 체포되기 몇 년 전 일이었다. 그렇게 해서 대중은 이후에 현실이 된 법적 사건을 별다른 반발 없이 받아들이게 되었다.

나와 래플러에 대한 모카 우손의 생방송 공격은 양방향성, 독설, '우리 대 그들', 손쉬운 참여가 완벽하게 결합되어 있었다. 페이스북 알고리즘은 정확히 이런 활동에 보상을 준다. 거의 5년이 지난 뒤에도 이 공격 영상은 여전히 페이스북에 남아 있는데 3,100번 이상 공유되었고 1만 2,000개가 넘는 댓글이 달렸으며 조회 수는 49만 7,000회에 달한다.

우손의 댓글창에서 이루어진 나에 대한 인신공격 가운데 최악의 것은 남자들, 혹은 남자로 가장한 계정이 올린 글이었다. 이런 행위가 페이스북이 운영되는 전 세계 모든 곳에서 반복되고 있다. 실제로 페이스북 플랫폼은 전 세계 여성과 취약한 집단이 수십 년 동안 맞서 싸워온 행위에 오히려 보상을 한다. 우리는 일찍이 이 모두에 대해 페이스북에 경고했다. 우리가 봤을 때 '애스트로터핑', 즉 여론몰이가 가장 많이 일어나는 곳이 댓글난이었다. 늘 그렇듯, 마크 저커버그는 허위 정보는 사이트 내 전체 정보의 1퍼센트에 지나지 않는다고 주장하면서 댓글난의 문제는 언급조차 하지 않았다.

내 페이스북 페이지에 대한 공격도 늘어났다. 하나하나 대응하려고 노력했으나 곧 피드가 댓글로 도배되다시피 했다. 우손이 나를 비방하는 생방송을 하고 있을 때 공격 횟수를 세기 시작했다. 자정까지 내게 온 혐오 메시지는 시간당 평균 90개에 달했다. 화가 나 심장이 두근거렸다. 자리에서 일어나 서성거리며 내게 무슨 일이 일어나고 있는지 이해하려 애썼다. 그러면서 동시에 정확히 어떻게 반격해야 할지에 대해 생각했다.

내게는 세 명의 콘텐츠 제작자인 우손, RJ 니에토, 그리고 네덜란드에 살면서 국제관계학을 공부하는 여학생으로 "조국을 위하여"라는 블로그에 글을 쓰는 새스 사소트에게 대응할 방법이 없었다. 이들이 만든 콘텐츠를 소비하는 사람들에게 나의 대응은 곧 이들의 공격을 정당화하는 결과로 이어질 것이며, 그 경우에도 나의 말은 이들 청중에게 도달하지 못하리라는 것을 알았다. 실제 사람들이 설득을 당해 나의 긴 기자 경력을 불신하기로 마음을 바꾸는 경우도 보았다. 기자 경력 따위는 더 이상 중요하지 않은 것 같았다. 마치 술 취한 남학생 사교 클럽 회원들이 모여드는 것 같았고, 그간 기자 생활을 하며 쌓아온 신뢰가 무너지는 것 같았다. 나는 이런 일이 벌어지는 것을 실시간으로 지켜보았다.

그래서 과거 전쟁 지역을 보도하면서 배운 바를 따랐다. 다섯 번 연속 심호흡을 하고 감정을 배꼽까지 억누른 뒤 행동 방침을 결정했다. 나는 내게 다이렉트 메시지로 온 욕설들을 모두가 볼 수 있도록 공개해 게시하기로 결정했다.[17]

나는 그 공격들을 기록했다.

그날 밤, 우손과 그 집단이 벌인 작전이 래플러의 페이스북 페이지에 미친 영향은 즉각적이었다. 하루치로는 최고인 2만여 개의 계정이 팔로잉을 끊었고 이후 계속해서 팔로어 수가 줄어들었다. 한 달 만에, 주간 도달률의 44퍼센트와 총 팔로어 수의 1퍼센트에 해당하는 5만 개가 약간 넘는 계정을 잃었다. 요컨대 이것은 페이스북의 알고리즘을 이용한 새롭고 교활한 형태의 국가 검열이었다.

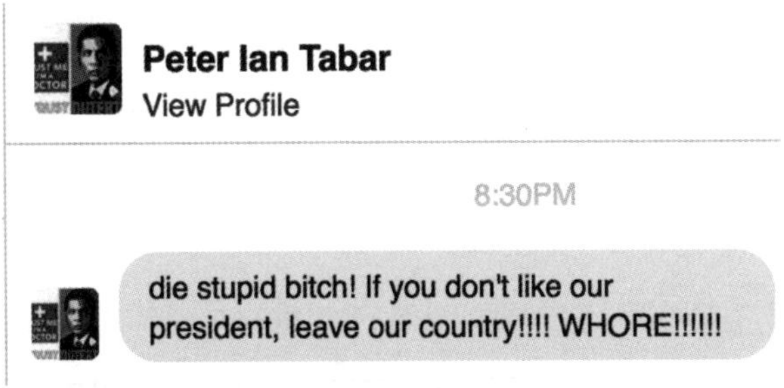

이 메시지는 인터넷 무기화에 관한 연속 기사를 발표한 이후 개인 메시지를 통해 온 많은 공격 메시지 가운데 하나다. 나는 2016년 10월 10일 자정이 지난 시간에 이것을 다른 '칭의적인 공격들'과 함께 게시했다. 피터 이언 타바르는 의사로, 예전에는 나를 믿었지만 지금은 "혐오한다"고 했다.

페이스북 페이지 조회 수의 25퍼센트가 사라졌다. 지난 30년 동안 기사 하나하나로 쌓아온 나의 신뢰가 쓰레기 조각이 되었으며 신생 미디어 기업인 래플러에 대한 대중의 신뢰도 시험대에 올랐다.

자존심이 있는 언론인이라면 이른바 블로거가 이 나라의 정보 생태계를 장악하기 위해 하는 짓을 따라 하지 않을 것이다. 처음에 나와 같은 대부분의 언론인들은 유치원생의 터무니없는 괴롭힘처럼 보이는 행동에 대응하지 않았다. 그러다가 공격이 광포해지기 시작했고 정부의 공격이 뒤따랐다. 돌이켜 보고서야 상황이 어떻게 돌아가는지 분명해졌다. 우리에게는 규범과 윤리적 지침이 있다. 우리는 표현의 자유를 지지한다. 새로운 세계에서 구세계의 패러다임을 가지고 전쟁을 벌이면서 언론인으로서 할 일을 하는 것으로 충분하다고 생각했다.

수백만 명의 사람들이 여전히 페이스북이 커뮤니티와 연결성을 강화해줄 것이라 믿고 있었고, 우리는 페이스북이 전통적인 미디어를 완전히 대체하고 있는 현실을 파악하지 못했다. 이제는 조잡하고, 때로는 선정적으로 조작된 게시물을 올리는 '콘텐츠 제작자들'이 정치 전문가로, 심지어는 '사실'을 전하는 기자로 통한다는 사실을 깨닫지 못했다. 목표 대상을 괴롭히고 반복 공격하면서 팔로어들을 선동해 폭력을 유발하는 선전 기계의 핵심에는 이런 계정들이 있었다. 미국의 '스탑 더 스틸', 인도의 반이슬람 폭동, 러시아의 우크라이나 침공 등 세계의 다른 많은 지역에서 똑같은 일이 일어났다. 페이스북은 저 선전가들이 연설할 플랫폼을 제공했을 뿐 아니라 이런 일들을 가능하게 만들어주기도 했다. 실제로, 분노는 페이스북이 수익을 창출하게 해주는 전염성 있는 통화이기에 페이스북은 이들을 우대했다. 분노, 격분, 두려움만이 더 많은 사람들을 페이스북에 더 오래 머물게 했다. 폭력이 페이스북을 부자로 만들어주었다.

케임브리지애널리티카 사건*, 브렉시트 국민투표, 도널드 트럼프와 로드리고 두테르테의 2016년 선거 등이 벌어지고, 2018년에 되어서야 페이스북은 필리핀과 전 세계에서 과하게 이목을 끄는 게시물을 삭제하기 시작했다. 이로 인해 모카 우손의 페이지 도달률이

---

* 정치 컨설팅 기업인 케임브리지애널리티카가 페이스북 가입자 수백만 명의 프로필을 그들의 동의 없이 수집해 정치 선전을 위해 사용했다는 사실이 밝혀지면서 물의를 일으켰다.

제한되고 두테르테의 소셜미디어 캠페인 관리자가 만든 네트워크가 삭제되었다.

물론 그때쯤에는 너무 늦었다.

2016년은 래플러가 손익분기점을 달성하기로 목표한 해—전통적인 뉴스 그룹보다 두 배는 빠르게 설정한 목표였다—였으며 인터넷의 무기화에 관한 연속 기사를 발표해 두테르테의 선전 기계가 우리를 괴롭히기 전까지는 그 목표를 향해 착착 나아가고 있었다.

페이스북은 2년 동안 대체로 우리가 제공한 데이터를 무시했다. 우리가 미국이 아니라 필리핀에 있었기 때문이다. 그 기간, 전 세계에서 처벌받지 않는 정보 작전이 수행되었다. 그 작전의 특징은 사실을 왜곡하고 대중의 서사를 바꾸고 결국에는 공공의 신뢰를 파괴하는 체계적인 대규모 조작에 있었다.

두테르테가 필리핀에서 정권을 잡은 지 6개월 만에 행정부, 입법부, 사법부의 견제와 균형이 후원 시스템, 맹목적 충성심, 그리고 내가 '3C'라고 부르기 시작한 부패corrupt, 강압coerce, 포섭co-opt에 의해 무너졌다.[18] 두테르테 정부가 원하거나 제공하는 (흔히 은밀하고 대개 사업적 기회와 연결된) 일을 거부하면 공격을 받았다.

이 공격은 두 가지 방식으로 일어났다. 첫째, 사기를 떨어뜨릴 만큼 무차별적이고 반복되는 온라인 공격이 온라인상의 대화와 발언을 억제했다. 가상 세계에 공포 분위기가 정착되어 마약과의 전쟁이 현실 세계에서 불러일으키는 폭력과 두려움을 거울처럼 비추었다. 그다음 행정부는 사업, 정치, 언론 같은 특정한 분야에서 세간의 주목을 받는 인사를 표적으로 삼았다. 두테르테는 자신의 권력에 도전하면 무슨 일이 일어나는지 한눈에 볼 수 있는 본보기를 만들고자 했다.

사업 분야에서 처음 경고를 받은 인물은 거물 로베르토 옹핀[19]이었다. 두테르테 대통령은 그를 공개적으로 공격해 활동을 위축시켰고, 더 나아가 2016년 8월 증권법 위반 혐의를 제기했다. 옹핀의 순자산 규모는 9억 달러에 달해 2015년 〈포브스〉 선정 50대 부자에 올랐다. 그만큼 포퓰리스트 정서를 건드리기 좋은 소재였다. 두테르테 정부는 자신들이 '과두제 집권층'에 맞서고 있다는 서사를 만들었다. 이후 정부는 자신들이 원하는 일을 기업에 관철하기 위해 몇 년 동안 똑같은 서사를 거듭 이용하게 된다. 게다가 이 선전전은 효과가 있었다. 두테르테의 공개 성명이 시장을 움직였다. 공격을 받은 첫 해에 옹핀의 공개 상장 회사인 필웹PhilWeb의 주가는 무려 46.3퍼센트 떨어졌다.

동시에 두테르테의 충격과 공포 전략은 다바오 출신 사업가이자 자신의 오랜 친구이면서 지지자인 데니스 우이 같은 '새로운 거물들'에게는 확실한 보상을 주었다.[20] 우이의 피닉스페트롤리엄Phoenix Petroleum은 주식 시장에서 2016년 최고 실적을 기록해 주가가 92퍼센트 상승했다. 우이의 제국은 자기자본에 비해 차입금이 과다했으나[21] 두테르테 행정부 아래에서 확장을 계속했다.

정치 부문에서 두테르테는 상원의원 레일라 데 리마를 본보기로 삼아 자신이 가진 거대한 권력의 힘을 과시했다. 전직 법무부 장관이자 전직 인권위원회 위원장인 데 리마는 두테르테가 다바오 시장으로 있을 때 그가 저지른 초법적 살인 혐의를 조사한 바 있었다.

상원의원이 된 데 리마는 상원 차원의 조사를 시작했다. 대중은 두테르테의 살인 명령을 수행한 것으로 추정되는 믿을 만한 증인으로부터 폭발력 있는 증언을 들었다. 당시 가장 목소리를 높여 두테르테를 비판하던 데 리마는 두려움이 없었다. 2016년 8월 데 리마는 잔혹한 마약과의 전쟁에서 이루어진 초법적 살인을 비난하는 연설을 했다. 그때 드러난 일부 내용이 2021년 인권단체가 두테르테를 국제형사재판소에 회부하며 제기한 혐의에 포함되어 있다.

데 리마가 이끄는 공식 조사가 시작되기 일주일 전, 두테르테는 가차 없고 저속한 인신공격을 시작하면서 데 리마에게 '문틴루파'* 에서 온 돈을 받는 "운전수 겸 애인"이 있다고 비난했다. 문틴루파에 있는 뉴빌리비드 교도소의 마약왕으로부터 뇌물을 받는다는 말이었다.

"여기 부도덕한 여자가 있습니다. …… 애인의 집세를 내준 여자죠." 두테르테는 텔레비전 연설에서 이렇게 말했다. "마약으로 쉽게 번 돈으로 말입니다." 모순되게도, 데 리마가 마약 자금을 받았다는 증거는 없다고 말하면서도 두테르테는 이렇게 결론지었다. "보아하니 (돈을) 받은 것 같아요." 그러고는 자신에게 데 리마의 성관계 동

* 필리핀 메트로마닐라에 위치한 도시.

영상이 있다고 말했다.[22]

이후에 두테르테가 쿠데타를 모의했다고 알려진 이에게 퍼부은 비난과 마찬가지로, 이 이야기는 터무니없는 거짓말이었다. 하지만 정부 관료 조직은 이 거짓말을 현실로 바꿔놓았다. 두테르테는 마치 마피아 두목처럼 자신의 협력자들이 가지고 있다는 이른바 성관계 동영상—동영상은 존재하지 않았다—을 공개하겠다고 위협해서 데 리마를 침묵시키려 했다. 두테르테의 사람들은 자신들이 가지고 있지도 않고 대중에게 보여주지도 않을 것을 가지고 있다고 주장했다. 두테르테의 연설은 또 다른 사냥개를 부르는 휘파람, 즉 온라인 지지자들에게 보내는 공격 신호였다. 때맞춰 밈과 사진들이 소셜미디어에 돌아다니기 시작했다. 두테르테가 데 리마를 공개적으로 공격하며 무너뜨리겠다고 맹세하자 선전 기계들은 총력을 기울여 데 리마에게 공개적으로 수치심을 안기고 굴욕감을 주었다.

그들은 동영상이 2012년 촬영되었으며 데 리마와 과거 그녀의 운전수 겸 경호원이었던 로니 다얀의 성관계를 담고 있다고 주장했다. 데 리마는 "허튼소리"라며 묵살했다. 법무부 장관 비탈리아노 아기레 2세는 데 리마에 대한 두테르테의 추잡하고 충격적인 인신공격을 그대로 따르며 데 리마의 불륜에 관한 야비한 주장을 반복했다. 이 가짜 동영상은 입소문을 타서 심지어 실물 DVD 복사본이 거리에 등장하기까지 했다.

래플러는 여성 혐오성 공격과 그 여파를 어떻게 보도할지 고심했다. 이런 공격을 더 이상 퍼뜨리고 싶지 않아 기사를 내지 않기로

했으나 공격이 확산되는 것을 막지도 못했다. 그로 인해 데 리마가 한층 더 고립되었을지도 모른다고 생각한다. 데 리마는 온라인에서 자신의 기를 꺾어놓기 위한 온갖 공격을 받았지만, 그녀가 어떤 공격을 받는지 다른 사람들은 거의 알지 못했다. 따라서 데 리마가 종종 왜 그렇게 감정적인지 대중은 이해하지 못했다.

수세에 놓이게 된 데 리마는 예전에 운전수[23]와 관계를 가진 것을 인정했으나 그의 집세를 내준 적은 없으며, 따라서 마약 자금을 운전수에게 주지도 않았다고 말했다. 데 리마는 현재 다얀이 정부로부터 협박을 당하고 있다고도 주장했다.[24] 자신의 성관계 동영상의 존재 역시 부인했으며 래플러 탐사 팀이 이를 확인했다.

그런데도 상원의 두테르테 협력자들은 데 리마의 위원장 자격을 박탈했다. 위원장직을 이어받은 상원의원 리처드 고든은 두테르테의 마약과의 전쟁 및 몇 년 전 다바오에서의 살인 혐의에 대한 조사 역시 즉시 종결했다.[25] 두테르테 협력자들이 장악한 하원은 추가 보복 행위로 문틴루파의 국립 교도소 내 불법 마약 거래에 데 리마가 연루되어 있다는 주장에 대한 조사에 착수했다. 마약 거래를 보호해주는 대가로 돈을 받았다는 혐의였다. 이는 터무니없는 기소였다.

공개 의회 청문회에서 대부분의 주요 정보 제공자는 유죄 판결을 받은 마약왕들이었다. 하원의원들은 데 리마와 운전기사의 불륜에 대한 추잡한 이야기를 마음껏 떠들며 탈의실의 소년들처럼 웃음을 터뜨리고 조롱했다.[26] 이는 현실 세계에서 벌어지는 여성 혐오의 집합소 그 자체였다.

"언제 절정에 이르렀습니까?" 텔레비전 공개 청문회에서 한 의원이 물었다.[27] 증인석에 소환된 한 재소자는 데 리마가 다른 죄수를 위해 아마도 "폴 댄스"[28]를 추었을 거라고 주장했다. 언론사들은 신중했다. 이 모든 세부 내용은 확인되지 않았으며, 무엇보다 더 중요한 점은 이런 진술이 죄수들한테서 나왔다는 사실이고, 이는 정부가 이들을 쉽사리 이용할 수도 있음을 뜻한다고 보도했다. 하지만 저들의 주장은 사이비 뉴스 웹사이트에서 들풀처럼 퍼져나갔다.

다음해에 레일라 데 리마는 마약 혐의로 체포되었다. 데 리마는 현재 6년째 교도소에 있다.[29] 국제 앰네스티는 데 리마를 양심수로 보며, 국제인권감시기구, 유럽연합, 국제연합, 미국 국회의원들이 데 리마의 즉각 석방을 거듭 촉구하고 있다.

과거에 정부가 무언가에 많은 자원을 집중하면 아니 땐 굴뚝에 연기 날까는 생각에, 어느 정도 편견 없이 그 뒤를 따라갔다. 그리고 그 이야기에 적어도 어느 정도의 사실이 포함되어 있을 거라 믿었다. 과거 필리핀은, 그 제도가 허술하기는 해도 이런 뻔뻔한 권력 놀음, 이렇게 잔혹하고 비열한 일을 허락한 적이 거의 없었기 때문이었다. 2016년과 2017년 레일라 데 리마에게 일어난 일 가운데 어느 것도 우리에게 정상적으로 느껴지지 않았다.

민주주의가 천 갈래 상처로 찢기는 과정을 실시간으로 알아차리기는 어렵다. 돌이켜보면 우리 민주주의의 견제와 균형은 그때부터 무너지고 있었다. 필리핀 대통령은 자신을 견제해야 할 사람들과 제도의 도움을 받아 자신의 범죄를 폭로하려 했던 야당 정치인을 교도소에 보내는 데 성공했다. 두테르테는 페이스북과 마찬가지로 자신이 무너뜨린 바로 그 신뢰 체계의 수혜자가 되었다. 인터넷의 무기화는 법의 무기화로 진화했다.

두테르테 정부가 우리를 덮치러 오는 건 시간문제에 지나지 않았다. 데 리마가 체포되기 전, 법무부 차관 호세 칼리다가 행정부 산하 증권거래위원회에 래플러를 조사하도록 압력을 넣고 있다는 제보를 받았다. 지난 몇 달 동안 온갖 일이 일어났는데도, 나는 이런 상식에서 벗어난 생각을 진지하게 받아들이기가 여전히 어려웠다. 필리핀에서 여러 해 동안 온갖 부패를 목격했는데도, 정부가 자신이 가진 수단으로 이처럼 언론을 응징할 수 있다는 것이 매우 놀랍고 믿을 수 없다.

2016년 래플러는 계획한 대로 손익분기점에 이르고 도달률과 수익이 정상 궤도에 들어섰다. 나는 당시 필리핀에 존재하지 않던 분야를 위해 세 명의 핵심 인력을 미국에서 고용했다. 실리콘밸리의 최고 기술 책임자CTO, 사용자 경험 및 사용자 인터페이스UX/UI 디자이너, 그리고 데이터 분석가가 그들이었다. 1년 전 우리는 자카르타에 작은 지부를 열었으며, 투자자들로부터 자금도 더 많이 모았다.

래플러의 기존 필리핀 주주들은 지분을 더 많이 갖고 싶어했으나, 나는 래플러가 국제적 커뮤니티로부터 황금 인장을 받고, 시민 참여를 가능하게 하는 언론과 기술, 이 두 개 영역에서 선도적 투자자를 유치하길 바랐다. 2015년 〈월스트리트 저널〉과 〈워싱턴 포스트〉의 전 편집국장 마커스 브로흘리 같이 과거 뉴스룸을 이끌던 이들이 설립한 노스베이스미디어North Base Media가 래플러에 투자하겠다고 발표했다.[30] 언론 상황이 극적으로 변화하는 시기에, 이를 통해 우리의 전문 자문단을 강화하고 세계 도달 범위를 확대할 수 있으리라고 생각했다. 얼마 지나지 않아 이베이 설립자인 피에르 오미디아가 만든 오미디아네트워크Omidyar Network도 래플러에 투자하겠다고 발표했다.[31] 노스베이스와 오미디아 모두 래플러를 언론 및 독자 참여 모델의 선구자로 보았다.

1년이 채 되지 않아, 나는 온라인에서 나의—그리고 래플러의—평판이 무너지는 것을 지켜보고 있었다. 우리는 책임 있는 언론인들이 하는 방식대로 공격에 대응했다. 두테르테에 대한 우리의 보도를 공격하는 내용이 사실에 근거한 것인지 조사했다. 2017년 우리는 스스로 외부 독립 감사를 받기로 하고 전 BBC 월드서비스 책임자인 제리 티민스가 이끄는 GMT 미디어에 의뢰했다. GMT 미디어는 래플러를 필리핀의 주요 언론사 및 세계 뉴스의 기준과 비교했으며 그 결과 우리가 두테르테 정부를 공정하게 다루었다고 밝혔다. 다시 말해, 우리는 우리 일을 잘하고 있었다.

나는 수그러들지 않고 계속되는 온라인 공격에 대응하는 과정에서 무력감을 느꼈다. 분노가 쌓여갔다. 이 분노를 더 많은 탐사, 더 많은 데이터에 집중시켰다. 정확히 귀 기울여 듣는 이들에게 우리 모두가 어떻게 조종당하고 있는지를 알렸다. 우리가 겁을 먹고 새

정부에 대한 타협 없는 보도에서 물러나는 일은 없을 터였다.

우리는 두테르테와 그의 온라인 부대 앞에서도 기세를 꺾지 않았다. 2017년 5월 두테르테가 미국 대통령 도널드 트럼프와 통화하면서 북한 지도자를 "미치광이"라고 언급한 통화 기록을 공개했다. 이는 당연히 두테르테 정부에 큰 당혹감을 안겼다. RJ 니에토가 이에 대응해 내가 필리핀을 북한의 표적으로 만드는 "반역자"라는 동영상을 게시했다. 이 동영상은 2017년 11월까지 조회 수 8만 3,000회를 기록하며 "#마리아레사를체포하라" "래플러와 마리아 레사를 필리핀인의 적으로 선언한다" 같은 댓글을 부추겼다.

나는 평온을 비는 기도*를 외웠다. 내가 변화시킬 수 없는 것은 받아들이고, 변화시킬 수 있는 것에 대해서는 변화시킬 용기를 내고, 그 둘 사이의 차이를 아는 지혜를 갖게 해달라고 말이다.[32] 속이 뒤틀릴지라도 두려움을 받아들이고 내가 변화시킬 수 있는 것을 변화시키는 법을 배웠다. 우리는 데이터를 모으면서 전략의 진화, 허위 정보망의 성장과 메시지 기술을 추적 관찰했다. 그런 다음 다른 민주주의 국가들에서 무슨 일이 일어날지 예측한 기사들을 발표했다.[33]

우리는 위험한 물속에 뛰어들고 있었다. 그때쯤에는 온라인 폭력이 명백히 현실의 폭력으로 이어지고 있었다.[34] 소셜미디어 집단이 미국에서 백인 우월주의자들의 분노에 어떻게 기름을 끼얹고 있는

* 신학자 라인홀트 니버가 쓴 기도문.

지를 상세히 보도하는 기사를 발행했다.[35] 우리는 최악의 시나리오에 대비하며 보안을 강화했다. 2018년쯤에는 보안을 여섯 배 더 강화했다.

동시에 우리는 저 맹렬한 공격이 우리의 젊은 팀원들에 미칠 영향을 걱정했다. 의도한 바는 아니지만, 래플러의 직원 중 63퍼센트가 여성이며 중위연령은 23세였다. 우리는 직원들에게 온라인에서 그들이 무슨 일을 겪고 있는지에 대해 우리에게 이야기하도록 격려하고 도움이 필요한 팀원에게는 상담을 제공했다. 우리가 두려워하지 않는 한 직원들도 두려워하지 않았다. 그들은 우리에게서 용기를 얻었고, 우리가 지쳤을 때는 우리가 그들에게서 용기를 얻었다.

대통령 궁 내부자들이 2016년 9월부터 온라인에서 두테르테를 지원하는 '그룹들'에 자금이 풀리고 있다는 사실을 래플러에 알려주었다.[36] 그래서 우리는 공격이 더 악화될 것을 예상하고 있었다. 우리 소셜미디어 팀은 누가 표적이 되든, 그 사람이 곧바로 다른 팀원의 보호를 받을 수 있는 온라인 시스템을 마련했다.

2017년 초, 두테르테의 초기 하수인 가운데 하나인 RJ 니에토의 '생각하는 필리핀인'이 새롭게 확대된 래플러의 이사회에 대해 정부가 법적 조치를 취해야 한다는 생각을 뿌리기 시작했다. 니에토는 2011년부터 2015년까지 래플러의 재무 기록을 모두 게시했는데, 우리가 손익분기점에 이른 해인 2016년은 제외했다. 그 기록은 그가 만들어내려는 메타 서사에 맞지 않았기 때문이다. 래플러가 망했을 뿐 아니라 필리핀예탁증서PDRs를 발행해 얻은 투자금에 대해 세금을 내지 않아 정부에 1억 3,300만 필리핀 페소를 빚지고 있다는 메타 서사 말이다. 니에토는 래플러가 2018년 문을 닫을 거라고 예측했다.

4월에는 산호세로 날아가 페이스북의 연례 개발자 회의인 F8에 참석했다. 페이스북은 나를 초청하며 그곳에서 임원 및 파트너들을 만나 우리가 래플러에서 하는 일에 대해 이야기해달라고 했다.

1년 전, 페이스북은 F8에서 래플러와 래플러가 재난 시기 펼쳤던 크라우드소싱 프로젝트를 소개했다.[37] 우리가 태풍과 재난을 대비해 만든 크라우드소싱 플랫폼인 #ProjectAgos는 페이스북이 출시한, 휴대전화에서 무료로 사용할 수 있는 대역폭이 좁은 앱인 프리베이직스에 포함되었다.

하지만 페이스북에 대한 나의 감정은 그 사이에 바뀌었다. 전 해 8월, 페이스북 싱가포르의 파트너들에게 한 경고는 완전히 무시당했다. 래플러, 로베르토 옹핀, 레일라 데 리마에 대한 두테르테의 공격이 있고 나서 산호세에 온 나는 전보다 훨씬 더 큰 위기의식을 가지고 있었다.

F8에서 나는 마크 저커버그와의 원탁 토론에 초대되었다. 전 세계에서 페이스북을 어떻게 사용하고 있는지, 사용자의 관점을 저커버그에게 전달하는 것이 목적인 자리였다. 나는 그 회의실에서 유일한 기자였다. 노트북을 열어 메모를 하려 하자 옆에 앉은 페이스북 직원이 노트북 뚜껑을 지그시 눌렀다.

말할 차례가 되었을 때, 나는 먼저 저커버그에게 필리핀에 방문할 것을 권했다.

"정말 고맙지만 보다시피 저는 내 나라에 대해서도 아는 바가 거의 없다는 사실을 이제야 알아가고 있어요. 그래서 올해에는 내 나라에 대해 알아볼 계획입니다."

저커버그는 지난 11월 도널드 트럼프가 대통령으로 당선된 선거를 언급하고 있었다. 그는 2017년에 미국의 모든 주를 돌아볼 계획이라고 했다. "밖으로 나가서 더 많은 사람들과 그들이 어떻게 살고 일하며 미래에 대해 생각하는지 이야기를 나누고" 싶다는 것이었다.

〈포천〉은 최근 저커버그를 올해의 사업가로 선정했다. 그는 막 서른세 살에 접어들었다. 이 청년이 얼마나 큰 영향력을 가졌는지 나는 문득 깨달았다.

"필리핀에 가려면 시간이 좀 걸리겠어요." 그가 말을 이었다. "무엇보다 방금 아내가 둘째 딸을 임신한 사실을 알게 됐거든요!"

"축하해요." 내가 대답했다. "하지만 페이스북이 필리핀에서 얼마나 강력한 힘을 발휘하는지 모르시네요."

필리핀 사람들은 2년 연속 세계에서 인터넷과 소셜미디어에서 가장 많은 시간을 보내는 국민이었다(2021년에 이르면 6년 연속이 될 터였다). 인터넷 속도가 느림에도 불구하고 필리핀 사람들은 2013년 이래 가장 많은 수의 동영상을 유튜브에서 업로드하고 다운로드했다.

필리핀인이자 그 회의실에서 유일한 언론인으로서 나는 거기에 모인 사람들에게 소셜미디어가 언론과 우리의 정보 생태계를 근본적으로 바꾸고 있다고 경고하고 싶었다.

"인터넷을 사용하는 97퍼센트의 필리핀인이 페이스북을 사용하거든요, 마크!" 나는 이렇게 외치면서, 어느 정도는 이 흥미로운 소식이 그의 필리핀 방문을 유도하기를 바랐다. 그가 필리핀을 방문한다면 우리가 알아차리기 시작한 문제를 더 잘 이해할 수 있을 터였다. 언론인들이 어떻게 공격을 받고 있고 정부가 어떻게 소셜미디어 '인플루언서'를 고용해 선전전을 벌이는지 말이다.

저커버그는 잠시 침묵했다. 내가 너무 지나치게 밀어붙인 건 아닌가 싶었다. "잠깐만요, 마리아." 그가 나를 똑바로 쳐다보며 말했다. "나머지 3퍼센트는 어디로 간 거예요?"

나 혼자만 이런 이야기를 하는 게 아니었다. 전 세계 대통령, 시민사회, 언론인을 포괄하는 수많은 사람들이 페이스북이 우리의 민주주의를 황폐하게 하고 있다고 경고하기 시작했다. 페이스북이 바로 그때 조치를 취했다면 언론인, 인권 활동가, 정치인 등 권력에 맞서 진실을 말했던 많은 사람들이 박해를 당하지 않았을 것이다. 음모론은 오늘날 우리가 목격하고 있는 것처럼 주류 정치를 주도하지 않고, 그것이 속했던 사회 주변부에 머무르고 있었을 것이다.

두테르테 정부가 표적으로 삼은 다음 정치인은 야당 지도자인 두테르테의 부통령 레니 로브레도였다. (흔히 대통령과 부통령은 동반

출마하지만 별개의 선출 과정을 거치며 서로 다른 정당 출신일 수도 있다.) 두테르테의 이 공격은 새로운 국면을 열었다. 국가 자원을 이용해 야당의 최고 지도자에 대한 정보 작전을 벌인 것이다.

조용하고 실용적이고 정직하면서 사회 활동을 활발히 하는 레니는 변호사로서 남편인 제시 로브레도[38]의 정치 경력을 후원하며 힘을 실어주었다. 아키노 내각의 일원이던 제시 로브레도는 2012년 비행기 사고로 사망했다. 1986년 코리 아키노가 그랬듯, 레니는 남편의 유산을 이어받아 2016년 부통령 선거에 나가서 약 20만 표 차이로 봉봉 마르코스를 이겼다.

레니에 대한 정보 작전은 2017년 1월 시작되었다. 앞서 말한 세 명의 콘텐츠 제작자, 즉 새스 사소트, RJ 니에토, 모카 우손이 레니에 대한 비난을 주도했다. 그 무렵, 이 셋은 함께 대통령 궁 모임 사진에 등장했다. 모카는 이제 국가 관료로서 대통령 소통실을 포함해 두테르테 정부의 다양한 기관에서 일했으며, RJ 니에토는 외교부 자문위원이었다. 이들은 레니가 미국의 단체들과 협력해 두테르테를 몰아내려 한다고 비난했다. 터무니없는 주장이었으나,[39] 페이스북은 이들의 거친 말들을 대량 배포했다. 다시 말하지만, 이것은 페이스북의 결정이었다.

2018년 우리는 데이터를 바탕으로 공격이 정부 관료와 두테르테와 가까운 단체에서부터 시작되었다는 것을 확인했고, 이를 통해 이 공격이 국가의 후원을 받는 혐오라는 사실을 입증했다[40] 3년 후 2021년 감사위원회*는 혐오 공격(#레니리크스는 로브레도 공격을 위

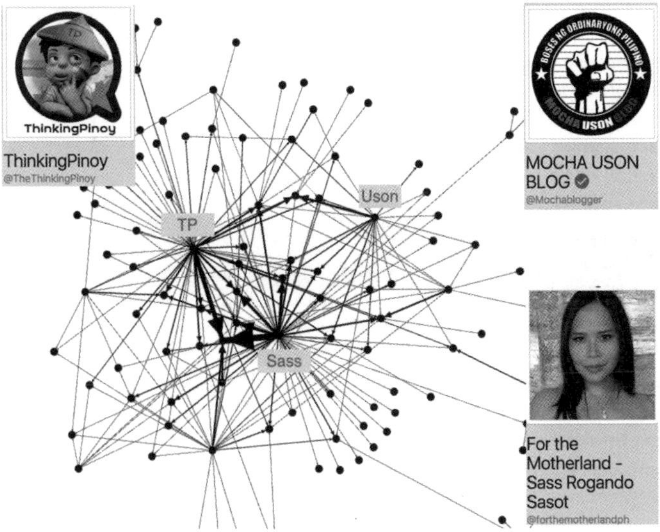

2017년 1월 #레니리크스#LeniLeaks 공격 경로. 선전 기계가 가장 좋아하는 상대인 레니 로브레도는 거의 매일 공격을 받아 통계에 따른 인기도 조사 순위에까지 이름을 올렸다. 이 공격은 나와 다른 언론인, 그리고 주요 언론사를 공격한 것과 똑같은 조직망의 주도로 이루어졌다.

해 사용한 주요 해시태그였다)을 유포한 정부 기관이 약 375명의 계약직 노동자를 고용한 사실을 밝혀냈다. 이는 정부 정규직보다 260퍼센트 더 많은 인원이었다.[41] 여기에 든 비용은 140만 달러였다.

하지만 2016년과 2017년에는 아직 이 모든 사실을 알지 못했다. 우리가 아는 건 뭔가 잘못됐다는 느낌뿐이었다. 처음에는, 이 일이

---

* Commission on Audit, 필리핀 헌법에 따라 설립된 독립적인 위원회로 주요 기능은 필리핀 정부의 자금 및 자산의 모든 회계와 지출을 조사, 감사, 결산하는 것이다.

label	Group Name	weighted indegree	weighted outdegree	weighted degree
294969194202067	Sass Rogando Sasot	17	143	160
567419693405138	Thinking Pinoy	5	118	123
969295043116670	Lapu-Lapu	47	13	60
319779186521	MOCHA USON BLOG	9	39	48
1145212948834290	VOVph	12	34	46
110296245691141	Showbiz Government	19	4	23
1444892222391240	CRUELTY OF NOYNOY "ABNOY" AQUINO AND HIS GOVERNMENT	20	0	20
1031317600238250	Kasama Ng Pangulo sa Pagbabago - National Chapter	0	19	19
240711942975412	President Rody Duterte Facebook Army	19	0	19
156249678052611	Maharlika	3	14	17
1376086699270700	BongBong Marcos United	15	0	15
1632962006934810	Freedom Society (Original)	15	0	15
192588367599737	Crabbler	7	7	14
408328902693628	OFW4DU30 Global Movement	13	0	13
288218004888308	REAL PHILIPPINE HISTORY	12	0	12

총 가중치를 기준으로 순위를 매긴 #레니리크스의 상위 15개 전파자를 보여주는 네트워크 지도 데이터. 진입 가중치는weighted indegree 그들이 다른 채널의 게시물을 공유한 수이고 진출 가중치weighted outdegree는 다른 사람들이 그 채널의 게시물을 공유한 수이다. 일부 페이지는 인플루언서(진입 차수는 0이고 진출 차수는 높다)임이 분명한 반면 아래쪽에 가까운 페이지들은 주로 콘텐츠를 배포만 한다. 이는 2017년 1월 이루어진 레니 로브레도에 대한 공격 배후에 있는 콘텐츠 제작 및 배포망을 보여주어 정보 작전의 구조를 드러낸다.

아니었다면 알려지지 않았을 블로거들이 페이스북의 알고리즘 설계와 배포망을 기반으로 전통의 언론사와 언론인의 영향력을 추월하고 압도하는 양상이 보였다. 하지만 그들과 정부와의 관계에 대한 전체 그림은, 다시 말해 새로운 온라인 선전 과정이 어떻게 작동하는지는 아직 분명치 않았다.

우리는 대중에게 좀 더 경고해야 했으나, 레일라 데 리마에 대한 공격 때와 마찬가지로 기술 플랫폼이 문지기의 규칙을 근본적으로 바꾸고 있으며 사실보다 거짓말에 보상을 하고 있다는 사실을 깨닫지 못했다. 더욱이 래플러와 나는 소셜미디어를 통해 사람들을 불러 모으는 일에 최고의 능력을 보여준 이들 가운데 하나였다. 소셜미디어는 강력한 영향력으로 우리 조직에 힘을 실어주었으나 이제는 갑자기 우리와 다른 사람들을 공격하는 데 이용되고 있었다. 혼란스러운 사태의 전개였다.

나는 순진하기도 했다. 수십 년 동안 언론계에 종사하며 한 번도 상상해보지 않았던 상황에 맞닥뜨리고 있었다. 나는 언제나 내가 거둔 성과로, 래플러가 거둔 성과로 말해왔다. 공격이 쇄도했을 때 공개적으로 대응하지 않았으며 계속 그렇게 하기로 결정했다. 나는 래플러 대표로서 언제나 강해야 한다는 부담을 느꼈으나 한편으로는 무기력함을 느꼈다.

남아프리카공화국의 더반에서 운명적인 저녁 식사를 가질 때까지는.

"내가 샌드백 같다는 느낌이 들어요."

2017년 6월 옥스퍼드 대학교의 언론 혁신 프로젝트 책임자인 줄리 포세티와 더반에서 열린 한 회의에서 저녁 식사를 하고 있었다. 기자이자 학자이면서 연구자인 줄리 포세티는 인터넷에서 배포되는 뉴스가 가진 양상과 문제를 이해했다. 줄리와 함께, 나는 마침내 내가 하는 말의 영향에 대해 걱정할 필요가 없는 안전 공간에 있는 것 같았다.

"그건 거짓말이에요." 나는 허구한 날 나를 공격하는 사람들을 언급하며 말했다. "하지만 우리가 대응하면 그 사람들한테 더 큰 플랫폼을 제공해주는 꼴이어서 결국 그 사람들이 우리를 이용하게 되죠. 대응하지 않으면 모든 사람들이 그들이 퍼뜨리는 내용이 사실이라고 생각하고요"

"마리아." 줄리가 말했다. "나는 당신이 지금 겪고 있는 일을 공개해 밝히는 걸 고려해야 한다고 봐요." 줄리는 언론계의 성차별을 연구했으며 언론인에 대한 공격이 어떻게 작동하는지 훨씬 더 섬세하게 이해했다.[42] "지금 내가 하고 있는 프로젝트에 당신이 참여하면 좋겠어요."

당시 나는 언론인으로서 우리가 최초로 맞닥뜨린 위협에 대해 언급한 사람들 가운데 하나였다. 그 위협은 플랫폼 그 자체였다. 우리 중 너무나 많은 사람들이 여전히 과거의 패러다임에 기대고 있었다. 그렇다고 내가 마음을 터놓고 면밀한 조사에 응하고 싶은 건지 알 수가 없었다. 줄리는 유네스코에서 진행하는, 표현의 자유에 대한 연구를 하고 있었다. 줄리 말에 따르면, 여성 언론인은 남성 언론인보다 세 배나 더 많이 온라인 공격의 표적이 되고 있었다.[43] 줄리는 연구 보고서를 위해 나를 인터뷰하고 싶어했다.

"인터뷰를 어떻게 하는 건지 말해주세요, 줄리." 내가 말했다.

"당신이 겪어온 최악의 공격 가운데 일부를 공유해야 할 거예요. 장담하건대, 이런 일이 당신한테만 일어나고 있는 게 아니니까요."

줄리가 말했다.

나는 나의 평판이 내 눈앞에서 더럽혀지고 있다고 줄리에게 말했다. 하지만 그에 대응해서 문제를 정면으로 해결하려 하면 상황이 더 나빠질 수도 있다는 것을 본능으로 알았다.

"대응하지 않아도 상황은 더 나빠질 거예요." 줄리가 말했다.

내가 공격으로 인해 학습된 무기력에 빠져 있을 때 줄리는 행동 편향을 고수했다. 나에게는 외부의 시선이 필요했다. 같은 언론의 참호 속에 있으면서 기자가 매일 무엇을 전달해야 하는지 아는 사람, 동시에 우리가 지금 활동하는 이 새로운 세계가 이전에 경험한 세계와 근본적으로 어떻게 다른지를 이해하는 사람이 필요했다.

나는 유네스코 연구에 참여하기로 결정했다.[44] 유네스코가 발행하고 유엔 회의에 제출된 보고서의 제목은 『한 사람에 대한 공격은 모두에 대한 공격이다*An Attack on One Is an Attack on All*』로, 언론인이 맞닥뜨리고 있는 위험을 보여주고 그 문제에 대한 창의적 해결책을 제시하고 있다.

이는 내게 결정적인 순간이었다. 나는 신뢰를 선택했고, 그렇게 해서 기뻤다. 나의 두려움을 가까운 낯선 사람들과 공유하고 외부의 시각을 얻음으로써, 내 바깥의 더 큰 그림을 볼 수 있었다. 내가 겪고 있는 일이 더 넓은 국제적 지형에 어떻게 들어맞는지 알게 되었으며, 이는 나의 두려움을 받아들이는 데 도움이 되었다.

게다가 나는 사람들이 선하다는 사실을 상기하게 되었다. 어릴 적 파자마 파티에서 그랬듯, 나는 자동차 문을 열고 밖으로 나갔다.

사람들은 나를 비웃기보다 다가와 도와주었다. 줄리 같은 사람들 덕분에 나의 우정은 더 풍요로워졌고, 언론, 그리고 권력자에게 진실을 말하는 것이 중요하다는 우리 공동의 가치관 덕분에 그 우정은 더 성장했다.

그 후 몇 년 동안 줄리는 래플러가 공격에 대응해 무엇을 하고 있는지 계속 질문했다. 줄리의 피드백은 우리가 하고 있는 일과 서구의 언론이 하고 있는 일 사이의 간극을 메우는 데 도움이 되었다. 줄리는 현재 언론이 맞닥뜨리고 있는 문제와 해결책을 찾는 일에서 래플러가 불가피하게 한발짝 앞서 있다는 것을 깨달은 몇 안 되는 사람들 가운데 하나였고, 우리에 대해 계속해서 글을 썼다. 이후 몇 년 동안, 줄리는 영국 컴퓨터 과학자들의 협조를 얻어 나를 공격하는 거의 50만 개에 달하는 소셜미디어 게시물을 분석하는 데 도움을 주었다. 공격이 시작되고 약 5년이 지나 그들이 왜, 그리고 어떻게 공격했는지를 보여주는 전례 없는 최초의 빅데이터 분석[45] 결과가 나왔다. 공격의 60퍼센트는 나의 신뢰를 무너뜨리는 일에 중점을 두었으며, 나머지 40퍼센트는 지극히 개인적이고 악의에 찬 공격으로 내 의지를 꺾는 것이 목표였다. 래플러 바깥의 사람들이 만든 데이터를 보는 건 도움이 되었다. 때로 우리는 우리의 현실을 바로 보기 위해 외부의 검증을 받을 필요가 있다.

줄리와 그 동료들은[46] 기술 플랫폼의 바탕인 기본 전제에 최초로 의문을 제기한 사람들이었다. 그들은 필리핀, 남아프리카공화국, 인도의 뉴스룸들이 점점 심해지는 위협과 신뢰의 죽음에 맞닥뜨리는 과정을 지켜보았다. 특히 남반구의 세 개 언론사에 초점을 맞춰 그들이 증대하는 새로운 형태의 공격에 맞서 운영 방식을 어떻게 진화시키고 있는지 깊이 파고 들었다.[47] 줄리는 남아프리카공화국의 〈데일리 매버릭〉, 인도의 〈퀸트〉, 그리고 래플러의 뉴스룸에서 각각 최소 일주일의 시간을 보냈다.

줄리가 래플러에 하루만 더 오래 머물렀다면, 내가 처음 체포되던 날 뉴스룸에 우리와 함께 있었을 것이다.

2017년 7월 두테르테 대통령은 두 번째 연례 국정 연설에서 래플러를 공격하면서 우리가 헌법을 위반하고 외국인 소유를 허락했다고 주장했다. 이는 민족주의자들의 분노를 자극하기 좋은 방법이었다. 소셜미디어에서 상향식으로 뿌려지던 거짓말이 이제 위에서 아래로, 하향식으로 내려오기 시작했다. "래플러는, 그 정체를 뜯어보면 결국 미국인 소유라는 걸 알게 될 겁니다." 두테르테는 약 30분 동안 영어와 필리핀어를 섞어가며 우리를 공격하는 연설을 했다. "신문사는 100퍼센트 필리핀인의 것이어야 하는데, 그들의 정체를 뜯어보면 완전히 미국인 소유입니다."[48]

두테르테가 국민에게 한 말은 그 어느 것도 사실이 아니었으나 그건 중요하지 않았다. 그달 초, 두테르테는 필리핀 최대 신문인 〈필리핀 데일리 인콰이어러〉를 소유한 일가가 세금을 제대로 내지 않은 사실을 폭로하겠다고 위협했다.[49] 2주 후 이 일가는 신문사의 지분을 팔겠다고 발표했다. 2017년 4월 두테르테는 내가 예전에 몸

담았으며 여전히 필리핀 최대 방송사인 ABS-CBN의 사업권 갱신을 막겠다고 위협했다.[50] 2020년 5월 하원위원회는 결국 이 방송사를 폐쇄했다. 약 반세기 전 마르코스가 계엄령을 선포하면서 저지른 것과 똑같은 일을 한 것이다.

언론에 대한 두테르테의 위협은 그저 표현의 자유를 움츠러들게 하는 정도에 그치지 않고, 그것을 시베리아처럼 꽁꽁 얼어붙게 만들었다.

두테르테가 래플러를 공격하는 국정 연설을 하고 있을 때, 우리는 페이스북, 유튜브, 트위터, 그리고 우리 웹사이트에서 생중계를 했다. 나는 보도 앵커로서 세 명의 분석가와 함께 사무실의 탁자에 둘러앉아 있었다. 그날 겁을 먹은 사람은 아무도 없었다. 연설을 생중계하면서 우리는 더 꼿꼿이 몸을 세웠다.[51]

나는 곧바로 트위터에 올리고 싶은 공개 답변을 써서 마낭들이 있는 시그널 그룹에 메시지를 보냈다. 우리는 여전히 두테르테의 연설을 듣고 있었다. 나는 그 방에 있는 공동 설립자들을 보았고, 그들은 모두 고개를 끄덕였다. 나는 몇 분 만에 트위터에 이런 글을 올렸다. "두테르테 대통령님, 귀하의 말은 틀렸습니다. @rapplerdotcom은 100퍼센트 필리핀 소유입니다. 지도자라면 자신의 정보를 확인해야 합니다."[52]

그해에 일어난 일 가운데 하나 더 이야기하고 싶은 것이 있다. 나는 구글의 싱크탱크인 지그소Jigsaw의 수석 연구원 카미유 프랑수아를 만났다. 래플러는 전 세계 십여 개 다른 그룹들과 함께 카미유의 연구 계획에 참여했다. 카미유는 인권뿐 아니라 공공 정책과 기술(구글 프랑스의 기술 담당 최고 책임자의 특별 자문역이었다), 그리고 젠더 연구 분야에서 탄탄한 경력을 쌓아왔다. 「애국주의 트롤링: 국가가 지원하는 온라인 혐오 폭도의 부상Patriotic Trolling: The Rise of State-Sponsored Online Hate Mobs」이라는 제목의 결과 보고서는 애국주의 트롤링에 대한 큰 그림을 제공했다. "국가의 지원을 받아 표적을 정해놓고 벌이는 온라인 혐오 및 괴롭힘 작전은 개인들을 침묵시키고 위협하는 데 활용되었다."[53] 여기에는 정부가 온라인 혐오를 다양한 수준으로 활용해서 진실을 말하는 사람들을 겁주고 압박하여 대중 서사를 바꿔버린 사례에 대한 연구가 열다섯 가지 이상 포함되었다. 무엇보다 이 보고서는 허위 정보가 전 세계에 위기를 불러일으키고 있는 현상을 포착했다. 보고서는 2017년 8월 발표될 예정이었으나, 일정은 계속 지연되고 있었다.

10월에 카미유와 나는 뉴욕 지그소 사무실 바로 아래에 있는 첼시마켓에서 점심 식사를 함께 했다. 직접 만난 건 처음이었으나, 우리는 일 년 넘게 함께 일해왔다. 상냥한 카미유는 프랑스어 억양이 살짝 묻어 있는 영어를 구사했다. 카미유는 샐러드를, 나는 버거와 양파튀김을 먹었다. 카미유가 내게 할 말이 있다고 했다. "미안해요, 마리아. 연구 보고서를 발간하지 않을 것 같아요."

카미유는 포크로 샐러드를 헤집다가 내려놓았다. 우리는 8월에 최종 원고를 제출했다. 그로부터 약 두 달이 지난 시점이었다.

"이 연구서가 발간되는 게 정말로 중요해요." 내가 말했다.

"유감스럽게도 내가 할 수 있는 일은 거의 없어요." 카미유가 말했다.

구글은 보고서의 발간을 허락하지 않았다.

보고서가 발간되었다면 그 파급 효과로 우리가 겪은 최악의 상황은 막을 수 있었으리라고 나는 확신한다. 나는 카미유에게 밀어붙여보라고 말했지만 그녀는 외교적인 사람이었다. 몇 달 후 카미유가 지그소를 떠날 거라고 알렸을 때 나는 놀라지 않았다.

지금까지도 나는 구글이 무엇 때문에 이 보고서를 사장시켰는지 모른다. 하지만 이 일은 내가 익히 알고 있던 교훈을 다시 한번 뼈저리게 깨닫게 해주었다. 침묵은 곧 공모다.

다른 사람들이 타협한다고 해서 우리가 타협해야 하는 건 아니기 때문이다. 그들이 침묵한다고 해서 우리가 침묵해야 하는 건 아니기 때문이다.

두테르테가 전국에 드러내놓고 래플러를 공격한 지 일주일이 좀 지나, 우리는 첫 번째 소환장을 받았다. 크게 외국인 소유, 탈세, 사이버 명예훼손이라는 세 가지 혐의를 제기하면서 래플러에 대한 여러 가지 수사를 시작했다.

우리는 변호사를 고용해야 했다. 우리 사건을 수락한 변호사들은 자신들 역시 공격을 받을 수 있다는 것을 알았다. 6개월 이내에, 래플러 운영비의 3분의 1이 급증하는 법률 비용으로 빠져나가게 되었다. 우리에 대한 열네 건의 수사는 이렇게 시작되었다.

한 가지 긍정적인 면이 있다면, 우리에 대한 두테르테의 뻔뻔한 공격이 전 세계의 주목을 끌기 시작했다는 점이었다. 10월에 블룸버그 뉴스 소속 탐사 기자인 로런 에터[54]가 필리핀으로 와서 우리와 함께 시간을 보냈다. 12월에 〈블룸버그 비즈니스 위크〉는 "로드리고 두테르테가 페이스북을 무기화하는 방법—페이스북로부터 약간의 도움을 받아"라는 제목으로 에터의 기사를 표지에 실었다. 나를 보호하기 위해 (그리고 우리가 얼마나 불확실한 시대를 살고 있는지 독자들에게 보여주기 위해) 온라인판 제목은 "정부가 페이스북을 무기화할 때 무슨 일이 일어나는가?"로 바뀌었다.[55]

이를 시작으로 필리핀, 래플러, 그리고 나에 대해 세계의 관심이 쏟아졌다.

3부

탄압

체포, 선거, 그리고 미래를 위한 투쟁

2018~현재

2018년 1월 15일 증권거래위원회로부터 전례 없는 폐쇄 명령을 받은 직후 래플러 사무실에서.(린 하술/래플러)

9장
천 개의 상처에서 살아남기
선을 믿어라

우리는 2016년부터 법무부 차관 호세 칼리다가 증권거래위원회SEC에 래플러에 대해 외국인 지배 및 소유 혐의를 제기한 본안 사건을 맡아 소송을 제기하라고 명령한 사실을 알고 있었다.[1] 그 사이 몇 달 동안 우리의 정부 소식통들이 조사 진행 상황을 종종 업데이트해주었으나 최종 결과가 어떻게 될지는 계속 불투명했다. 내심, 정부의 상식을 벗어난 행동이 어떤 실질적인 결과로 이어질 것이라 믿지 않았다. 그러나 2018년 1월 증권거래위원회가 우리의 운영 허가를 취소하면서 모든 것이 끝났다.[2]

나는 그것이 무엇을 의미하는지 변호사들에게 물어봐야 했다.

간단했다. 정부는 래플러를 폐쇄하고 싶은 것이다. "래플러의 운영 허가를 취소한 증권거래위원회의 사살 명령은 역사상—위원회의 역사상, 그리고 필리핀 언론의 역사상—전례가 없는 일입니다." 우리는 이 결정에 대한 성명에 이렇게 썼다. "이 일이 여러분에게 의미하는 바는, 그리고 우리에게 의미하는 바는 우리에게 회사 문을 닫고, 여러분에게 기사를 전하는 일을 중단하고, 권력에 진실을 말하는 일을 멈추고, 우리가 2012년부터 여러분과 함께 쌓아 만들어온 모든 것을 포기하라고 명령하는 것입니다."[3]

물론 우리는 이를 용납하지 않았다. 우리는 우리의 권리를 알았다. 두려움을 느낀다면 그 두려움을 부수면 된다.

마낭들이 모여들었다. 하버드 대학에서 연구년을 보내고 있던 글렌다는 즉시 보스턴에서 필리핀으로 날아올 준비를 했다. 베스, 차이, 나는 서로 가까이 머물며 사태에 대응하고 수시로 통화했다. 우리 네 명은 물리적으로 떨어져 있어도 각자의 일을 처리하면서 나란히 달렸고, 우리의 그림이 형태를 갖춰가는지 수시로 확인했다.

아침나절에, 우리가 총회라고 부르는 회의를 소집해서 직원들에게 우리에게 씌워진 혐의에 맞서 싸울 것이라고 말했다. 나는 사무실 한가운데에 있는 〈스타트렉〉 연단에 서서—비록 필리핀 정부의 전례 없는 조치에 심난하긴 하지만—우리가 이번 일을 헤쳐나갈 거라고 안심시켰다. 이 모든 상황에서도 우리 팀은 의기양양했다. 회의가 끝나고 찍은 사진을 보면 우리는 모두 활짝 웃고 있었다.[4] 우리는 뭘 해야 할지 알았다.

증권거래위원회가 이 결정을 공식 발표한 뒤, 기자들이 인터뷰를 위해 래플러를 찾아왔다. 우리는 기자회견을 열기로 결정했다. 아무것도 숨길 게 없었다. 변호사들은 이에 반대하며 공개 발언을 하기 전에 내용을 살펴볼 시간을 달라고 했다. 하지만 너무 늦었다. 우리는 이미 성명을 발표했고[5] 그제야 변호사와 미리 상의하지 않았다는 걸 깨달았다. 마낭들이 예전에 이런 일을 겪은 적이 있었던 게 도움이 되었다. 우리는 경험이 있었으며 넘을 수 없는 선이 있다는 것을 알았다. 정부의 조치가 얼마나 터무니없는지 알았고, 가만히 있을 수 없었다. 침묵은 곧 동의를 뜻하기 때문이다.

내가 기자 생활 내내 배운 것은 골든타임에 다른 사람이 우리의 이야기를 하도록 내버려둬서는 안 된다는 것이었다.

베스는 오후 6시 30분 황금시간대 방송 시간에 맞춰 기자회견을 생중계할 수 있도록 준비했다. 차이와 나는 기자들의 질문에 답하기 전 각자 성명서를 발표하기로 했다. 우리는 아무것도 준비한 게 없었지만 우리가 쓰고 있던 메모들을 서로 빠르게 비교한 다음, 이판사판 벼랑 끝에서 뛰어내리기로 했다.

"이곳에 와주셔서 감사합니다." 나는 기자들에게 미소 지으며 말했다. "우리는 문을 닫지 않습니다! 우선 가장 먼저 이 말씀을 드려야 할 것 같습니다. 이 일이 일어난 속도와 전반적으로 언론이 공격을 당하고 있는 현실을 고려할 때, 이번 결정은 매우 정치적으로 내려졌습니다. 우리는 법정에서 다툴 것입니다."[6]

나는 증권거래위원회 결정의 핵심을 설명했다. 그것은 당치도 않았다. 증권거래위원회는 유가증권의 일종인 우리의 필리핀예탁증서를 외국 투자자가 소유하고 있으며, 따라서 래플러는 외국인이 운영하는 회사이고 이는 헌법을 위반한 것이라고 주장했다. 나는 예탁증서 발행은 우리의 헌법에 비추어 합법이며 이미 2015년 증권거래위원회에 관련 서류를 제출했다고 기자들에게 말했다.

온라인 공격에 대비해, 난해한 법률용어를 단순화해야 한다고 생각했다. 그렇지 않으면 정부의 선전 부대에게 의도적인 오도와 거짓말을 할 여지를 줄 수 있었다. 그들은 이미 그러고 있었지만 말이다.

"예탁증서에 돈을 넣은 사람은 경마장에서 말에 돈을 거는 사람과 같습니다." 내가 설명했다. "그렇다고 해서 그 사람이 말이 무엇을 먹을지 또는 누가 말의 기수가 될지 지시할 수 있는 건 아니죠. 아무것도 지배할 순 없지만 말에다 돈을 걸 순 있는 겁니다. 그 말이 이기면 뭔가를 얻는 거고 이기지 못하면 아무것도 얻지 못하는 거죠."

나는 또 증권거래위원회의 결정이 필리핀뿐 아니라 필리핀에 투자한 기업들에게도 (이 경우 오미디야네트워크와 노스베이스미디어) 영향을 미칠 것이라고 경고했다. 증권거래위원회가 제기한 소송의 핵심은 외국 기업이 래플러를 지배한다는 것이었다. 하지만 오미디야네트워크와 노스베이스미디어의 예탁증서 보유 비율은 10퍼센트 미만이고, 파생 금융 상품에는 설계상 지배권이 따라붙지 않았다. 그들은 우리의 지분조차 갖고 있지 않았다.

"지분 다수를 가지고 있으면서 래플러의 방향을 좌우하는 건 기자들입니다." 내가 말했다. "우리 말이죠."

나는 정부가 비즈니스 영역에서 이토록 큰 위험을 기꺼이 감수하려고 한다는 데 충격을 받았다. 세간의 이목을 끄는 이 같은 결정은 비즈니스와 법의 지배 양측에 나쁜 신호를 줄 수 있다. 기자들은 이를 이해했지만, 두테르테 정부는 분명하게 이해하지 못했거나 너무 오만한 나머지 그게 중요하지 않다고 생각한 것 같다.

다음으로는 차이가 입을 열었다. 목소리가 깊고 감미로운 차이는 방송 기자 출신이었다. 차이는 신중한 어조로 말했다. "우리는 평소와 다름없을 것입니다. 달라지는 건 없어요. 기자들에게 계속해서 추적하고 기사를 쓰고, 늘 그래왔듯 적극적으로 보도하라는 전진 명령을 내렸습니다. 여러분처럼, 언론으로서, 하던 대로 말이죠. 우리는 계속해서 권력에 책임을 물을 것이며, 무슨 일이 있어도 계속해서 진실을 말할 것입니다."

"이 괴롭힘은 작년부터 계속되었습니다." 차이가 계속해서 말했다. "우리는 증권거래위원회의 결정을 예견해왔고, 올 것이 온 것뿐입니다. 여기, 이제 상자가 열렸습니다. 우리는 어떻게 대처해야 하는지 알고 있습니다."

정부와 겪고 있던 저강도의 갈등이 마침내 공개되자, 이상하게도 속이 후련했다.

차이가 계속 말했다. "이 나라에 법치주의가 존재한다고 생각하고 우리는 절차를 밟을 것입니다. …… 명백히 헌법 차원의 문제이기에 우리는 대법원까지 갈 것입니다. …… 이것은 언론의 자유에 관한 사건입니다."[7]

증권거래위원회는 정해진 절차도 따르지 않았다. 행정 기관으로서, 문제의 소지가 있어 보이면 보통 경고를 한다. 문제를 확인하면 제기된 문제를 해결하도록 해당 회사에 최대 1년의 시간을 준다. 예를 들어, 필리핀 최대 통신사인 PLDT(필리핀장거리전화회사)는 한때 외국인 사장을 두고 있었지만 필리핀인으로 사장을 교체하도록 1년의 유예를 주었고, 그들은 그렇게 했다. 하지만 이번만큼은, 적법한 절차를 거치지 않았다. 특별위원회의 결정에 제대로 대답할 기회도 주지 않고 래플러를 폐쇄하라는 명령을 내린 것이다. 모호한 기술적 해석을 바탕으로 래플러가 외국인에게 지배권을 양도했다고 주장했는데, 이는 엉뚱한 공상이었다.

바로 눈앞에서 법의 무기화가 일어나고 있었다. 우리만의 문제가 아니었다. 상원의원 레일라 데 리마는 법정에 가서는 안 될 혐의로 수감되어 있었고, 최근에는 기이한 법적 절차를 이용해 대법원장 마리아 루르데스 세레노를 내쫓았다.[8]

두테르테 정부가 우리의 영업 허가를 박탈하려 한 지 한 달이 채 지나지 않아, 두테르테와 정부 관료들을 담당해온 래플러의 취재기자 피아 라나다의 말라카냥 궁 출입이 금지되었다.[9] 며칠 전 팀 훈련을 할 때 반복 연습했던 것처럼, 라나다는 휴대전화를 들고 페이스북과 트위터로 생중계하면서 근무 중인 군인에게 왜 자신이 대통령 관저에 들어갈 수 없는 것인지 물었다. 라나다는 겁이 났을진 몰라도 끈질겼다. 생중계를 하는 손이 부들부들 떨리고 있었는데,

2018년 1월 15일, 래플러 사무실에서 열린 긴급 기자회견.(린 하술/래플러)

어느 정도는 화가 나서였다. "그 사람들이 교묘히 빠져나가게 놔두고 싶지 않았어요." 라나다가 말했다.

이 명령을 내린 건 앙심을 품은 두테르테[10]였다고 들었다. 두테르테의 보좌관 봉 고가 연루된 해군 납품 관련 비리를 신랄한 기사로 폭로한 적이 있는데,[11] 어느 정도는 이에 대한 보복 조치였다는 것이다. 두테르테의 대통령 궁 출입 금지 명단에는 나도 포함되었으며, 나중에는 그 범위가 대통령 집무실을 넘어 두테르테가 가는 곳이면 어디든 전 세계로 확대되었다.[12]

우리는 훗날 40명이 넘는 다른 언론인, 활동가, 학자 들과 함께 헌법을 위반한 독단의 조치, 명백한 사전 검열에 대해 대법원에 이의를 제기하게 된다.[13] 하지만 민주주의는 천 개의 상처로 찢긴 채

천천히 죽어가고 있었고, 견디는 것 외에 우리에겐 달리 선택지가 없었다.

이럴 때 우리는 자신이 얼마나 무력한지 깨닫게 된다. 매일 새로운 도전이 들이닥쳤고 그럴 때마다 새로이 바닥을 쳤다.

당시 마크 저커버그는 페이스북이 뉴스 피드를 점검할 계획이라고 발표했다.[14] 허위 정보가 걷잡을 수 없이 늘어나면서 사람들의 항의가 거세지자 보잘것없는 대응책을 내놓은 것이었다. 이제 사람들은 발행자와 브랜드(뉴스와 광고주를 함께 묶는 이런 발상도 근본적으로 잘못되었다)의 콘텐츠보다 친구와 가족이 공유하는 콘텐츠를 우선적으로 보게 될 것이었다.[15] 실제로 그 결과 언론인과 언론사의 힘은 더 약화되었고, 접속량도 크게 줄었으며[16] 전 세계 소규모 뉴스 그룹의 경우 20~60퍼센트 감소했다.[17] 이는 '사실'에 도달하는 사람들의 수가 더 줄어들었다는 뜻이었다. 정보 작전을 통해 가족과 친구들에게 거짓말이 전파되는 상황에서 그 거짓말에 대항할 사실이 없다면 허위 정보는 한층 더 기하급수적으로 확산될 수밖에 없다.

뉴스의 우선순위를 낮추기로 한 페이스북의 결정[18]은 '가짜 뉴스' 문제의 해결책으로는 터무니없는 것이었다. 페이스북은 공유나 '좋아요'가 아니라 댓글과 토론을 통해 참여를 이끌어내기 위한 방법이라고 주장했다. 개인 맞춤형 피드 제공, 또는 게시물 삭제 대신 음소거나 차단을 유도하는 발상과 마찬가지로, 페이스북은 이제부터 "의미 있는 상호작용"은 가족과 친구에게서 올 것이라고 말했다. 연구에 따르면, 우리 대부분은 친구와 가족에게 들은 말을 공유하는 경향이 있다. 그렇다면 뉴스 노출을 줄이는 알고리즘을 설계한 결과 예측 가능한 결말은 무엇일까?[19] 더 많은 혐오, 해악, '가짜 뉴스'다.[20]

정확히, 그런 일이 벌어졌다.

3개월 후, 케임브리지애널리티카 의혹이 터졌다. 좋은 기자는 늘어진 실 한 가닥도 지나치지 않고 잡아당겨 그 타래를 따라간다. 퓰리처상 후보에 오른 기자이자 〈가디언〉의 자매지 〈업저버〉의 특집기사 전문 캐럴 캐드월러드는 〈뉴욕 타임스〉와 협력해 정치 컨설팅 회사인 케임브리지애널리티카가 어떻게 수백만 개의 페이스북 계정으로부터 불법으로 데이터를 수집했는지 폭로했다. 유권자들을 더 잘 겨냥해 정치 캠페인을 성공적으로 이끌기 위한 전략으로, 브렉시트와 2016년 도널드 트럼프가 승리를 거둔 미국 대통령 선거운동도 여기에 포함되었다.[21] 해킹당한 계정 수가 가장 많은 국가는 미국이었다.

두 번째로 많은 국가는? 필리핀이었다.[22]

케임브리지애널리티카는 우리가 필리핀 선거운동을 조사하며 확인하게 된 것과 정확히 똑같은 짓을 브렉시트 국민투표 기간 동안 저질렀다.[23] 이 모든 부패를 가능하게 만든 건 페이스북이었다.

어느 정도 캐럴의 집념 덕분에, 미국 의회는 저커버그에게 증언을 요구했다. 당시 미국 연방거래위원회는 페이스북에 50억 달러의 벌금을 부과했는데, 이는 기술 기업에 부과한 벌금으로는 사상 최대였다. 캐럴은 이것으로 충분하지 않다고 말했다. 우리는 2016년 선거에서 무슨 일이 일어났는지 훨씬 더 많이 알고 있었으나 누구에게도 책임을 물을 수가 없었다.

당시만 해도 정부나 뉴스 조직 같은 오래된 권력은 기술 플랫폼이라는 새로운 권력이 한때 적어도 어느 정도는 전 세계 질서와 안정을 부여하던 기존의 구조를 얼마나 약화시켰는지 여전히 알아차리지 못하고 있었다.

6월 대서양위원회*가 허위 정보 및 그것이 권력에 미치는 영향을 살피기 위해 베를린에 열다섯 명의 사람들을 불러 모았다. 놀라운 경험이었다. 위원회에는 전 미국 국무부 장관 매들린 올브라이트, 전 스웨덴 총리 칼 빌트, 전 미국 국가안보부 자문 스티브 해들리, 그리고 페이스북과 마이크로소프트의 대리인들이 포함되어 있었다.

오래된 권력과 새로운 권력은 그들 사이의 엄청난 격차를 메울 언어를 찾으려 했다. 한 가지 근본적인 갈등이 있었다. 정부 관계자들은 빙하처럼 느리게, 합의를 도출하기 위한 속도를 유지하면서 부정적인 면의 지도를 그리고, 그 과정에 공개 토론을 포함시켰다. 기술 기업들은 빠르게 움직이며 종종 보호 장치를 제거했고 자신들

* 1961년 설립된 워싱턴의 싱크탱크.

이 이해하지 못하거나 관심이 없는 부분은 거리낌 없이 무시했다.

나는 일주일 동안 매들린 올브라이트에게서 많은 것을 배웠다. 올브라이트는 최근 전 세계 권위주의의 부상을 다룬 『파시즘: 경고 *Fascism: A Warning*』를 출간했다.

이전에는 파시즘이라는 말을 사용할 생각을 못했는데, 이후 이 말이 마음에 남았다. 나는 우리가 겪고 있는 모든 일을 재검토하기 시작했다. 언론인은 문제를 정확히 지적할 수는 있지만 해결책은 좀처럼 찾지 못했다. 이 싸움에서 나의 역할이 변화하고 있었다. 나는 디스토피아적 미래를 막기 위해 우리가 할 수 있는 일이 무엇인지 생각하기 시작했다.

9월에는 파리로 가서 정보민주주의위원회Information and Democracy Commission에 참석했다. 이 단체는 인터넷을 이끌 원칙과 가치를 확립하기 위한 목적에서 창설되었다.[24] 다시 한번, 필리핀에서 벌이고 있는 싸움에 대한 나의 관점이 폭넓어지기 시작했다. 일련의 출장을 통해, 나는 우리의 경험을 맥락화할 수 있었다. 우리와 같은 일을 겪고 있는 다른 사람이 또 있을까? 근본 원인은 무엇일까? 어떻게 민주주의의 기본 구조를 강화할 수 있을까?

이 위원회가 정식 출범하면서 내 역할도 확대되는 느낌이었다. 나는 기자이자 표적이자 연구자였고, 위원회 활동을 보도하면서 위원회에 참여했다.

"표현의 자유가 표현의 자유를 억누르는 데 이용되고 있습니다." 나는 청중에게 말했다.

파리에서 우리의 임무는 정보 및 민주주의에 관한 국제 선언문 초안을 작성하는 것이었다. 이는 민주주의를 지키기 위한 각국 정부, 민간 기업, 시민사회 간 동반자 관계의 기초가 될 터였다. 2년 후 이 위원회는 이른바 '인포데믹infodemic'과 싸우기 위한 여남은 가지 구조상의 해결책과 250가지가 넘는 전술상의 조치를 담은 보고서를 발표했다.[25]

그렇지만 9월의 그 일주일 가운데 노벨평화상 수상자인 시린 에바디 그리고 튀르키예 기자인 잔 뒨다르와 함께 프랑스 대통령 관저인 엘리제 궁 바깥에서 따뜻한 햇볕을 쬐던 일이 가장 생생한 기억으로 남아 있다. 우리는 프랑스 대통령 에마뉘엘 마크롱과 함께 청중을 기다리고 있었다.

그때 나는 처음으로 나의 세계가 급변할 수 있음을 깨달았다.

시린은 2003년 이슬람 여성 최초로, 그리고 이란인 최초로 노벨상을 받은 인물로, 민주주의와 인권, 특히 이란 여성과 아동의 인권을 위해 싸우고 있었다. 잔은 튀르키예 야당 기관지인 〈줌후리예트Cumhuriyet〉의 전 편집장으로, 튀르키예가 시리아 반군에 무기를 제공한 사건을 보도한 뒤 간첩 행위로 유죄 선고를 받고서 독일로 망명했다.

시린과 잔은 모두 집과 가족을 멀리 떠나 망명 생활을 하고 있었다. 시린은 2009년에 영국으로 망명했으나 그녀의 가족은 여전히 이란에 살고 있었다. 잔은 베를린에 살았으나 튀르키예 정부가 그의 아내의 여권을 빼앗고 여행을 금지시켰다.

“어디 살아요?” 시린이 내게 물었다. “마닐라?”

“네.” 내가 대답했다.

우리는 가족과 떨어져 사는 게 어떤지 이야기를 나누었다. 나는 이 이야기를 가볍게 넘겼다. 어쨌든 우리 가족은 지금도 미국과 필리핀 전역에 흩어져 있다고 말했다. 나는 합리화하고 있었던 것 같다. “나는 망명하고 싶지 않아요.” 두 사람에게 말했다.

나는 여전히 필리핀이 한때 7만 명 이상을 투옥시킨 튀르키예나 오랫동안 언론인, 활동가, 정치적 반대파를 억압해온 이란과는 다르다고 생각하고 있었다.

나는 내 삶을 필리핀에서 만들어나가기로 선택했고 결과가 어떻든 그 길을 계속 가고 싶었다. 얼마 전 래플러 공동 설립자들과 농담 삼아 만약 내가 감옥에 가면 각자 나한테 뭘 가져다줄지(음식, 시트, 부채, 책)에 관한 협약을 맺었다.

폭력, 서서히 진행되는 독재, 법의 무기화 등 세계는 두테르테가 저지르고 있는 일에 대해 점점 더 주목하기 시작했다. 그때까지 래플러에 대해 열네 건의 수사가 진행 중이었다. 그 하나는 ‘사이버 명예훼손’이라는 정말 터무니없는 혐의였다. 필리핀 정부는 우리를 침묵시키기 위해 무슨 짓이든 하려 했다.

동시에 래플러는 세계에서 인정받고 있었다. 한 가지 중요한 일이 11월에 있었다. 래플러는 500명의 사람들로 가득 찬 워싱턴디시의 한 연회장에서 국제언론인센터에서 수여하는 나이트국제저널리

증상을 받았다. "우리는 필리핀 정부 그리고 페이스북의 면책권에 맞서 싸우고 있습니다." 나는 청중에게 말했다. "그 둘은 우리의 민주주의에 해로운 폭력, 공포, 거짓말을 뿌리고 있습니다. 저 소셜미디어에 떠도는 거짓말들이 필리핀 정부가 우리에게 제기한 법적 소송의 근거가 되었습니다."[26]

나는 워싱턴의 정치, 사회 인사들에게 머나먼 나의 나라에 관심 가져달라고 촉구했다. 필리핀에서 시험 중인 전략이 훗날 그들을 조작하는 데 사용될 것이기 때문이었다.[27]

"여러분이 왜 관심을 가져야 할까요?" 내가 물었다. "우리의 문제는 빠르게 여러분의 문제가 될 것이기 때문입니다."[28]

2018년의 사건들을 겪으며, 아무리 기량을 닦고 어느 정도 영향력을 갖추어도 내가 통제할 수 없는 것이 훨씬 더 많다는 생각을 하게 되었다. 법의 지배는 환영幻影일 수 있으며 순식간에 사라질 수도 있다. 젊은 기자 시절, 인도네시아에서 처음으로 배웠던 교훈이었다. 그날 밤 연회장에서, 나는 더 많은 돈과 권력을 추구하는 과정에서 민주주의를 약화시킨 책임을 정부와 거대 기술 기업에게 끝까지 물어야 한다고 동료 언론인들에게 호소했다. 그리고 이제는 래플러의 세계적 구호가 된 말로 이야기를 끝마쳤다. "우리는 래플러입니다. 우리는 물러서지 않을 것입니다."

여기서 #HoldTheLine이라는 구호가 생겨났다. 헌법이 우리의 권리를 규정해 그어놓은 선에서 물러서지 말자는 뜻이다. 권력자들은 공포와 폭력을 이용해 우리를 물러서게 하고, 권리를 포기하도록 강요하고 있다. 우리는 팔짱을 끼고 우리의 권리를 침해하려는 어떤 시도에도 물러서지 않았다. 어떤 위험이 있더라도 자진해서 우리의 권리를 포기하지 않았다.

고단한 한 해가 끝나갈 무렵, 개인적으로나 공식적으로 많은 이야기를 했지만 그것으로 충분하지 않다는 걸 깨닫고 나는 낙담하고 말았다.

분명 세계의 인식은 두테르테 정부에 적대적이었다. 하지만 내가 그해 말 뉴욕에서 언론인보호위원회Committee to Protect Journalists로부터 상을 받는 동안 필리핀 법무부는 법적 서류를 보내지도 않고[29] 나와 래플러를 기소하겠다는[30] 보도 자료를 발표했다. 내가 상을 받고 내 생각을 말한 대가였다.

다음 날 비행기를 타고 마닐라로 돌아왔다. 나를 변호하는 필리핀 최고 법률회사 중 하나인 아크라로ACCRALAW 소속의 변호사들은 기소가 계류 중이기 때문에 나에 대한 체포 영장이 이미 발부되었을지 모른다고 염려했다. 그들은 내가 공항에서 체포될 것에 대비해 변호사를 공항으로 급파했다. 내가 비행기에서 내렸을 때 래플러의 기자 파테르노 에스마켈 2세가 마중 나와 있었고, 입국 심사를 마친 후 수하물 찾는 곳에서 베스가 합류했다. 하지만 다행히 아무 일도 일어나지 않았다.

마닐라에서 며칠 동안 야단법석이 벌어졌다. 몇 차례 회의를 위해 주말 동안에만 집에 있을 예정이었다. 하지만 체포에 대한 두려움이 내게 얼마나 많은 정신적 피해를 주고 얼마나 많은 돈을 들이게 할지 걱정되기 시작했다.

그래서 계속 해외로 나갔다. 아무것도 달라진 게 없다는 듯 내 삶을 살고 싶었다. 처음에는 런던에 갔고 그다음에는 파리로 갔다. 비행기를 타고 마닐라로 돌아가려고 파리의 호텔 방에서 짐을 싸는데 바깥에서 시위대 소리가 들렸다. 프랑스가 기후변화에 대처하는 차원에서 연료 가격을 인상하자 촉발된 '노란 재킷' 또는 '노란 조끼' 시위였다.

나는 아무 생각도 하지 않았다. 그냥 외투, 삼각대, 카메라를 집어 들고 거리로 나왔다. 춥고 비가 내리는 날씨였으나 다시 기자가 되어 기분이 좋았다. 래플러에 기사를 보내기 위해 거리의 사람들에게 말을 걸고 그들과 걸으면서 이야기를 나누었다.[31] 좌파와 우파를 막론하고 이 실패한 조치에 대해서는 의견이 일치했다. 이 시위는 이때껏 마크롱에게 닥친 가장 강력하고 가장 폭력적인 도전이 되었다.

그날 약 13만 6,000명의 시위대가 거리로 나왔으며 268명이 체포되었다고 프랑스 경찰은 밝혔다. 시위의 배후에는 탈중심화된 사람들이 있었고, 따라서 시위의 양상도 색달랐다. 사람들은 소셜미디어—인터뷰에 따르면 주로 페이스북—에서 조직되었고, 그 가운데는 허위 정보에 오도되고, 기존의 불만에 이끌려온 사람들이 있었다. 그 불만 가운데 많은 것이 정당했으나 이제는 폭력을 조장할 정도로 증폭되었다. 내가 공항으로 떠날 무렵에도 여전히 물대

포가 발사되고 사이렌 소리가 울렸다.

나는 휴대전화 한 대로 파리에서 자동차가 불타고 있는 영상을 보고 있었다. 다른 휴대전화로는 마낭들 그리고 변호사들과 문자메시지를 주고받았다. 변호사들은 나에 대한 체포 영장이 발부되었으며 이번에는 증권 및 탈세와 관련된 것으로 보인다고 말했다. 가슴이 잠깐 철렁하고 내려앉았다. 하지만 바로 상황을 받아들이고 다음에 일어날 일에 집중했다. 오래전 전쟁을 보도하던 시절부터 이런 위기에 대비해 훈련을 받았다. 두려움과 불안이 나를 압도할지라도, 나 자신이 거기에 빠져들 시간을 스스로에게 허락지 않을 것이었다.

파리에서 출발하는 비행기는 12월 2일 일요일 오후 9시 40분 마닐라에 도착할 예정이었다. 가족들은 내게 마닐라로 돌아가지 말라고 조언했다. 하지만 그것은 선택사항이 아니었다. 내게는 운영해야 할 회사와 내가 하는 일을 믿어주는 사람들이 있었다. 법치주의를 앞세워 오히려 법을 왜곡하고 위반하는 필리핀 정부의 부정의에 점점 더 화가 났다. 나는 이 분쟁을 끝까지 지켜보고 필리핀 정부에 책임을 물을 계획이었다.

변호사가 돌아오는 항공편을 미룰 것인지 물었다. 그럴까도 생각했지만 그러면 너무 많은 수고와 돈이 들 터였다. 나는 대결을 좋아한다. 그래야 해결책이 나오기 때문이다. 정부의 협박 전술에 굴복해 내 길에서 벗어나는 일은 없을 거라 다짐했다.

샤를드골 공항에 도착했고, 감옥에서 밤을 보내는 일을 포함해 최악의 상황에 대비했다. 여행 가방을 열어 잠옷, 칫솔, 갈아입을 옷을 꺼내 기내용 가방에 넣었다. 그런 다음 공항으로 들어가 체크인을 하고 비행기에 올라탔다. 너무 피곤해서 비행하는 스무 시간 내내 대부분 잠을 잤다.

나의 귀향에는 많은 사람들이 함께했다. 아크라로 소속 변호사 여섯 명과 래플러 팀에서도 최소 여섯 명이 왔다. 이런 일은 이번이 두 번째였다. 그것이 래플러의 운영과 우리 삶에 미치는 혼란을 생각하니, 화를 내야 할지 두려워해야 할지 알 수가 없었다. 아마도 둘 다였던 것 같다.

내가 탄 비행기가 착륙하기 몇 시간 전, 전 필리핀 증권거래소 회장이자 우리의 수석 변호사인 아크라로의 프랜시스 림이 성명을 발표했다. "마리아 레사가 오늘 밤 마닐라에 도착하자마자 체포되지 않기를 간절히 바랍니다. 일요일 밤에 체포 영장이 집행되는 일은 흔치 않습니다. 만약 그런 일이 벌어질 경우 정부가 필리핀의 실정을 두려움 없이 보도하는 래플러를 꺾기 위해 그 임원들에 대한 소송을 지나치게 서두르고 있다는, 충분히 근거 있는 의심만 더 짙어질 것입니다."

스무 시간에 가까운 여행을 마치고 내가 탄 비행기가 마닐라에 도착했다. 휴대전화의 전원을 켜자 문자메시지가 쏟아졌다. 마냥들은 내가 비행기에 있는 동안 무슨 일이 있었고, 무슨 일이 예상되는지를 말해주었다. 여동생 미셸은 공항에 가겠다는 어머니와 이모들을 막느라 바쁘다고 문자메시지를 보냈다. 나는 부모님이 미국으로 돌아가야 할지도 모른다는 생각을 계속 마음에 담아두고 있었다. 내가 옆구리를 찌른 끝에 부모님이 마닐라로 거주지를 옮기기로 결정한 참이었기 때문에 이는 큰 변화였다.

이동식 탑승교에서 나오자 나를 데려가려고 기다리는 공항 보안 요원이 보였다.

그 뒤에 변호사 두 명과 래플러 기자 파테르노 에스마켈이 있었다. 출입국관리소로 걸어가는 동안 보안 요원은 내가 빨리 통과하도록 돕는 것일 뿐이라고 설명했다. 휴. 체포조의 기색은 보이지 않았다. 우리가 입국장을 나오자 텔레비전 카메라와 기자들이 줄지어 서 있었다. 조명이 켜지고 기자들이 빠르게 질문을 던졌다.

"어떻게 될지 모르겠습니다." 공항 보안 요원에게 고맙다는 인사를 한 후 말을 이었다. "우리가 알고 있는 건 이렇습니다. 체포 영장이 발부되었다는 거죠. 그게 정확히 뭘 의미하는지 나는 모릅니다. 그러니까, 여러분에게 체포 영장이 발부되었다고 생각해보세요. 나는 이 모든 일에 맞서기 위해 해야 할 일을 할 것입니다."[32]

"사건이 어떻게 진행될지 아십니까?" 또 다른 기자가 질문하면서 탈세 사건을 언급했다.

"정말, 말씀드릴 게 없네요." 내가 대답했다. "제가 아는 건 우리가 재심 신청을 했다는 것뿐입니다. 하지만 우리의 재심 신청이 검토되기도 전에 소송이 제기되어서 그 과정에 이의를 제기하려고 합니다. 그리고 기소 자체에 대해 이의를 제기할 것입니다. 그 기소는 래플러를 '증권 중개인'—직접 인용한 것이다—으로 재분류하고

2018년 12월 2일 일요일, 마닐라 니노이아키노 국제공항에 도착했다.

같은 날, 늦은 밤 공항에서 이루어진 긴급 기자회견.(래플러)

있습니다. 우리는 분명 증권 중개 회사가 아닙니다. 저는 언론인입니다. 언제나 그래왔습니다. 그러니 어디 한번 해보자고요. 나는 맞설 것입니다."

"체포 가능성에 대해 어떻게 생각하십니까?" 한 기자가 물었다.

"글쎄요. 첫째, 공개적으로 나를 범죄자라고 한 데 대해 필리핀 정부에 책임을 물을 것입니다." 내가 대답했다. "둘째, 정부의 이런 공격은 분명 우리를 취약하다고 느끼게 만들지만" 목소리가 갈라지는 걸 느꼈을 때 잠시 겁이 났다.[33] "하지만 그게 핵심인 듯합니다. 중요한 점은 정부가 우리에게 권력을 행사해 그 힘을 실감하게 함으로써 자신이 하고 싶은 일을 할 수 있다는 겁니다."[34]

다음날 체포 영장에 대해 미리 보석금을 내고, 그다음 날에는 기소에 대한 기각 신청을 했다. 무엇보다 영장을 발부한 법원이 해당 사건에 대한 관할권을 갖고 있지 않았기 때문이다.[35] 모든 일이 한 편의 익살극처럼 보였다.

며칠 후 다시 법정에 섰고, 판사는 우리의 신청을 받아들여 기소를 연기했다.[36]

시간을 벌기는 했으나, 날마다 새로운 최악의 시나리오가 생겨났다. 변화하는 기술 환경이 뉴스 조직의 생존, 즉 뉴스의 배포 및 광고 사업 모델에 직접적인 영향을 미치고 있는 상황이었고, 나는 내 일을 하는 것만으로도 충분히 힘들었다. 정부의 공격으로 인해, 나를 대상으로 하는 위기관리가 필요했다. 우리는 법률 비용에 돈을 쓰고 변호사와 끝없는 회의로 시간을 허비하고 있었다. 언젠가는 한 주 내내 다양한 변호사들을 만나느라 내 시간의 90퍼센트를 썼다. 때로는 일요일에 최소 여섯 명의 변호사와 함께 몇 시간을 씨름하기도 했다. 가장 불합리한 이유로 우리의 삶이 이렇게 되었다는 것이, 그들에게도 나에게도 유감이었다.

12월 어느 날 아침, 일찍 일어나 조세항소법원에 가서 다시 보석금을 냈다. 이번에는 추가적인 네 건의 탈세 혐의에 대해서였다.

그런 다음 사무실로 갔는데 정오쯤에는 완전히 지치고 말았다. 오후 6시 30분, 나는 사무실 밑에서 저녁 식사를 하면서 그날의 불안을 떨쳐내려 애쓰고 있었다. 그때 트위터에서 내가 〈타임〉의 올해의 인물 가운데 하나로 선정되었다는 발표를 보았다. 우리의 소셜미디어 책임자에게 전화를 걸어 이 발표가 사실인지 확인을 끝내자마자 전화가 울렸다. CNN이 〈타임〉 표지에 실리게 된 소감을 묻기 위해 전화한 것이었다.[37]

속이 울렁거렸다. 이런 식의 노출이 더 많은 공격으로 이어질 뿐이라는 생각이 먼저 들었다. 돌이켜보면, 그건 일종의 외상 후 스트레스 장애였던 것인지도 모르겠다. 실제로는, 이런 영예가 래플러에 보호막을 만들어주었다.

"소감이 어떠세요?" CNN 아시아의 황금시간대 뉴스 앵커 크리스티 루 스타우트가 물었다.

"좋기도 하고 슬프기도 하네요." 내가 대답했다. 말이 자꾸 끊기고 횡설수설했다. 나중에 CNN 영상을 보았을 때, 내 얼굴은 지치고 주름져 있었다. "기자에게 힘든 시기라는 걸 알지만, 우리 모두를 강하게 만드는 건 우리가 우리의 가치와 사명을 실천할 때이죠. 그러니 아마도 기자에게 이보다 더 좋은 시기도 없다고 생각합니다."[38]

"내일은 미얀마에서 로이터 통신의 두 기자가 유죄판결을 받고 구금된 지 1년이 되는 날입니다." 크리스티가 말했다. 와 론Wa Lone과 초 소에 우Kyaw Soe Oo는 미얀마 라카인주에서 일어난, 이슬람 남성들이 살해당한 사건을 보도하다가 체포되었다. 미국인 앵커에게 이런 질문을 받는 건 낯선 일이었다. 그들은 미얀마 기자들의 운명이 미국의 시청자와 관련이 있다거나 그들의 관심사와 관련이 있다고 생각하지 않을 것이기 때문이었다. "정의를 위해 싸우고 있는 두 로이터 기자와 가족에게 무슨 말을 전하고 싶은가요?"

"우리는 계속 싸워야 합니다." 내가 대답했다. "우리는 원칙을 지켜야 합니다. 권위주의가 세상을 후퇴시키는 곳 어디에서든 반드시 계속해서 이의를 제기해야 합니다. 미얀마에서도 필리핀에서와 똑같은 일이 벌어지고 있습니다. 혐오를 선동하고 전 세계 언론인들의 신뢰를 무너뜨리는 소셜미디어의 영향 말입니다."[39]

새해 전날은 뉴욕에 있었다. 우리가 우리의 자유와 권리를 얼마나 당연하게 여기는지를 깨달은 긴 한 해였다. 법원이 여행을 허락할지 확신할 수 없었기 때문에 동생 메리 제인과 뉴욕을 돌아다니는 건 상상할 수 없는 축복이었다.

타임스퀘어얼라이언스*는 십여 명의 기자들을 초청해 우리의 노력에 경의를 표하며 2019년 새해의 공을 떨어뜨리는 카운트다운을 도와달라고 했다. 무대 위에서 우리를 부르기를 기다리는 동안 휴대전화를 보니 가족과 함께 집에 있는 동생 메리 제인이 어느 채널을 봐야 하는지 묻고 있었다. 로스앤젤레스에 있는 동생 니콜은 이미 보고 있다는 메시지를, 마닐라의 부모님과 미셸은 래플러로 보고 있다는 메시지를 보냈다.

우리가 무대 위에 오를 때, 때마침 비가 쏟아졌다. 나는 옷에 달린 모자를 머리에 썼다. 힘든 순간을 헤쳐나갈 희망을 찾고 있는 나와 같은 언론인들에게 그곳에 가득한 에너지와 기대감이 전달될 수 있기를 바랐다. 그저 감사할 따름이었다.

팝스타 비비 렉사가 존 레넌의 "이매진"을 부를 것이라는 소개가 있었다. 잠시 정적이 흐른 다음, 비비 렉사의 강렬한 목소리가 그 친숙한 노래를 부르기 시작했다. 그녀의 목소리가 타임스퀘어와 그 순간을 함께하는 전 세계의 집안을 가득 채웠다. 알바니아 출신 부모를 둔 미국 가수가 존 레넌의 가사에 새로운 맥락과 의미를 부여했다. 그녀의 노래는 우리가 다시 더 나은 세상을 상상하도록 자극했다.

또다시 T. S. 엘리엇이었다. 내가 존 레넌이 이 노래를 부르는 것

* Times Square Alliance, 12월 31일 자정에 새해를 상징하는 수정 공을 떨어뜨리는 행사를 주관하는 비영리단체.

을 처음 들었던 순간이 지금, 비비의 노래를 듣는 현재의 순간을 변모시켰고, 그 반대도 마찬가지였다. 우리는 친숙한 가사를 따라 부르기 시작했다. "나를 몽상가라고 할지 모르겠지만 나 혼자만은 아니죠. 언젠가 당신이 우리와 함께하기를 바라요. …… 그러면 세계가 하나가 될 거예요."

나는 흐르는 눈물을 닦았다. "모두 새해 복 많이 받으세요!" 비비가 소리쳤다. 군중으로부터 환호성이 터져 나왔다. 그런 다음 1분을 남기고 카운트다운이 시작되었다.

우리 모두 마지막 10초 동안 비명을 질러댔고, 그렇게 2018년이 끝났다.

2019년 2월 14일, 하룻밤 사이 체포되어 구금되었다가 보석금을 내기 위해 법원에 도착했다.(앨리스 옹칼/래플러)

10장

괴물과 싸우기 위해 괴물이 되지는 말자

두려움을 껴안아라

2019년 2월 13일이었다. 사무실 창으로 햇살이 쏟아져 들어왔다. 평소처럼 마닐라의 스카이라인에 걸린 노을빛을 보기 위해 잠시 멈춰 섰다. 페이스북 싱가포르의 새로운 팀과 함께하는 회의에 가려던 참이었다. 정보 작전 추적을 담당하게 된 팀으로, 이번에는 그들이 우리가 있는 곳으로 왔다.

이들이 필리핀을 방문한 것은 처음이었다. 내 눈에 가장 먼저 들어온 것은, 마크 저커버그를 처음 만났을 때처럼 이들이 무척 젊다는 것이었다. 하지만 나는 이들을 관리할 제마 멘도사를 신뢰하고 있었다. 제마는 전직 FBI 수사관으로, 우리의 허위 정보 조사를 이끌고 있었고 나와 함께 우리가 발견한 공격 네트워크의 전술과 방법을 페이스북 팀에게 전달하는 역할을 맡았다.

이 회의는 이날 내가 참석해야 하는 회의 가운데 끝에서 두 번째였으며, 다음 날에는 마하티르 모하맛 총리를 인터뷰하기 위해 말레이시아행 오전 6시 비행기를 탈 예정이었다. 내 머릿속에 있는 생각들을 그들에게 빠르게 다운로드해주고, 페이스북 팀을 제마에게 맡긴 후, 마하티르와의 인터뷰를 확정하고, 필리핀 대학교에 가서 연설을 끝낸 다음, 집으로 가 짐을 싸고 싶었다.

유리벽으로 둘러싸인 회의실에서 뉴스룸을 등지고 선 채 설명을 하고 있을 때였다. 베스가 회의실로 불쑥 들어왔다. 잠깐이지만 깜짝 놀라 말을 멈추고 베스를 페이스북 팀에게 소개했다. "베스, 페이스북에서 허위 정보망을 담당할 새로운 팀이에요." 내가 말했다. "여러분, 이분은 래플러의 공동 설립자 가운데 한 사람인 베스 프론도소입니다."

"마리아, 뒤돌아보지 마." 베스가 짧게 말했다. "널 체포하러 사람들이 왔어."

물론 나는 바로 뒤돌아보았다. 어깨너머로, 글렌다가 휴대전화로 통화를 하고 차이가 사복 경찰로 보이는 사람들과 이야기를 나누는 모습을 보았다. 다른 사람들은 뉴스룸 여기저기에 흩어져 있었다. 음소거를 해놓은 휴대전화를 내려다보았다. 〈뉴욕 타임스〉의 알렉산드라 스티븐슨을 포함해 여러 기자에게서 많은 메시지가 와 있었다.

"우리가 생중계하고 있어, 마리아." 베스가 긴장으로 딱딱해진 얼굴을 하고 말했다. "글렌다는 변호사들에게 전화하고 있고, 차이는 저들을 막고 있어."

"좋아." 나는 감정을 억누르며 대답했다. "모두 날 좀 보세요."

탁자 건너편 두 젊은이의 얼굴이 굳어졌다.

"제마, 두 사람을 조용히 밖으로 내보낼 방법을 찾아요." 나는 페이스북 파트너들 쪽으로 몸을 돌리며 지시했다. "상황이 악화되면 여기에 있고 싶지 않을 거예요. 어찌 되었든 우리가 우리 일을 하기 위해 무슨 일을 겪고 있는지 보았으니, 앞으로 우리를 도와줄 거라 믿어요." 나는 가볍게 행동하려고 애썼다. 두 사람이 짐을 싸기 시작했다. "밀린 일은 나중에 해요." 내가 계속해 말했다. "어쩌면 두 분이 묵는 호텔에서 함께 저녁을 먹을 수도 있을 거예요. 보석금을 내는 데 시간이 얼마나 걸릴지 모르겠네요. 일단, 여기서 빨리 나가는 게 좋을 거예요."

이 모든 일이 진행되는 동안, 스물네 살의 우리 기자 아이카 레이는 필리핀의 FBI에 해당하는 국가조사국NBI에서 나온 사복 요원의 위협에도 불구하고 전체 상황을 생중계하고 있었다.[1] "조용히 해. 안 그러면 다음은 당신 차례야." 요원이 아이카에게 말했다.

아이카는 한 발자국도 물러서지 않았다. 겁에 질려 손을 떨고 있었지만 팀 훈련을 통해 배운 바대로 생중계를 계속하는 게 중요하다는 것을 알았다.

그러다가 상급자가 합세했는데 그의 목소리는 확고하면서 단호했다. "지금 하고 있는 일을 멈춰야 할 거요." 그가 아이카에게 말했다. "알겠소? 동료들한테 가서 이렇게 말하시오. 인터넷에서 우리 얼굴이 보이면 당신들은 후회하게 될 거라고. 경고했소. 우리가 끝까지 뒤쫓을 거요."

아이카는 그를 무시하고 계속 생중계했다. 이에 대응이라도 하듯 상급자가 휴대전화를 꺼내 아이카가 생중계하는 모습을 촬영하기 시작했다. 이들 사이에 오간 대화는 래플러의 페이스북 생방송에 모두 담겼다. 또 우리 직원들이 일을 계속하는 동안 적어도 두 명의 다른 사복 요원이 휴대전화로 래플러 사무실을 촬영하는 것도 볼 수 있었다. 아이카와 같은 시기에 래플러에 입사한 소피아 토마크루스도 아이카를 위협하는 요원을 영상으로 촬영했다.

아이카와 소피아는 우리의 3세대 기자였다. 2세대 기자인 피아 라나다가 휴대전화을 꺼내 말라카냥 궁 출입을 막은 관계자를 생중계한 것이 불과 1년 전의 일이었다. 필리핀 정부가 나나 래플러에 무슨 짓을 하든, 차세대 언론인들이 여기에 있었다. 이들은 시대에 적합한 사명감으로 가득하고 전 세계 좋은 언론인들에게 언제나 필요한 중요한 특질인 용기를 가지고 있었다.

십여 명의 국가조사국 요원들은 우리의 변호사가 도착할 때까지 기다렸다. 체포조 한 명이 미란다 원칙, 즉 묵비권과 변호사를 선임할 권리를 읊고 있을 때 나는 여전히 유리벽으로 둘러싸인 회의실에 있었다. 마음 한편에서는 여전히 이런 일이 실제로 벌어지고 있다는 게 믿기지 않았다. 그런 다음 그들이 나를 밖으로 안내했다.

밖에서, 우리는 기자들과 카메라들에 둘러싸였다. 나는 체포조의 요구에 따라 국가조사국 본부로 간다는 말 외에 더 할 말이 없었다. 말을 보태 그들에게 내 권리를 더 빼앗을 빌미를 주고 싶지 않았다.

체포 과정에서 최소한 두 가지 변칙이 있었다. 그들은 보석금 금액이 적혀 있지 않은 불완전한 영장을 가지고 법원이 문을 닫기 직전에 도착했다. 하지만 우리는 이미 최악의 시나리오에 대비해 두었기 때문에, 오후 9시까지 문을 닫지 않는 야간 법원이 있어 우리 문제를 해결할 수 있다는 사실을 알았다. 그때까지도 나는 여전히 내가 오전 6시에 말레이시아행 비행기를 탈 수 있으리라 생각하고 있었다.

기자들의 문의로 휴대전화 진동음이 계속 이어졌다. 돌이켜보면, 그 전화를 받아서 언론들과 통화를 했어야 했다. 정부가 그렇게 지독하게 구는데, 왜 내가 자진해서 내 입에 재갈을 물렸던 것일까? 하지만 나는 전화를 받지 않았다. 어느 정도는 경찰이 내 휴대전화를 가져가는 걸 원치 않아서였다.

나는 글렌다, 베스, 변호사와 동행하여 국가조사국 본부에 도착했다. 우리는 회의실에서 기다려야 했다. 20분 후, 나는 시계를 보고서 야간 법원이 문을 닫을 때까지 경찰이 일을 지연시켜 밤 동안 나를 구금하려는 전략이라는 걸 깨달았다. 그래서 우리는 문에 걸린 '들어오지 마시오'라는 표지판을 무시하고 그들의 사무실에 들이닥쳤다. 체포조가 그곳에서 저녁을 먹고 있었다.

그 순간 나는 거의 목소리를 높일 뻔했다. 그들은 자신들이 무엇을 하고 있는지 알았다. 그들은 우리의 항의에도 꼼짝하지 않았다.

오후 8시 30분이 되자 보석금을 낼 수 없으리란 점이 분명해졌다. 그들의 계획은 성공했다. 정부는 그날 밤 나를 감옥에 가둔 채로, 괴롭히고 위협하려는 속셈이었다. 정부의 비열함과 그 비열함이 어디까지 갈 수 있는지를 경험하고 나니 물러서지 않겠다는 나의 결심만 더 굳어졌다.

체포조 요원이 내게 신체검사를 받아야 한다고 했을 때, 다시 화가 치솟았다. 래플러는 입건 후를 대비하여 계획을 세워두었다. 범인 식별용 얼굴 사진을 찍는 과정을 건너뛰기 위해 사진을 준비한 것도 그중 하나였다. 필리핀 정부가 범인 식별용 얼굴 사진을 찍어 선전가 블로거들에게 뿌릴 것임을 우리는 알았다. 글렌다와 나는 그들과의 협상을 변호사들에게 맡기고 회의실로 돌아갔다.

회의실로 가는 도중에 준 파가두안-로페스 박사가 숨을 헐떡이며 나를 가로막았다. 내가 파가두안-로페스 박사를 알게 된 건 국가에이바지한뛰어난여성들The Outstanding Women in the Nation's Service, TOWNS이라는 단체에서 수여한 상을 받으러 갔을 때였다. 파가두안-로페스 박사는 내가 체포되었다는 소식을 듣자마자 국가조사국 사무실로 달려왔다. 신체 검사를 받기 위해서는 옷을 벗어야 했는데 나를 가장 취약한 상태로 혼자 있게 하고 싶지 않았다고 했다. 박사는 내가 의사를 대동할 수 있다는 걸 알았고, 자신을 내 의사로 소개하라고 했다. 나는 그렇게 했다.[2]

그 친절한 호의에 가슴이 뭉클했다. 아무리 많은 계획을 세워도 모든 것을 고려할 수는 없었기 때문이다. 눈앞이 뿌옇게 흐려졌다.

준은 이와 같은 상황에서 무엇이 잘못될 수 있는지를 잘 알고 있었기에 내게 많은 신경을 썼다. 이후 몇 년 동안 낯선 사람들의 호의는 반복해서 내 인생에 나타났다. 그러면서 인간의 본성은 선하다는 나의 믿음도 굳어졌다.

밖에서 구호를 외치는 소리가 들렸다. "마리아 레사를 석방하라!" 믿을 수가 없었다. 아크바얀시민행동당, 밀레니얼PH 등 여러 단체들이 와서 나의 체포에 항의했다.

그리고 베스는 그날 저녁 내가 강연하기로 예정되어 있던 필리핀대학교 연례 모임 소식을 우리에게 전했다.[3] 베스는 나를 대신해 마약과의 전쟁과 관련해 처벌받지 않은 이들에 대한 연속 기사[4]를 쓴 파트리시아 에반젤리스타를 그곳에 보냈다. 파트리시아는 수천 명의 학생들에게 무슨 일이 일어났는지 이야기하고 우리의 성명서를 읽었다.

> 이것이 또다시 우리를 위협하려는 시도라면, 과거의 시도가 보여주듯 성공하지 못할 것입니다. 마리아 레사와 래플러는 언론인로서 할 일을 계속 해나갈 것입니다. 우리는 계속해서 진실을 말하고 우리가 보고 들은 일을 보도할 것입니다. 우리는 다른 무엇보다 언론인입니다. 진실을 말하는 사람들입니다.[5]

파트리시아가 이 연설을 하고 있을 때, 베스는 영상을 찍어 우리에게 보여주었다. 어느 순간, 탁 트인 공간이 시선 끝까지 수천 개의 불빛으로 뒤덮였다.[6] 학생들이 휴대전화 조명을 켠 채로 들고 외쳤다. "언론의 자유를 지켜라, 지켜라, 지켜라!"

내가 처음 체포되던 그날—2년 남짓한 기간 동안 열 번의 체포 영장이 발부되었지만 체포된 것은 이날이 처음이었다—이 나를 바꿔놓았다. 그리고 필리핀 정부가 언론의 자유 및 나를 상대로 벌이는 전쟁에서 새로운 국면을 열어젖혔다는 게 분명해졌다. 심지어 나는 한 요원이 전화로 대통령 궁의 누군가와 이야기하며 그들이 취한 모든 조치들을 보고하는 소리를 들을 수 있었다.

글렌다와 베스가 함께 밤을 보내준 덕분에 어느 정도 안심이 되었다. 우리는 잘 수 있을 때 자두려고 의자에서 잠을 청하려 했지만 대부분 시간 동안 일을 했다(최소한 노트북은 허용되었다). 다음 날 아침 일찍 보석금 협상이 시작되었다. 두 달도 안 되는 사이 나는 여섯 번째 보석금을 냈다. 이제껏 지불한 보석금 중 가장 큰 금액인 10만 페소, 미화 2,000달러였다. 하지만 법정을 나서면서 기자들 앞에서는 미소를 지으며 이야기했다.

미소를 지은 건 너무 화가 나서였다. 그러다 한 기자가 내가 체포된 건 온전히 래플러가 잘못을 저질렀기 때문이라고 말한 법무부 장관 메나르도 게바라에게 한마디 해달라고 요청했을 때, 분노의 기색을 살짝 드러낼 수밖에 없었다.

"그 말을 되돌려드리죠." 이 말을 뱉은 다음 잠시 멈추고서 감정을 다스렸다. "법무부 장관 게바라, 내가 아는 바대로라면 그는 전문가입니다. 이것은 당신이 저지른 일입니다. 그 파급 효과는 우리가 사회에서 느끼는 바 그대로입니다. 법무부 장관Secretary of Justice이 아니라 불의의 장관secretary of injustice이라는 소리를 듣고 싶진 않겠지요. 나도 당신에게 책임을 물을 권리가 있습니다. 나는 이 나라의 시민이며 당신은 나의 권리를 침해할 수 없습니다."

그날 밤 나의 정부가 나의 자유를 빼앗았을 때 그들은 억압의 선을 바로 내 앞까지 그었다. 그 순간 나의 권리는 침해당했으며 나는 언론인에서 한 사람의 시민이 되었다. 주목을 받는, 어느 정도 영향력을 가진 언론인에게 이런 짓을 할 수 있다면 말 그대로 어둠 속에 남겨진 취약한 시민에게는 무슨 짓을 할까? 가난한 사람은 어두운 골목길에서 무엇에 의지할 수 있을까?

"내게 이것은 두 가지, 권력 남용과 법의 무기화에 대한 문제입니다." 나는 몰려든 기자들에게 말했다. 공개적으로 이처럼 단호하게 말한 것은 처음이었다. 필리핀 정부가 잔인하게 굴수록 나는 과격해졌다. "이것은 나만의 문제가 아닙니다. 래플러만의 문제가 아닙니다. 정부가 보내고 있는 메시지는 매우 분명합니다. '조용히 하지 않으면 다음은 당신 차례다.' 바로 지난밤 누군가 실제로 우리 기자에게 그렇게 말했지요. 그러니 침묵하지 말아달라고 여러분에게 간청합니다. 비록—그리고 만약에—여러분의 차례가 아직 오지 않았다고 할지라도 말이죠."

언론의 자유는 비단 언론인만의 문제가 아니다. 래플러만의 문제가 아니다. 나만의 문제가 아니다. 언론의 자유는 모든 필리핀인이 진실에 접근할 수 있는 권리의 토대다. 침묵은 곧 공모다. 침묵은 동의를 뜻하기 때문이다.

"우리는 민주주의가 천 갈래로 찢겨 죽어가는 것을 보고 있습니다." 나는 계속해서 말했다. "그리고 저는 여러분이 저와 함께하기를 바랍니다. …… 저는 항상 말해왔습니다. 지금으로부터 10년 뒤 오늘을 되돌아볼 때 확실히 하고 싶다고—"

목소리가 갈라져 이 문장을 반복했다. "내 할 일을 다했다는 것을 확실히 하고 싶다고요. 우리는 피하지 않을 것입니다. 숨지 않을 것입니다. 물러서지 않을 것입니다."[7]

놀랄 것도 없지만, 나를 체포했다고 해서 내가 기적처럼 입을 다물거나 래플러가 부패와 권력 남용에 대한 보도를 멈추는 일은 없었다. 필리핀 정부는 한 달이 조금 더 지나 다시 나를 체포했다. 매달 체포당하는 일이 새로운 일상이 되는 게 아닐까 하는 생각이 들었다. 나는 이를 받아들였다.

그 무렵, 나는 보안을 강화했으며 위협 가능성에 대한 제보를 받으면 때로 경호용 차를 붙이기도 했다. 래플러 주변과 노출 위험이 큰 래플러 직원들에 대한 보안 강화도 함께 이루어졌다. 이 모든 과정이 우리의 삶을 바꿔놓았다. 어느 순간, 내가 마닐라에서 지내는 데 돈이 너무 많이 들었다.

그 결과, 나는 국제 강연 요청을 더 많이 수락하기 시작했다. 어쨌든 나는 어디서든 일할 수 있었으며, 시차 덕분에 하루를 더 알차게 보낼 수 있었다. 해외 강연은 또 세계 사회에 경종을 울리는 효과적인 방법이었다. 이런 일이 우리에게 일어나고 있다면 당신들에게도 일어날 수 있다. 오늘 바로 일어나지는 않더라도 곧 일어날 수 있다.

나에 대한 체포 영장과 소송이 늘어나면서 여행 허가를 받아야 하는 법원의 수도 늘어났다. 2018년 12월부터 2020년 3월까지, 나는 서른여섯 번의 여행 허가를 받아야 했다.

2019년 3월 27일 수요일 오후 10시가 조금 지난 시각, 나는 샌프란시스코 국제공항에서 체크인을 하고 열세 시간이 걸리는 마닐라행 직항편을 기다리고 있었다.

휴대전화가 알림으로 가득 차기 시작했다. 이제는 익숙해진 혼란이 밀려드는 걸 느끼면서, 마낭들과 아크라로의 변호사들이 있는 단체 채팅방을 열었다. 우리는 당시 정부로부터 우리가 제기한 소송을 취하하라는 압력을 받고 있었다. 변호사들은 곧 나에 대한 일곱 번째 체포 영장이 발부될 것으로 예상하고 있다고 경고했다. 한 변호사가 최악의 시나리오를 요약해 말해주었다. 그 내용은 다음과 같았다.

1. 경찰이 승객들이 내리기 전 비행기에 탑승해 마리아를 데려간다.
2. 체포 후, 마리아는 입국 심사를 거치지 않고 공항에서 나와 구치소로 이송된다.

3. 체포조가 휴대전화를 압수해 마리아와 우리의 연락을 끊는다

4. 마리아가 무기한 구금되어 우리와 접촉할 수 없게 된다.

이 메시지를 읽은 후, 나는 멈춰 서서 벽에 기대 숨을 골랐다. 다시 한번, 필리핀 정부는 판돈을 올리는 전술을 쓰고 있었다. 필리핀이 북한이 되어가는 걸까?

마낭들이 이미 각자 맡은 일의 상황을 내게 업데이트해주었다. 글렌다는 보석금을 내러 법원에 가려고 차에 올라탄 참이었다. 베스는 언론과 보안을 담당했는데, 변호사에게 궁금한 점을 질문하고 나를 데리러 올 운전사와 경비원들에게 대비를 시켰다. 차이는 래플러에 올릴 기사의 윤곽을 잡기 위해 필요한 모든 서류를 요청하고 있었다.

나? 나는 내가 느끼는 두려움을 처리해야 했다.

지난 몇 달 동안, 최악의 시나리오에 대비하는 데 익숙해졌다. 지갑에 보석금을 넣고 다니며, 체포될 경우를 위해 차에 '비상용 가방'을 넣어두었다. 그 안에는 옷, 수건, 칫솔, 심지어 베갯잇까지 있었다. 마닐라를 떠날 때 공항에서 체포되는 상황도 상상해보았다. 그리고 전자 장비를 압수당할 수 있으므로 최소한의 문서만 들어 있는 두 번째 최신 노트북을 구입했다.

하지만 이번에는 준비가 되어 있지 않았다. 나는 공항 이곳저곳을 허둥지둥 돌아다니며 마닐라에 도착하자마자 체포되어 수감될 경우 갈아입을 옷을 살 수 있는 상점을 찾았다. 무엇보다 침착함을

잃지 말아야 했다. 마침내 공항 라운지로 가서 구석 자리에 앉았다. 노트북을 꺼내 가장 민감한 문서를 삭제하기 시작했다.

쥐가 침몰하는 배를 버리면 위험 신호다.

ABS-CBN에 있을 때 테러 단체 아부사이야프와 기자들의 석방을 놓고 협상을 벌이면서 이런 생각을 한 적이 있었다. 당신이 거대한 조직의 일원이라면 정치는 당신이 개인적 위험을 피하는 방식에 영향을 줄 수 있다. 권력에 관심이 있는 사람들은 가장 결정적인 순간에 책임에서 손을 떼고 그들의 지지가 가장 필요한 순간에 지지를 철회한다.

정도는 훨씬 덜하지만, 2019년 래플러 이사회에 대한 형사 고발도 비슷한 영향을 미쳤다.

우리 이사들은 자기 분야에서 최고일뿐더러 나에게도 최고의 친구들이었다. 이들이 형사 고발을 당하고 체포 영장을 받게 된 건 나와 래플러를 믿었기 때문이다. 하지만 사업에서 가장 큰 성공을 거둔 사람들이 우리에게서, 언론인에게서 거리를 두는 것은—실망스러운 일이기는 해도—놀라운 일이 아니었다.

이것이 내가 공항에서 기다리고 있을 때 글렌다가 전화로 설명해준 상황이었다. 글렌다는 법원 근처 식당에서 변호사들과 함께 전략을 짜고 있었고, 바로 옆 식탁에서는 우리 이사 세 명이 변호인단을 강화해 제공하겠다는 우리의 제안에도 불구하고 자신들의 변호사와 사건을 논의하고 있었다. 우리 모두는 한때 똘똘 뭉쳤으나 법적 공격 앞에서는 서로 다른 반응을 보였다. 한 이사는 보석금을 내지 않고, 그냥 필리핀으로 돌아오지 않겠다고 결정했다. 가족 모두 필리핀에 있었기에 이는 큰 희생을 치르는 일이었다. 전 IBM 필리핀 회장이었던 또 다른 이사는 그날 늦게 보석금을 냈다.

"저들의 갈라치기 전략이 먹힐까 봐 걱정이야, 글렌다." 내가 말했다.

"네가 할 수 있는 일은 없어, 마리아." 글렌다가 말했다.

"그 사람들한테 전화를 할 순 있잖아. 정부가 어떤 거래를 제안할까? 우리가 이 일에 대해 걱정해야 한다고 생각하지 않아?"

불신을 심는 정부의 능력은 놀라울 정도다. 나는 순진하지 않았다. 기자로서 경력을 쌓으면서 늘 필리핀 정부의 막후 거래를 보아왔다. 그럼에도 나는 언제나 부패를 피해왔다. 이제 나의 친구들—사회에서 성공했고 강직한 시민이기도 한 이들—이 개인적으로 공격을 받으며 사업까지 위협받는 상황에 처하게 되었다. 내가 이들을 이런 위기로 몰아넣었다는 죄책감이 들었다.

네 명의 마낭은 정부의 위협에 능숙하게 대처하고 있었다. 위기가 닥치면 우리는 우리의 가치관과 경험에 따라 신속하게 결정을 내렸고, 그래서 우리의 적보다 한 발짝 앞서갔다. 글렌다가 변호사들에게 기소와 보석금에 관한 내용을 듣고 상황을 업데이트해주는 동안 우리는 4자간 통화를 통해 의견을 교환했다. 차이는 발행할 기사 초안을 작성할 때 도움이 될 만한 질문을 던졌다.

나는 내 속을 태우고 있는 문제를 이들에게 솔직히 물었다. 변호사들이 최악의 시나리오라고 보여준 것에 대해 어떻게 생각하는지 말이다. 나는 심지어 1983년 비행기에서 내리는 동안 활주로에서 저격당한 니노이 아키노의 암살에 대해 떠들어댔다.

마낭들은 웃음을 터뜨리며 내 긴장을 풀어주었다. 그리고 각자 내 질문에 신중하면서 사려 깊게 답해주었다. 이들이 말하지 않은 두려운 사실은, 상상할 수 있는 최악의 경우는 무한하고 공격 대상이라면 중요한 순간에 현실을 직시할 필요가 있다는 점이었다. 래플러들은 서로를 지지해주었다.

공항 안내 방송으로 통화가 중단되었다. 탑승할 시간이었다. 나는 그들에게 인사를 하고 짐을 싸서 탑승구로 걸어갔다. 그리고 내 자리를 찾아 가방을 집어넣고 오렌지 주스를 달라고 했다.

오후 4시가 넘은 시각이었다. 마닐라에서는 법원이 문을 닫기까지 채 한 시간이 남지 않았다. 아직까지 체포 영장이 떨어졌다는 소식은 들리지 않았다. 어쩌면 최악의 시나리오는 우리의 상상 속에 남을 수도 있었다. 음료를 한 모금 마시자 기분이 나아지기 시작했다.

비행기 문이 닫혔다. 바로 그때, 집으로 돌아가는 열세 시간 동안 잠을 이루지 못하게 만들 메시지가 도착했다. "판사가 체포 영장을 발부했어. 준비를 해둬."

비행기가 착륙하자 아드레날린이 솟구쳤다. 비행기가 멈추지 않고 계속 활주로를 달리는 게 고마웠다. 물건들을 챙기면서 행동 계획을 단계별로 재빨리 훑었다. 그리고 언제든 래플러의 페이스북 페이지로 생중계할 수 있도록 휴대전화 두 대의 설정을 마쳤다. 내 의지를 근육 기억에 새겨넣으려 애쓰면서.

비행기 문이 열리고, 가장 먼저 일어섰다. 문을 나설 때 휴대전화 한 대로는 페이스북 생방송을 켜고 다른 한 대는 뒷주머니에 넣어두었다. 이동식 탑승교에서 나오자마자 경찰이 내게 다가왔다. 두 명의 여성이 선두에 서 있었다. 한 사람이 나를 옆으로 끌어당기며 미란다 원칙을 읊기 시작했다. 상급자로 보이는 남자 한 명을 포함해 적어도 경찰 여섯 명이 주변에 잠복해 있었다.

그들이 코트로 내 손을 덮으라고 했다. 나는 이유를 물었다. 원래대로라면 수갑을 채워야 하지만 그들은 어떤 이유에선지 그게 이상하거나 어려운 일이라고 생각했음이 틀림없었다. 그들이 절충안을 찾는 동안 나는 기다렸다. 그들 사이 미묘한 알력이 내게 무언가를 깨우쳐주었다. 독재국가로 나아가는 나라의 개인들은 하루아침에 개인의 주체성을 잃는 게 아니다. 그들은 날마다 독재자의 요구에 순응할지 말지 선택의 기로에 선다.

나는 그들에게 수갑을 찬 체하지 않겠다고 말했다. 내 목소리가 높아지기 시작할 즈음 아크라로의 변호사가 왔다. 잠시 의견을 나눈 뒤, 그들은 수갑을 채우지 않은 채 내가 입국심사를 받고 짐을 찾는 동안 나를 호위했다.

승합차에는 특별기동대 옷을 입고 완전무장한 경찰 여섯 명이 기다리고 있었다. 국민에게 거짓말을 퍼뜨리는 정부에게 언론인은 그들의 거짓말을 폭파하는 테러범과 같은 존재여서일 거라 짐작했다.

승합차에 올라탈 때 한 여성 경찰이 내 머리를 잡기에 밀쳐냈다. 뒤통수에 닿은 그 손이 내가 당하는 온갖 부당한 일을 상징하는 것 같았다.

그때 나는 상기했다. 한발 물러나라. 감정을 억제하라. 냉철함을 찾아라.

다시 보석금을 내고, 나는 내 일을 계속했다.

체포되고 한 달 후, 뉴욕으로 가서 정의를위한클루니재단Clooney Foundation for Justice이 만든 전 세계의 재판을 감시하는 기구 트라이얼와치TrialWatch의 정식 출범식에 참석했다.[8] 필리핀 정부는 여전히 나의 출국을 허용했지만 여느 때와 마찬가지로 매번 여행하기 전 법원의 승인을 구하는 힘들고 화가 나는 절차를 거쳐야 했다. 필요한 법적 서류를 작성하는 데는 시간과 돈이 들었으며, 불확실성 속의 기다림을 거쳐 보석금을 내야 했다. 그럴 때마다 더더욱 내 권리를 주장하고 싶다는 생각이 커졌다.

나도 지쳤다. 잠을 충분히 못 자면 피로가 피부에 드러났다. 스트레스를 받으면 아토피 피부염 또는 습진이 생겨 극도로 건조한 피부가 말 그대로 터져 갈라졌다. 수년 동안 이런 일을 겪으면서 나의 정신과 감정이 피부과 전문의가 처방해준 약만큼이나 피부에 큰 영향을 미친다는 사실을 알게 되었지만 최근 몇 주 동안 생긴 피부염—몇 주가 이제 몇 달로 바뀌고 있었다—을 방치하고 있었다.

비행을 하며 피부염이 더 심해져 한 친구가 곧 나를 의사에게 데려갔다.

트라이얼와치 출범식은 컬럼비아 대학교 법학전문대학원에서 열렸다. 그날 아침은 춥고 바람이 불었다. 객석 뒷줄로 가서 삼각대와 카메라를 설치했다. 래플러에서 이 행사를 생중계할 예정이었다. 나는 무대에 올라 인권 활동가, 변호사, 과학기술인, 언론인 들의 면면을 살펴보았다. 조지 클루니와 아말 클루니가 앞줄에 앉아 있었다.

토론 참석자들은 법이 전 세계 언론인을 상대로 어떻게 무기화되었는지, 국제적인 재판 참관인을 두는 게 왜 중요한지 논의했다. 무대 위에 있는 우리 세 명보다 더 좋은 예는 없었다. 내 오른쪽에는 437일 동안 이집트에서 수감 생활을 한 캐나다계 이집트인 모하메드 파흐미가,[9] 왼쪽에는 544일 동안 이란에서 수감 생활을 한 이란계 미국인 제이슨 레자이안이 있었다.[10]

그들의 이야기를 들으면서, 나는 두 가지를 깨달았다. 하나는, 필리핀 정부는 지금껏 나를 겁주기 위해 하룻밤을 수감한 적은 있지만, 하루를 넘기진 않았다. 이는 앞으로 상황이 더 악화될 수 있다는 뜻이었다. 또 하나는, 필리핀계 미국인처럼 이중 국적을 갖는 게 이럴 때 도움이 된다는 점이었다.

패널 토론이 끝난 후 나는 파흐미에게 속삭였다. "제게 조언을 해주실래요?"

"아말을 변호사로 선임하세요." 그가 말했다.

토론회가 끝나고, 나는 안내를 받아 위층의 사무실로 갔다. 잠시 후, 아말과 조지가 들어왔다. 문이 닫히고 아말이 책상에 앉았다. "중요한 게 뭔지 생각해봤어요." 아말이 입을 열었다. "당신에게 내가 어떻게 관여하길 원하는지 선택권을 드리고 싶어요."

그런 다음 아말은 속사포처럼 내게 무슨 일이 일어날 수 있는지 설명하면서 자신이 다양한 나라에서 다양한 언론인과 함께 겪은 일을 예로 들었다. 나는 수첩을 꺼내 열심히 받아 적기 시작했다.

아말은 자신이 관여할 수 있는 두 가지 방법을 설명했다. 트라이얼와치의 책임자로서 내 재판에 참관인을 보내거나(이 경우 아말은 내 사건에 좀 더 신중하게 접근할 터였다) 나를 대변할 수 있었다(이 경우는 아말이 내 변호사가 된다는 뜻이었다).

선택은 쉬워 보였다. 아말은 자신이 맡았던 소송에서 얻은 교훈을 간략히 이야기하면서 아제르바이잔이나 이집트 같은 수많은 나라들, 그리고 미얀마에 수감된 로이터 통신 기자인 와 론과 초 소에 우의 석방을 위해 진행 중인 협상에서 참고할 만한 사항을 끌어왔다. 아말은 두 기자가 대통령 사면으로 앞으로 2주 내에 석방되리라고 예상했다.

"미얀마가 어젯밤 또 강경한 입장을 취하지 않았나요?" 내가 물었다.

"마리아, 정부가 그렇게 체면을 세울 여지를 줘야 해요." 아말이 대답했다. "공식적으로 일어나는 일이 있고 무대 뒤에서 일어나는 일이 있어요. 이런 일에는 이야기할 수 없는 부분이 많아요."

그런 다음 아말은 내 사건에 대해 구체적으로 물었다. 두테르테 외에 달리 누가 내 사건에 영향을 줄 수 있는지, 나와 래플러가 공정한 재판을 받을 수 있는지 등 말이다. 나는 지금까지 저 말도 안 되는 소송에서 우리에게 유리한 결정이 내려진 적이 없다고 말했다.

일단 정부로부터 형사 소송을 당하면 레일라 데 리마의 경우처럼 나를 보는 사람들의 눈이 달라진다. "유죄가 입증될 때까지 무죄"가 아니라 "결백을 증명하라"는 것이다. 어쨌든 여전히 우리는 본능적으로 국가가 권력을 이용해 터무니없는 공격을 하지는 않을 것이라 믿는다. 적어도 정부가 그 공격을 뒷받침할 압도적인 증거를 갖게 되기 전까지는 말이다. 아말이 먼저 우리 사건을 살펴봐야겠다고 말했지만, 그녀가 나를 "유죄가 입증될 때까지 무죄"라는 시각에서 바라봐주고 있다는 것만으로도 고마웠다. 당시 그런 생각을 가지고 나를 바라봐주는 사람은 극히 소수였다.

아말은 이중 국적인 데다 가족까지 여기 있는데 왜 미국에 머물지 않는지 물었다. 많이 받아온 질문이고, 그럴 때마다 내 대답은 똑같았다. 나는 래플러를 운영하고 있고 한 회사를 책임지고 있기 때문이라고. 내가 겁을 먹고 떠나면 그 온갖 공격을 누가 받을까? 그것은 래플러의 비전을 믿고 우리를 지지해준 모든 사람을 배신하는 일이었다.

하지만 아말과 이야기를 나누면서 생각했던 것보다 최악의 시나리오에 얼마나 대비가 부족했는지 알 수 있었다. 나는 국제법, 유엔의 절차, 내가 법정에서 맞닥뜨릴 수 있는 일에 대해 아는 게 거의 없었다.

당시 나는 겁을 먹고 있었기 때문에 준비되지 않았다는 느낌이 싫었다. 그래서 준비를 했다.

2주가 지나지 않아 와 론과 초 소에 우가 미얀마 공무상비밀엄수법 위반 혐의로 선고받은 7년의 형기 중 500일을 조금 넘게 채우고 교도소에서 나왔다. 이들은 대통령 사면으로 석방된 6,620명의 수감자에 포함되었다. 아말이 예측한 대로였다.

이 뉴스로 고통스러운 깨달음이 더 확실해졌다. 나는 우리 편집팀에게 아말이 두 사람의 석방을 예측했다는 사실을 말할 수 없었다. 이제 나의 주요 과제는 내 권리를 위해 싸우는 것이 되었고, 속보에 어떤 맥락도 더할 수 없었다. 알면 알수록 말할 수 있는 게 줄어든다는 건, 기자에게는 너무 큰 아이러니였다.

아말은 내 법률 고문이 되어 래플러를 돕는 데 동의했다. 함께 일하면서, 나는 아말이 얼마나 특별한지 깨닫기 시작했다.[11] 아말은 세부사항에 극도의 주의를 기울였으며 나와 비슷하게 최악의 상황에 대비하는 전략적 사고방식을 갖고 있었다. 아말의 공식 메시지에 담긴 명확함은 언론인인 모친의 영향인 것 같았다. 나는 나에게 빛을 비출 손전등이 있다면 아말에게는 거대한 클리그 등*이 있다고 농담을 하곤 한다. 아말은 처음에는 인권 문제에서 출발해 이후

* 영화 촬영용 아크등.

로는 언론 및 독립 언론을 위해 싸워왔다. 미시적인 차원에서는 참호 속의 변화를 위해, 그리고 세계 무대에서는 권력의 전당을 변화시키기 위해 일하고 있다.

아말은 뛰어난 국제 법률 팀을 모았다. 그들 모두가 언론인이 겪는 위험을 잘 알았다. 그 가운데 한 사람인 퀼런 갤러거는 살해된 몰타의 언론인 다프네 카루아나 갈리지아의 유족 측 국제 수석 고문이었으며 위기에 빠진 언론인들을 포함해 전 세계 다양한 소송을 맡아왔다.[12]

나는 그들이 어떻게 일했고, 무엇을 했는지 들으면서 많은 것을 배웠다. 무엇보다 정보 생태계의 변화라는 근본 원인으로 인해 국제법이 개정되어야 할 필요성이 높아지고 있다는 것을 알게 되었다. 결국 법치주의의 핵심에 놓여 있는 건 '사실'이다.

"당신의 소송 건 같은 사건을 맡을 때 압박감을 느껴요." 아말이 내게 말했다. "가끔 밤에 잠을 이루지 못할 때도 있고, 그리고 그래야 하는 거잖아요. …… 당신의 적은 당신 나라에서 가장 영향력 있는 사람이니까요."[13]

나는 가끔 우리를 공격하는 두테르테 대통령에게 고마워해야 한다고 농담할 때가 있다. 그가 아니었다면 우리 변호사들의 도움도, 모금을 통해 법률 비용을 마련해준 수천 명의 도움도, 우리가 물러서지 않게 해준 모두의 도움도 받지 못했을 것이다.

2020년 2월 나는 사흘 반을 꽉 채워 런던에 있었다. 약 한 달 안에 바이러스가 세계를 봉쇄하리라고는 짐작조차 하지 못했다.

마닐라에서는 ABS-CBN 바깥에서 방송국의 사업권을 반환해줄 것을 요구하는 시위가 매일 벌어졌다. 피플파워 34주년 기념식을 준비하는 필리핀은 많은 불확실성을 안고 있었다.

나는 일을 좀 하려 했으나 방의 열기에 숨이 막힐 정도였다. 최소한 시간은 집중을 할 수 있었지만 기운이 없고, 몸이 균형을 잃은 느낌이었다. 너무 피곤하고 마음도 어수선하고 피부는 뒤집어졌다. 잠을 자야 할 것 같았다.

아말이 런던에 있는 동안 자기 집에서 함께 저녁을 먹어야 한다고 단호하게 일러둔 터였다. 이 일을 맡기 시작했을 때부터 그녀가 품었던 우려에 대해, 그리고 내가 직면하게 될 전 범위의 위기에 대해 이야기를 나눠야 한다고 했다. 직접 만나야만 할 수 있는 이야기였다.

당시 나는 마닐라로 돌아갈지 말지를 고민하고 있었다. 종군 기자 시절, 잘못될 수 있는 온갖 경우의 수를 예측하면서 현장에 뛰어들지 말지를 결정해야 했던 순간이 떠올랐다. 마닐라로 돌아가지 않고 안전한 길을 택해서 지금 이곳에 머문다면 어떻게 될까? 하지만 이건 진지하게 고려해야 할 선택지가 아니었다. 두려움을 받아들여야 할 시간이었다. 변호사들과 그런 문제를 논의하는 건, 내 앞에 놓인 길을 걸어갈 때 내 자신감에 커다란 위기를 초래할 기폭제가 될 수 있었다.

그날 저녁 아말은 자신의 집에서 다프네 카루아나 갈리지아 사건을 언급했다. 퀄런 갤러거는 과거 다프네에 대해 많은 이야기를 들려주면서 그녀가 인터넷에서 어떤 공격을 당했는지 보여준 적이 있다. 그중에는 동물의 몸에 다프네의 머리를 붙인 사진도 있었다. 나 역시 퀄런에게 나를 비인간화하는 인터넷상의 밈을 몇 가지 보여주었다.

나는 아말에게 다프네의 두 아들과 만난 이야기를 했다. "매튜와 폴은 계속 내가 걱정된다는 말을 했어요. 매튜가 점심을 먹으러 가는 길에 내게 그러더군요. '당신은 우리 어머니의 전철을 밟고 있어요.' 그 말에 멈칫했어요, 아말. 자동차 폭탄이 폭발해 어머니가 죽었을 때, 매튜는 부엌에 있었잖아요."

어느 시점에, 다프네의 가족은 내게 개인적으로 들려준 이야기를 성명으로 발표했다.

> 몇 년 동안, 우리는 전 몰타 총리인 조지프 무스카트와 그의 측근들이 점점 미친 듯이 다프네를 공격하는 것을 지켜봤습니다. ……
>
> 목적이 분명한 이런 괴롭힘과 소름 끼치도록 비슷한 일이 마리아 레사에게도 자행되고 있습니다. 다프네를 살해했던 것과 똑같은 조건이 만들어지고 있습니다.
>
> 필리핀 정부는 마리아와 다른 언론인에 대한 폭력적 공격의 가능성을 증대시키고 있습니다.
>
> 마리아를 겨냥한 법적 괴롭힘은 그녀를 두테르테 관료와 지지자들의 명백한 적으로 선언하는 것입니다. 이는 암암리에 그들에게

마리아를 추가로 공격해도 된다는 신호를 보냅니다.[14]

"이런 공격은 아주 격해지기 쉬워요, 마리아." 아말이 말했다. "당신의 운명이 그 사람들의 자비에 달린 거죠."

나는 아말의 생각에 귀를 기울이고 마음을 열어보려고 애썼다. 아말이 내게 하는 말을 들어야 한다는 걸 알았다. 그날 저녁 식사 후 이틀 동안 극심한 의심과 자기 점검의 시간이 시작되었다. 나는 두려워졌다. 그리고 오랜만에 혼자라는 느낌이 들었다. 다른 길을 택하는 경우를 상상하고 마음속으로 실행해보았다.

다음 날 아침 일찍, 나는 마낭들과 대화를 나눴다. 글렌다, 베스, 차이는 ABS-CBN 밖에서 있었던 시위행진을 막 마무리하고 있었다. 내가 걱정을 늘어놓자 세 사람이 주차장에 옹기종기 모였다. 우리가 나무만 보고 숲을 보지 못하는 것은 아닐까? 우리는 끓는 물 속의 개구리일까? 국가의 탄압을 받고 살해당하는 희생자들은 자신이 떠날 때를 알까? 나는 〈워싱턴 포스트〉의 기자 제이슨 레자이안과 아내 예가네가 이란에 수감된 날, 그 나라를 떠날 계획이었다는 사실을 마낭들에게 상기시켰다.

일신상의 이해와 직업상의 이해가 갈라지는 아주 드문 경우였기 때문에, 결국 어려운 대화가 되고 말았다. 세 사람은 내가 겁을 먹었다는 걸 알아챘고, 계속 두려움을 안고 행동한다면 폭포 같은 실패가 그들에게 쏟아질 것이라는 점을 알았다. 나는 마낭들을 사랑한다. 이들은 선한 인간 본성을 보여주는 가장 좋은 예다. 최악의 악마와 싸우고 공익을 위해 올바른 길을 택하는 법을 보여주는 최고의 본보기다. 나는 배를 버리고 떠나는 쥐가 되고 싶지 않았다. 놀란 사람들이 우르르 몰려 결국 배를 침몰하게 만드는 기폭제가 되고 싶지 않았다.

그래서 나의 공동 설립자들은 우리가 위기의 시기에 항상 한발 물러나 상황을 판단한 뒤 신중히 대응해왔다는 사실을 내게 상기시켰다. "역사를 봐." 글렌다가 말했다. "우리는 이 상황이 어떻게 흘러갈지 알아. 우린 언제나 우리가 무엇을 하고 있는지 알았고, 아무것도 변한 건 없어." 글렌다는 법무부 차관 호세 칼리다가 조직하는 정부의 공격이 본질상 법의 테두리 안에 있으며, 두테르테 정부가 선택한 무기는 적어도 지금 당장은 법률전*이라고 지적했다.

"변하지 않는 것을 놓치지 말아야 해." 베스가 상기시켰다. "그리고 우리에겐 소식통이 있잖아. 변하는 게 있으면 알게 될 거야."

하지만 정부, 법 집행기관, 군부 내에서 더 많은 숙청이 이루어지면서 취재원으로 의지할 수 있는, 전문성을 갖추고 유능하며 실적이 있는 사람들이 점차 빠져나가고 있었다. 이들은 저열한 사람들이 그들의 자리를 빼앗아 차지하는 동안 퇴직하거나 그냥 입을 다물었다. 무능과 오만, 불법을 저지르고도 처벌받지 않는 부조리가

---

* lawfare, 무력 공격이 불법으로 규정된 현대의 전쟁은 법률을 무기로 한 법률전, 심리전, 여론전의 양상을 띤다.

결합해 처참한 결과를 낳았다.

"마리아, 그렇게 되면 넌 보석 중에 행방을 감추는 거야." 차이가 상기시켜주었다.

"나도 알아. 그들이 기뻐하게 내버려둘 순 없지." 내가 답했다.

필리핀 정부가 법치주의를 웃음거리로 만들고 있지만 나는 법 원칙을 지켰다. 하지만 불법적으로 기소되어 그에 따르지 않는다는 게 법을 어기는 일인 걸까? 이는 아말이 줄곧 강조하는 점이었다. 하지만 법치주의를 지킨다는 이유로 범죄자가 된 사람들이 그 법을 왜곡하거나 어길 경우 '미끄러운 경사면'*을 따라가게 되지 않을까. 그러면 결국 우리에게는 아무것도 남지 않는다.

마닐라행 비행기에 탑승하기로 되어 있는 그다음 날 아침, 나는 퀄런을 만나 아침 식사를 했다. 퀄런은 다음 단계를 계획하기 시작했고, 며칠 전 아말이 그랬듯 내가 현재 처한 어려움에 대해 강한 우려를 나타냈다. 퀄런은 전 세계적으로 가장 척박한 곳에서 언론인과 인권 활동가를 돕는 법률 및 변호 활동에 몰두하고 있었다. 퀄런은 다른 변호사들은 일부러 거리를 두는 나라도 방문할 정도로 용기가 있었다. 나 또한 퀄런을 신뢰했다.

하지만 나는 다시 감정을 다잡았다. 호텔 입구에서 우리 둘은 서

---

* 원칙이 한 번 무너지기 시작하면 그것이 원인이 돼 나머지 원칙들도 걷잡을 수 없이 무너지게 된다는 논리.

로를 껴안았다.

"비행기, 타려는 거죠?" 퀄런이 물었다.

"네." 내가 말했다. "내가 있어야 할 곳이고 내가 해야 할 일이니까요."

2019년 이후로 나를 인터뷰 하는 사람들은 언제나 왜 필리핀으로 돌아가는지 물었다. 내 대답은 간단하다. 달리 선택지가 없어서라고.

시간이 지날수록 두려움에 익숙해진다. 두려움이 줄어든다. 나쁜 일이 일어날 수 있다는 걸 받아들이게 된다. 만약 그런 일이 일어난다면 어떻게 할 것인가? 나는 최악의 시나리오를 거의 임상적으로 해체할 수 있는 수준이 되었다. 그리고 내가 그 상황을 견딜 수 있다는 걸 안다. 최악의 상황에도 언제나 긍정적인 면이 있는 법이다. 내 경우에는, 감옥에 간다면 잠은 잘 수 있겠다.

2019년의 마지막 달, 그리고 2020년 3월 코로나19 봉쇄 조치 시기에 이르러 나는 너무 지쳤고 진이 빠지기 시작했다. 두테르테의 선전 기계는 거의 4년에 걸쳐 적나라한 성차별 및 여성 혐오 게시물로 나를 괴롭혔을 뿐만 아니라 나에 대한 정부의 향후 조치를 뒷받침할 무대를 만들기 위해 내가 저질렀다고 하는 범죄에 대한 메타 서사를 만들어 공격했다. 소송이 쌓여가면서 필리핀 밖으로 여행을 하기 위해 법원의 승인을 받는 게 이제는 너무나 당연한 일이 되었다. 어쩌면 정부는 내가 보석 중에 행방을 감추길 바랐을지도 모른다. 하지만 마냥들의 주장대로, 그러면 정부의 거짓말을 사실로 만들어주는 셈이 된다. 보석 중에 행방을 감추는 건 법을 위반한다는 뜻이다. 범죄자가 된다는 뜻이다.

모든 게 분명해졌다. 아무도 내가 하기 싫은 일을 하게 만들 수는 없다. 온라인 공격, 대통령의 위협, 내게 제기되는 법적 소송 등 정부의 온갖 조치는 나를 위협하려는 것이며, 나를 두렵게 만들어 나 자신이 아니게 만들려는 것이었다. 두테르테의 사람들은 내가 자신들처럼 행동하길 바랐다.

하지만 나는 그들과 다르다.

가스라이팅gaslighting—학대자가 되려 학대받은 사람이 미쳤다고 주장하거나 학대자가 한 일을 피해자가 한 일로 덮어씌우고 비난함으로써 책임을 회피하는 행위—은 학대 행위가 기하급수적으로 확산되고 편승 효과를 낳는 소셜미디어의 시대에 새로운 의미를 갖게 되었다. 그래서 반복되는 거짓말로 인해 사람들은 내가 범죄자라고 확신하게 되었으나 또한 그들로 인해 나 역시 정부가 권력을 공고히 하기 위해 기꺼이 법을 위반하리라는 것을 확신하게 되었다. 내가 직접 경험했다. 내가 그 증거다.

이는 내게 두 가지 통찰을 주었다. 그들에 대한 통찰과 나 자신에 대한 통찰이다.

도덕적 결함을 가지고 법을 자기 멋대로 위반하는 정치 선전가나 언론인들을 처벌하는 정부 기관들에 대해 먼저 생각해보자. 이들 권력의 하수인들은 거듭해서 법을 위반할 뿐만 아니라 권력을 이용해 스스로를 면죄한다. 두테르테 정부의 언어와 행위가 함축하고 있는 가치관[15]은 마피아의 그것과 비슷했다. 자신을 위해 권력을 이용하고, 할 수 있는 건 뭐든 다 하라. 이는 후원 중심의 봉건 정치에 잘 들어맞았고 전국적인 약탈 정치체제를 구축할 때 힘을 발휘했다.

결국 모든 건 호언장담, 우리가 선출한 사람들이 권력을 남용하여 발생하는 사회 문제, 이 모두를 고착시키는 (부패로도 알려진) 신속한 경제적 이득으로 압축된다. 시간이 지날수록 권력을 유지하는 일이 긴요해진다. 권력이 넘어가게 되면 돈을 위해 행한 모든 일이 드러날 것이기 때문이다.

2022년 5월에 예정된 다음 대통령 선거가 가까워질수록 두테르테의 협력자들은 권력을 유지하기 위해 더욱 필사적이었다. 그들은 점점 더 대담한 조치를 취했다. 헌법 개정부터 시작해 다른 이들이 선거에 출마하는 것을 막기 위해 폭력을 불사했고, 군과 경찰에 더 많은 혜택과 연금을 뇌물로 주었다. 두테르테는 자신이 폭력과 공포로 나라를 이끌고 있다는 것을 스스로 인정했다.[16]

이것이 내가 계속 필리핀으로 돌아오는 이유이자 이곳에 머물면서 끝까지 싸워야 할 이유다. 반격의 방법은 정부가 나, 래플러, 다른 언론인, 인권 활동가, 필리핀 시민에게 가하는 모든 단계의 폭력을 폭로하는 것이라고 생각한다.

어슐러 르 귄은 이런 주목할 만한 말을 했다.(르 귄이 "소년"과 "남자"라고 쓴 부분을 "소녀"와 "여자"로 바꾸었다.) "소녀 시절, 너는 마법사란 무엇이든 할 수 있는 사람이라고 생각했지. 나도 한때 그렇게 생각했어. 우리 모두가 그랬지. 그리고 진실은, 여자가 실제 힘을 키우고 지식의 폭을 넓힐수록 그녀가 걸을 수 있는 길은 더 좁아진다는 거야. 결국 여자는 아무것도 선택하지 않고 오로지 자신이 해야 하는 일만을 하게 되지."

소셜미디어가 사회의 균열선을 건드리며 우리의 불안을 악용하는 동안, 우리가 나아갈 길은 간단했다. 소음을 뚫고 길을 내야 한다는 것이다.

우리는 항상 우리가 누구인지 선택할 권리를 갖고 있다. 나는—언제나 그러했듯—내가 누구인지를 규정하는 가치에 따라 살고자 한다. 나는 범죄자와 싸우기 위해 범죄자가 되지 않겠다. 괴물과 싸우기 위해 괴물이 되지 않겠다.

우리는 종말의 위협을 안고 살아갈 때 삶을 가장 소중히 여기며, 매 순간, 매 단계마다 의미를 찾기 위해 싸운다. 이것이 트윙크가 내게 가르쳐준 가장 큰 교훈이다.

그때쯤 트윙크는 첫 결혼이 파경에 이른 후 마침내 평생의 사랑을 찾아 후안초라는 아들을 낳았다. 나는 후안초의 늘 부재 중인 대모, 즉 니낭ninang이 되었다. 내가 래플러를 시작했을 때, 트윙크는 블룸버그 TV 필리핀 채널 사장, 〈필리핀 스타〉 칼럼니스트, TV5의 앵커로 활동했다. 그렇지만 우리 둘은 가까이 머물렀고, 기억에 남은 긴 저녁 식사와 이른 아침 두서없이 오랜 시간 나누는 수다로 각자 살고 있는 서로 다른 세계 사이에 다리를 놓았다.

2016년 호전을 보이던 트윙크의 암이 심하게 재발했다.[17] 단순한 재발이 아니라 허리까지 전이되어 4기 판정을 받았다. 5기는 없다.

"정정당당하게 승부하지 않는 병과 어떻게 싸우나요?" 트윙크는 재발 소식을 듣고 암 지원 단체를 찾아가 물었다. "싸워봐야 소용없는데, 싸워도 치료할 수 없을 텐데, 지는 게 불가피하고 싸워야 할 유일한 이유가 '싸워보지도 않고 쓰러지지 않기 위해서'일 뿐인데 왜 싸우죠?"

암 생존자든 환자든 또는 완전히 건강한 사람이든 우리는 사실 매일 조금씩 죽는다고, 그들은 트윙크에게 말했다. 우리가 살아온 하루하루는 결코 반복할 수 없는 또 다른 하루라고, 이제 우리가 바라는 일은 남아 있는 날을 의미 있게 보내는 것뿐이라고 말이다.

트윙크는 이 말을 마음속 깊이 새겼다.

내가 권력을 남용하는 정부에 맞서 싸우며 내 인생의 싸움을 벌이고 있는 듯 느낄 때마다, 트윙크는 거리를 두고 상황을 보게 해주었다. 나의 시련은 트윙크의 시련에 비하면 미약했다. 게다가 트윙크는 그런 일을 겪으면서도 언제나 자신의 자리에서 나를 도와주었다. 나에 대한 온라인 공격과 거짓말이 고조되고 있을 때 그 사실을 알려준 것도 트윙크였다. 내가 감당하기 힘들다고 느끼면 트윙크가 대신 그들에게 대응했다. 트윙크는 언제나 내게 무슨 일이 일어나고 있는지, 기분이 어떤지 알고 싶어했으며, 내게 힘을 주려 애썼다. 그리고 내가 할 수 없을 때는 본인이 직접 나를 위해 다른 사람들을 욕해주었다.

트윙크는 나의 부모님이 인도네시아인이라는 거짓말을 트위터에 퍼트린 전직 기자를 추적하는 걸 도와주었다. 그의 소셜미디어 게시물은 두테르테 선전 기계에 의해 증폭되었다.

트윙크는 그 트위터 메시지에 공격적으로 대응했다. 트윙크의 게시글은 내게 큰 힘을 주었다. 나의 게시글은 결코 그와 같은 호소력을 갖지 못했다.

진단 결과는 암담했으나, 트윙크가 처음에 그랬듯 결국에는 암을 이겨낼 것이라 믿었다. 나는 끝까지 부인했다.

2019년 트윙크의 몸이 변하는 걸 보았을 때 알아차렸어야 했다. 머리카락이 모두 빠지고 몸을 일으키려면 버팀대가 필요했다. 마지막이 되어버린 우리 둘만의 점심 식사 때, 트윙크는 지팡이를 사용

Malcolm Conlan @MalcolmConlan · Jul 18, 2019
How is she a Filipino? Both her parents are Indonesian, it was down to pure luck that she was born in the Philippines, so acquired Filipino Citizenship.
27 2 12

Twink Macaraig @twinkmac · Jul 18, 2019
Both her parents are Filipino. Her father died & her mother married an American.But NONE of her parents is Indonesian. I know bec I was her classmate from ages 4-9 in a Mla school. Her 1st degree relative is Filipino pianist, Raul Sunico. Cite YOUR sources, you malicious prick.
12 66 464

Maria Ressa @mariaressa · Jul 18, 2019
Thanks, Twink!
2 2 79

Twink Macaraig
@twinkmac

Replying to @mariaressa @MalcolmConlan and @FlamingPie30

Don't mention it. Happy to debunk even just 1 of the countless lies abt u being wantonly spread. Be safe
#holdtheline #DefendMediaFreedom

9:05 AM · Jul 19, 2019 · Twitter for Android

해야 했다. 내가 집으로 가겠다고 했으나 트윙크는 거절하고 사무실에서 나를 만나겠다고 했다. 그때쯤 트윙크는 다른 질환에 노출되는 걸 막기 위해 수술용 마스크를 착용해야 했다. 트윙크는 함께 걸으면서 자신을 부축해달라고 했다.

그 와중에도 나는 트윙크가 강한 의지로 결국 암을 이겨내리라 생각했다. 나의 이 근본적인 믿음, 즉 우리가 사는 세상을 우리의 생각에 따라 만들어갈 수 있다는 믿음은 재검토되어야 했다.

2019년 12월 트윙크의 건강이 악화되어 체체와 내가 병원을 찾아갔다. 트윙크는 쇠약해진 마음을 떨쳐내고 계획을 세우기 시작했다. 새해 전날의 불꽃놀이가 보고 싶다고 해서 나는 스카이라인 전망이 환상적인 내 아파트에서 파티를 열기로 했다. 트윙크는 남편 파울로, 아들 후안초와 함께 그날 밤 내 아파트에 머물기로 했다. 하지만 항암치료로 면역체계에 이상이 생겨, 계획한 파티는 취소되었다.

12월 31일 해가 진 후 세 사람이 도착했을 때는 이미 바깥이 어두웠다. 파울로가 트윙크가 탄 휠체어를 밀고 후안초가 짐을 손님 방으로 가져갔다. 트윙크는 자신이 조리 있게 말할 수 있다는 사실에 안도했다. 의사들은 이제 트윙크에게 마약성 진통제인 펜타닐을 처방했고 복용량의 4분의 1만으로도 트윙크는 글쓰기나 명료한 사고가 불가능했다. 두테르테 대통령은 임기 초에, 그리고 2019년에 다시 한번 자신이 펜타닐을 복용한다는 걸 인정했다. 트윙크는 자신보다 훨씬 더 많은 양의 펜타닐을 복용하고 있는 두테르테가 결코 논리 정연할 수 없을 것이라고 단호히 말했다.

파울로가 트윙크가 탄 휠체어를 거실에 밀어놓고 우리 둘만 있게 해주었다. 트윙크는 분명 이야기를 나누고 싶어했다. 하지만 만난 지 15분도 되지 않아 트윙크는 피로를 호소했다. 트윙크의 연약한 모습을 보니 마음이 아팠다.

"마리아, 나 죽으면 추모식은 하고 싶지 않아." 트윙크가 말했다.

"트윙크, 그만해. 넌 이겨낼 거야." 내가 말했다. "내가 뭘 할 수 있을까? 다음에 할 일을 계획해보자."

"내가 죽으면 파티를 열면 좋겠다고 말한 거 기억해?" 트윙크가 물었다. "내 생각은 변함이 없어."

1986년 내가 필리핀으로 돌아온 직후에, 나는 종종 새벽 두 시 무렵 트윙크의 집으로 가서 자고 오곤 했다. 우리는 자고 일어나면 삶과 사랑에 대해 수다를 떨었다. 이제 막 인생을 시작하던 우리는 그렇게 수다를 떨다가 어떻게 죽고 싶은지 이야기를 나눈 적이 있었다. 트윙크는 사랑하는 사람이 죽으면 그가 누워 있는 관을 열고 그 곁에서 밤낮으로 며칠을 보내는 필리핀의 전통을 내게 설명해주었다. 이제껏 들어본 것 가운데 가장 거북한 관습이었다. 경야 또는 라마이lamay라고 부르는 이 풍습은 3일에서 7일까지 이어지며 때로는 더 길어지기도 한다.

"나는 사람들이 날 보는 게 싫어." 당시 트윙크는 이렇게 말했다. "나는 그 사람들을 볼 수가 없잖아. 그러니 절대 경야는 안 돼. 그보다는 내 친구들이 파티를 열고 나를 축하해주면 좋겠어."

물론 나는 섬뜩하다고 생각했고, 우리는 수년 동안 이에 대해 토론을 벌였다. 죽음과 파괴의 현장을 취재하다 보면 종종 이런 이야기를 나누게 된다.

나는 나이가 들면서 경야가 죽은 사람이 아니라 산 사람을 위한 것임을 깨달았다.

"약속해줘. 네가 파티를 열겠다고." 오늘의 트윙크가 2020년을 위한 폭죽이 터지기 전 내 손을 잡고 말했다. 약속을 했는지 안 했는지 기억나지 않는다. 어차피 트윙크의 말을 따를 것이기에 기억할 필요가 없었다.

2020년 1월 14일 이른 아침, 팬데믹으로 우리 모두가 트윙크처럼 수술용 마스크를 착용하기 전에, 트윙크는 세상을 떴다. 트윙크가 죽었다는 사실은 그녀가 쉰여섯 살이 되는 생일날인 5월 9일까지 실감이 나지 않았다.

그때쯤에는 전 세계가 봉쇄되어 우리는 모두 집에 격리되어야 했

2019년 12월 31일 새해 전날의 불꽃놀이. 파올로 알카사렌, 트윙크 마카라이그와 함께.(파트리시아 에반젤리스타)

고, 나는 2019년 트윙크가 쓴 칼럼 한 편과 우리의 옛날 사진들을 꺼내 보았다. 트윙크가 칼럼을 싣기 전 초안을 내게 보내주었기 때문에 그녀가 이 칼럼에 얼마나 공을 들였는지 나는 안다. 트윙크는 칼럼에서 자신이 언젠가는 죽어야 한다는 사실을 받아들이면서도 자신의 암을 필리핀의 민주주의를 위한 투쟁에 비교하며 독자들에게 싸워줄 것을 요청했다.

> 내가 머물기 위해 고군분투하는 이 세상을 보면서 절망을 느낄 뿐이다. 필리핀 사람들이 대통령으로 선출한 폭군은 가장 치명적인 암과도 비교할 수 없는 악성 종양을 대중에 감염시켰다. ……

암과 두테르테, 둘 다 우리의 자유를 억압한다. 병은 내 움직임을 제한했다. 나는 다시는 뛰거나 수리야 나마스카라*를 하거나 테니스를 치거나 뉴스를 보도하지 못할 것이다. 면역체계가 손상되어 사람이 가득한 방에 들어가는 것조차 너무 큰 모험이 되었다. 오랫동안 서 있지도, 앉아 있지 못하고 복시複視로 인해 글을 쓰기가 어렵다. 요컨대, 성인이 되고 내 삶의 대부분을 바친 직업인 기자로 일하는 건 더 이상 가능하지 않다. 훨씬 더 큰 맥락에서, 두테르테는 우리의 제도를 쇠약하게 만들었다. 그는 인권과 정당한 법 절차, 그리고 말의 진정한 의미를 멸시하며 자신과 같은 생각을 공유하는 하수인들로 그 제도를 채웠다. 우리 국가의 면역 체계를 구성하는 이들 제도는 우리의 자유를 보호해야 함에도 오히려 반대 의견을 억압하고 반대파를 악마화하며 비판적 언론에 의한 감시를 가로막는 일에 관여하고 있다. 우리 민주주의의 최후의 보루이자 집단 면역 체계의 핵심 요소이기도 한 헌법이 해체되고 있다. 그렇게 되면 모든 보호 장치, 그것이 보장하는 모든 자유도 함께 사라진다.

그런데 분노는 어디에 있는가? 저항은 어디에 있는가?

내 머릿속 지친 목소리가 말한다. '나를 보지 마.' 나는 죽어가고 있다. 이만 물러가야 한다.

나는 오랜 시간에 걸쳐 나의 죽음과 화해했다. …… 많은 눈물 속에 쓴 나의 유언장은 금고 안에 있다. ……

---

* 요가 동작의 하나.

나는 포기할 수도 있다. 굴복할 수도 있다. 항복할 수도 있다. 하지만 그러지 않겠다.

몇 번을 읽어도 눈물이 난다.

…… 싸우지 않는 건 여전히 존재하는 매우 현실적인 선택지를 간과하는 일이기 때문이다. 소수의 용감하고 명예로운 영혼들이 필리핀 사람들이 나아질 수 있고, 더 나아지기 위한 선택을 할 수 있으며, 더 나아질 수 있는 자격이 있다는 확고한 신념에 목숨을 걸고 있다. 그들은, 치유가 아니라면 적어도 치유로 가는 외로운 길을 대변한다. 그것은 내게는 너무 늦겠지만 다음 세대를 위한 혜택이 될 것이다.

가족과 친구들, 그리고 그들의 가족과 친구들이 나의 치유를 빌며 묵주기도를 하는 한, 혹은 나의 길에 차크라와 주문을 보내주는 한,

남편이 다정함으로 나를 계속 감동시키고 아들이 실없는 농담, 마술, 매일의 성취에 대한 재미있는 이야기를 끊이지 않고 들려주는 한,

그리고—내 양심과 신념, 사랑과 꿈, 기억과 자존심을 담아둔 방인—나의 심장에 구멍이 뚫리지 않는 한, 나는 싸울 것이다.[18]

트윙크를 추모하며, 나 역시 그럴 것이다.

편히 쉬기를, 내 친구여.

2020년 6월 15일, 레이 산토스 주니어, 테드 테, 그리고 내가 우리에 대한 기소 결정이 난 직후 기자들의 질문에 답하고 있다.(래플러)

11장

물러서지 마라

우리를 죽이지 않는 것은 우리를 더 강하게 만든다

팬데믹이 발생하기 전 가졌던 마지막 저녁 식사 중 하나를, 2020년 2월 런던에서 캐럴 캐드월러드와 함께했다. 캐럴은 〈업저버〉 기자로 〈뉴욕 타임스〉 기자들과 함께 케임브리지애널리티카 스캔들 기사를 터뜨렸다. 영국 브렉시트 운동 최대 기부자인 사업가 애런 뱅크스가 그전 해에 명예훼손으로 캐럴에게 소송을 제기했고,[1] 이에 대응해 캐럴은 뱅크스에게 맞소송을 제기했다.[2]

팬데믹 기간 동안 캐럴과 나는 저널리즘과 행동주의의 경계에 대해 서로의 의견을 교환했다. 우리에 대한 온라인 공격이 우리가 하는 일에 어떤 영향을 미치는지, 계속되는 법적 소송에 어떻게 대처해야 하는지 등에 대해서 대화를 나누었다. 쏟아지는 공격 때문에,

우리는 이제는 구식이 되어버린 저 둘의 정의를 다시 마주해야 했다. 캐럴에게 들이닥친 도전은 엄청난 것이었으나 그녀를 지원해주는 단체는 없었다. 성공적인 크라우드소싱 캠페인으로 법률 비용의 일부를 지불할 수 있었지만 그러고도 집을 저당 잡아야 했다. 최악의 시간 동안 우리는 서로 연락하며 지냈다.[3]

캐럴은 그녀의 획기적인 보도에 대한 공격으로 나와 비슷한 곤경에 빠지게 되었다. 캐럴이 말했다. "민주주의가 쇠약해지고, 기술 플랫폼이 거기에 한몫을 하고, 악당들이 판을 치는 영국에서 그 공격은 나를 문화전쟁 한복판으로 끌어들였어요. 그래서 '법치주의를 지키는 문제' 같은 게 아니라 '국가 안보를 지키는 문제'가 되었죠. 둘은 달라요. 게다가 나는 맹렬한 브렉시트 반대자로 여겨졌어요. …… 그게 여성 혐오와 폭력적인 언어로 나타났죠. …… 나는 표적이 되었고, 중상모략을 당했어요. 그건 효과가 있었어요. 한때 내가 하던 일들을 더 이상 하지 못하게 되었으니까요. 이제 내가 …… 말 그대로 내 일을 하려고 하면 편파적이고 논란이 많은 인물로 비쳐져요."[4]

비슷하게, 나를 겨냥한 온라인 공격은 나를 반정부 인사 또는 친아키노의 일원으로 그려 내 보도를 정치화했다. 하지만 나도, 래플러도 그런 노선을 밟은 적이 없었다. 필리핀의 정치 지형은 미국이나 영국 같은 나라만큼 이념적이지도 않았다. 하지만 나에 대한 공격이 내 일에 영향을 미치기 시작했다. 더 이상 정부 관계자를 인터뷰할 수 없게 된 것은 물론이다. 어느 날 캐럴과 이야기를 나눈 후, 나는 마낭들에게 전화해 내가 편집국에서 물러나는 계획에 대해 논의하기 시작했다. 기술, 데이터, 사업 경영은 계속 맡지만 편집국장 자리에서는 물러나기로 합의를 했다. 2020년 11월 글렌다 글로리아가 래플러의 새 편집국장이 되었다.[5]

나는 인생의 새로운 국면에 접어들고 있었다. 탐사하는 사람에서 행동하는 사람이 되어갔다. 또, 아무것도 잃을 게 없었다. 봉쇄 상태에 있었고, 나를 평생 감옥에 가둘 수도 있는 재판을 앞두고 있었지만 그해에 래플러의 새로운 사업 모델이 성과를 내고 있었다. 그 덕분에 새로운 일을 시도할 힘을 얻었다. 나는 언론이 유일한 해결책은 아니라는 사실을 깨달았다. 언론은 사실이 살아남게 할 수 있었다. 하지만 커뮤니티가 거기에 응답해야 했다. 전 세계적으로, 새로운 시민 참여 모델이 필요했다.

2016년부터 몇 년에 걸쳐 나는 계속해서 페이스북 경영진의 문을 두드렸다. 우리의 데이터와 주장을 받아들여 그들이 플랫폼의 특정 양상을 바꾸기를 바랐다. 2018년 나는 페이스북이 실질적으로 아무것도 하지 않으리라는 사실을 깨달았다. 그러다가 2020년에는 페이스북이 악당이라고 생각하기 시작했다. 그해에 캐럴이 자신의 계획에 참여해달라고 요청했다. 우리는 이 계획을 훗날 '실질적페이스북감독위원회Real Facebook Oversight Board'라 부르게 된다.[6]

마크 저커버그는 최근 페이스북의 '대법원'에 해당하는 감독위원회[7]를 만들겠다고 발표했다. 콘텐츠 관리를 독립된 법원 형태의 기구에 맡기겠다는 것이었다. 이 위원회는 엉뚱한 문제를, 다시 말해 사실상 문제가 된 적이 없는 콘텐츠 자체를 다루었다. 문제는 콘텐츠가 아니라 페이스북의 배포 모델이었다. 콘텐츠를 감독하는 위원회는 온라인에서 정보가 퍼지는 속도를 따라갈 수가 없었다.

캐럴의 '실질적페이스북감독위원회'는 전문가로 구성되었다. 그들은 페이스북에 우리의 세계를 파괴하는 정책을 바꿀 것을 요구했다. 그 가운데 한 사람은 '감시 자본주의'라는 말을 만든 쇼샤나 주보프 교수였고, 또 다른 사람들로는 실리콘밸리의 최초 페이스북 투자자의 한 사람인 로저 맥나미, 비영리 인권 단체 컬러오브체인지Color of Change를 이끄는 라샤드 로빈슨, 미국흑인지위향상협회NAACP의 회장이자 CEO인 데릭 존슨, 반명예훼손연맹Anti-Defamation League의 CEO인 조너선 그린블랫이 있었다. 나는 이와 같은 노력에서 활동가들의 역할이 중요하다는 사실을 알게 되었다. 학자와 언론인이 이러지도 저러지도 못하는 동안 활동가들은 핵심 행동을 위한 지침을 제공했다.

실질적페이스북감독위원회는 2020년 미국 대통령 선거를 한 달여 남겨두고 출범했다. 많은 것이 위태로운 상황이었지만 우리는 비판에 대한 저커버그의 지속적인 왜곡뿐 아니라 페이스북의 상상도 할 수 없는 힘 앞에서 느끼는 집단의 학습된 무기력에 종지부를 찍을 때라고 생각했다.

"우리는 하나의 목적을 위해 모였습니다." 쇼샤나가 말했다. "우리는 페이스북이 투표와 더불어 미국의 민주주의를 훼손하는 무기로 활용되지 못하도록 포괄적인 조치를 취할 것을 요구합니다."

우리는 광범위하고 거창한 요구를 하는 대신에, 촉박한 일정과 점점 더 혼란스러워지고 있는 트럼프의 행동을 고려해서 빠르게 실행할 수 있는 사항에 먼저 집중하기로 결정했다.[8] 우리는 이를 페이스북에 대한 세 가지 요구사항으로 요약했다. 페이스북 자체적인 정책으로 폭력을 선동하는 게시물을 삭제하라. 선거 결과를 불법화하려는 광고를 금지하라. 선거 결과에 대한 허위 정보와 잘못된 정보를 방지하기 위한 조치를 취하라. 페이스북은 24시간 내에 이 모든 요구에 대해 조치를 취했고, 이는 시대의 징후처럼 보였다.

하지만 페이스북은 자신들의 잘못을 인정하지 않았다. 그러기는커녕 우리 구성원들을 공격했다. 래플러가 자체의 데이터와 탐사에 기초해 페이스북 및 소셜미디어에 대해 알게 된 많은 내용과 우리가 품게 된 많은 의혹은 그 몇 달 동안 기자, 내부고발자, 심지어 그들 회사 자체에 의해 서서히 사실로 드러났다.

가장 먼저 이 사실을 확인한 사람들 가운데 한 명이 케임브리지 애널리티카의 내부고발자인 크리스토퍼 와일리였다. 나는 그를 두 번 만났는데, 첫 번째는 기자로서 그를 인터뷰했고, 두 번째는 런던에서 알자지라의 방송 프로그램인 "스튜디오 B: 언스크립티드Studio B: Unscripted"[9]를 그와 함께 촬영했다. 나는 래플러의 조사 결과를 검증해줄 사람을 원했다. 그는 우리의 데이터를 검증해주었을 뿐 아니라 자신이 구축을 도운 모든 과정과 제품에 대한 분석도 제공했다.

크리스는 오바마 선거 캠프에서 데이터와 표적 전략에 대해 배워 캐나다의 야당에 가져갔으며, 코딩을 독학하고, 런던정경대 법대를 다녔다. 그리고 유행 동향 예측 분야에서 박사학위를 받았는데, 이때 케임브리지애널리티카의 이른바 '심리전 조종 도구'[10]에 대한 아이디어를 얻었다. 크리스는 나와 이야기를 나누면서 케임브리지애널리티카와 필리핀의 관계에 대해서도 완벽하게 설명했다.

"케임브리지애널리티카 스캔들이 터졌을 때," 나는 처음 만난 자리에서 크리스에게 말했다. "해킹된 페이스북 계정이 가장 많은 곳은 미국이었지만 두 번째로 많은 곳은……"

"……필리핀이었죠." 크리스가 곧바로 대답했다.[11]

크리스가 일한 회사는 SCL Strategic Communications Laboratory이라는 곳으로, 필리핀 정치에 영향을 미친 역사가 비교적 긴 케임브리지애널리티카의 모회사였다. 크리스는 케임브리지애널리티카에서 일할 때 회사 직원들이 필리핀을 방문하곤 했다는 사실을 알려주었다. 크리스가 케임브리지애널리티카에서 배운 주요 메시지와 교훈은 "식민주의는 죽지 않고 온라인으로 옮겨갔을 뿐이다"였다.

"SCL—과 나중에는 케임브리지애널리티카—이 돈벌이를 하는 방법은 비교적 규제 인프라가 낙후되어 있거나 법치주의에 의문의 여지가 있는 국가로 가는 거죠." 크리스가 설명했다. "그곳에서는 일을 벌이기도, 정치 선전을 하기도, 나중에 기꺼이 은혜를 갚을 정치인들을 지원하기도 쉬웠거든요."[12]

크리스는 서구 열강이 공식적으로는 식민지를 떠나더라도 특정 영향력은 여전히 남는다는 것을 알게 되었다. "더 신중해질 뿐이죠. 그러니까 SCL은 그런 일을 전문으로 하는 회사였어요." 크리스가 말했다. "필리핀에서 효과가 있었죠. 개발도상국이나 남반구의 저개발 국가들 가운데 인터넷 보급률과 소셜미디어 이용률이 유달리 높은 특정 국가들이 있어요. 필리핀은 많은 사람들이 온라인에 접속하고 소셜미디어를 이용하는 국가들 가운데 하나죠. 이런 국가가 이상적인 대상이에요."

"실험 장소로 이상적인 대상 말이죠?" 내가 물었다. 야후 같은 회사의 제품을 담당했던 전직 디지털 관리자들과 스타트업 창업자들이 내게 똑같은 이야기를 했다. 서구에서 디지털 제품을 시험하고 싶으면 우선 필리핀에 가져가 본다고.

"맞아요." 크리스가 말했다. "…… 유권자 여론 조작이든 정치 선전 유포든 미국, 영국, 유럽 같은 국가들에서는 하기 어려운 일이에요. 이런 나라들은 규제 조치가 탄탄하고 법 집행도 강력하죠. …… 부패가 만연한 …… 나라들에서는, 서구에서 쉽사리 시도할 수 없는 전략과 기법을 실험하기 위한 이상적인 페트리 접시 같은 상황이 만들어져요. 게다가 그게 효과가 없어도 문제될 게 없어요. 잡히지 않을 테니까. 그리고 효과가 있으면 그것을 다른 국가에 이식할 방법을 찾죠. 이 회사는 동남아시아, 아프리카, 그리고 카리브해 지역 많은 곳에서 작업을 했어요. 서구에 이식하기 전, 아이디어를 가지고 놀면서 기술을 충분히 개발하는 거죠."

"필리핀의 페트리 접시, 그러니까 시행착오가 브렉시트와 도널드 트럼프의 길을 닦아주었다고 말해도 될까요?" 내가 물었다.

크리스가 말을 잠시 멈췄다. "네, 그러니까 필리핀을 보면—" 그가 다시 말을 잠시 멈췄다. 잠재적 법적 지뢰를 처리하기 위해 생각을 고르는 중일지도 몰랐다.

"최근 필리핀 정치는 미국 정치와 많이 비슷해 보여요." 크리스는 눈을 굴리고 손짓을 하며 말을 이었다. "트럼프가 트럼프가 되기 전부터 트럼프 같은 대통령이 있었고, SCL 및 케임브리지애널리티카가 그와 가까운 사람들과 관계를 맺고 있지요. 게다가 수집할 수 있는 데이터도 많아요. 미국에 이어 두 번째로 많은 데이터를 필리핀에서 수집했죠. 또 SCL과 케임브리지애널리티카가 많은 국가들에서 어떻게 작업하는지 보면 …… 그 사람들이 하는 이야기 가운데 하나가 …… 자기네들은 어떤 국가에 케임브리지애널리티카로 들어가지 않는다는 거예요. 어떤 국가에 SCL 그룹으로 들어가지 않아요. 그러면 너무 속이 빤히 들여다 보이거든요. 그래서 현지 동업자를—"

"대리인을 이용하죠." 내가 명확히 했다.

"그래요, 대리인이요." 크리스가 계속해서 말했다. "…… 그 사람들이 이런 사실을 인정하는 모습이 카메라에 잡힌 영상이 있어요. 여러 나라에 가서 위장에 지나지 않는 엉터리 회사를 세워 직원을 파견하죠. 그러면 규제 당국이나 야당이 실제로 무슨 일이 일어나고 있는지 확인하기가 매우 어려워요. 게다가 그 사람들도 인정했듯 일단 선거가 끝나면 그 나라를 떠나거든요. 들어갔다가 나오는 거예요. 자기 사람을 박아놓고. 그런 다음 다시 가서 특혜를 요구하는 거죠."

"그래요." 내가 끼어들었다. "(케임브리지애널리티카 사장인) 알렉산더 닉스는 2015년 말 선거운동이 시작되기 전에 필리핀에 왔고 그

때 찍힌 사진이 있어요."[13]

"맞아요, 거기서 사람들을 만났어요" 크리스가 말했다.

"—두테르테의 참모들 말이죠." 내가 크리스의 말을 마무리했다.

"맞아요! 닉스가 거기서 무슨 일을 하고 있었던 것 같아요?" 크리스가 물었다.[14]

페이스북의 관행에 대한 폭로—케임브리지애널리티카 스캔들부터 내부고발자인 프랜시스 호건이 유출한 문서를 보도한 〈월스트리트 저널〉 기사까지—가 새롭게 나올 때마다 래플러가 오랫동안 주장해온 모든 내용과 우리가 가장 먼저 페이스북에 알린 바 있는 대부분의 내용이 사실로 입증되었다. 우리는 페이스북이 조치를 취하리라는 희망을 버리지 않고, 세분화된 데이터를 포함해 내가 이 책에 쓴 모든 내용을 어느 시점엔가 페이스북과 공유했다.

페이스북이 조치를 취한 경우, 대개는 기존의 문제와 허위 정보의 확산을 악화시켰다. 제3자가 데이터를 수집할 수 있게 하는 애플리케이션 프로그램 인터페이스API를 종료한 일이 그 한 예다. 이 조치는 또 다른 케임브리지애널리티카 스캔들을 방지하기 위한 것이었으나 동시에 우리 같은 연구자들이 플랫폼을 이해할 수 있는 길을 닫아버린 것이었다. 래플러는 대중을 속여 특정 정치 운동이 풀뿌리 차원에서 지지와 동의를 얻고 있다고 믿게 만드는, 댓글의 '애스트로터핑' 효과에 처음으로 주목한 이들 가운데 하나였다. 하지만 API가 없으면 연구자들은 더 이상 이런 분석을 할 수가 없다.

저커버그는 플랫폼을 더 투명하게 만들기 위한 조치라고 주장했지만 결과적으로는 페이스북 외에는 아무도 전체 그림을 볼 수 있는 데이터를 얻을 수 없게 되었다.[15]

심지어 페이스북 자체에서 충격적인 내부 조사 결과가 나왔을 때에도 경영진은 조치를 취하지 않았다. 2016년 독일에서 이루어진 내부 발표에 따르면 "극단주의 단체에 가입하는 사람들의 64퍼센트가 우리의 추천 도구에 의해 유도된 것"이라고 한다. 그러면서 "가입해야 할 그룹"과 "발견"을 주입시키는 알고리즘을 예로 들었다. 이 보고서는 매우 분명하게 진술했다. "우리의 추천 시스템이 문제를 키운다."[16]

페이스북은 언론사, 심지어는 언론 자체의 운명을 결정짓는 믿기 어려운 능력을 갖고 있다. 현재 페이스북은 뉴스의 내부 순위를 알고리즘으로 결정한다고 알려져 있다. 하지만 이 알고리즘을 코딩하는 것은 인간이며, 뿐만 아니라 특정 사용자가 혐오에 더 많이 노출될지 사실에 더 많이 노출될지를 결정하는 것은 페이스북이다. 2021년 1월 6일 미국 국회의사당 폭력 사태 후, 페이스북은 ('유리창 깨기' 대책이라고 부르는) 최악의 시나리오에 대한 대응법을 발표했다.[17] 그 가운데 하나는 사용자가 사실에 노출되는 정도를 높이는 것이었다. 이는 콘텐츠 배포 방식에 있어 자신들이 '뉴스 생태계 품질 지수'[18]라 부르는, 저널리즘의 질에 기초하여 자체적으로, 그리고 비밀리에 매긴 뉴스 발행자에 대한 순위의 중요성을 증대시키는 방법이었다. 이렇게 하여 CNN, 〈뉴욕 타임스〉, NPR 같은 뉴스 사이트에 대한 추천은 급증한 반면 브레이트바트* 같은 극히 편파적인 페이지에 대한 추천은 줄어들었다. 페이스북은 진작 이런 조치를 취할 수 있었던 것이다.

실질적페이스북감독위원회의 요구 가운데 하나는 '더 나은 뉴스피드'를 복원하는 것이다. 이는 2022년 5월 9일 대통령 선거를 앞둔 필리핀에 필요한 것이며, 선거를 치르는 전 세계 모든 국가에 필요하다.

나는 페이스북이 우리의 민주주의에 영향을 미친다고 늘 확신해왔다. 래플러는 그에 대한 데이터를 가지고 있고, 그 해로운 영향을 직접 겪었다. 2020년 팬데믹의 해에도 우리의 직원들은 탐사와 취재를 계속해왔다.

우리의 샤크탱크 데이터베이스는 정보 작전이 어떻게 탄탄한 민주주의를 권위주의 지배로 바꿔놓는지를 확인하려는 학술기관 및 연구자들에게 열려 있다.[19] 2021년 8월까지, 샤크탱크 데이터베이스는 공개 페이지 68,097개, 공개 그룹 23,736개, 페이스북 사용자 4,759,678명으로부터 382,633,021건의 공개 게시물과 444,788,994건의 댓글을 수집했다. 또 235,265개 웹사이트로부터 11,400,241건의 고유 링크를 수집했다. 2021년 필리핀에서 유튜브

---

* 미국 극우파를 대변하는 뉴스 사이트로, 음모론과 각종 허위 정보의 온상지로 알려져 있다. 브레이트바트의 기사는 페이스북에서 가장 많이 공유되는 정치 콘텐츠다.

가 페이스북을 앞질러 최고의 소셜미디어 플랫폼에 등극한 뒤로 우리는 공개 채널을 추적 관찰하기 시작해 현재 331,471개 유튜브 채널의 콘텐츠를 파악하고 있다.

아래 도표는 우리가 어떻게 정보 생태계의 지도를 그릴 수 있는지 보여준다. 각 원은 페이스북 페이지이며 그 크기는 고유 벡터 중심성 또는 배포 능력에 따른 것이다. 2016년에서 2019년까지, 전통의 뉴스 그룹이 어떻게 중심에서 주변으로 밀려나는지 알 수 있다.

이때쯤 페이스북은 필리핀에서 국제적인 사실 확인fact-checking 프로그램을 시작했다. 래플러와 소규모 미디어 비영리단체인 베라파일스Vera Files가 페이스북의 현지 사실 확인 파트너가 되었다.[20] 나는 오랫동안 사실 확인이 두더기 잡기 게임이라고 주장해왔지만, 어쨌든 그 과정에서 사람들을 오도할 목적으로 작성된 게시물들을 확인할 수 있었다. 두테르테 정부는 즉각 항의했다.[21]

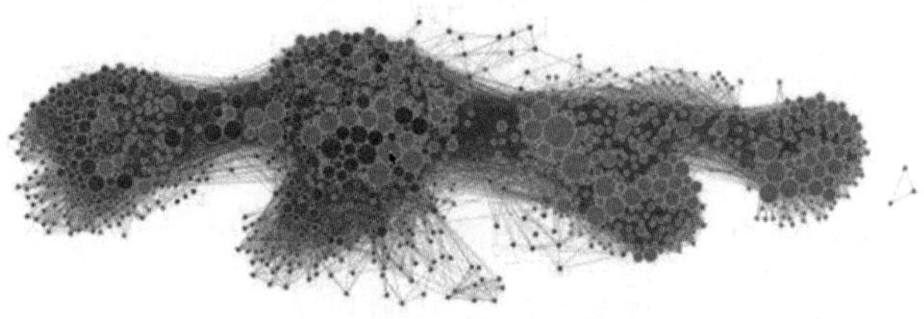

위 네트워크 지도는 2018년 10월부터 2019년 5월 필리핀 중간 선거 직전까지의 것이다. 반쪽 진실과 거짓말을 쏟아내는 선전 기계라고 할 수 있는 친두테르테, 친마르코스, 정부 계정 등이 중심을 장악하고 있다. 언론사들은 중심에서 밀려나 왼쪽의 몇 개 원을 차지하고 있다. 오른쪽에 있는 두 개의 거점은 2019년 대체로 빠르게 성장해 선거운동에 이용될 준비가 된 페이스북 밈 페이지들이다.

사실 확인 과정에서 첫 단계는 거짓말을 찾아내는 것이었다. 앞서 언급한 대로 최고의 거짓말은 반쪽의 진실로, “두테르테는 최고의 지도자다”, “언론인은 범죄자다”와 같은 메타 서사를 뒷받침한다. 두 번째 단계에서는 자연어 처리*를 이용했다. 컴퓨터를 사용해 대량의 언어를 처리해서 허위 정보망에서 일관된 메시지를 뽑아냈다. 그러면서 세 번째 단계로 나아갔는데, 이 단계에서는 일련의 작전으로부터 이익을 얻는 사람들을 포함해 허위 정보망과 연관된 웹사이트 및 다른 디지털 자산을 확인했다.[22]

우리 같은 소규모 그룹이 친두테르테 및 친마르코스의 네트워크를 떠다니는 허위 정보에 맞서 사실을 옹호하는 동안 두테르테는 비대칭전을 이용해 권력을 공고히 하고 사회를 양극화했다.

필리핀의 정보 생태계에 거의 동일한 균열이 있었던 최초의 한 가지 사례는 2019년 2월 13일 내가 체포되었을 때였다. 다음 페이지의 그림에서 대부분의 필리핀인이 어떻게 전통의 언론사를 공유하고 증폭해서 뉴스에 더 높은 고유 벡터 중심성을 부여했는지 볼 수 있다. 또, 두테르테-마르코스 네트워크가 어떻게 정부 계정들과 직접 연결되어 있으면서 VovPH 같은 페이스북 그룹을 적극 공유하는지 볼 수 있다. VovPH는 수차례의 사실 확인 결과 허위 정보 작전에 참여하며 연료를 공급받는 것으로 드러났다.

* natural language processing, 일상에서 쓰는 자연어의 의미를 분석해 컴퓨터가 처리할 수 있도록 하는 일.

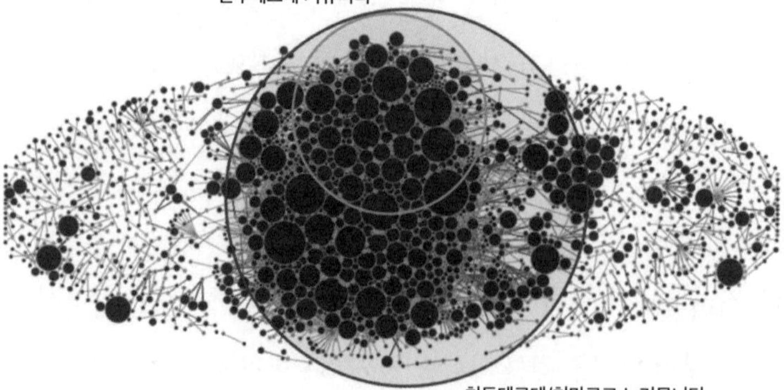

친두테르테 커뮤니티는 대규모의 협력적 네트워크 안에서 각자의 콘텐츠를 활발하게 공유하고 확산시킨다. 반면 반두테르테 커뮤니티는 온라인에서 스스로를 조작하기 시작했으나 총량에 있어 여전히 친두테르테를 따라가지 못한다.

정부의 이런 선전전은 종종 해외의 지원과 사주를 받는다. 2018년 12월 래플러리서치Rappler Research는 래플러를 가장 강력하게 공격하는 계정인 필리핀의 '일상의 파수꾼Daily Sentry'이라는 페이스북 페이지가 러시아의 허위 정보망[23]과 관련이 있다는 단서를 찾아냈다. 페이스북은 2019년 1월 이 페이지를 삭제했다.

2020년 9월 페이스북은 또한 중국의 정보 작전을 제거했다. 그 작전 가운데는 나를 표적 삼아 공격하는 것, 마르코스의 이미지를 윤색하는 것, 대통령의 딸인 사라 두테르테를 지지하는 것, 미국 대통령 선거를 위해 AI가 생성한 사진을 사용해 가짜 계정을 만드는 것 등이 포함돼 있었다.[24] 그리고 인권 활동가나 언론인, 그리고 정치인들에게 '테러리스트'라는 낙인을 찍는, 소위 '레드 태깅red-

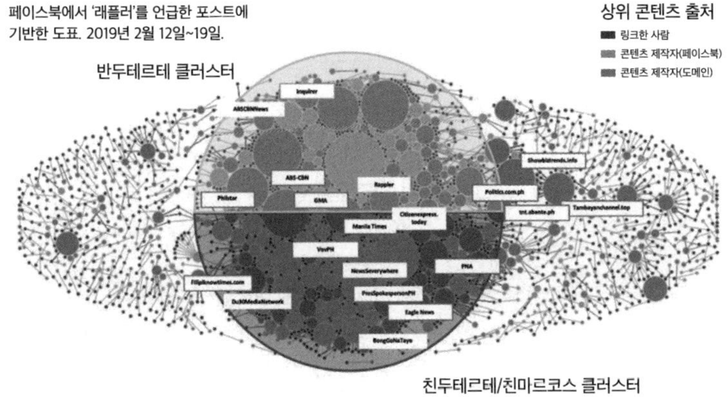

친두테르테의 온라인 커뮤니티는 주류 언론사의 콘텐츠를 공유하지 않으며 대부분 대안 뉴스 쪽 출처(블로그, 당파적 뉴스 조직)에 기대고 있다. 반면 반두테르테 커뮤니티의 상위 콘텐츠 제작자는 주류 언론사이다.

tagging' 활동을 하는 경찰과 군대의 계정도 삭제했다. 어느 정도 래플러가 보도한 기사 때문이기도 했다.[25]

2021년 래플러리서치는 중요한 프로젝트에 착수했다.[26] 온라인 폭력이 실제 폭력으로 비화되는 시점의 경보 신호를 찾기 위한 심층 분석에 들어간 것이다. 우리는 두테르테 정부하에서 무려 열다섯 명의 활동가가 살해당한 인권단체인 카라파탄Karapatan을 연구 대상으로 삼았다. 표적이 된 것은 피해자들의 개별적인 온라인 계정이 아니라 저명한 인물들이나 그들이 속한 단체 자체였다는 것을 발견했다. 하지만 폭력적인 메시지는 카라파탄 활동가들을 살해할 수 있는 환경을 만들었다. 피해자 가운데는 법원에 신변 보호 요청을 했으나 기각당한 자라 알바레스[27]도 포함돼 있다.

어느 날 저녁, 자라 알바레스는 친구와 함께 길을 걷고 있었다. 알바레스가 막 저녁거리를 사서 나온 참에 총을 든 남자가 그녀를 뒤에서 쏘았다. 이 암살범은 거기서 그치지 않고 알바레스를 확실히 죽이기 위해 쓰러진 그녀의 몸 위에 서서 총을 여러 차례 더 쏘았다. 정치적 동기에서 벌어진 이 잔혹하고 파렴치한 살인은 마땅히 광범위한 분노와 경악을 불러일으켰어야 했다. 하지만 또 다시 선전 기계가 작동하기 시작했다. 필리핀 정부는 NTF-ELCAC(지역 공산주의 무력 충돌을 끝내기 위한 국가 대책 위원회)라는 자금이 매우 넉넉한 군 주도의 단체를 만들었다. 이 단체는 곧 자체의 반공산주의 매카시즘 운동을 벌이기 시작했다.

다음 도표는 페이스북에서 카라파탄의 영향력과 NTF-ELCAC의 영향력을 비교하고 있다. 이 인권 단체의 도달 범위는 여론의 중심부로 이어지는 디지털 퍼널digital funnel의 부재로 극히 제한되어 있다는 것을 알 수 있다. 반면 NTF-ELCAC는 정부 계정과 허위 정보망으로 구축된, '레드 태깅' 활동을 하는 네트워크를 활용한다. 그 결과, 표적이 되어 살해된 활동가들에 대한 기사는 진보 그룹과 그 사건을 보도하는 소수 언론사의 거품 안에 머무는 경향이 있었다.

이는 필리핀의 정보 생태계의 진화를, 그리고 NTF-ELCAC가 만들어지자마자 그토록 두드러진 영향력을 발휘하게 된 이유를 말해준다. 이 지도는 NTF-ELCAC와 정부 기관들의 결합된 힘—이는 마약과의 전쟁에서 시험 및 검증한 방법을 이용하고 2018년부터 2019년까지 페이스북에 의해 세 차례의 활동 정지를 당하면서 진

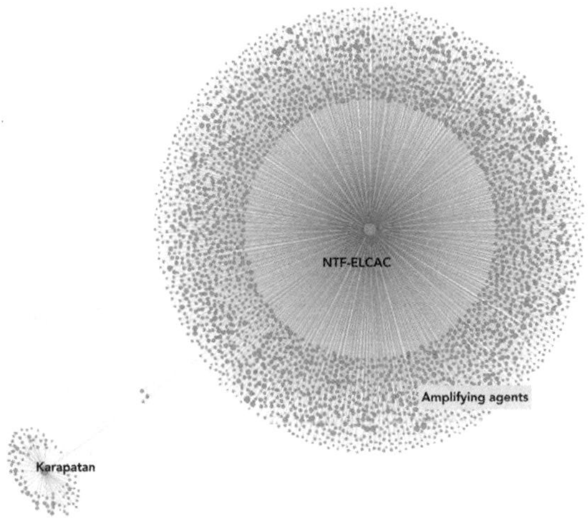

살해당한 활동가들에 대해 페이스북에서 오간 대화를 보여주는 지도.

정부 기관과 언론사 페이스북 페이지의 '좋아요' 수

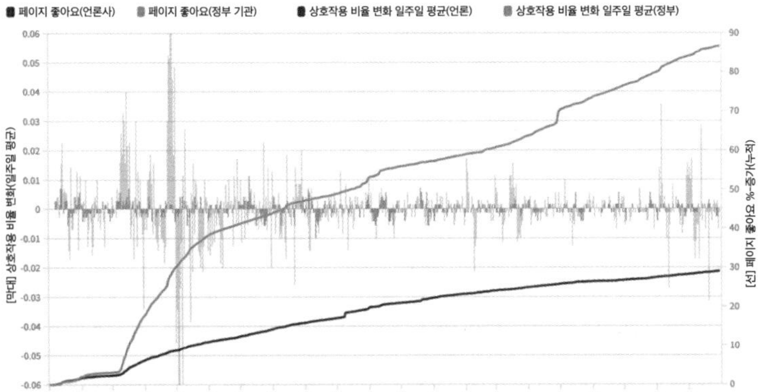

2020년 1월 1일부터 2021년 9월 30일까지 필리핀에서 특정 정부 기관과 언론사 페이스북 페이지의 성장을 보여주는 그래프. 막대 그래프는 매일의 상호작용 비율 변화(일주일의 이동 평균)를, 선 그래프는 페이지 '좋아요' 수의 누적 증가(%-증가로 표현)를 나타낸다.

화했다—이 허위 정보와 폭력을 증폭하는 데 얼마나 강력한 힘을 발휘하는지 보여준다. 이는 두테르테 정부가 폭력 및 공포를 이용해 일으킨 제2의 물결로, 실제 세계에서 폭력을 실행할 수 있는 환경을 조성했으며, 또 다른 판의 '우리 대 그들'이었다.

이러한 진화는 팬데믹으로 인해 악화되어 최선의 의도가 어떻게 지옥으로 가는 길을 닦는지를 보여주는 또 하나의 사례를 남겼다. 보건 문제에 우선순위를 두기로 한 페이스북의 결정은 권력에 책임을 물을 수 있는 언론인의 능력을 한층 더 약화시켰다. 이로 인해 정부가 언론사들보다 훨씬, 압도적으로 더 빠르게 그들의 페이지를 성장시킬 수 있었기 때문이었다. 그렇게 성장한 정부 페이지들 가운데 유독 눈에 띄는 것은 경찰과 군이 운영하는 페이지로, 이들은 활동가들과 언론인들을 상대로 '레드 태깅' 활동을 하는 데 관여하고 있었다. 페이스북은 '공식' 자료에 우선순위를 둠으로써 국가 자산이 언론인에 대한 공격을 더 효과적으로 수행할 수 있게 만들었고, 그에 대응하기 더 어렵게 만들었다.

이런 상황에서 무엇을 할 수 있을까? 활동가들이 가짜 계정을 만들거나 똑같은 전술을 사용해야 할까? 그럴 때마다 나는 이렇게 답한다. 괴물과 싸우기 위해 괴물이 되지는 말자고. 이는 플랫폼 자체의 문제로 되돌아오게 한다. 플랫폼이 처벌받지 않고 넘어가는 일은 없어야 한다. 그들이 책임을 져야 한다.

그간 플랫폼을 악용하는 정부 및 정치 행위자들에 맞서 싸우기 위해 다양한 방법을 시도했다. 무시하기(이는 효과도 없고, 결과적으로 우리가 지고 있다는 걸 알아차리지도 못할 것이다)도 해보고 대응하기(너무 많은 시간이 들고 대응 자체가 원자화된다)도 해보았다. 결국 나는 나의 북극성에 정착했다. 이는 래플러를 소개하는 말 중의 하나이기도 하다. 행동을 위한 커뮤니티를 만들어라!

맞서 싸우기 위해 우리에게는 기술, 데이터, 시민 참여를 모두 활용하는 전 사회적 접근법이 필요했다. 2022년 5월 선거를 위해, 우리는 이 프로젝트에 착수했다.

하지만 먼저 래플러가 살아남을 수 있는 방법을 찾아야 했다. 온라인 공격은 래플러와 래플러의 커뮤니티에 영향을 미쳐 결과적으로 회사의 재정적인 문제로 이어졌다. 2016년 10월 온라인 공격이 시작된 이후 페이지 조회 수와 광고 수익이 줄어들었다. 무엇보다 법적 공격이 최후의 결정타였다. 2018년 1월 래플러의 운영 허가를 취소한 명령은 우리가 통상의 경로를 따랐더라면 래플러의 종말을 의미했을 것이다. 우리의 주요 광고주 가운데 일부가 정부 관계자로부터 전화를 받았고(메시지는 짧고 간단했다. 거리를 둬라), 래플러—한때 사람들에게 존경받고 멋지다는 평가를 받았던 우리 회사—는 파산 지경에 이르렀다.

이후 뒤따른 법적 소송과 조사로 우리는 4개월 만에 수익의 49퍼센트를 잃었다. 미래는 분명했다. 아무것도 하지 않고 이대로 가면 직원들에게 급여를 지불하지 못할 수도 있었다. 새롭고 지속 가능한 사업 모델을 만들거나 아니면 망하는 수밖에 없었다.

정부는 소모전에서 승리하리라 확신하는 듯했으며 한동안은 상황이 암울했다. 법률 비용이 매달 운영비의 3분의 1을 차지할 만큼 급증했다. 새로운 기술 플랫폼을 만들기 위해 확보해둔 자금이 그 일부를 지불하는 데 들어가 우리의 기술 계획이 몇 년 지연되었다.

하지만 생존이 걸린 그 순간은 우리에게서 최고의 아이디어와 최고의 자아를 이끌어냈다. 나는 농담 삼아 덕분에 뉴스룸의 관리를 둘러싼 갈등이 모두 사라졌다고 했다. 우리는 하나를 위한 모두, 모두를 위한 하나가 되었다. 모든 래플러 구성원에게서 에너지를 느낄 수 있었다. 편집 팀은 공개적인 공격에 맞서야 했지만 동시에 내부의 그래픽과 영상 제작 팀, 기술 및 데이터 팀, 그리고 인사와 재정, 무엇보다 영업을 맡은 관리 팀의 지원을 받았다.[28]

광고 팀은 핵심 관리자들과 협력해서 우리의 탐사 저널리즘에서 해결책을 찾았다. 온라인의 허위 정보망을 추적하기 위해 발전시킨 바로 그 과정이 데이터 및 기술 기반 사업 모델의 토대가 되었다. 이 사업 모델은 2018년부터 2019년까지 1만 2,000퍼센트 성장해서 우리가 수익을 낸 첫 해에 힘을 실어주었다.

2016년까지 우리는 대체로 광고에 주력했다. 온라인 공격이 시작되어 광고 수익이 감소하자, 회사를 기술 서비스 중심으로 전환했으며, 덕분에 팬데믹 시기의 봉쇄에 대비할 수 있었다.

다음으로는 커뮤니티 구축에 박차를 가했다. 크라우드펀딩 캠페인을 시작해 법률 비용을 대는 데 도움을 받았다. 2018년 말에는 필리핀 최초로 회원제 뉴스 서비스 래플러플러스Rappler+를 시작했다. 래플러플러스 회원은 우리의 가장 헌신적인 사용자로, 우리의 사명과 가치에 끈끈히 연결되어 있었다. 이들은 우리에게 "무엇을 도울까요?" 하고 계속 물었으며 실제로 도움을 주었다.

우리는 정부의 공격으로 3년 동안 성장하지 못하는 대가를 치렀다. 이는 분명 공평한 거래가 아니었다. 뉴스의 사업 모델로서 광고도 그 힘을 잃었다. 2016년 정부의 공격으로 우리는 눈앞의 사실을 직시해야 했고, 해결책을 찾아야 했고, 혁신을 배워야 했고, 무엇보다 미래를 창조해야 했다. 2019년 래플러는 정부의 공격을 받기 시작한 지 4년 만에 손익분기점에 도달해[29] 위기를 기회로 바꾸었다. 이 기준점에 도달했을 때, 우리는 아르바이트생부터 CEO까지 모든 래플러 직원에게 똑같은 금액의 보너스를 주기로 결정했다. 작은 금액이었지만 우리 팀 전체의 이상, 창의성, 용기에 감사를 표하기에 충분했다.

프리드리히 니체가 옳았다. 우리를 죽이지 못하는 것은 우리를 더 강하게 만들 뿐이다.

"모두 기립!" 누군가 외쳐 우리 모두 일어서게 했다.

2020년 6월 15일, 우리는 마닐라 지방 법원 46부에 있었다. 깨진 타일, 부스러져 벗겨진 페인트, 구멍이 난 벽 등 구제할 길 없이 노후한 건물이었다. 대부분의 경우 엘리베이터가 작동하지 않아, 비계로 어질러지고 부서진 계단통을 4층이나 올라가야 했다. 건물 유지 보수만으로 이 모두를 지탱하려 애쓰는 중인 것 같았다.

그곳에 간 건, 2019년의 사이버 명예훼손 혐의 때문이었다.[30] 이 혐의는 우리가 위반했다고 하는 법이 제정되기도 전인 2012년 5월 래플러가 낸 기사에 대한 것이었다. 그 기사는 한 사업가와 당시 대법원장 사이의 연결고리를 폭로했는데, 나중에 이 대법원장은 탄핵 재판에 연루되어 공직에서 물러나야 했다. 평범한 기사였다. 기소 내용조차 뒤집히는 상황에서 그 내용을 상세히 설명하려니 무성한 헛소리 속에서 길을 잃는 기분이었다. 고발과 기소 내용이 너무도 터무니없고 비일관적이고 비도덕적이어서 그것을 설명한다는 건 마치 애초에 일어나서는 안 될 일을 정당화하는 것처럼 느껴졌다.[31]

나는 카드가 우리에게 불리하게 조작되어 있다는 걸 알았다. 정부는 사이버 명예훼손, 탈세, 증권 사기 등 여덟 가지 혐의로 나를 고발했고, 그 혐의들의 최대 누적 형량은 100년에 달했다.

서른일곱 살의 판사 라이넬다 에스타시오-몬테사가 법정으로 들어왔다. 법정의 다른 사람들과 달리 판사는 마스크를 착용하지 않아 음울한 법정에서 판사의 선홍색 립스틱과 상큼한 화장이 돋보였다. 코로나19로 인해 우리 가운데 몇 명만이 판사가 지배하는 이 작고 눅눅하며 창이 없는 공간에 들어올 수 있었다. 참관인도 허락되지 않았다. 플라스틱 칸막이로 분리되어 공간이 더 작지만 더 깔끔해 보였다.

판사와 바로 마주한 사람은 전 대법원 대변인인 나의 변호사 테드 테였고, 그 옆에 검사 저넷 닥파노(그는 에스타시오-몬테사 판사와 정부 기금을 받아 여행을 다녀온 적이 있다)가 있었다.[32] 닥파노 검사 뒤에는 정부의 논거를 뒷받침하기 위해 고용한 검찰 측 변호사팀이 앉아 있었다. 이 사건의 모든 공판에서 검찰은 항상 우리 피고 측보다 수에서 훨씬 우세했다.

검찰 측 변호사들 뒤에는 작은 벤치 두 개가 놓여 있었다. 공동 피고인이자 과거 동료인 레이 산토스와 내가 첫 번째 벤치에 앉았다. 체격이 작고 조용하면서 온화한, 금속 테두리 안경을 쓴 레이는 처음에는 래플러의 조사원에서 시작해 종종 탐사 기사를 도와주다가 기자가 되었다. 얄궂게도 그는 지금은 정부를 위해 일하고 있었다.[33]

이런 순간은 바쁘게 보내는 게 좋기에 나는 일어나고 있는 일에 대해 트위터에 올렸다. 기도가 끝나고, 법원 서기가 출석 확인을 하는 동안 우리는 앉아 있었다. 그런 다음 서기가 평결을 할 테니 우리에게 일어서라고 했다.

나는 자리에서 일어나 수첩을 들고 기록하기 시작했다.

"모든 사람이 표현의 자유를 누릴 권리는 우리 헌법이 보장하는 권리다." 서기가 말했다. "그것은 응징이나 보복에 대한 두려움 없이 자유롭게 발언할 수 있는 권리다. 언론이 부당한 구속 없이 뉴스와 의견을 자유로이 보도할 권리이기도 하다."

모든 말을 토씨 하나 빠뜨리지 않고 받아쓰면서 나는 약간의 희망을 가졌다.

"이런 권리는 엄청난 힘을 가지고 있어서 모든 사람이 자유로울 수 있는 사회를 만들기 위해 공동선을 발전시키고 변화를 일으키며 다른 사람들의 마음에 영향을 미칠 수 있다. 하지만 이 자유가 남용되면 적대감을 심고 분열과 분노를 일으켜 무질서와 혼돈으로 이어질 수 있다."

희망이 사라지기 시작한 것은 이때였다.

나는 수첩을 닫아 벤치에 내려놓고서 앞을 바라보았다. 에스타시오-몬테사를, 그 붉은 립스틱을 응시했다. 서기가 낭독을 계속하는 동안 나는 에스타시오-몬테사 판사의 시선을 붙잡으려 애썼다. 하지만 에스타시오-몬테사 판사의 시선은 아래를 향했다. "표현의 자유에 대한 권리의 축소는 없다. 그리고 언론은 …… 사회는 책임 있는 자유로운 언론을 기대한다. 자유가 의미를 부여받기 위해서는 책임 있게 행동해야 한다. 자유의 행사는 타인의 자유를 충분히 고려해서 이루어져야 한다. 넬슨 만델라가 말했듯, '자유롭다는 것은 단순히 자신의 사슬을 풀어 던진다는 뜻이 아니라 타인의 자유를 존중하고 향상시키는 방식으로 살아간다는 뜻이다.'"

만델라는 분명 무덤 속에서 탄식했을 것이다. 나는 내가 쓰거나 편집하거나 감독하지 않은 기사에 대해, 그 기사가 발행되었을 때는 존재하지도 않았던 범죄에 대해 유죄 판결을 받고 있었다. 이를 위해 에스타시오-몬테사는 명예훼손의 시효 기간을 1년에서 12년으로 바꾸었을 뿐만 아니라 '재발행'이라는 신기한 이론을 받아들였다. 래플러의 누군가가 최근에 오자를 수정하느라 철자 하나를 바꾼 까닭에 나는 감옥에 갈 수도 있었다. 법원은 우리가 "의심의 여지가 없는 유죄"라고 보고 우리 각자에게 최대 6년의 징역형을 선고했다(법에 대한 해석에 따라 지금은 8년이 될 수도 있다).

에스타시오-몬테사는 판결에 정부의 영향은 없었다고 애써 말했다. 나는 고개를 내저었다. 에스타시오-몬테사는 우리가 항소할 때까지 보석금을 내고 석방될 수 있도록 허락했다. 물론, 우리는 그렇게 할 터였다.

나는 긴 숨을 내쉬었다. 그날 아침 나는 가방을 싸서 차에 던져 넣었다. 내가 생각하는 최악의 시나리오는 그들이 나를 곧장 감옥에 처넣는 것이었다. 그보다는 조금 나았다.

그런 다음 에스타시오-몬테사는 나를 직접 불러 이제부터 여행을 가려면 항소법원의 허가를 받아야 할 거라고 말했다. 그러고는 내게 할 말이 있는지 물었다.

나는 에스타시오-몬테사를 쳐다보았다. 그러고는 싱긋 웃었다.

에스타시오-몬테사가 망치를 두드리고 부산한 행동이 뒤따랐다. 아무도 내 눈을 똑바로 쳐다보지 못했다. 우리는 마닐라 시청으로 가서 기자들을 만났다. 내내 입맛이 이상하고 속이 울렁거렸으나 그럭저럭 평정을 유지했다.

코로나19로 인해, 3개월 만에 처음으로 많은 사람들이 집 밖으로 나와 있었다. 기자들이 마이크와 생중계를 준비하는 동안, 나는 레이를 안심시켰다. 마스크 위 레이의 눈이 잔뜩 겁에 질려 있었다. "걱정 말아요." 내가 말했다. "우린 항소할 겁니다. 우리가 당신과 당신의 변호사 비용을 책임질 거예요." 나는 그를 보호할 터였다. 테드는 내 오른쪽에서 몇몇 기자들과 이야기를 나누고 있었다. 마이크가 내 앞에 놓였다.

나는 입을 열기 시작했다. 내 목소리가 건물에 울려 퍼졌다. 그곳에서 낯익은 얼굴을 찾는 동안 마치 내가 둥둥 떠 있는 느낌이었다. 대체 누구를 향해 말하고 있는지 알 수가 없어 명치의 단단한 곳에 집중했다. "여러분에게—이곳에 있는 기자분들에게, 듣고 있을 필리핀 국민에게—여러분의 권리를 지킬 것을 호소합니다." 내가 말했다. "우리가 본보기가 될 거라고 합니다. 우리가 여러분을 두렵게 만들 거라고 합니다. 그런가요?" 내 목소리가 살짝 갈라졌다. "두려워하지 마십시오. 여러분의 권리를 사용하지 않으면 그 권리를 잃어버리게 될 것이기 때문입니다."

내 뒤에는 필리핀전국언론인연합 회원 한 사람이 '언론에서 손을 떼라'라고 적힌 표지판을 들고 있었다.

"언론의 자유는 여러분이 필리핀 시민으로서 가진 모든 권리의 토대입니다." 나는 말을 이었다. "우리가 권력에 책임을 묻지 못한다면 우리는 아무것도 할 수 없습니다. 우리가 우리의 할 일을 할 수 없다면 여러분의 권리를 잃게 될 것입니다."

2020년 3월 봉쇄가 시작되기 전, 나는 바이러스가 우리의 민주주의를 감염시키게 내버려둬서는 안 된다고 경고했지만,[34] 바로 그런 일이 일어났다. 권력은 권한을 더욱 공고히 했다. 5월 5일 필리핀 정부는 ABS-CBN을 폐쇄했다.[35] 이런 일이 가능했던 것은 어느 정도 우리가 격리되어 있었기 때문이었다. 두테르테는 1970년대에 마르코스가 그랬던 것처럼 계엄령을 선포할 필요가 없었다. 팬데믹이 두테르테를 위해 계엄령을 대신해주었다.

나는 2020년 8월부터 여행할 권리를 상실했다. 서른여섯 차례 이상 세계를 여행한 후 다시 집으로 돌아왔는데도 사이버 명예훼손 사건을 다루는 항소법원은 네 차례나 법무부 차관 호세 칼리다의 손을 들어주었다. 그는 내게 도주 우려가 있다며 부당하게도, 그리고 터무니없게도 나를 이멜다 마르코스의 경우에 비교했다.[36]

항소법원이 기각한 여행 허가 요청 가운데 하나는 어머니가 암 진단을 받고 플로리다에서 수술을 기다리던 때 신청한 것이었다. 부모님은 늙었고, 멀리 떨어진 자식과 손주들은 도움이 되지 않았다. 나는 부모님이 계신 곳에 가서 생활에 필요한 이런저런 물품을 챙기고 팬데믹으로 지쳤을 마음을 돌봐드리고 싶었다. 게다가 크리스마스였다.

정말 무자비한 결정이었다. 나에게 씌워진 아홉 가지 혐의 가운데 여덟 가지를 다루는 다른 법원들로부터는 여행 허가를 받은 상태였다. 그런데 다음 날 아침 비행기를 탈 준비를 하고 있던 금요일 오후 다섯 시에 사이버 명예훼손을 다루는 항소법원이 허가를 거부한 것이었다. 부모님은 이미 내가 머물 방을 준비해두었고, 들뜬 마음으로 나를 기다리고 있었다. 필리핀 정부는 내 부모님의 감정까지 요동치게 하고 괴롭혔다. 나는 그럭저럭 견딜 수 있지만 연로하고 병든 부모님을 끌어들이는 것은 비인도적인 짓이었다.

나는 고통을 받아들이고 가족을 안심시켰다. 그리고 내가 아는 최선의 방법으로 대처했다. 나는 일을 했다.

노르웨이 노벨위원회 회의실에서. (왼쪽부터) 에즐 토예, 수상자 드미트리 무라토프(내 바로 뒤에 서 있다), 세계식량프로그램을 대표해 2020년 노벨평화상 수상자로 참석한 데이비드 비즐리, 베릿 라이스 안데르센, 앤 잉거, 크리스틴 클레메트, 요르겐 와트네 프라이드네스.(© Nobel Prize Outreach. Photo: Geir Anders Rybakken Ørslien)

12장

파시즘은 왜 승리하는가

협력하라, 협력하라, 협력하라

2021년 10월 8일이 포함된 주에, 래플러는 2022년 5월에 있을 필리핀의 중요한 선거를 위한 후보자 등록을 취재하고 있었다. 필리핀 사람들이 대통령을 포함해 1만 8,000명 이상의 관료를 뽑는 날이었다.

두테르테는 다른 많은 독재자들과 달리 마침내 권력을 내어주기로 마음먹은 듯했다. 필리핀 대통령은 6년 단임제이지만, 두테르테는 한동안 부통령에 출마하겠다는 뜻을 굽히지 않았다. 10월의 그 주에, 두테르테는 은퇴를 발표했다. 대부분의 필리핀 사람들은 두테르테가 후계자를 준비해두었을 거라 의심했다. 딸 사라가 대통령에 출마할 것이라는 말이 있었다. 하지만 그녀는 다른 사람, 즉 과거 독재자의 아들로 '봉봉'이라 불리는 페르디난드 마르코스 주니어에게 길을 열어주기 위해 부통령에 출마한다고 발표했다.

마르코스가 돌아왔다. 아버지 마르코스가 수천 명의 사람들을 투옥, 살해한 데다 국고에서 100억 달러를 약탈하고 결국 피플파워 혁명으로 일가가 쫓겨난 지 36년 만이었다. 오랜 시간 두테르테 정부가 거의 매일 벌이는 허위 정보 작전의 표적이었던 야당 지도자 레니 로브레도도 후보자 등록을 했다. 자신의 지지가 서서히 고조되어가는 것에 로브레도 자신도 놀라워하는 것 같았다.

선거관리위원회가 문을 닫기까지 채 30분이 남지 않은 시점에, 나는 인도네시아와 말레이시아의 다른 두 독립 언론사 대표와 함께 "위기에 빠진 언론: 동남아시아에서 독립 언론은 살아남을 것인가?"라는 제목으로 인터넷 세미나를 하고 있었다.

마닐라는 팬데믹으로 다시 봉쇄 상태였는데, 약 19개월간 두테르테 정부가 코로나19에 대처하면서 감염자를 줄이기 위해 시행한 조치는 봉쇄가 유일했다. 두테르테 정부는 백신 공급망을 확보하는 데 다른 나라보다 약 반 년 정도 늦게 움직이고 있었기 때문에[1] 골머리를 앓고 있었다. 마침내 백신을 공급받게 되었을 때는 효능이 가장 낮은 중국산 시노백에 우선순위를 두었다. 접촉자 추적은 대체로 희망사항에 머물렀고, 이제 상원은 팬데믹 시기에 이루어진 최대 규모의 거래와 관련한 부패 혐의를 조사하고 있었다. 이 거래에서 두테르테는 그의 중국인 친구이자 경제 고문인 마이클 양의 수상쩍은 회사와 모종의 연관이 있는 것처럼 보였다.[2]

이때쯤 내게 걸린 소송 가운데 두 건이 기각되었다. 끊임없는 법적 다툼으로 타격을 입고 있었으나 나는 세상에 경종을 울리는 내 임무를 그들이 가로막도록 내버려두지 않았다. 바로 3일 전 사실상 여행 금지 조치를 당했지만, 나는 또다시 법원에 여행 허가를 요청했다. 이번에는 하버드 대학교 케네디스쿨에 한 달간 특별 연구원으로 가기 위해서였다. 공개적으로 대결 신청을 한 셈이었다.

그때 휴대전화가 깜박이기 시작했다. 나는 화면에 뜬 전화번호를 보았다. 노르웨이에서 걸려온 전화였다.[3] "여보세요, 마리아 레사인가요?"

"네, 그렇습니다." 내가 대답했다.

"저는 오슬로에 있는 노르웨이 노벨연구소의 올라브 욜스타입니다. 노르웨이 노벨위원회를 대신해 전화를 드립니다. 마리아, 이 소식을 전하게 되어 기쁩니다—"

내 눈이 휘둥그레졌다. 몸을 뒤로 기댔다. 믿을 수가 없었다.

"—이곳 오슬로 현지 시간으로 11시에 당신이 2021년 노벨평화상로 수상자로 결정되었다는 발표가 있을 것입니다—"

"맙소사." 나는 작게 속삭였다. 펜을 집어 들었으나 무엇을 쓰려고 든 것인지 몰랐다.

"—필리핀에서 표현의 자유를 위해 용감하게 싸운 공로로 말입니다. 다른 후보자와 공동 수상할 예정인데, 아직 그 분에게 소식을 알리지 않아 지금은 공동 수상자의 이름을 밝힐 수 없습니다."

"세상에."

"노벨위원회를 대신해 축하드리고 나중에 다시 더 자세한 내용을 전해드리겠습니다. 하지만 이 소식을 듣고 떠오르는 대로 자유롭게 한 마디 해주시면 좋겠습니다."

"저는…… 저는…… 말문이 막히네요. 제가 사실은 인터넷 라이브 행사 중이라서요. 아, 세상에. 말을 못하겠네요. 대단히 감사합니다." 나는 정신이 멍했다.

심장이 두근거렸다. 나는 곧장 마낭들에게 메시지를 보냈다. "내가 이겼어!" 그리고 가만히 심호흡을 했다. 심장이 더 빨리 뛰는 것 같았다. 내가 노벨상 후보에 올랐다는 사실은 알았으나 실제로 그 상을 받는 건 우리의 집단 상상력을 넘어서는 일이었다. 곧바로 답이 왔다. 평소에는 똑똑한 나의 마낭들이 "세상에!"와 "세에상에!"만 반복하고 있었다.

20분 후에 수상 소식이 공개되었고, 책상 위에 놓인 모든 기기—휴대전화 두 대와 컴퓨터 두 대—가 울리기 시작했다. 나는 황급히 모두 무음으로 돌렸다. 세미나 사회자가 내게 한마디를 청했다. 나는 오디오를 켜고 입을 열었다. "이 상은 우리 모두의 것입니다." 그때 갑자기 그 사실이 분명하게 다가왔다. "맙소사, 충격이에요. 제 말 뜻을 아실 겁니다……." 목소리가 갈라졌다. 나는 충격을 감추는 대신 잠시 말을 멈추고 뒤로 물러났다. "죄송합니다. 언론인으로서 일하기가 얼마나 힘든지 그리고 우리가 하는 일을 계속하기가 얼마나 어려운지 인정받은 것 같아요……. 하지만 또, 바라건대 진실을 위한 싸움, 사실을 위한 싸움에서 이기기가 얼마나 어려운지 인정받은 것이기도 하겠지요. 우리는 물러서지 않습니다."[4]

나 혼자만의 승리가 아니었다. 래플러의 승리이자 우리끼리 함께 울고 웃으며 날아오른 순간들에 대한 지지의 표시였다. 한편으로 내가 이토록 감정을 마주 분출해도 될지 의심이 되었다. 그래서 팀원들에게 이번 수상으로 상황이 더 악화될 수도 있다는 것을 상기시켰다. 기쁜 순간에 찬물을 끼얹기는 싫었으나 우리가 안주하길 바라지 않았다. 그러자 한 마낭이 신호를 보냈다. 마음껏 축하하게 놔둬.

수상의 의미는 래플러를 훨씬 뛰어넘는 것이었다. 나는 그해 노벨상 수상자 가운데 유일한 여성이면서 노벨평화상을 받은 최초의 필리핀인이었다. 이 상은 나의 조국 필리핀만이 아니라 남반구에도 밝은 빛을 비춰줄 터였다.

힘든 상황을 견디기 위해 희망과 격려를 찾고 있던 필리핀 언론인의 승리이기도 했다. 우리의 세부 지국장인 라이언 마카세로는 현재 1년이 넘도록 감옥에 갇혀 있는 스물세 살의 프렌키 매 쿰피오[5], 그리고 2020년 5월 아내 콜린을 오토바이 뒤에 태우고 달리다가 총격을 받아 살해된 언론인 렉스 코르넬리오[6]를 상기시켰다.[7]

"좋은 사람들이 있는 한 희망이 있습니다." 콜린은 이렇게 말했다. "권력을 쥔 사람들, 그들이 영원히 권력을 쥐고 있지는 않을 거예요. 그리고 그들이 무슨 죄를 저지르든 그 죄는 그들 자신에게 돌아갈 것입니다."

정의 추구는 우리가 언론인이 된 이유다. 선에 대한 믿음은 내 세계관에 필수 요소다. 노르웨이 노벨위원회는 나와 〈노바야 가제타〉* 의 드미트리 무라토프를 노벨평화상 수상자로 발표하면서 전 세계 모든 언론인에게 말했다. "우리는 여러분의 고통, 희생, 괴로움을 알고 있습니다." 이 말은 우리의 정보 생태계에 떨어진 보이지 않는 원자폭탄으로 인해 우리가 개인적으로 느끼고 있는 참화를 다른 사람들도 보고 느끼고 있음을 인정하는 것이었다.

우리가 함께 있다고, 노벨위원회는 말했다. 우리가 함께 무언가를 할 수 있을 거라고.

노벨상 발표와 사실상의 여행 금지 조치 직후에, 필리핀 법원은 내가 보스턴에 가서 하버드에 한 달 동안 머무는 것을 승인했다. 하버드 케네디스쿨 공공지도자센터의 하우저 리더 프로그램[8]**에 참여하고, 쇼런스타인미디어·정치·공공정책센터[9]***의 특별 연구원 자격을 얻은 것은 개인적으로 영광스러운 일이었다. 나는 내가 점점 몰두하게 된 사안에 집중할 수 있었다. 기술과 언론이 어떻게 정치와 공공 정책을 형성하고 있으며 그것이 공공의 리더십에 의미하는 바는 무엇인지. 잘못된 행동이 계속해서 보상을 받는다면 우리

* Novaya Gazeta, 러시아 정부에 비판적인 러시아 신문으로 체첸 분쟁 등 푸틴 정부의 비리를 폭로했다.
** 여러 분야의 유명 인사가 1~2학기 동안 학생들에게 조언하며 행사를 이끄는 프로그램.
*** 이론과 실제에서 미디어, 정치, 공공 정책의 교차점과 영향을 탐구하는 하버드 케네디스쿨의 연구 센터.

의 미래 지도자들은 어떤 가치관을 가지게 될지. 이 뒤집힌 세계에서 리더십은 어떤 모습으로 나타날지.

나는 시시포스와 카산드라를 합쳐놓은 것처럼 살면서 래플러와 법정 소송으로 인해 끊임없이 압박감을 느끼고 있었다. 하지만 노벨상을 받은 뒤로 나를 향해 귀를 기울이고 있는 세상에 내가 하고 싶은 말이 무엇일지 다시 생각하고 재구성해야 한다고 생각했다. 하버드에서의 즐거운 대화와 탐험에 몸을 푹 담그고 새로운 맥락에서 나의 생각들을 되돌아보았다. 쇼샤나 주보프와 함께한 시간이야말로 가장 기억에 남을 만한 일이었다. 쇼샤나의 연구는 내게 대단히 깊은 영향을 미쳤다. 우리는 실질적페이스북감독위원회에서 거의 일 년 넘게 함께 일한 적이 있었다. 이번에는 쇼샤나가 그림 같은 호수가 내려다보이는 메인주의 본인 집으로 나를 초대했다. 쇼샤나는 함께 산책하는 동안 자신의 세계 인식과 경험에 대해 소상히 들려주었다. 쇼샤나의 경험에는 많은 최초가 있었다. 그중 하나가 남성이 지배하던 하버드대 경영대학원의 첫 여성 종신 재직 교수가 된 일이었다. 명예교수인 쇼샤나는 인터넷의 포괄적 비전을 형성하는—그리고 파괴하는—양상과 추세를 연구하고 가르쳤다.

쇼샤나에게 모든 문제는 '본원적 추출primary extraction'—이 말도 쇼샤나가 만들었다—이라는 원죄가 낳은 혼란이자 부산물이다. 쇼샤나는 본원적 추출이라는 용어를 이용해 소셜미디어 기업이 어떻게 기계 학습과 인공지능을 이용해 우리의 사적 행위와 삶을 가져가 우리의 개인 데이터를 수집하고 조직한 다음 각각의 개별적인 모델을 구축하는지, 그리고 그것을 자신들의 자산이라고 공개적으로 선언하고 영리를 위해 우리를 암암리에 조종하는 알고리즘을 만드는 데 이용하는지를 설명한다. 그들은 보상하지 않으며 우리에게 허가를 구할 필요도 없다. 쇼샤나는 도덕상 비난받을 만한 관행인 본원적 추출을 노예제에 비교하며 불법화를 요구한다. 이 원죄를 바로잡는다면 안전과 경쟁, 사생활의 문제를 포함해 그것이 낳은 다른 모든 문제를, 그로 인한 연속적 실패를 해결할 수 있을 것이다.[10]

쇼샤나는 첫 번째 추종자 이론*과, 그 추종자가 종종 리더의 위험을 떠안는다는 사실을 상기시켰다. 이미 2016년부터 많은 사람들이 경보를 울렸으나 기술을 비즈니스와 연결하고 여기에 비로소 '감시 자본주의'라는 이름을 부여한 이는 쇼샤나였다. 쇼샤나는 권력과 돈의 문제를 끌어왔고 우리를 충격에 빠뜨렸다. 쇼샤나는 현재 우리가 감시 자본주의의 세 번째 단계에 와 있으며, 페이스북의 내부고발자인 프랜시스 호건이 충격적인 내부 문서를 공개한 후 공개적인 토론이 꽤 진행되었다는 점을 내게 상기시켰다. 물론 최전선에 있는 우리 같은 사람들은 그것으로 충분하다고 생각하지 않는다. 나와, 그리고 나와 같은 사람들에게, 행동하지 않는 날은 모두 불의의 날이다.

* 외로운 미치광이를 리더로 만드는 것은 첫 번째 추종자이며 따라서 변화를 일으키려 할 때 첫 번째 추종자를 끌어들이는 일이 가장 중요하다는 이론.

쇼샤나와 나는 함께하는 시간 동안 끊임없이, 활기차게 서로의 생각을 주고받았다. 우리는 큰 그림과 원자화된 경험, 현재와 이후 10년에 대해 이야기를 나누었다. 마지막 날, 우리는 쇼샤나의 바깥채에 딸린 방에서 탁탁 소리를 내며 타오르는 불을 앞에 두고 이제 세계가 무엇을 해야 하는가에 대한 나의 질문에 초점을 맞추었다. 나는 페이스북과 유튜브 같은 플랫폼이 채택하도록 밀어붙일 수 있는 빠르고 쉬운 조치를 찾고 있었다. 쇼샤나는 모든 제안을 받아들이면서, 내가 제시하는 방법이 왜 부적절한지, 진정한 변화를 가져오기 위해서는 왜 비즈니스 모델 자체를 직접 공격해야 하는지 보여주었다. 내가 완고하다면 쇼샤나는 완강했다.

"제도로서 언론은 21세기에 재창조되어야 해요." 쇼샤나가 말했다. "디지털 세계에서 언론은 어떻게 해야 할까요? 감시 자본주의는 아니잖아요. 감시 자본가와 경쟁해서 똑같은 감시 배당금을 얻으려는 건 아니니까요. 그게 그들이 지금 하고 있는 일이고 그들이 할 줄 아는 유일한 방법이죠."

"게다가 우리는 그들의 소셜 공유 버튼을 사용해서 우리의 가장 소중한 자원을 그들에게 제공하죠. 우리의 관계 말이에요." 나는 생각한 바를 그대로 말했다. "그게 우리 언론의 질을 떨어뜨리고요." 나는 언론을 페이지 조회 수로 환원해버리면 언론이 상품화되고 말 것이라고 오랫동안 말해왔다. 그리고 우리의 기사가 역보상을 특징으로 하는 소셜미디어에서 배포되는 한, 도달률은 제한될 수밖에 없다. 우리는 분노를 두고 경쟁할 수 없다. 그것은 우리의 규범 및 윤리 지침에 위배되는 것이기 때문이다.

"언론이 소셜미디어에 최적화하도록 강요받고 있죠." 쇼샤나가 내 생각을 마무리했다. 소셜미디어는 언론을 형성하고 있었다. 페이스북이 광고주와 콘텐츠 게시자에게 앞으로는 영상이 더 많이 배포될 것이라고 발표한 뒤로[11], 전 세계 뉴스 조직이 편집 직원을 해고한 뒤 영상 팀을 채용하고 광고주가 페이스북의 영상에 광고를 게재하게 된 것처럼 말이다. 하지만 페이스북은 거짓말을 했다. 페이스북은 영상 조회 수[12]를 900퍼센트까지 부풀렸으며, 내부 기록에 따르면 이 실수를 거짓말로 덮으면서 1년이 넘도록 비밀로 유지했다.

"결국 어떤 언론이 살아남을지 결정짓는 것은 감시 자본주의예요." 쇼샤나가 강조했다.

기술 기업은 민주주의를 파괴하는 데서 그치지 않는다. 저지하지 않으면 훨씬 더 많은 것을 잃을 수 있다.

내가 말 그대로 나의 자유와 안전을 위해 싸우는 동안, 허위 정보 작전은 필리핀의 과거를 지우고 재구성하고 있었다. 역사가 천 갈래로 찢겨 죽어가고 있었다. 메타 서사 뿌리기와 노골적 거짓말은 무엇보다 독재자의 아들이 부상하는 과정에서 충격적인, 또는 두드러진 역할을 하게 될 터였다.

마르코스 일가가 피플파워로 강제 추방된 지 36년째 되는 2022년 2월 8일 화요일, 가장 유력한 대선 후보인 페르디난드 마르코스 주니어가 그의 선거 캠페인을 시작했다.[13] 그는 자신의 아버지가 억압 통치를 하던 시절의 언어, 구호, 노래를 사용했다. 거대한 LED 스크린이 설치된 대형 무대에서 새로운 세대를 위해 새로운 비트[14]를 추가한 1970년대의 계엄 성가, "바공 리푸난Bågöng Lĭpůňåń"(새로운 국가)[15]이 흘러나왔다. "새로운 탄생이 있다/새로운 삶이 있다/새로운 나라, 새로운 길/새로운 사회에서!"[16] 아버지 마르코스는 계엄을 "헌법적 권위주의"라 부르며 개혁을 위해 그리고 "새로운 사회"를 만들기 위해 필요한 일이라고 했다. 오늘날까지도 마르코스는 최대 100억 달러[17]를 빼돌려 "정부가 저지른 가장 큰 약탈"이라는 기네스 기록을 보유하고 있으며, 그의 아내 이멜다의 악명 높은 구두 컬렉션은 도둑질을 가능하게 한 그 얽히고설킨 약탈 정치의 상징이 되었다. 2020년 말 현재 이 가운데 34억 달러만이 회수되었다. 인권 면에서는 7만 명을 구금하고 3만 4,000명을 고문했으며 3,240명을 살해했다.

마르코스 일가가 망명하기 직전, 페르디난드 마르코스와 이멜다 마르코스의 외아들에 대한 내 기억은 두 장의 사진으로 요약된다. 전투복에 총을 차고 말라카냥 궁 발코니에 있는 젊은 시절의 사진과 뺨에 필리핀 국기를 그린 채 대통령의 요트에서 파티를 하고 있는 사진이 그것이다. 예순네 살이 된 봉봉이 아버지 마르코스처럼 1960년대 스타일의 셔츠와 바지를 입고 똑같은 머리 모양을 하고 무대에 올랐다. 거의 세 시간에 걸쳐 치러진 이 행사는 역사를, 과거를, 그리고 현재를 왜곡했다. 마르코스는 실체는 거의 언급하지 않으면서 '통합'이라는 상투적인 표현만 반복했는데, 그의 어머니가 내뱉은 말을 포함해서 '통합'을 뜻하는 필리핀어 단어를 20분 동안 스물한 번이나 언급했다. 이러한 과거의 현재적 순간은 끔찍하다. 정보 기술이 특히 억압적 과거와 연관된 디지털 포퓰리즘의 부상을 어떻게 도울 수 있는지 정확히 보여주기 때문이다.

봉봉의 자질은 어떨까? 그의 아버지조차 일기에서 아들의 방탕하고 버릇없는 태도를 불평했다.[18] 하지만 아버지 마르코스는 스물두 살의 아들 봉봉이 마닐라에서 북쪽으로 439킬로미터 정도 떨어진 고향 일로코스노르테 지역의 주지사로 당선될 수 있도록 도왔다. 봉봉의 누나인 이미는 직장이 없는 남동생에 대해 장난스럽게 불평하는 말을 했는데,[19] 실제로 그는 정치인이었던 때 외에는 14년 동안 직업을 가진 적이 없었던 것 같다.[20] 봉봉은 1992년 하원의원이 되었고, 그다음 주지사 자리에 올랐다. 1995년에는 처음으로 국가직에 입후보했으나 패배했고, 2010년 상원의원이 되었다.

2016년에 부통령에 출마한 봉봉은 약 20만 표 차이로 패배했다. 그러나 이때 대통령이 될 준비를 완전히 마쳤다. 봉봉의 어머니 이멜다는 직설적이다. 그녀는 봉봉이 대통령이 되는 것은 "운명"[21]이라고 말한다. 그의 집권은 한 번도 사라진 적 없고 오히려 소셜미디어에 의해 최종적인 추진력을 얻은 후원 중심의 동맹을 통해 바닥에서부터 치밀하게 계획된 것이었다.

2019년 래플러가 마르코스의 정치 선전과 관련하여 3회의 연속 기사를 통해 폭로한 데이터가 있는데도, 마르코스는 지금까지도 '트롤들'[22]*과의 연관성을 부인하고 있다. 봉봉의 소셜미디어 계정의 메시지는 분명하게 과거를 바꾸는 것부터 시작했다. 시작부터 그는 자신이 옥스퍼드 대학교와 워튼스쿨(펜실베이니아 대학교 상경대학)에서 교육을 받았다고 거듭 거짓말을 했다. 래플러의 단독 기사로 거짓말이 발각된 후,[23] 봉봉의 상원 사무실은 상원의원 웹사이트에 실린 이력을 조용히 바꾸었으나 그는 이 거짓말을 더 완강히 밀어붙였다.[24] 이런 행태는 도널드 트럼프와 마크 저커버그를 비롯한 많은 사람들에게 배운 것으로, 소셜미디어에 의해 쉽게 활성화된다.

봉봉의 허위 정보망은 복사해 붙이는 댓글로 인기 페이지와 뉴스 그룹을 장악하면서 오랫동안 가족의 천적으로 여겨지던 아키노 일가의 유산을 조금씩 갉아먹고 마르코스 일가의 이미지와 역할을 회복시켰다. 웹사이트부터 페이스북 페이지 및 그룹, 유튜브 채널, 소셜미디어 인플루언서까지 연결된 이 허위 정보망은 대대적 선전을 쏟아내, 우선 마르코스 정권의 무절제, 약탈 정치, 인권 침해에 대해 가볍게 넘기거나 노골적인 거짓말을 하고, 마르코스의 업적을 과장하며, 비판하는 사람이나 경쟁자나 주류 언론을 비방했다.

이멜다 마르코스가 "마르코스가 다시 대통령이 될 것"이라고 암시한 직후인 2014년, 페이스북에 마르코스 관련 페이지가 급증하기 시작했다.[25] 2014년 페이스북의 인기 페이지인 피노이랩라디오

* trolls, 악의적이거나 선동적인 글 또는 댓글을 쓰는 인터넷 사용자.

Pinoy Rap Radio에 올라온 한 게시물에서 마르코스 주니어는 마르코스 일가가 약탈을 저질렀다는 증거는 없으며 그의 어머니가 "모든 부패 관련 소송에서 이겼다"고 주장했다. 이는 둘 다 거짓말이다.

그런데도 이 페이스북 게시물은 2018년 11월 15일 래플러가 게시물을 발견하고 사실 확인을 하기까지 33만 1,000회 공유되고 댓글이 3만 8,000개 이상 달렸으며 36만 9,000개 이상의 반응을 얻었다. 이 게시물은 이내 반향실*이 되어버린 곳, 구성원들이 거짓을 사실이라고 믿는 곳에서 4년 동안 검증되지 않은 채 확산되었다. 반면 우리의 사실 확인은 공유 3,500회, 댓글 2,100개에 그쳐 도달률이 한심할 정도였다.

이것이 바로 선전망이 역사를 다시 쓰는 작업에 효과적인 이유다. 거짓말이 유포, 확산되는 정도는 뒤따르는 사실 확인보다 훨씬 더 크고, 거짓말이 폭로될 즈음에는 이미 그 거짓말을 믿게 되어버린 사람들이 좀처럼 자신의 견해를 바꾸길 거부한다. 소셜미디어가 세계 다른 지역의 행동에 미치는 영향도 이에 부응한다.[26]

마르코스의 네트워크는 두테르테의 허위 정보 및 선전망과 손잡고 협력해서 공동의 목표를 달성하기 위해 공동의 주제를 사용했다. 2018년에 이르면 필리핀 페이스북 정보 생태계의 중심은 마르코스-두테르테 네트워크가 지배해 언론사들은 주변부로 밀려났다.

* echo chamber, 특정한 정보에 갇혀 새로운 정보를 받아들이지 못하는 현상을 가리키는 용어.

이들 네트워크의 많은 주장이 사실 확인을 통해 거짓으로 드러났으며 그 일부는 '조직화한 허위 행위'로 인해 페이스북에 의해 삭제되었다.[27] 그해에 가장 빠르게 성장한 페이스북 사이트 가운데 하나는 '일상의 파수꾼'이었는데, 래플러가 러시아의 허위 정보와 연관성이 있음을 폭로한[28] 후 페이스북에 의해 삭제되었다('일상의 파수꾼'이 래플러를 최전선에서 공격했다는 사실은 우연이 아니다). 2020년 페이스북은 마르코스의 이미지를 윤색하고 나와 다른 언론인을 공격하는 중국발 정보 작전을 삭제했다. 하지만 마르코스의 네트워크는 계속 성장해 필리핀의 주류 언론을 훨씬 능가하는 규모로 콘텐츠를 생산하고 증폭시켰다.[29]

2021년 마르코스가 대선 출마를 선언할 즈음에는 그의 네트워크가 소셜미디어를 지배했다. 마르코스가 애초에 페이스북 광고에 돈을 쓰지 않고 대답하기 힘든 질문을 할 것이라 예상되는 언론인과의 인터뷰나 토론을 모두 거부한 것도 이처럼 믿는 구석이 있기 때문이었을 것이다.[30] 그에게는 이미 꼼짝없이 듣고 있을 수밖에 없는 청중이 있었고, 따라서 누군가를 이길 필요가 없었다. 마침내 마르코스는 35년이 지난 문제에 대해 이야기할 시간은 끝났다고 선언했다. 선거 캠페인을 열어젖힌 그의 20분짜리 연설에는 공약도, 방법과 대의도 없었고, 아버지 마르코스 치하에서 살해된 수천 명의 사람들, 실직한 수백만 명의 사람들, 수조 페소의 국가 부채, 그리고 이 모두와 함께 일어난 부패 스캔들에 대해서 아무런 언급도 하지 않았다. 그는 단지 빛나는 미래를 그리면서 다시 필리핀을 위대하게 만들겠다고 거듭 약속했다.

이제 정보 생태계에서 벌어지고 있는 전 세계적 문제는 분명해졌다. 나는 2020년 많은 시간을 우리의 세계를 뒤집어놓은 기술에 맞설 수 있는 방법을 찾으려고 애썼다. 다른 나라들이 필리핀에서 래플러가 겪고 있는 경험을 다시 한번 살펴본다면 각자의 정치 맥락과 상황, 그리고 맞서 싸우는 법에 대한 통찰을 얻을 수 있으리라고 본다.

나는 사람들이 우리의 세 가지 기둥을 복제할 수 있기를 바란다. 기술, 언론, 커뮤니티가 그것이다.

첫째, 우리는 기술에 책임을 요구해야 한다.[31] 이것은 정부의 조치에서 시작해야 한다. 소셜미디어 기업들은 대중의 압력과 외침을 무시해도 괜찮은 것으로 여기기 때문이다. 하지만 입법 외에, 기술과 싸우는 유일한 방법은 기술이다. 이와 관련해 래플러는 라이트하우스Lighthouse를 구축했는데, 사실을 둘러싼 공적 담론을 보호하기 위한 수단으로 언론인들이 만든 기술 플랫폼이다.

두 번째 기둥은 언론의 탐사 보도 기능을 보호하고 성장시키는 것이다. 내가 참여했던 국제 행동 중의 하나로 국제공익미디어기금International Fund for Public Interest Media이 있다. 이는 전 세계 뉴스 그룹의 광고 수익이 감소하는 상황에서 즉각적인 중단기 해결책으로 고안한 것이다. 민주주의를 믿는 정부라면 가치를 두는 곳에 투자하라는 발상으로, 공적개발원조ODA 기금에서 고작 0.3퍼센트를 차지하

는 미디어 분야 지원을 늘려 언론을 위한 새로운 자금을 마련하는 것이 목적이다.[32]

그다음으로 우리는 언론인을 보호해야 하며 이는 법에서부터 시작된다. 불법을 저지르고도 처벌받지 않는 일은 없어져야 한다. 나는 아말, 퀄런, 커빙턴 팀과 일하면서 전 세계 언론인에 대한 법적 보호가 얼마나 취약한지 알게 되었다. 여러 측면에서 변호사들도 두더지 게임을 하고 있다. 민주주의 국가들이 공적개발원조 기금에 참여하듯, 이와 관련된 국제법을 마련하기 위한 시스템 차원의 통합된 노력이 필요하다. 사실이 없으면 법이 있을 수 없고 민주주의도 없기에 이런 노력을 기울이는 것은 당연하다.

법 너머에는 신체 학대와 폭력, 여성 혐오와 혐오 발언 같은 구세계의 위험이 있다. 독재자들이 기술을 더욱 잘 이용할 수 있게 되면서 언론인과 인권 활동가를 감시하면서도 처벌받지 않는 방법을 고안해냈다. 더욱이 그들은 서로에게서 배워 독재자의 공략집을 완성하고 서구의 도구 상자에서 나온 시대에 뒤떨어진 조치로부터 서로를 방어한다.[33] 러시아와 중국 같은 나라가 벨라루스, 미얀마, 베네수엘라, 튀르키예 등에 달려가 도와주었던 것처럼 경제 제재도 힘을 잃고 있다. 민주주의 가치를 지지하는 나라들의 새로운 패러다임이 필요하다. 자유를 제한하는 국가들이 힘을 결집해 유엔이나 유네스코 같은 국제기구를 약화시키고 있기 때문이다.

세 번째 기둥을 세우기 위해, 우리는 행동 커뮤니티를 계속해서 확장해나갔다. 우리의 주문은 협력하라, 협력하라, 협력하라였다.

우선 최전선의 언론인을 보호하기 위해 전 세계가 협력해야 한다. 이것이 언론보호위원회, 세계언론인센터, 국경없는기자회가 전 세계 80개 이상의 언론 자유, 미디어, 시민사회 부문의 단체를 모아, 처음에는 래플러를—우리는 이를 #물러서지마라 연합[34]이라고 불렀다—그다음에는 지원이 필요한 전 세계의 다른 언론인들을 도운 이유이다. 이 연합은 나중에 인권 활동가가 연루된 불의에 관심을 촉구하는 데까지 확장되었다.

우리는 2021년에도 계속해서 연합을 만들어갔다. #CourageON(#용기를내라)은 온라인 공격이 현실 세계의 공격으로 전환되는 것을 목격하고 있는 많은 인권 단체들을 연결하기 위한 것이었다. 85개 이상의 단체가 모여 함께하면 맞설 수 있는 힘이 생긴다는 것을 입증했다. 그해의 중반에는 #PHVote(#PH투표하라) 연합과 함께 선거를 준비했다.

그러나 11월 즈음 우리는 더 많은 일을 해야 한다는 사실을 깨달았다. '유리창을 깨는' 비상 조치가 필요했다. 우리가 보고 있는 데이터와 연구 자료, 그리고 우리가 겪은 일을 바탕으로 범사회적 접근을 꿈꾸기 시작했다. 우리는 이를 #FactsFirstPH(#사실이먼저다PH)[35]라 부르고 우리의 커뮤니티에 함께 행동할 것을 촉구했다.

우리는 사실로부터 출발한다. 나는 2016년부터 주요 뉴스 그룹들에 공동으로 사실을 방어하기 위한 협력 방안을 제안해왔다. 그러나 언론사 간 경쟁으로 인해 협력은 이루어지지 않았고, 우리 모두가 불리한 처지가 되었다. 정보 작전을 정보 전쟁으로 바꾼 두테르테-마르코스 허위 정보망에 의해 언론사들이 주변부로 밀려난 것이다. 목표는 우리의 집단적인 디지털 발자국을 하나로 모으는 것이었다.

이 일은 래플러의 사고방식의 변화와 더불어 시작되었다. 우리는 우리 회사의 이익만을 위해 행동하는 대신, 우리가 알게 된 교훈을 경쟁자들과 공유했다. 회사에는 위험한 일일 수 있지만 민주주의를 위한 싸움에서는 올바른 도덕적 선택으로 보였다. 이 중에는 검색 엔진을 통해 64퍼센트 이상의 사용자에게 도달하는 방법이 포함되어 있었다.[36] 우리는 소셜미디어가 실제로 언론의 질을 떨어뜨린다는 사실을 알고서 소셜에서 검색으로 전환했다.

그래서 우리는 데이터 파이프라인으로 연결되어 함께 작용하는 네 개의 층을 만들었다. 이 네 개의 층은 거짓말을 바로잡고, 시민사회의 행동을 이끌어내고, 제대로 처벌하는 법 체계를 마련하는

데 들이는 시간을 단축시킬 것이었다. 나는 규모, 영향력, 억제라는 세 가지 목표를 설정했다.

그 기초에는, 지금은 대체로 더 이상 존재하지 않는 언론의 핵심 역할인 사실 확인이 있다. 필리핀의 네 개 주요 뉴스 그룹인 ABS-CBN, 뉴스5, 인터랙시언Interaksyon, 래플러가 이 연합체에 단단히 닻을 내리고 있다. 여기에 지리적이고 초지역적인 배포를 위해 지방 및 지역 뉴스 그룹이 합류했다. 각 뉴스 그룹이 사실 확인을 마치면 두 번째 층으로 옮겨가는데, 나는 여기에 '그물망the mesh'이라는 별명을 붙였다. 이 그룹의 모든 구성원은 각각의 사실 확인을 가져다가 원래의 출처를 밝히고 재게시하거나 용도를 변경해 쓸 수 있다. 우리는 또 뉴스 그룹들의 소셜 게시물을 공유하기로 약속했다. 이렇게 하면 두 가지 목표를 달성할 수 있다. 구글 검색 시 우리의 각 사이트에 있는 링크가 우리 모두를 함께 묶어주는 한편 공유를 통해 알고리즘에 배포 신호를 보낼 수 있게 된다.

#FactsFirstPH의 두 번째 층에는 시민사회 단체, 인권 단체, 비정부기구NGO, 기업, 그리고 교회가 포함되어 있다. 백 개가 넘는 이 단체들은 사실을 받아 그들의 커뮤니티에 증폭시키는 역할을 맡는다. 이때 이 단체들은 사실에 대한 감정도 함께 공유한다. 공동의 그물망을 통해 우리는 실시간으로 함께 논의하고 협력할 수 있을 뿐만 아니라 알고리즘의 증폭을 강화해서 사실 확인을 더 널리 배포하는 데 도움이 된다.

세 번째 층은 적어도 일곱 개의 허위 정보 조사 단체로 이루어진다. 이들 단체는 데이터를 가져와 파악해서 공공 영역이 어떻게 조작되고 있는지 알려주는 주간 보고서를 발표한다. 이는 미국에서 2020년 선거를 대비해 설립된 선거진실성파트너십Election Integrity Partnership에서 영감을 받았다.[37] 나는 이를 첫 두 개 층에 연결해서 행동 시간을 줄이면서 동시에 더 많은 협력을 장려하고 배포를 늘릴 수 있기를 바랐다. 2020년 3월부터 5월까지 조사 단체들이 21회의 주간 보고서를 발표해 우리의 커뮤니티가 어떻게 조작되고 있는지, 그로부터 누가 이득을 보고 누가 공격을 당하는지 알려주었다.

끝으로, 너무 오랫동안 침묵해온 마지막 중요한 층이 있다. 바로 법치주의를 유지하고 책임을 묻는 데 앞장서야 할 변호사 그룹이다. 민주주의운동부터 필리핀변호사회, 무료법률지원그룹까지, 이 법률 지원 층은 공격받는 사람들을 보호하고 플랫폼 설계상의 선택에 대해 체계적인 법적 해결책을 마련하며 전략 및 전술상의 소송을 제기한다.

이것이 효과가 있을까? 알 수 없지만, 2011년 8월 우리가 페이스북 페이지로 래플러를 시작했을 때도 그랬다. 기술 플랫폼으로부터 실질적 해결책이 나오지 않으면 우리는 두 손 들 수밖에 없다. 지금은 선거의 진실성이 위태로운 상황이다. 해결책이 마술처럼 나타나지는 않으리라는 것도 알고 있다. 그러니 우리는 우리가 가진 것으로 최선을 다한다. 행동하고, 매일 반복한다. 지금까지 이것이 우리의 유일한 집단 방어 체제다. 해결책을 찾는 유일한 방법은 행동하는 것이다.

거짓말이 사실보다 더 빠르게 퍼지고 있다는 사실이 분명해진 후, 우리는 대통령 선거 100일 전에 출범식을 가졌다. 미디어, 시민사회, 교회, 학계, 기업, 그리고 변호사로 이루어진 140개 이상의 단체가 함께 뭉쳤다. 허위 정보와 싸우고 선거 진실성을 확보하기 위한 범사회적 접근이었다.

조직하는 데 거의 3개월이 걸렸으나, 더 이상 희생자가 아니라는 사실에 신이 났다. 마치 국민 스타트업을 만드는 것 같았다. 우리는 기술 및 데이터 플랫폼을 제공하는 구글뉴스이니셔티브*와 샌프란시스코의 스타트업 기업인 미던**의 도움을 받아 피라미드의 각 층을 연결했다.[38] 이 연합체의 출범은 흥미진진했으며 우리 모두 함께였다.

성공의 첫 신호는 내가 "어벤저스, 집합!"***을 외치고 2주 후에 왔다. 법의 무기화를 주도한 법무부 차관 호세 칼리다가 래플러와 선거관리위원회를 상대로 대법원에 탄원서를 제출한 것이다. 래플러가 선거를 조작한다고 비난하며 사실 확인이 "사전 제재"라고 했다.[39] 우리는 그의 문제 제기에 정면으로 대응해 우리의 커뮤니티 내에 사실 확산을 위한 유기적 그물망과 배포 체계를 만드는 데 성공했다.

---

* Google News Initiative, 지속 가능하고 다양하며 혁신적인 뉴스 생태계를 구축하기 위해 콘텐츠 게시자 및 언론인과 협력하는 구글 팀.
** Meedan, 비영리 기술 스타트업으로 언론, 디지털 문해력, 온라인 및 오프라인에서의 정보 접근성을 강화하기 위한 소프트웨어 및 프로그램 기획을 한다.
*** 마블 영웅들이 함께 떨쳐 일어날 때 쓰는 구호.

효과가 있었을까? 물론이다. 데이터가 이를 보여준다.

만일 여러분의 나라에 선거가 다가오고 있다면 #FactsFirst 피라미드를 조직하라. 1년, 최소 6개월의 시간을 두고.

그러다가 세상이 극적으로 변했다. 2022년 2월 24일 러시아가 우크라이나를 침공했고, 하루 뒤 (마르코스 독재를 축출하는 것을 기념하는 휴일인) 피플파워 36주년 기념일에 열린 레니 로브레도의 선거 유세에 엄청난 인파가 몰리기 시작했다. 우크라이나와 로브레도 둘 다 오랫동안 허위 정보의 표적이 되어왔다. 그러나 이후 몇 주 동안 실제 사람이 이끄는 집단행동이 전세를 뒤집기 시작해서 희망과 빛에 균열을 만들었다.

2014년 블라디미르 푸틴은 크림반도를 침공해 우크라이나 영토를 합병했다. 그는 훗날 전 세계에서 사용될 양면 전략을 썼다. 불리한 사실을 억압하고 억누른 다음 원하는 메타 서사로 대체하는 전략 말이다. 이 경우에 그들이 원하는 서사는 크림반도와 우크라이나 사람들이 러시아와의 통합을 원함에도 러시아의 적인 반유대주의 파시스트들이 이를 가로막고 있다는 것이었다.

8년 후, 푸틴은 똑같은 메타 서사를 이용해 우크라이나를 침공해서 러시아인과 우크라이나인 모두의 현실을 갈가리 찢어놓았다. 푸틴이 계산에 넣지 못한 것은 코미디 배우에서 대통령이 된 볼로디미르 젤렌스키가 우크라이나를 떠나기를 거부하고 우크라이나 국민에게 싸울 것을 촉구한 것이었다. 한 사람이 내린 이 결정이 푸틴의 계획을 무산시켜 우크라이나인만이 아니라 전 세계 많은 이들에게 영감을 주었다.

필리핀에서는 레니 로브레도의 선거 유세에 도시마다 수만에서 수십만 명의 사람들이 모이기 시작했고, 이 나라에 전례가 없는 자발적인 선거운동에 불을 붙였다.[40] 로브레도의 지지자들은 허위정보와 싸우기 위해 가가호호 방문도 불사했다.

3월은 행동의 달이 되었다. 로브레도의 대중 동원력이 반영되어, 우리의 피라미드 조직 #FactsFirstPH도 성장했다.

하지만 이것으로 충분하지 않았다.

정치 조직부터 봉건적 후원 중심의 정치체제 내 협력자들까지, 수십 년간 준비해온 체계적인 실행력에 직면하게 되면 열정은 꺾일 수밖에 없다. 우크라이나 전쟁이 시작되면서 수천 명의 우크라이나인이 사망하고 수백만 명이 난민이 되었다. 그리고 필리핀에서는 2014년부터 형성된 정보 작전과 온라인 네트워크가 마르코스를 다시 필리핀의 권좌에 앉혔다. 그 옆에는 러닝메이트 사라 두테르테가 함께였다.

2022년 5월 9일 필리핀에서 피할 수 없는 일이 일어났다.

잊지 말기를. 우리가 가는 길을 당신도 가게 될 수 있다.

밀란 쿤데라는 "권력에 대한 인간의 투쟁은 망각에 맞서는 기억의 투쟁"이라고 썼다.

우리는 밈을 보고 웃으면서 역사를 잊었다. 우리의 생명 활동, 우리의 뇌와 심장도—설계상—사실보다 거짓의 배포에 우선순위를 두며 뉴스를 확산시키는 기술의 체계적이면서 은밀한 공격을 받아 왔다.

나는 여러 역사의 주기를 겪으면서 진자의 거친 진동을 기록했다. 이 진동은 마침내 안정되어 새로운 평형을 찾을 터이다. 언론인이 공공 정보 생태계의 문지기였을 때, 이런 평형을 찾기까지 수십 년이 걸렸다. 기술이 우리의 정서적 안전에 대한 책임을 방기해버린다면 몇 날 안에 역사가 바뀔 수도 있다. 그만큼 감정을 통해 기억을 바꾸는 일이 쉬워졌다.

그런 일이 실제로 일어났고, 권력에 대한 오랜 견제와 균형이 무너지면서 우리의 세계가 달라졌다. 우리는 두려움을 조장하고, 우리를 분열시켜 서로 등지게 하며, 분노와 혐오를 부채질하고 살찌우는 무능한 포퓰리스트를 선출했다. 그들은 그들 자신과 똑같은 관료들을 임명했다. 그들의 목표는 좋은 통치가 아니라 권력이었다. 흰개미가 나무를 조금씩 갉아먹을 때처럼, 우리는 우리가 서 있는 바닥이 순식간에 무너져 내릴 수 있다는 걸 알지 못했다. 권력 놀음에만 관심이 있는 저 지도자들은 전 세계가 함께 대응해야 하는 실존의 문제를 무시했다.

기술은 이 모든 일을 혼자서 하지 않았다. 그것은 수십 년간 자유주의적 진보가 쌓아올린 불쏘시개에 불을 지피는 촉진제였을 뿐이다. 결국 뉴턴의 제3법칙이 맞았다. 모든 행위에는 작용과 반작용이 따르는 법이다. 우리가 진보할수록—여성의 권리, 동성 결혼, 다원

주의 사회—단순함에 대한 향수가 더욱 커졌다. (그 단순함이란 실은 한 번도 존재한 적이 없다는 게 핵심이다.) 버락 오바마의 당선도 작용과 반작용을 일으켰다. 백인 대체론이라는 새로운 이름 아래 파시즘이 재등장할 수 있는 퍼펙트스톰이 마련된 것이다. 이는 2021년 1월 6일 미국 국회의사당 습격 특별조사위원회의 청문회만 봐도 알 수 있다.

오늘날 우익 포퓰리스트 지도자들이 일으키는 새로운 물결은 소셜미디어를 이용해 현실에 의문을 제기하고 현실을 무너뜨린다. 급격히 증가하는 거짓 위에서 분노에 불을 붙이고 피해망상을 유발하고 있다. 이렇게 파시즘이 정상화되고, 정치적 분노가 거대한 폭력의 선봉인 테러리즘과 만나게 된다.

이런 사상은 역사에서 거듭 되풀이되며 폭력적인 결과를 낳았다. 베니토 무솔리니부터 쿠클럭스클랜Ku Klux Klan, KKK, 그리고 아돌프 히틀러까지. 히틀러는 『나의 투쟁』에 이렇게 썼다. "수십만 명의 우리 국민이 도외시하는 이 유해한 혈액의 혼합이 오늘날 유대인에 의해 체계적으로 진행되고 있다. 우리의 국가적 신체에 들어온 이 흑인종 기생충은 우리의 순진한 금발 소녀들을 체계적으로 타락시켜 이 세상에서 무엇으로도 대체할 수 없는 것을 파괴한다."

2022년 5월 헝가리 총리 빅토르 오르반이 국가 이념에 대체론을 주입시킨 것은 히틀러의 이론을 현대에 되풀이하는 것이었다. "나는 거대한 유럽 인구의 대체를, 유럽의 기독교인 아이들을 다른 문명에서 온 성인 이민자로 대체하려는 자살 시도로 봅니다."[41]

위 연설을 하고 오르반 총리는 미국보수정치행동회의US Conservative Political Action Conference, CPAC에 참석해 스타 연설자가 되어 대서양 양안의 극우파를 통합했다. 당시 실시된 여론조사에서 그곳에 있던 59퍼센트의 공화당원이 공화당 예비선거가 치러진다면 도널드 트럼프에게 투표하겠다고 답했다.[42]

전조는 무엇일까? 대량 총격 사건들이다. 노르웨이 오슬로에서 뉴질랜드 크라이스트처치, 뉴욕 버팔로까지 인터넷상의 자칭 급진 파시스트들의 선언문에는 모두 대체론이 포함되어 있었다.

새벽이 오기까지 어둠은 더욱 짙어질 것이다.

그렇다면 독재자에게 어떻게 맞서야 할까?

앞서 정의한 가치들을 받아들여야 한다. 이 책의 장들에 부제로 표시된 가치들 말이다. 정직, 솔직함, 공감, 감정에서 벗어나기, 두려움을 껴안기, 선을 믿기. 이는 혼자 할 수 없다. 팀을 만들고 영향력을 강화해야 한다. 그런 다음 선명한 지점들을 연결해서 함께 그물코를 짜야 한다.

'우리 대 그들'이라는 관점에서 생각하지 말자. 다른 사람의 입장에 서보라. 그리고 다른 사람에게 대접받고자 하는 대로 다른 사람을 대접하라. 기술은 인간에게 차이점보다는 공통점이 훨씬 더 많다는 것을 증명했다. 기술 플랫폼은 우리의 국가나 문화에 상관없이 암암리에 우리의 생명 활동을 조작하고 있다. 파시스트 이념(이를 '거대 대체론'이라고 부르든 말든)은 동질성을 내세워 민주주의와 그 이념을 변함없이 옹호하는 국내의 적들에 맞선다. 서구만이 아니라 인도, 미얀마, 스리랑카, 필리핀에서도 이런 일이 일어나고 있다. 우리 모두의 내부에는 '우리 대 그들'을 기반으로 거대한 폭력을 조장하는 우리만의 폴 포트가 있다.

2018년 워싱턴에서, 나는 각국 정부와 정치인들에게 우리의 미래를 호소했다. 권력을 위해 최악의 인간 본성을 조작하지 말라고, 그것은 다음 세대를 파멸시킬 것이기에. 그들은 듣지 않았다. 왜 권력을 확실히 손에 쥘 수 있는 길을 포기하겠는가? 나는 소셜미디어 플랫폼에 대해 이렇게 말했다. "당신들의 사업 모델이 사회를 분열시키고 민주주의를 약화시켰습니다. 개인 맞춤식 모델은 나의 현실은 너의 현실과 다르고 우리는 모두 각자의 현실을 가질 수 있다고 말합니다. 하지만 이 모든 현실은 공공 영역에서 공존해야 합니다. 사실에 동의하지 않을 정도로 우리를 갈라놓아서는 안 됩니다." 그들은 듣지 않았고, 현재 우리의 상황은 더욱 악화되었다. 나는 언론인과 활동가들에게 그대로 계속하자고 말했다. 우리는 그렇게 했고, 엄청난 희생을 치르고 있다.[43]

내 경우에는, 유독 힘든 날들이 있다. 내 일을 그만두지 않겠다고 마음먹은 대가로, 여행할 자유를 잃었다. 남은 평생을 감옥에서 보낼 수도 있는 일곱 건의 형사 소송으로 인해 앞으로의 인생을 계획할 수도 없다. 하지만 나는 이런 세상에 살기를 거부한다. 더 나은 세상을 요구한다. 우리는 더 나은 세상을 누릴 자격이 있다.

노벨상 수상 강연에서 우리의 민주주의, 우리의 자유와 평등을 위해 일대일 방어를 요청했다. 그리고 이 책에서 그 방안을 구체화하려고 노력했다. 개인적인 것에서 정치적인 것으로 나아가기 위해, 개인의 가치에서 출발해 집단 행동을 위한 피라미드 구조로 나아가기 위해, 우리는 어떻게 싸워야 할까. 여기 해법이 있다. 장기적으로 가장 중요한 것은 교육이다. 그러니 지금 시작하라. 중기적으로는 가상 세계에서 법치주의를 복원하기 위한 입법과 정책이다. 우리를 분열시키기보다 함께 묶어주는 인터넷에 대한 전망을 형성해야 한다. 단기적으로는 이제, 우리만 남았다. 그러니 협력하라. 그리고 협력은 신뢰에서 시작된다.

물론 쉽지는 않다. 포기하고 현실을 외면하고 싶을 것이다. 하지만 그렇게 한다면 우리 세계가 파멸하도록, 우리의 후손이 조종당하도록, 그들의 가치가 파괴되도록, 이 세상이 황폐해지도록 돕는 셈이다. 우리는 실존의 순간에 와 있다.

포기하고 싶을 때 나를 깨운 건 트윙크의 글이었다. 트윙크는 죽어가면서도 싸움을 택했다. 나를 위해, 필리핀 사람들을 위해, 더 큰 선을 위해. 자기 연민에 빠져 있을 때가 아니다. 이제 행동할 때다.

나는 여러분을 믿는다.

나는 우리를 믿는다.

에필로그

때로 인생에서 스케이트를 타야 할 때가 있다. 너무 힘들어 미끄러지기도 한다. 그렇지만 계속한다. 계속해서 분주히 움직인다. 하루하루, 매시간 매초를 채우며 반대편 출구로 빠져나가기만을 바란다. 왜 이렇게 큰 고통을 겪어야 하는지 그 이유를 이해하려 애쓰는 노력도 멈춘 채로. 나는 과거를 회상하며, 톰스리버의 초대를 수락하는 게 이 고통을 이겨내는 데 도움이 되리라 생각했다. 필리핀의 선거처럼, 과거가 미래로 돌아왔다.

무엇보다 이 초대는 재회의 기회이기도 했다! 가족과 친구들은 우리의 옛 모습으로 돌아갔다가 서서히 현재 우리의 모습에 익숙해졌다. 우리 모두가 마지막으로 함께한 것은 40년 전, 1982년에 내가 톰스리버 노스 고등학교를 졸업하던 때였다. 2022년 5월 22일 일요일, 나는 톰스리버 지역 학교 명예의 전당에 초대되었다. 월요일 아침에는 한때 내가 잘 알았으나 지금은 새롭게 개조된 공간으로 갔다. 교직원이 그곳 정문 위 커다란 파란색 명판을 가린 막을 걷어냈고, 그곳을 마리아 레사 강당이라고 선언했다.

내게 익숙한 강당에서 미국 국가에 이어 필리핀 국가가 흘러나왔다. 나의 두 세계가 통합되는 듯한 느낌에 전율했다. 부모님과 가족이 맨 앞줄에, 서른 명 남짓한 나의 반 친구들이 그 뒤에 앉았다. 나는 600명이 넘는 학생들을 살펴보았다. 교장인 에드 켈러 선생님이 톰스리버 노스 고등학교뿐 아니라 사우스 고등학교와 이스트 고등학교에서 온 학생들도 있다고 했다. 나는 의미에 대해 말하기로 마음먹었다. 그리고 왜 소셜미디어에서는 그 의미를 찾을 수 없는지에 대해서도.

"우리의 관심을 끄는 것이 우리의 삶에 의미를 부여합니다." 나는 학생들을 향해 말했다. "시간을 어디에 쓰느냐에 따라 우리가 무엇을 성취하고 무엇을 잘하게 되는지가 결정됩니다. 오늘날 우리의 정신에서 벌어지고 있는 싸움—여러분의 정신에서 벌어지는 싸움이기도 합니다—은 여러분이 생각을 하도록 돕지 않습니다. 여러분의 감정을 조종해 이기려 들 뿐이지요. 분노와 혐오가 인간으로서 우리가 어떤 사람이 될 것인지를, 말 그대로 결정하고 있습니다. 우리를 통해 독성의 폐기물이 쏟아지고 있지요. 그러니 다른 집단에 대해 분노나 혐오가 올라오는 것 같으면 일단 뒤로 물러나 심호흡을 하세요."

톰스리버에서 보낸 첫날 밤에 가족과 저녁 식사를 하면서도 비슷한 이야기를 했다. 식탁에 둘러앉은 여남은 사람들 가운데 세 명이 민주당 지지자였다. 우리는 어릴 적 커다란 자전거를 타고서 우리 집 진입로를 오르락내리락하던 사촌 비니의 집에 있었다. 사촌은 더 이상 검은 곱슬머리의 조그마한 아이가 아니었고, 어엿한 맨체스터 경찰서장이 되어 있었다. 그 동생 피터는 전직 해병이자 전직 소방관으로, 경찰로 일하다 장애를 입고 직위에서 물러난 상태였다.

이들은 경찰 내부의 차별철폐조치에 대해 이야기하다가 할당을 맞추기 위해 어떻게 세 차례나 채용 기준을 낮췄는지, 그게 얼마나 불공정한 일인지에 대해 말했다. 그리고 이민에 대해서, 일하기 싫어하는 사람들을 위해 왜 다른 사람들이 희생해야 하는지에 대해서 이야기했다(우리가 이탈리아와 필리핀 출신 이민자 가족이라는 사실은 안중에 없는 듯했다). 우리 부모님은 플로리다에 살면서 클린턴에게 투표했는데, 오바마케어로 두 분의 약값이 올라간 뒤에는 트럼프를 지지하게 되었다. 여동생들과 나는 그들의 분노가 무언가에 의해 부채질당하고 있다고 생각했다. 페이스북이 러시아의 정보 작전을 저지했을 때, 그들의 계정도 정지되었다.

식탁에서 언성이 높아졌고, 나는 가족들에게 혐오를 경계하자고 말했다. 비니는 버펄로 총기난사범이 자신의 180쪽짜리 선언문에서 주민 수 9만 5,000명에 불과한 톰스리버를 언급했다고 말했다.

이곳에서 하시디즘 공동체가 커지고 있다는 이유에서였다.[1] 경찰은 지역 주변의 보안을 강화했고 오션카운티 검찰은 공포를 잠재우려 노력했다. "그 총기난사범이 오션카운티 내 어느 지역이든 여행하려 했거나 여행할 예정이었다는 증거는 어디에도 없었다는 것을 분명히 말씀드릴 수 있습니다." 그러면서 이렇게 덧붙였다. "그 문서에는 비열한 반유대주의, 백인 우월주의, 과격한 인종차별적 밈과 비유가 포함되어 있었고, '대체론'을 반복해서 언급하고 있었습니다."[2]

나는 강당의 학생들을 바라보았다. 실오라기 떨어지는 소리가 들릴 정도로 고요했다. 나는 준비해온 원고를 내려놓고 오늘날 삶이 그들에게 얼마나 더 가혹한지에 대해 즉흥적으로 말하기 시작했다. 내가 어떤 사람인지를 알아가는, 그 자체로 충분히 불안한 그 과정이 대중의 주목 속에, 언제든 그들을 덮칠 준비가 되어 있는 폭도를 의식하는 가운데 이루어진다. 삶에서 중요한 문제가 발견이 아니라 성과가 되면서 실패는 치명적이 되고 실패에 대해 분노와 혐오가 쏟아진다. 톰스리버 노스 고등학교와 사우스 고등학교는 스포츠 시합에서 서로 경쟁을 하지만 학생들은 친구로 남을 수 있다. 그러나 오늘날 정치는 너무나 분열되어 죽을 때까지 싸우는 검투사의 싸움이 되고 있다.

"우리 세대는 실패했고 여러분에게 망가진 세계를 넘겨주고 있습니다. 이는 여러분이 우리보다 더 강하고 똑똑해야 한다는 뜻입니다." 나는 이렇게 말하면서 학생들이 과연 오늘날의 세계에 무엇이 문제인지를 인식하고 있는지 궁금했다. 나는 학생들에게 스스로 생각하고, 소셜미디어를 믿지 말며, 다른 사람의 입장에 서보라고 당부했다. 휴대전화를 치우라고, 결국 중요한 것은 사랑하는 사람들이기 때문이다. 우리는 우리의 소중한 시간을 쓰기로 선택한 곳에서 의미를 찾는다. "여러분의 기억 속에 남는 것은 결국 여러분의 마음을 움직이고 여러분의 삶을 변화시킨 사람들입니다."

강당 개막식이 있고 하루 뒤 라틴계 주민들이 모여 사는 텍사스주 유밸디의 마을에서 총기난사 사건이 발생해 교사 두 명과 학생 열아홉 명, 총 스물한 명이 사망하는 사건이 벌어졌다.[3] 그날 밤 오션카운티는 내가 다닌 고등학교에 경찰과 경비 인력을 늘리겠다고 발표했다.[4]

부록

2021년 노벨평화상 수상자 마리아 레사와 드미트리 무라토프의 정보 위기 해결을 위한 열 가지 전략

2022년 9월 2일, 노르웨이 오슬로 노벨평화센터에서 열린 표현의 자유 관련 회의에서 발표함

우리는 기술이 인류애에 복무하는 차원에서 개발되고 우리의 지구적 공공 영역이 이익보다 인권을 보호하는 세상을 요구한다. 권력을 가진 이들은 인권, 존엄성, 안전을 최우선으로 하는 세상을 만들기 위해 자신에게 주어진 역할을 수행해야 한다. 그 역할에는 과학과 언론의 방법론, 그리고 검증된 지식을 보호하는 일이 포함된다.

이런 세상을 만들기 위해, 우리는 다음과 같은 일을 해야 한다. 수익 사업으로서 감시를 끝장내야 한다. 기술 차별을 끝장내고, 모든 곳의 사람을 동등하게 대해야 한다. 폭정의 해결책으로서 독립된 언론을 재건해야 한다.

우리는 권리를 존중하는 모든 민주주의 정부에 요구한다.

1. 기술 기업으로 하여금 독자적인 인권 영향 평가를 수행하게 하고 그것을 공개하게 하라. 콘텐츠 조정부터 알고리즘의 효과, 데이터 처리, 진실성 정책까지 사업의 모든 측면에서 투명성을 요구하라.
2. 강력한 정보보호법으로 시민의 사생활을 보호하라.
3. 자유로운 언론과 언론인에게 가해지는 폭력을 공개적으로 규탄하고, 공격받는 독립 언론과 언론인에게 기금과 지원을 약속하라.

우리는 유럽연합에 촉구한다.

4. 디지털서비스 및 디지털시장법Digital Services and Digital Markets Acts을 의욕적으로 추진해 해당 법이 기술 기업에 단순히 '새로운 서류 작업' 이상의 의미를 갖도록, 그리고 그들이 마침내 자신들의 사업 모델을 변경시키도록 하라. 이는 근본적인 권리를 위협하고 허위 정보와 혐오를 확산시키는 알고리즘에 기반한 정보의 증폭을 막는 일이며, 이러한 위험이 유럽연합의 국경 바깥에서 발생하는 경우도 포함한다.

5. 감시 광고 같은 관행이 근본적으로 인권과 양립할 수 없음을 인식하고 그것을 금지하는 법안을 긴급히 발의하라.

6. 유럽연합의 일반데이터보호법EU General Data Protection Regulation을 시행해서 사람들이 마침내 그들의 데이터에 대한 권리를 온전히 누릴 수 있도록 하라.

7. 발표를 앞두고 있는 유럽미디어자유법European Media Freedom Act에 언론인의 안전, 언론의 지속 가능성, 디지털 공간에서의 민주주의 보장을 위한 강력한 보호 장치를 포함시켜라.

8. 허위 정보를 원천적으로 차단해 언론의 자유를 보호하라. 이는 향후 도입하게 될 새로운 기술 관련 법 또는 미디어 관련 법에서 특정 조직이나 개인을 예외 취급하거나 면책권을 주는 일이 없어야 한다는 뜻이다. 그렇지 않으면 오늘날의 지구화된 정보 흐름 속에서, 특정 정부나 비국가 행위자가 백지수표를 쥐고 거대한 산업의 규모로 허위 정보를 양산해 민주주의를 무너뜨리고 모든 곳의 사회를 양극화하는 일이 벌어질 수 있다.

9. 거대 기술 기업과 유럽 정부 기관 사이 특별한 로비 기구를 두거나, 여론몰이 캠페인을 벌이거나, 회전문식 채용을 하는 등의 활동에 제동을 걸어라.

우리는 유엔에 촉구한다.

10. 언론인의 안전을 책임지는 유엔 사무총장 산하 특사UN

Secretary-General focused on the Safety of Journalists, SESJ를 신설해 현 상황에 문제 제기하고, 궁극적으로 언론인에 대한 범죄가 벌어질 경우 그 대가를 치르게 하라.

감사의 말

낯선 사람의 친절. 지난 몇 년이 내게 일깨워준 것이었다. 최악의 상황에서 계속 견딜 수 있었던 건 예상치 못한 관대한 몸짓 덕분이다. 래플러가 로드리고 두테르테의 임기 6년 동안 살아남은 건 작은 기적이다. 이는 많은 필리핀인들이 우리를 지원해주었기에 가능한 일이었다. 많은 이들이 무대 뒤에서 조용히 머무르라고 권했고, 또 다른 많은 이들이 앞서 달려나가 선두를 이끄는 일을 도와주었다. 무엇보다 나를 놀라게 한 것은 우리가 필리핀에서 벌이고 있는 싸움이 전 세계에 엄청난 반향을 불러일으켜 많은 국제적 지원을 받았다는 점이다. 우리 이야기를 세상에 알린 수백 명의 언론인과 언론사에 감사한다.

비록 내가 알지는 못하더라도 우리를 지원해준 당신에게 고마움을 전한다! 나의 낙관주의는 여러분의 에너지에서 힘을 얻는다. 여러분의 친절과 관심 덕분에 우리는 계속할 수 있었다. 그렇게 쏟아진 관대함이 혐오를 꺾고 더 나은 미래에 대한 우리의 희망에 연료를 제공해주었다.

여러분이 집단적 인류애에 대한 나의 믿음에 더 강한 확신을 불어넣었고, 마침내 모든 것을 변화시켰다.

뒤집힌 세계에서 모든 것을 바로 돌려놓기 위해 고군분투할 때, 가장 부족한 재화는 시간이다. 그러니 혐오의 가장 중요한 해독제에서부터 시작해보자. 그것은 사랑이다.

과거와 현재의 래플러 직원들, 여러분 한 사람 한 사람이 우리 각자에게 흔적을 남겼다. 함께 꿈을 꾸고, 함께 창조적인 정신을 껴안았기 때문이다. 지금 우리 안에는 여러분의 일부가 포함되어 있다.

부모님 피터와 헤르멜리나, 여동생 메리 제인, 미셸, 니콜, 남동생 피터 에임스, 조카 지아, 미구엘, 디에고, 겔리, 앤서니, 마이클, 제시카. 가족을 사랑하는 마음은 말로 다 할 수가 없다. 늘 일이 우선인 나를 인내해준 가족에게 고맙다.

우리 곁을 끝까지 지켜준 사람들, 벤저민 비탕가, 진정한 천사 벤저민 소와 제니린 소, 매니 아얄라, 우리의 투자자와 관리자, 그리고 용감하게도 계속해서 목숨을 거는 위험을 무릅쓰는 우리 연합(#FactsFirstPH, #CourageON, #PHVote)의 파트너들에게, 우리가 물러서지 않도록(#HoldTheLine) 우리를 지켜주어 감사하다는 인사를 전한다.

스티븐 킹, 니샨트 랄와니, 마커스 브로흘리, 스튜어트 칼, 사샤 부치니치는 우리가 래플러에서 실현하기로 마음먹은 아이디어를 끝까지 믿어주었다. 언론자유수호기금Press Freedom Defense Fund의 짐 라이즌은 우리가 맞닥뜨린 예상치 못한 문제에 대처하는 데 도움이 될 지혜와 공감을 아낌없이 나누어주었다.

#물러서지마라국제연합#HoldTheLine Global Coalition에 함께한 핵심 조직자들과 80개 이상의 단체들 가운데 특히 언론인보호위원회, 국경없는기자회, 국제언론인센터에 감사한다. 이들은 이 연합을 조직하고 온갖 일을 도맡아주었다.

나의 프린스턴 친구들, 특히 올리비아 허록 그리고 졸업 이후에도 줄곧 나의 글쓰기 파트너로 남아 있는 레슬리 터커에게 감사하다. 친구들은 '고펀드미gofundme'를 통해 먹을거리를 보내줘 바다 건너 내가 혼자가 아님을, 봉쇄 속에서도 우리가 음식과 포도주를 함께할 수 있음을 알게 해주었다. 캐시 킬리는 어디에선가 불현듯 나타나 프린스턴 출신의 기자들과 함께 우리를 지원하는 캠페인을 연이어 조직했다. 멋진 86학번 동기생들과 우리의 과대표 엘리자베스 로저스, 그리고 모든 연령대의 프린스턴 졸업생 수백 명이 그들의 목소리와 에너지로 우리를 후원했다.

라모나 디아스, 리아 마리노, 그리고 레이니 아론슨은 우리가 겪고 있는 모든 일을 기록해 우리가 빛을 발하도록 도와주었다. 〈천 개의 상흔A Thousand Cuts〉에는 이들이 우리와 함께한 800시간이 넘는 시간의 일부가 담겨 있다.

기술 기업에 있는 친구들, 구글, 페이스북(현재는 메타), 트위터, 틱톡 등에서 일하는 리처드 깅러스, 케이트 베도, 마다브 치나파, 아이린 제이 리우, 캐서린 린, 너새니얼 글리처, 브리턴 헬러, 그리고 많은 이들이 나를 돕기 위해 애썼다.

유엔과 유네스코에 있는 친구들, 특히 의견 및 표현의 자유 특별조사위원을 역임한 데이비드 케이와 그 후임자인 아이린 칸을 포함해 많은 이들에게서 언제나 든든한 지원을 받았다.

출간을 도와준 이들, 뜻밖의 이메일과 아이디어로 나에게 책을 써야 한다는 의무감을 일깨워준 해나 테라이-우드, 다시 만나게 된 레이프 사가린, 함께 작업한 어맨다 어번에게 고맙다. 무엇을 어떻게 고칠지 함께 많은 시간 고민해준 수지 한센과 원고를 훌륭하게 편집해준 조너선 자오에게도 고마운 마음을 전한다. 책을 현실로 만들어준 하퍼콜린스와 펭귄랜덤하우스의 팀들에 감사하다.

언제나 그 이상의 일을 해냈던 우리의 변호사들, 필리핀의 존 몰로와 모스벨트Mosveldtt, 전 필리핀 증권거래소 이사장인 프랜시스 림이 이끄는 강력한 아크라로ACCRALaw 소속 변호사들인 에릭 R. 레칼데, 자클린 탄, 패트리셔 티스먼스-클레멘테, 그레이스 살롱가에게 감사하다. 전 대법원 대변인 시어도어 테와 무료법률지원단체, 그리고 그 밖에 가장 중요한 순간에 도움을 준 이들에게 감사하다.

아말 클루니와 조지 클루니는 우리의 싸움에 그들의 거대한 아크등을 비추고 그들의 집뿐 아니라 마음까지 내게 열어주었다. 아말은 도티스트리트의 뛰어난 동료들을 데려왔고, 우리의 국제법률 팀에 퀼런 갤러거, 캔 예긴수와 클레어 오버먼을 영입했다. 이들의 배려와 조언, 그리고 언제나 몇 단계 앞서 있는 생각 덕분에 나는 내 일에 집중할 수 있었다. 나의 프린스턴 대학 동창인 코빙턴앤드벌링 법률회사의 피터 리히텐바움은 댄 펠드먼, 브래드 매코믹, 지금은 고인이 된 커트 위머와 함께 무료로 법률 지원을 해주었다.

나를 노벨평화상 후보로 지명한 요나스 가르 스퇴레는 드미트리와 내가 수상자로 발표된 후 노르웨이 총리가 되었다. 낯선 사람들의 친절함이란! 정보의 자유가 민주주의에 미치는 영향을 선견지명으로 내다본 노르웨이 노벨위원회와 위원장 베리트 라이스-안데르센은 전 세계 언론인들에게 우리가 혼자가 아님을 일깨워주었다.

나의 마낭들, 글렌다, 차이, 베스. 고통을 함께 나누어준 것에 대해, 누구에게서도 얻지 못했을 교훈을 선사해준 것에 대해, 언제나 거기에 있어준 것에 대해, 우리가 서로를 신뢰하고 있다는 믿음을 굳혀준 것에 대해 늘 감사하다. 두려울 때도 우리는 물러서지 않는다. 어두운 시기에도 비틀거리며 앞으로 나아가고, 우리가 함께하기에 다른 사람들도 곧 뒤따라올 것임을 나는 안다.

2022년 8월, 래플러의 충실한 일꾼이었고 사진가이자 활동가였던 멜빈 콜더론의 추모식에서 나는 사랑을 느꼈다. 멜빈은 글렌다의 파트너이자 리오나의 아버지이다. 리오나는 그가 화장되고 하루 후 대학에서의 첫날을 시작했다. 멜빈은 아버지 마르코스 치하에서 투옥당한 경험이 있으며, 우리가 최악의 공격을 당하는 동안 무모하리만치 우리 모두를 지켜주었다. 그리고 팬데믹으로 인한 봉쇄가 끝나자마자 우리 곁을 떠나 우리에게 인생이 짧다는 사실을 일깨워 주었다.

죽음은 대단히 파괴적이며, 우리는 너무 많은 상실을 겪었다. 하지만 우리는 계속 나아갈 길을 찾는다. 상황이 끔찍하면 끔찍할수록 우리는 더욱 사랑에 의지한다.

그것이 우리를 압도하는 고난에 맞서 우리를 지탱해준다.

주註

프롤로그 보이지 않는 원자폭탄

1. Howard Johnson and Christopher Giles, "Philippines Drug War: Do We Know How Many Have Died?," BBC, November 12, 2019, https://www.bbc.com/news/world-asia-50236481.
2. Kyle Chua, "PH Remains Top in Social Media, Internet Usage Worldwide—Report," Rappler, January 28, 2021, https://www.rappler.com/technology/internet-culture/hootsuite-we-are-social-2021-philippines-top-social-media-internet-usage. 관련 국제 연간 보고서는 여기서 볼 수 있다. https://wearesocial.com/digital-2021. 필리핀 관련 보고서는 여기에서 확인할 수 있다. https://wearesocial.com/digital-2021.
3. Craig Silverman, "The Philippines Was a Test of Facebook's New Approach to Countering Disinformation. Things Got Worse." Buzzfeed, August 7, 2019, https://www.buzzfeednews.com/article/craigsilverman/2020-philippines-disinformation.
4. Peter Dizikes, "Study: On Twitter, False News Travels Faster Than True Stories," *MIT News*, March 8, 2018, https://news.mit.edu/2018/study-twitter-false-news-travels-faster-true-stories-0308.
5. "Maria Ressa, Nobel lecture," https://www.nobelprize.org/prizes/peace/2021/ressa/lecture/.
6. 정부 관료가 어떻게 하향식으로 '만들어진 현실'을 공고히 할 수 있는지 그

구체적인 예가 있다. 2014년 5월 3일 러시아의 외무부 장관 세르게이 라브로프는 유엔이사회에서 이렇게 말했다. "누가 우크라이나의 위기를 만들고 어떻게 그렇게 했는지 우리 모두는 잘 알고 있습니다. …… 우크라이나 서부의 도시들은 극단주의, 반러시아, 반유대주의 구호를 사용하는 무장 민족 급진주의자들이 점령했습니다. …… 우리는 러시아어 사용을 제한하거나 처벌하라는 요구를 듣고 있습니다."
그는 불과 하루 전에 똑같은 서사가 한 가짜 계정에서 출발해 다른 계정들의 네트워크에 의해 증폭되었다는 사실은 말하지 않았다. 팔로어도, 친구도 없는 계정이 2014년 5월 2일, 친러시아 분리주의자들과 우크라이나 독립을 지지하는 사람들 사이에 폭력 충돌이 발생한 날 만들어졌다. 이 계정은 하루 뒤 유엔에서 러시아 외무부 장관이 연설할 내용을 정확히 똑같이 반복하고 있었다. 이고르 로좁스키 박사로 알려진 이 계정의 주인은 자신이 부상당한 사람을 치료하려고 할 때 우크라이나 민족주의자들이 막아서며 "오데사의 유대인들은 똑같은 운명을 맞을 것이다"라는 말로 위협했다고 한다. 그의 이야기는 입소문을 타고 기적적으로 다른 언어로 번역되었다. 그는 "파시스트 치하에서도 이런 일은 일어나지 않았다"라는 말도 덧붙였다. 전 세계 많은 이들이 이 가짜 계정의 가짜 게시물을 믿었고, 이는 라브로프의 연설과 함께 '현실을 만들어내는' 상향식과 하향식의 노력이 맞물린 결과를 보여준다.

7. "2022 National Results," Rappler, https://ph.rappler.com/elections/2022/races/president-vice-president/results.
8. Ben Nimmo, C. Shawn Eib, Léa Ronzaud, "Operation Naval Gazing," *Graphika*, September 22, 2020, https://graphika.com/reports/operation-naval-gazing.

1장 황금률

1. 1992년 필리핀 민족주의자들이 미군 기지 유지 연장을 거부했고, 1999년 미국국회도서관은 '반란'이라는 용어를 '필리핀-미국 전쟁'으로 변경했다.
2. Stanley Karnow, *In Our Image: America's Empire in the Philippines* (New York: Ballantine, 1990), 18.
3. Marge C. Enriquez, "Remembering Conchita Sunico: The Philippine Society's First 'It Girl' and Grand Dame," Tatler, September 22, 2020, https://www.tatlerasia.com/the-scene/people-parties/conchita-sunico-

philippine-societys-first-it-girl-and-grand-dame.
4. "Raul M. Sunico: Pianist," https://raulsunico.com.
5. 노벨평화상 수상자가 발표된 직후에 현재 노르웨이에 살고 있는 어글랜드 선생님이 메일을 보내왔다.
6. 우리는 학교 강당에서도 콘서트를 열었는데, 2021년 학교 측에서 그 강당에 내 이름을 붙이기로 발표했다.

2장 명예 규정

1. Alice Miller, *The Drama of the Gifted Child: The Search for the True Self*, 3rd ed. (NewYork: Basic Books, 1997), Kindle ed., 5.
2. 앞의 책., 6.
3. 세계 종교 수업 시간에 읽었던 얀윌렘 판 데 베터링Janwillem van de Wetering의 『텅 빈 거울*The Empty Mirror*』에서 가져온 구절이다.
4. "Apartheid Protesters Arrested at Princeton," *New York Times*, May 24, 1985.
5. Artemio V. Panganiban, *Philippine Daily Inquirer*, August 26, 2018, https://opinion.inquirer.net/115635/masterminded-ninoys-murder.
6. "How Filipino People Power Toppled Dictator Marcos," BBC, February 16, 2016, https://www.bbc.com/news/av/magazine-35526200.
7. Mark R. Thompson, "Philippine 'People Power' Thirty Years On," *The Diplomat*, February 09, 2016, https://thediplomat.com/2016/02/philippine-people-power-thirty-years-on/. "Czech President Ends Philippine Visit," UPI Archives, April 7, 1995, https://www.upi.com/Archives/1995/04/07/Czech-president-ends-Philippine-visit/9128797227200/.

3장 신뢰의 속도

1. 애니메이터이자 감독인 마이크 알카사렌과 연예인 매니저인 조지 딩콩을 포함해 훗날 업계를 선도하게 될 많은 이들이 이 팀의 일원이었다.
2. "Secretary Delfin L. Lazaro," Republic of the Philippines Department of Energy, https://www.doe.gov.ph/secretary-delfin-l-lazaro?ckattempt=1.

4장 언론의 사명

1. 2021년 5월 13일 이즌 조던과의 인터뷰.
2. Piers Robinson, "The CNN Effect: Can the News Media Drive Foreign Policy?" *Review of International Studies* 25, no. 2 (1999): 301–9, http://www.jstor.org/stable/20097596.
3. 대부분 9·11 직후 내가 쓰거나 이야기한 것들로, 이어지는 일부 생각들은 2011년 5월 11일 홍콩에서 열린 국제항공보안컨퍼런스AVSEC에서 한 연설에서 가져왔다.
4. Maria Ressa, "The Quest for SE Asia's Islamic, 'Super' State," CNN, August 29, 2002, http://edition.cnn.com/2002/WORLD/asiapcf/southeast/07/30/seasia.state/.
5. 나의 첫 책 『테러의 씨앗*Seeds of Terror: An Eyewitness Account of Al-Qaeda's Newest Center of Operations in Southeast Asia*』(New York: Free Press, 2003)과 2005년 ABS-CBN에서 방영한 "9·11: 필리핀과의 연결고리9/11: The Philippine Connection"를 참고하라. 위 방송은 내가 취재 및 대본, 제작에 참여했다. 방송은 이곳에서 볼 수 있다. https://www.youtube.com/watch?v=BX7ySYJXel8&t=209s.
6. "Plane Terror Suspects Convicted on All Counts," CNN, September 5, 1996, http://edition.cnn.com/US/9609/05/terror.plot/index.html.
7. Maria Ressa, "U.S. Warned in 1995 of Plot to Hijack Planes, Attack Buildings," CNN, September 18, 2001, https://edition.cnn.com/2001/US/09/18/inv.hijacking.philippines/.
8. 1995년 이후 관련된 모든 사람들을 추적하기 위해 수년을 보냈다. 내 첫 책에는 무라드의 뇌물을 거절하고 조종사를 끝까지 저지하기 위해 노력한 경찰 에이더 파리스칼에 대한 이야기가 담겨 있다. 우리는 그녀가 2004년 4월 사망하기 전 몇 차례 만났다. 다음을 참고하라. Maria A. Ressa, "How a Filipino Woman Saved the Pope," Rappler, January 15, 2015, https://www.rappler.com/newsbreak/80902-filipino-woman-save-pope/.
9. 내가 추적한 일련의 증거 자료와 최소 3개국 수사관들과 나눈 인터뷰는 많은 CNN 단독 기사로 이어졌다. 이렇게 보도된 내용 대부분이 나중에 9·11 위원회 보고서에 포함되어 2004년 7월 22일 공개되었다. 다음을 참고하라. "The 9/11 Commission Report: Final Report of the National Commission on

Terrorist Attacks upon the United States: Executive Summary," 9/11 Commission, https://www.9-11commission.gov/report/911Report_Exec.pdf.

10. 필리핀으로 돌아와 ABS-CBN 뉴스를 이끌게 된 2005년, 나는 내가 가진 정보를 바탕으로 필리핀과 테러의 연관성을 설명하는 또 다른 다큐멘터리를 제작했다. 다큐멘터리는 2005년 ABS-CBN에서 방영되었다. 이 다큐멘터리에는 "9·11: 필리핀과의 연결고리"에서 다루지 못한 필리핀의 역할에 관한 중요한 내용이 포함돼 있다.
11. 당시 켈리 어리나와 공동으로 취재한 내용들 가운데 하나가 다음 기사였다. "Singapore Bomb Plot Suspect Held," CNN, July 27, 2002, http://edition.cnn.com/2002/WORLD/asiapcf/southeast/07/26/us.alqaeda.arrest/index.html. 어리나는 2014년 래플러의 소셜굿서밋Social Good Summit의 강연자로 필리핀을 방문했다. 다음을 참고하라. Jee Y. Geronimo, "PH+SocialGood: Good Journalism, and the Power of the Crowd," Rappler, September 16, 2014, https://www.rappler.com/moveph/69241-good-journalism-crowdsourcing/.
12. 이때 일하면서 얻은 교훈을 바탕으로 래플러는 자체의 데이터베이스를 만들어서 소셜미디어 이전 시대에는 상상할 수 없었던 규모로 디지털 공격을 추적했다.
13. 당신은 다른 여섯 명의 사람과 함께 한 방에 있고, 연구자가 선 하나를 그은 카드 한 장과 A, B, C라는 표시 아래 다양한 길이의 선을 그은 다른 카드 한 장을 보여준다. 두 카드를 비교해서 두 번째 카드에 있는 선 가운데 어느 것이 첫 번째 카드에 있는 선의 길이와 가장 비슷한지 택하라는 요청을 받는다. 당신은 올바른 답이 C라고 확신하지만 다른 모든 사람은 B라고 답한다. 연구자가 마지막으로 당신에게 와서 답을 하라고 한다. 이제 우리는 이전의 확신에도 불구하고 자신을 의심하기 시작한다. 집단을 따라가고 싶어진다. 첫 번째 답을 따를까, 아니면 집단을 따를까? 애시는 배우를 고용해 실험 참여자들을 자극하게 했다. 그러자 75퍼센트가 집단의 압력에 굴복했다. 혼자 있을 때는 동일한 실험 참여자들이 거의 100퍼센트 정확하게 답했다. 하지만 애시의 실험은 한 가닥 희망을 던져주었다. 실험 참여자 가운데 4분의 1, 즉 25퍼센트가 집단의 압력에 영향을 받지 않았다. 그들은 집단에 순응하지 않았다.
14. 밀그램의 실험에서, 실험 참여자는 다른 사람의 학습을 도와주어야 하는 실

험에 참여해 전기 충격을 가할 수 있는 권한을 부여받는다. 차단막 뒤에 숨은 '학습자'가 단어 쌍들을 충분히 빠르게 암기하지 못하면 '조력자' 또는 실험 참여자는 전기 충격을 가하고 답이 틀릴 때마다 전압을 높인다. 밀그램은 대부분의 사람들이 지시에 따라 '학습자'의 비명과 애원에도 불구하고 치명적일 수 있는 충격을 가했다고 밝혔다.

15. 짐바르도의 실험에서, 스탠퍼드 대학교 학생들은 2주간 죄수 또는 간수가 되라는 요청을 받았다. 간수들은 가학성을, 죄수들은 병적 성향을 띠어 이 실험은 채 일주일이 안 되어 중단되었다.
16. Nicholas Christakis and James Fowler, "Links," Connected, 2011, http://connectedthebook.com/pages/links.html.
17. 다음을 참고하라. Connected (home page), 2011, http://connectedthebook.com.
18. John T. Cacioppo, James H. Fowler, and Nicholas A. Christakis, "Alone in the Crowd: The Structure and Spread of Loneliness in a Large Social Network," *Journal of Personality and Social Psychology* 97, no. 6 (December 2009): 997–91, https://www.ncbi.nlm.nih.gov/pmc/articles/PMC2792572/.
19. James H. Fowler and Nicholas A. Christakis, "Dynamic Spread of Happiness in a Large Social Network: Longitudinal Analysis over 20 Years in the Framingham Heart Study," *British Medical Journal* 337 (2008): a2338, https://www.bmj.com/content/337/bmj.a2338. Smoking: Nicholas A. Christakis and James H. Fowler, "The Collective Dynamics of Smoking in a Large Social Network," *New England Journal of Medicine* 358 (2008): 2249–58, https://www.nejm.org/doi/full/10.1056/nejmsa0706154. Sexual diseases: Elizabeth Landau, "Obesity, STDs Flow in Social Networks," CNN, October 24, 2009, https://edition.cnn.com/2009/TECH/10/24/tech.networks.connected/index.html. Obesity: Nicholas A. Christakis and James H. Fowler, "The Spread of Obesity in a Large Social Network over 32 Years," *New England Journal of Medicine* 375 (2007): 370–79, https://www.nejm.org/doi/full/10.1056/nejmsa066082.
20. 나는 2011년 해군대학원 코어연구소의 동남아시아 객원 연구원이었다. 그곳에서 다른 사람들과 함께 동남아시아의 테러범 네트워크를 도표화하는 프로젝트를 진행했다.

21. 나는 이 작업을 진행하며 니컬러스 크리스타키스와 이메일을 교환해 의견을 나누었는데, 크리스타키스 교수는 우리의 테제가 유효하지만 본인과 제임스 파울러가 "3단계 영향" 규칙을 공식화하는 데 사용한 것만큼 확실하게 그것을 입증할 데이터를 갖고 있지 않다고 말했다.
22. Maria Ressa, "Spreading Terror: From bin Laden to Facebook in Southeast Asia," CNN, May 4, 2011, https://edition.cnn.com/2011/OPINION/05/03/bin.laden.southeast.asia/.
23. "Threat Report: The State of Influence Operations 2017-020," Facebook, https://about.fb.com/wp-content/uploads/2021/05/IO-Threat-Report-May-20-2021.pdf.

5장 네트워크 효과

1. 이들은 카메라의 보잉 팔릴레오, 기술 편집의 아먼드 솔, 프로듀서 주디스 토레스였다. 그밖에 뉴스룸의 체계와 업무 흐름을 만들기 위해 CNN 애틀랜타 소속으로 오랫동안 나를 보살펴준 린 펠턴에게 마닐라에 와서 워크숍을 이끌어달라고 부탁했고, 당시 막 출범한 알자지라 잉글리시와 계약을 맺었다. 그곳 기자로, 예전에 프로브에서 일했던 마르가 오르티가스에게도 교육을 함께 해줄 것을 요청했으나 이루어지지는 못했다. 만약 그랬다면 ABS-CBN 건물에 알자지라 잉글리시의 사무실 공간을 마련할 수 있었을 것이다. 우리는 매달 알자지라의 프로그램을 일정량 운영할 수 있는 권한도 받았다. 뉴스 제작자들과 ABS-CBN의 뉴스 채널인 ANC이 24시간 돌아가는 체제를 만들기 위해, 나는 CNN 홍콩의 또 다른 예전 동료인 호프 응고에게 그 팀을 개조해서 훈련시켜달라고 부탁했다.
2. Carlos H. Conde, "Arroyo Admits to 'Lapse' During Election," *New York Times*, June 28, 2005, https://www.nytimes.com/2005/06/28/world/asia/arroyo-admits-to-lapse-during-election.html.
3. Pauline Macaraeg, "Look Back: The 'Hello, Garci' Scandal," Rappler, January 5, 2021, https://www.rappler.com/newsbreak/iq/look-back-gloria-arroyo-hello-garci-scandal/.
4. "Proclamation No. 1017 s. 2006," *Official Gazette*, February 24, 2006, https://www.officialgazette.gov.ph/2006/02/24/proclamation-no-1017-s-2006/.

5. "States of Rebellion, Emergency Under Arroyo Administration," *Philippine Daily Inquirer*, September 4, 2016, https://newsinfo.inquirer.net/812626/states-of-rebellion-emergency-under-arroyo-administration.
6. Raissa Robles, "Coronavirus: Is Covid-19 Task Force Duterte's 'Rolex 12' in Plan for Marcos-Style Martial Law in the Philippines?," *South China Morning Post*, April 28, 2020, https://www.scmp.com/week-asia/politics/article/3081939/coronavirus-covid-19-task-force-dutertes-rolex-12-plan-marcos.
7. 코리나 산체스, 헨리 오매가-디아스, 그리고 세스 오레나-드릴론은 반딜라의 초대 앵커였다.
8. 우리는 『대중의 지혜』를 쓴 제임스 서로위키에게서 크라우드소싱을, 맬컴 글래드웰이 십여 년 전에 쓴 『티핑포인트』에서 티핑포인트 개념을 가져와 우리의 핵심 아이디어로 삼았다.
9. "Ako ang Simula," YouTube, October 20, 2009, https://www.youtube.com/watch?v=Kbm1HfW9HYs.
10. 조지프 캠벨이 신화의 힘에 대해 한 말은 옳았고, 우리는 필리핀에 반향을 불러일으킬 보편적 진리에 대해 생각했다.
11. 행동을 촉구하는 영상은 다음에서 볼 수 있다. bravenewworldressa, "Boto Mo, iPatrol Mo Maria Ressa Stand Up and Say AKO ANG SIMULA!," YouTube, January 6, 2011, https://www.youtube.com/watch?v=D13Q23BXpZg.
12. 이 특별 행사 "유명 아티스트, 밴드와 함께하는 투표 감시대원들의 록페스티벌"를 취재한 뉴스 기사의 제목은 "히미그 응 파그바바고Himig ng Pagbabago"였는데 이는 '변화의 소리(또는 멜로디/음악)'라는 뜻이다. "Boto Patrollers Rock with Famous Artists, Bands," ABS-CBN News, February 20, 2010, https://news.abs-cbn.com/video/entertainment/02/20/10/boto-patrollers-rock-famous-artists-bands.
13. Alia Ahmed, "CPJ's Press Freedom Awards Remember Maguindanao," Committee to Protect Journalists, November 24, 2010, https://cpj.org/2010/11/cpjs-press-freedom-awards-remember-maguindanao/; Elisabeth Witchel, "Ten Years for Justice in Maguindanao Case Is Too Long: We Can Do Better," Committee to Protect Journalists, December

19, 2019, https://cpj.org/2019/12/ten-years-justice-maguindanao-massacre-impunity-journalists/.

14. 2009년 11월 23일 시민 기자가 ABS-CBN에 보낸 메시지.
15. 2010년은 페이스북 초창기여서, 이것이 당시 이용 가능한 기준치를 기반으로 한 유일한 지표였다.
16. Maria Ressa, "#MovePH: How Social Media and Technology Are Changing You," Rappler, August 10, 2014, https://www.rappler.com/moveph/65802-moveph-how-social-media-and-technology-are-changing-you/.
17. 북미 지국장인 징 레이에스가 내 후임으로 결정되었다. 과거 황금시간대 뉴스를 연출한 경험이 있는 그녀는 원래 ABS-CBN 출신이어서 우리는 1987년 복도에서 서로 마주치곤 했다. 그녀는 현재 십 년 넘게 뉴스 그룹을 이끌고 있다.
18. Maria Ressa, "Maria Ressa's Letter to ABS-CBN News and Current Affairs," ABS-CBN News, October 11, 2010, https://news.abs-cbn.com/insights/10/11/10/maria-ressas-letter-abs-cbn-news-and-current-affairs-team.

6장 변화의 물결을 일으키다

1. 작가이자 프로듀서, 사진작가이자 비디오아트 작가, 뉴스 방송 제작자인 베스 프론도소는 필리핀 대학교 딜리만 캠퍼스에서 정치학을 공부하고 ABS-CBN에서 뉴스와 시사 감독 프로듀서로 일했다. 최근에는 래플러에서 멀티미디어 전략 및 성장을 이끌고 있다.
   베스는 마치 장군처럼 정보를 모으고, 할당하고, 배치한다. 그럴 만도 한 게, 제작은 소셜미디어 플랫폼의 접속량을 결정 짓는 엔진이기 때문이다. 이는 그녀의 팀이 한편으로는 계속해서 조회수를 가져올 수 있도록 공장식으로 영상을 만들어야 하고, 다른 한편으로는 상을 받을 수 있을 만큼의 고품질 기사 및 다큐멘터리를 제작하기 위해 창의성도 발휘해야 한다는 뜻이다. 이 창의성에는 360도 영상 기술도 포함돼 있는데, 이 시도 또한 상을 받았다.
   래플러의 선임 편집자이자 설립자인 차이 호필레냐는 편집 주간이다. 그녀는 이전에 래플러의 탐사 보도 데스크—뉴스브레이크—를 맡았으며, 교육을 책임지고 있다. 래플러에 합류하기 전, 차이는 〈뉴스브레이크 매거진〉의 필자였으며, 2001년 잡지의 창립을 함께한 편집자 가운데 한 사람이기도 했다. 차이는 2010년 미리엄 그레이스 고와 함께 선거와 관련하여 『야망, 운명, 승리 *Ambition, Destiny, Victory: Stories from a Presidential Election*』(2011)라는 책을 쓰기도 했다.

미디어 문제를 다루는 글을 쓰며, 이와 관련해 『뉴스를 팝니다*News for Sale: The Corruption and Commercialization of the Philippine Media*』(2004 edition, Philippine Center for Investigative Journalism)라는 책의 저자이기도 하다. 뉴욕 컬럼비아 대학에서 언론학 석사학위를 받았으며 아테네오데마닐라 대학 학부 과정 강사로 있다. 또, 탁월한 저널리즘에 수여하는 하이메 V. 옹핀Jaime V. Ongpin Awards for Excellence in Journalism 상을 받았다.

아테네오 대학교 아시아 저널리즘 센터의 센터장을 역임한 차이는 또한 학부생들에게 기사 쓰기 및 탐사 저널리즘을 가르치고 있다. 차이가 저널리즘에 이끌리는 건 변화를 가져올 수 있는 잠재력을 가진 기사를 쓸 수 있기 때문이다.

차이는 영원한 교사다. 그녀 덕분에 우리 팀의 각 구성원들이 빠르게 성장할 수 있었다. 우리는 우리가 가진 취재원과 분석을 모두 나누며, 이는 래플러 외부나 살벌하고 비밀스러운 다른 많은 언론사에는 존재하지 않는 문화가 자리 잡게 했다. 공유 문화다. 차이는 또 자신의 교실에서 가장 뛰어난 학생이 누구인지를 알아보는 인사 담당자이기도 하다. 우리는 질문을 하고, 맡은 일을 위해서는 자아를 잠시 내려놓을 수 있는 사람을 원했다.

글렌다는 2011년 7월 래플러를 공동 설립했으며 2020년 11월 16일 편집국장으로 임명될 때까지 편집 주간으로 일했다. 마르코스의 독재가 끝나기 1년 전인 1985년 언론학 공부를 마치고 〈필리핀 데일리 인콰이어러〉, 〈마닐라 타임스〉, 필리핀탐사언론센터, 그리고 몇 개의 국제 통신사에서 일했다. 에스트라다 정부 말기에, 필리핀 최고의 탐사 보도 잡지인 시사주간지 〈뉴스 브레이크〉를 공동 창간했다.

2008년부터 2011년 1월까지 ABS-CBN의 뉴스 채널인 ANC의 최고운영책임자였다.

글렌다는 마닐라에 있는 산토토마스 대학교에서 언론학 학위를 받았고, 영국 외무성이 지원하는 셰브닝 장학생으로 런던정치경제 대학에서 정치사회학 석사학위(1999)를 받았다. 2018년 5월에는 하버드 대학교에서 니먼 언론 연구 과정을 마쳤다.

글렌다는 마리테스 길리언 비투그와 함께 『초승달 아래서*Under the Crescent Moon: Rebellion in Mindanao*』라는 책을 썼다. 이는 민다나오 분쟁을 다룬 획기적인 책으로, 전국도서상을 받았다. 2011년에는 고인이 된 아리에스 루포 및 제마 바가야우아-멘도사와 함께 『내부의 적*The Enemy Within: An Inside Story on Military Corruption*』을 썼다.
글렌다는 조직을 만드는 일에 있어 진정한 나의 파트너다. 그 사악한 눈이라니, 이렇게 쓰면서 절로 미소가 지어진다. 그녀는 중장기의 기사와 매일의 핵심 기사 사이에 균형을 유지하면서 기자의 역량을 키우고 뉴스 사이트를 구축한다.
2. 우리의 창립 이사회 멤버로, 하버드에서 MBA를 취득하고 투자은행가가 된 전 프로브 기자 매니 아얄라, 인터넷 기업가 닉스 놀레도, 전 NBC 유니버설 아시아 태평양 지역 수장으로 싱가포르에서 하던 일을 그만두고 필리핀으로 돌아온 과거의 미디어 천재 레이먼드 미랜더가 포함되어 있었다. 나는 우리 모두가 이십 대였을 때 매니, 레이먼드와 일한 적이 있었으며, 닉스의 합류로 창립 이사회를 완성했다. 이 그룹은 우리가 비즈니스와 인터넷을 이해할 때 도움을 주는 고문단이었다. 닉스를 제외하고 우리 모두는 미디어 대기업에서 일한 경험 덕분에 뉴스와 엔터테인먼트 분야에 대해 잘 알았다. 2014년 우리는 위원회에 세 명을 추가했다. 전 투자은행가로 메릴린치필리핀의 차입 매수를 설계한 펠리시아 아티엔사, 전 IBM 필리핀 지사장 제임스 벨라스케스, 변호사이자 벤처 기업 투자자인 제임스 비탕가가 그들이다.
3. “MovePH,” Facebook, https://www.facebook.com/move.ph.
4. 그날 실시간 방송을 위해 두 대의 카메라를 설치했는데, 멀티미디어 기자인 파트리시아 에반젤리스타와 캐서린 비스콘티가 촬영을 담당했다. 학생들은 두 사람에 대해 (그리고 그들에게도 직접) 질문을 던졌는데, 두 사람이 카메라를 들면서 삼각대 뒤에는 언제나 남성이 있다는 전형적인 성역할을 깨뜨렸기 때문이었다.
5. Simon Kemp, “Digital 2011: The Philippines,” Datareportal, December 30, 2011, https://datareportal.com/reports/digital-2011-philippines.
6. 2011년 9월, 이 글의 일부가 실린 논문을 정치폭력및테러에관한국제연구센터에 제출했으며, 그 일주일 전 바기오와 싱가포르에서 열린 지역사회 참여에 관한 국제회의에서 해당 논문을 발표했다. 다음을 참고하라. Maria A. Ressa, “The Internet and New Media: Tools for Countering

Extremism and Building Community Resilience," May 1, 2013, https://doi.org/10.1142/9781908977540_0010.

7. 이에 대한 글과 말은 아주 많다. 예를 들어, 다음을 참고하라. e.g., William Saletan, "Springtime for Twitter: Is the Internet Driving the Revolutions of the Arab Spring?," Slate, July 18, 2011, http://www.slate.com/articles/technology/future_tense/2011/07/springtime_for_twitter.html; and D. Hill, "Op-Ed: he Arab Spring Is Not the Facebook evolution," *Ottawa Citizen* November 16, 2011.
8. Marshall McLuhan, "The Medium Is the Message," 1964, https://web.mit.edu/allanmc/www/mcluhan.mediummessage.pdf.
9. Suw Charman Anderson, "The Role of Dopamine in Social Media," ComputerWeekly.Com, November 26, 2009.
10. Jack Fuller, *What Is Happening to News: The Information Explosion and the Crisis in Journalism* (London: University of Chicago Press, 2010), 46.
11. Suzanne Choney, "Facebook Use Can Lower Grades by 20%, Study Says," NBC News, September 7, 2010, https://www.nbcnews.com/id/wbna39038581.
12. 2015년 8월 미국에서 일부 사용자를 대상으로 런칭했다가 전 세계로 서비스를 확장한 것이 2016년 8월이었다.
13. "Rappler Is PH's 3rd Top News Site," Rappler, September 6, 2013, https://www.rappler.com/nation/rappler-third-top-news-site-alexa/.
14. 2011년 래플러는 무드 미터와 무드 내비게이터를 출시해 시험 운영했다. 기분과 입소문 사이의 연관성에 관한 학술 연구의 일부 사례로 다음을 참고하라. Marco Guerini and Jacopo Staiano, "Deep Feelings: A Massive Cross-Lingual Study on the Relation Between Emotions and Virality," arXiv, March 16, 2015, https://arxiv.org/pdf/1503.04723.pdf. Facebook rolled out emojis in Q4 2015; 다음을 참고하라. Nathan McAlone, "There Is a Specific Sociological Reason Why Facebook Introduced Its New Emoji 'Reactions,'" Insider, October 9, 2015, https://www.businessinsider.com/the-reason-facebook-introduced-emoji-reactions-2015-10.
15. Edmund T. Rolls, "A Theory of Emotion and Consciousness, and Its Application to Understanding the Neural Basis of Emotion," in *The*

Cognitive Neurosciences, edited by Michael S. Gazzaniga (Cambridge, MA: MIT Press, 1995), 1091–1106.

16. Christine Ma-Kellams and Jennifer Lerner, "Trust Your Gut or Think Carefully? Examining Whether an Intuitive, Versus a Systematic, Mode of Thought Produces Greater Empathic Accuracy," *Journal of Personality and Social Psychology* 111, no. 5 (2016): 674–85, https://www.apa.org/pubs/journals/releases/psp-pspi0000063.pdf; Jennifer S. Lerner, Ye Li, Piercarlo Valdesolo, and Karim Kassam, "Emotions and Decision Making," *Annual Review of Psychology*, June 16, 2014, https://scholar.harvard.edu/files/jenniferlerner/files/annual_review_manuscript_june_16_final.final_.pdf.
17. 우리는 그해의 기분을 연간 리뷰로 요약했다. "2012 in Moods," YouTube, December 31, 2012, https://www.youtube.com/watch?v=dRXYP7zZTtE; "2013 in Moods," YouTube, December 28, 2013, https://www.youtube.com/watch?v=-PTjYFldhes; "2014 in Moods," YouTube, December 29, 2014, https://www.youtube.com/watch?v=9kDW72xbCEo&t=76s; "2015 in Moods," YouTube, December 26, 2015, https://www.youtube.com/watch?v=UJXNzwXh0_Q&t=197s.
18. 래플러는 뉴스에서 감정이 어떤 역할을 하는지 파악하려 노력하고 있다. 우리의 무드 미터에서 나온 데이터를 사용한 학술 연구로 다음 두 가지를 참고하라. Guerini and Staiano, "Deep Feelings"; "Study Uses Rappler to See Relationship Between Emotion, Virality," Rappler, March 30, 2015, https://www.rappler.com/science/88391-rappler-corriere-guerini-staiano-study/. 다음은 이후 미국에서 이루어진 연구다. Jessica Gall Myrick and Bartosz W. Wojdynski, "Moody News: The Impact of Collective Emotion Ratings on Online News Consumers' Attitudes, Memory, and Behavioral Intentions," *New Media & Society* 18, no. 11 (2016): 2576–94.
19. "Vice Ganda Gets Flak for 'Rape' Joke," Rappler, May 28, 2013, https://www.rappler.com/entertainment/30116-vice-ganda-jessica-soho-rape-joke/.
20. #BudgetWatch, Rappler, https://www.rappler.com/topic/budget-watch/.

21. "Slides and Ladders: Understand the Budget Process," Rappler, July 20, 2013, ttps://r3.rappler.com/move-ph/issues/budget-watch/27897-slides-ladders-philippine-budget-process.
22. "[Budget Game] Did Congressmen Favor Your Budget Priorities?," Rappler, June 11, 2015, https://r3.rappler.com/move-ph/issues/budget-watch/33857-national-budget-game.
23. #ProjectAgos, Rappler, https://r3.rappler.com/move-ph/issues/disasters.
24. Rappler, "How to Use the Project Agos Alert Map," YouTube, October 15, 2014, https://www.youtube.com/watch?v=TfD47KXaFMc&t=79s.
25. "Checklist: What Cities and Municipalities Should Prepare for an Earthquake," Rappler, https://r3.rappler.com/move-ph/issues/disasters/knowledge-base.
26. Rappler, "Agos: Make #ZeroCasualty a Reality," YouTube, May 18, 2015, https://www.youtube.com/watch?v=Dvrubwbeypk.
27. "#HungerProject," Rappler, https://r3.rappler.com/move-ph/issues/hunger.
28. David Lozada, "#HungerProject: Collaboration Key to Ending Hunger in the PH," Rappler, March 4, 2014, https://www.rappler.com/moveph/52036-hunger-project-launch-collaboration-ph-hunger/.
29. "#WhipIt," Rappler, https://r3.rappler.com/brandrap/whipit.
30. Bea Cupin, "#WHIPIT: Can Women Have It All?," Rappler, December 12, 2013, https://www.rappler.com/brandrap/44663-whip-it-ncr-survey-women-issues/.
31. Libay Linsangan Cantor, "#WHIPIT: The (En)gendered Numbers Crunch," Rappler, January 16, 2014, https://www.rappler.com/brandrap/profiles-and-advocacies/47950-whip-it-engendered-numbers-crunch/.
32. Libay Linsangan Cantor, "#WHIPIT: A Filipino Campaign Goes Global and Viral," Rappler, March 18, 2016, https://www.rappler.com/brandrap/profiles-and-advo cacies/46129-whipit-gets-international-mileage/.
33. Smartmatic, *Automated Elections in the Philippines, 2008–2013*, https://www.par liament.uk/globalassets/documents/speaker/digital-democracy/CS_The_Philippine_Elections_2008-2013_v.9_ING_A4.pdf;

and Business Wire, “Philippine Votes Transmitted in Record Time in Largest Ever Electronic Vote Count,” May 9, 2016, https://www.businesswire.com/news/home/20160509006516/en/Philippine-Votes-Transmitted-in-Record-Time-in-Largest-Ever-Electronic-Vote-Count.

34. 같은 기사.

35. 지도자 없는 시위를 보여주는 사진과 영상은 다음을 참고하라. Bea Cupin, “Scrap Pork Barrel! Punish the Corrupt,” Rappler, August 26, 2013, https://www.rappler.com/nation/37282-pork-barrel-protests-nationwide/ ;Ted Regencia, “‘Pork-Barrel Protests’ Rock the Philippines,” Al Jazeera, August 27, 2013, https://www.aljazeera.com/features/2013/8/27/pork-barrel-protests-rock-the-philippines.

36. Dominic Gabriel Go, “#MillionPeopleMarch: Online and Offline Success,” Rappler, September 11, 2013, https://www.rappler.com/nation/37360-million-people-march-social-media-protest-success.

37. 지도자 없는 시위를 보여주는 사진과 영상은 다음을 참고하라. Cupin, “Scrap Pork Barrel! Punish the Corrupt”; Regencia, “‘Pork-Barrel Protests’ Rock the Philippines.”

38. “#NotOnMyWatch,” Rappler, https://ph.rappler.com/campaigns/fight-corruption#know-nomy.

39. Michael Bueza, “#NotOnMyWatch: Reporting Corruption Made Easier,” Rappler, September 26, 2016, https://www.rappler.com/moveph/147340-notonmywatch-chat-bot-report-corruption-commend-good-public-service/.

40. “나는 인도에서 뇌물을 주었다I Paid a Bribe in India”라는 캠페인이 우리보다 앞서 크라우드소싱을 이용해 부패 신고를 받았으나 이 캠페인에는 신고를 법적 조치로 전환할 수 있는 정부와의 협력이 없었다.

41. “WATCH: Duterte: Say ‘No’ to Corruption,” Rappler, January 2, 2017, https://www.rappler.com/moveph/157170-not-on-my-watch-fighting-corruption-rodrigo-duterte-call/.

42. “#TheLeaderIWant: Leadership, Duterte-style,” Rappler, October 29, 2015, https://www.rappler.com/nation/elections/111096-leadership-duterte-style/ and YouTube,October 29, 2015, https://www.youtube.com/

watch?v=ow9FUAHCclk.
43. Maria Ressa, "Duterte, His 6 Contradictions and Planned Dictatorship," Rappler, October 26, 2015, https://www.rappler.com/nation/elections/110679-duterte-contradictions-dictatorship/.
44. Euan McKirdy, "Philippines President Likens Himself to Hitler," CNN, September 30, 2016, https://www.cnn.com/2016/09/30/asia/duterte-hitler-comparison.
45. "Philippines Presidential Candidate Attacked over Rape Remarks," Guardian.com, April 17, 2016, https://www.theguardian.com/world/2016/apr/17/philippines-presidential-candidate-attacked-over-remarks.
46. "Philippines President Rodrigo Duterte in Quotes," BBC.com, September 30, 2016, https://www.bbc.com/news/world-asia-36251094.

7장 친구의 친구가 민주주의를 어떻게 무너뜨리는가

1. Terence Lee, "Philippines' Rappler Fuses Online Journalism with Counter-terrorism Tactics, Social Network Theory," Tech in Asia, May 21, 2013, https://www.techinasia.com/how-rappler-is-applying-counter-terrorism-tactics-into-an-online-news-startup.
2. "Leveraging Innovative Solutions to Create Economic Dividends: Case Studies from the Asia Pacific Region," National Center for Asia-Pacific Economic Cooperation, 2014, https://trpc.biz/old_archive/wp-content/uploads/NCAPEC2013_StoriesOfInnovationAndEnablementFromAPEC_14Mar2014.pdf.
3. "Free Basics Partner Stories: Rappler," Facebook, April 12, 2016, https://developers.facebook.com/videos/f8-2016/free-basics-partner-stories-rappler/.
4. David Cohen, "Facebook Opens Philippines Office," Adweek, April 22, 2018, https://www.adweek.com/performance-marketing/facebook-philippines/.
5. Mong Palatino, "Free Basics in Philippines," Global Voices, March-April 2017, https://advox.globalvoices.org/wp-content/uploads/2017/07/PHILIPPINES.pdf.

6. Globe Telecom, Inc., “Facebook CEO Mark Zuckerberg: Philippines a Successful Test Bed for Internet.org Initiative with Globe Telecom Partnership,” Cision, February 24, 2014, https://www.prnewswire.com/news-releases/facebook-ceo-mark-zuckerberg-philippines-a-successful-test-bed-for-internetorg-initiative-with-globe-telecom-partnership-247184981.html.
7. Miguel R. Camus, “MVP Admits PLDT Losing to Globe in Market Share,” Inquirer.net, January 13, 2017, https://business.inquirer.net/222861/mvp-admits-pldt-losing-globe-market-share.
8. “Value of Connectivity,” Deloitte, https://www2.deloitte.com/ch/en/pages/techno logy-media-and-telecommunications/articles/value-of-connectivity.html.
9. 영상을 보려면 다음을 참고하라. Free Basics Partner Stories: Rappler, https://developers.facebook.com/videos/f8-2016/free-basics-partner-stories-rappler/.
10. 유엔의 최근 자료에 따르면 2022년 7월 3일 현재 기준으로 필리핀 인구는 112,579,898명이다. 다음을 참고하라. “Philippines Population (Live),” Worldometer, https://www.worldometers.info/world-population/philippines-population/.
11. David Dizon, “Why Philippines Has Overtaken India as World’s Call Center Capital,” ABS-CBN News, December 2, 2010, https://news.abs-cbn.com/nation/12/02/10/why-philippines-has-overtaken-india-worlds-call-center-capital.
12. 이런 기업에는 킴닷컴Kim Dotcom과 그의 공유 사이트인 메가업로드Megaupload가 포함되어 있다. FBI와 미국 법원 기록에 따르면 이들은 부분적으로 필리핀에서 운영되었다. 다음을 참고하라. David Fisher, “Free but $266 Million in Debt: The Deal That Gave the FBI an Inside Man Who Could Testify Against Kim Dotcom,” *New Zealand Herald*, November 27, 2015, https://www.nzherald.co.nz/business/news/article.cfm?c_id=3&objectid=11551882.
13. Doug Bock Clark, “The Bot Bubble: How Click Farms Have Inflated Social Media Currency,” *New Republic*, April 21, 2015, https://newrepublic.

com/article/121551/bot-bubble-click-farms-have-inflated-social-media-currency.
14. Chris Francescani, "The Men Behind QAnon," ABC News, September 22, 2020, https://abcnews.go.com/Politics/men-qanon/story?id=73046374.
15. Clark, "The Bot Bubble."
16. 같은 자료.
17. Jennings Brown, "There's Something Odd About Donald Trump's Facebook Page," Insider, June 18, 2015, https://www.businessinsider.com/donald-trumps-facebook-followers-2015-6.
18. Nicholas Confessore, Gabriel J. X. Dance, Richard Harris, and Mark Hansen, "The Follower Factory," *New York Times*, January 27, 2018, https://www.nytimes.com/interactive/2018/01/27/technology/social-media-bots.html.
19. Jonathan Corpus Ong and Jason Vincent A. Cabañes, "Architects of Networked Disinformation: Behind the Scenes of Troll Accounts and Fake News Production in the Philippines," Newton Tech4Dev Network, February 5, 2018, http://newtontechfordev.com/wp-content/uploads/2018/02/ARCHITECTS-OF-NETWORKED-DISINFORMATION-FULL-REPORT.pdf.
20. Glen Arrowsmith, "Arkose Labs Presents the Q3 Fraud and Abuse Report," Arkose Labs, September 18, 2019, https://www.arkoselabs.com/blog/arkose-labs-presents-the-q3-fraud-and-abuse-report/.
21. "Software Management: Security Imperative, Business Opportunity: BSA Global Software Survey," BSA, June 2018, https://gss.bsa.org/wp-content/uploads/2018/05/2018_BSA_GSS_Report_en.pdf.
22. Heather Chen, "'AlDub': A Social Media Phenomenon About Love and Lip-Synching," BBC, October 28, 2015, https://www.bbc.com/news/world-asia-34645078.
23. Pia Ranada, "ULPB Students to Duterte: Give Us Direct Answers," Rappler, March 12, 2016, https://www.rappler.com/nation/elections/125520-up-los-banos-students-dut erte-forum/.
24. "#AnimatED: Online Mob Creates Social Media Wasteland," Rappler,

March 14, 2016, https://www.rappler.com/voices/editorials/125615-online-mob-social-media-wasteland/.

25. "Duterte to Supporters: Be Civil, Intelligent, Decent, Compassionate," Rappler, March 13, 2016, https://www.rappler.com/nation/elections/125701-duterte-supporters-death-threats-uplb-student/.
26. Gemma B. Mendoza, "Networked Propaganda: How the Marcoses Are Using Social Media to Reclaim Malacanang," Rappler, November 20, 2019, https://www.rappler.com/newsbreak/investigative/245290-marcos-networked-propaganda-social-media.
27. "#SmartFREEInternet: Anatomy of a Black Ops Campaign on Twitter," Rappler, October 8, 2014, https://www.rappler.com/technology/social-media/71115-anatomy-of-a-twitter-black-ops-campaign/.
28. 방송국과 같은 도달률을 가진 단일 가짜 계정으로 100개 이상의 페이스북 그룹에 가입한 페이스북 사용자 무샤 바우티스타는 수백만 명에게 거짓 정보를 퍼뜨릴 수 있었다.
29. Chay F. Hofileña, "Fake Accounts, Manufactured Reality on Social Media," Rappler, October 9, 2016, https://www.rappler.com/newsbreak/investigative/148347-fake-accounts-manufactured-reality-social-media/.
30. 인구통계 집단의 특성에 따라 콘텐츠를 제작한 세 개의 주요 페이스북 페이지로 다음이 있다. 교육받은 계층을 겨냥한 새스 새소트의 페이지, 중산층을 겨냥한 '생각하는 필리핀인' 페이지, 기층민에 맞춘 모카 우손의 블로그.
31. "Twitter Map: No Real Party System," Rappler, February 25, 2013, https://www.rappler.com/nation/elections/22454-twitter-map-of-political-coalitions-at-start-of-national-campaigns/.
32. Rappler Research, "Volume of Groups Tracked by Sharktank," Flourish, October 3, 2019, https://public.flourish.studio/visualisation/590897/.
33. Catherine Tsalikis, "Maria Ressa: 'Facebook Broke Democracy in Many Countries Around the World, Including in Mine,'" Centre for International Governance Innovation, September 18, 2019, https://www.cigionline.org/articles/maria-ressa-facebook-broke-democracy-many-countries-around-world-including-mine/.

34. "Explosion Hits Davao Night Market," Rappler, September 2, 2016, https://www.rappler.com/nation/145033-explosion-roxas-night-market-davao-city/.
35. "Duterte Declares State of Lawlessness in PH," Rappler, September 3, 2016, https://www.rappler.com/nation/145043-duterte-declares-state-of-lawlessness-ph/.
36. Editha Caduaya, "Man with Bomb Nabbed at Davao Checkpoint," Rappler, March 26, 2016, https://www.rappler.com/nation/127132-man-bomb-nabbed-davao-checkpoint/.
37. 다음은 이 웹사이트들이 오해를 불러일으킬 목적으로 래플러의 기사를 용도 변경해 올린 구체적 예다. http://wwl.pinoytribune.com/2016/09/man-with-high-quality-of-bomb-nabbed-at.html; http://www.socialnewsph.com/2016/09/look-man-with-high-quality-of-bomb.html; http://www.newstrendph.com/2016/09/man-with-high-quality-of-bomb-nabbed-at.html.
38. Rappler Research, "Davao Bombing," Flourish, July 8, 2019, ttps://public.flourish.studio/visualisation/230850/.
39. Ralf Rivas, "Gambling-Dependent hilippines Allows POGOs to Resume Operations," appler, May 1, 2020, https://www.rappler.com/business/259599-gambling -dependent-philippines-allows-pogos-resume-operations-coronavirus/.
40. 다음은 삭제되어 현재 존재하지 않는 래플러 페이스북 게시물에 대한 링크이다. https://www.facebook.com/rapplerdotcom/posts/1312782435409203.
41. John Naughton, "The Goal Is to Automate Us: Welcome to the Age of Surveillance Capitalism," *Guardian*, January 20, 2019, https://www.theguardian.com/technology/2019/jan/20/shoshana-zuboff-age-of-surveillance-capitalism-google-facebook.
42. 다음은 내가 추천하고 싶은 페이스북 관련 도서들이다. 데이비드 커크패트릭의 『페이스북 이펙트*The Facebook Effect: The Inside Story of the Company That Is Connecting the World*』(New York: Simon & Schuster, 2010)는 마크 저커버그의 초창기와 발전 과정을 추적한 책으로, 2010년이라는 경이로운 시기에 출간되었다. 쇼샤나 주보프는 2019년 페이스북의 사업 모델을 가리키는 감시

자본주의라는 말을 만들어냈다. 『감시 자본주의 시대*The Age of Surveillance Capitalism: The Fight for a Human Future at the New Frontier of Power*』(New York: Public Affairs, 2019)를 참고하라. 스티븐 레비의 『메타 페이스북 *Facebook: The Inside Story*』(New York: Blue Rider Press, 2020)은 페이스북의 추락을 기록했다. 마지막으로 시난 아랄의 『하이프 머신*The Hype Machine: How Social Media Disrupts Our Elections, Our Economy, and Our Health—and How We Must Adapt*』(New York: Currency, 2020)은 그 위험을 자세히 설명하면서도 여전히 이 거인에 호의적이어서 구제 가능성을 제시한다.

43. James Bridle, "*The Age of Surveillance Capitalism* by Shoshana Zuboff Review—We Are the Pawns," *Guardian*, February 2, 2019, https://www.theguardian.com/books/2019/feb/02/age-of-surveillance-capitalism-shoshana-zuboff-review.

44. 쇼샤나 주보프는 노예무역 같은 우리의 행동 데이터 시장이 폐지되기를 원한다. 쇼샤나와 나는 로저 맥나미 등 페이스북을 비판하는 이들과 함께 2018년 케임브리지애널리티카 관련 기사를 터뜨린 언론인 캐럴 캐드월러드가 만든 '실질적페이스북감독위원회'의 일원으로 만났다. 단체가 막 출범했을 때였다. 다음을 참고하라. Olivia Solon, "While Facebook Works to Create an Oversight Board, Industry Experts Formed Their Own," NBC News, September 25, 2020, https://www.nbcnews.com/tech/tech-news/facebook-real-oversight-board-n1240958.

45. Naughton, "The Goal Is to Automate Us."

46. Ryan Mac and Craig Silverman, "'Mark Changed the Rules': How Facebook Went Easy on Alex Jones and Other Right-Wing Figures," BuzzFeed News, February 22, 2021, https://www.buzzfeednews.com/article/ryanmac/mark-zuckerberg-joel-kaplan-facebook-alex-jones; Sheera Frenkel et al., "Delay, Deny and Deflect: How Facebook's Leaders Fought Through Crisis," *New York Times*, November 14, 2018, https://www.nytimes.com/2018/11/14/technology/facebook-data-russia-election-racism.html.

47. Maria A. Ressa, "[ANALYSIS] As Democracy Dies, We Build a Global Future," Rappler, October 13, 2020, https://www.rappler.com/voices/thought-leaders/analysis-as-democracy-dies-we-build-global-future/.

48. Maya Yang, "More Than 40% in US Do Not Believe Biden Legitimately Won Election—Poll," *Guardian*, January 5, 2022, https://www.theguardian.com/us-news/2022/jan/05/america-biden-election-2020-poll-victory. 미국인 37퍼센트와 민주당원 10퍼센트라는 수치는 공개되지 않은 여론조사에서 나왔다.
49. "Is Facebook Putting Company over Country? New Book Explores Its Role in Misinformation," *PBS NewsHour*, July 22, 2021, https://www.pbs.org/newshour/show/is-facebook-putting-company-over-country-new-book-explores-its-role-in-misinformation.
50. Lora Kolodny, "Zuckerberg Claims 99% of Facebook Posts 'Authentic,' Denies Fake News There Influenced Election," TechCrunch, November 12, 2016, https://techcrunch.com/2016/11/13/zuckerberg-claims-99-of-facebook-posts-authentic-denies-fake-news-there-influenced-election/.
51. 바로 알렉스 스타모스였고, 그는 사용자 보호에 책임이 있는 셰릴 샌드버그에게 사실상 예상되는 결과를 보고했다.
52. Sheera Frenkel and Cecilia Kang, *An Ugly Truth: Inside Facebook's Battle for Domination* (New York: Harper, 2021).
53. 같은 책. 이 책의 두 저자인 〈뉴욕 타임스〉의 기자 시라 프렌켈과 서실리아 캉에 따르면, 이런 행위를 한 직원들을 적발한 뒤, 페이스북의 정책은 그들을 해고하는 것이었다. 스타모스는 애초에 그런 일이 일어나지 않도록 막을 책임이 페이스북에 있었다고 주장한다.
54. Daniela Hernandez and Parmy Olson, "Isolation and Social Media Combine to Radicalize Violent Offenders," *Wall Street Journal*, August 5, 2019, https://www.wsj.com/articles/isolation-and-social-media-combine-to-radicalize-violent-offenders-11565041473. 테러 관련 연구로는 다음을 참고하라. "The Use of Social Media by United States Extremists," National Consortium for the Study of Terrorism and Responses to Terrorism, https://www.start.umd.edu/pubs/START_PIRUS_UseOfSocialMediaByUSExtremists_ResearchBrief_July2018.pdf. 정치 관련 연구로는 다음을 참고하라. Robin L. Thompson, "Radicalization and the Use of Social Media," *Journal of Strategic Security* 4, no. 4 (2011), https://digitalcommons.usf.edu/cgi/viewcontent.cgi?article=1146&context=jss.

극우 테러리즘과 관련된 연구로는 다음을 참고하라. Farah Pandith and Jacob Ware, "Teen Terrorism Inspired by Social Media Is on the Rise. Here's What We Need to Do," NBC News, March 22, 2021, https://www.nbcnews.com/think/opinion/teen-terrorism-inspired-social-media-rise-here-s-what-we-ncna1261307.
55. Kyle Chua, "8Chan Founder Says Current Site Owner Jim Watkins Behind QAnon—Report," Rappler, September 29, 2020, https://www.rappler.com/technology/8chan-founder-fredrick-brennan-jim-watkins-behind-qanon/.
56. Jim Holt, "Two Brains Running," *New York Times*, November 25, 2011, https://www.nytimes.com/2011/11/27/books/review/thinking-fast-and-slow-by-daniel-kahneman-book-review.html.
57. Peter Dizikes, "Study: On Twitter, False News Travels Faster Than True Stories," MIT News, March 8, 2018, https://news.mit.edu/2018/study-twitter-false-news-travels-faster-true-stories-0308.
58. "#NoPlaceForHate: Change Comes to Rappler's Comments Thread," Twitter, August 26, 2016, https://twitter.com/rapplerdotcom/status/769085047915810816.
59. "#NoPlaceForHate: Change Comes to Rappler's Comments Thread," Rappler, August 26, 2016, https://www.rappler.com/voices/143975-no-place-for-hate-change-comes-to-rappler-comments-thread/.
60. "토론을 통해 거짓과 오류를 폭로하고 교육 과정에 의해 악을 방지할 시간이 있다면, 적용 가능한 해결책은 강요된 침묵이 아니라 더 많은 발언이다." *Whitney v. People of State of California*, 274 U.S. 357 (1927).
61. Raisa Serafica, "Collateral Damage: 5-Yr-Old Girl Latest Fatality in War on Drugs," Rappler, August 25, 2016, https://www.rappler.com/nation/144138-five-year-old-killed-pangasinan-war-drugs/.
62. Maria Ressa, "Propaganda War: Weaponizing the Internet," Rappler, October 3, 2016, https://www.rappler.com/nation/148007-propaganda-war-weaponizing-internet/; Maria Ressa, "How Facebook Algorithms Impact Democracy," Rappler, October 8, 2016, https://www.rappler.com/newsbreak/148536-facebook-algorithms-impact-democracy/.

63. Chay F. Hofileña, "Fake Accounts, Manufactured Reality on Social Media," Rappler, October 9, 2016, https://www.rappler.com/newsbreak/investigative/148347-fake-accounts-manufactured-reality-social-media/.

8장 법의 지배는 어떻게 내부에서부터 무너지는가

1. Maria Ressa, "Propaganda War: Weaponizing the Internet," Rappler, October 3, 2016, https://www.rappler.com/nation/148007-propaganda-war-weaponizing-internet/.
2. '키보드 전사'는 두테르테 팀이 그들의 '자원봉사자'를 부르는 말이었다.
3. "Aquino: 'I Hope I Showed Best Face of PH to the World,'" Rappler, June 8, 2016, https://www.rappler.com/nation/135685-aquino-best-face-philippines-world/.
4. Jodesz Gavilan, "Duterte's P10M Social Media Campaign: Organic, Volunteer-Driven," Rappler, June 1, 2016, https://www.rappler.com/newsbreak/134979-rodrigo-duterte-social-media-campaign-nic-gabunada/.
5. Gelo Gonzales, "Facebook Takes Down Fake Account Network of Duterte Campaign Social Media Manager," Rappler, March 29, 2019, https://www.rappler.com/technology/226932-facebook-takes-down-fake-account-network-duterte-campaign-social-media-manager-march-2019/.
6. Maria A. Ressa, "How Facebook Algorithms Impact Democracy," Rappler, October 8, 2016, https://www.rappler.com/newsbreak/148536-facebook-algorithms-impact-democracy/.
7. Chay F. Hofileña, "Fake Accounts, Manufactured Reality on Social Media," Rappler, October 9, 2016, https://www.rappler.com/newsbreak/investigative/148347-fake-accounts-manufactured-reality-social-media/.
8. Rambo Talabong, "At Least 33 Killed Daily in the Philippines Since Duterte Assumed Office," Rappler, June 15, 2018, https://www.rappler.com/newsbreak/in-depth/204949-pnp-number-deaths-daily-duterte-

administration/.

9. "The Kill List," Inquirer.net, July 7, 2016, https://newsinfo.inquirer.net/794598/kill-list-drugs-duterte.
10. "Map, Charts: The Death Toll of the War on Drugs," ABS-CBN News, July 13, 2016, https://news.abs-cbn.com/specials/map-charts-the-death-toll-of-the-war-on-drugs.
11. Patricia Evangelista, "The Impunity Series," Rappler, July 25, 2017, https://r3.rappler.com/newsbreak/investigative/168712-impunity-series-drug-war-duterte-administration.
12. Amnesty International, "Philippines: Duterte's 'War on Drugs' Is a War on the Poor," February 4, 2017, https://www.amnesty.org/en/latest/news/2017/02/war-on-drugs-war-on-poor/.
13. "Philippines President Rodrigo Duterte in Quotes," BBC, September 30, 2016, https://www.bbc.com/news/world-asia-36251094.
14. 같은 문구가 미국, 인도, 브라질, 남아프리카 등 전 세계 언론인을 공격하는 데 사용되었다. 다음을 참고하라. Chryselle D'Silva Dias, Vice, "Female Journalists, Called 'Presstitutes,' Face Extreme Harassment in India," May 9, 2016, https://www.vice.com/en/article/53n78d/female-journalists-called-presstitutes-face-extreme-harassment-in-india.
15. "Atty. Bruce Rivera's Open Letter to the Biased Media Went Viral," PhilNews.XYZ, April 9, 2016, https://www.philnews.xyz/2016/04/atty-rivera-open-letter-bias-media.html.
16. 모카 우손은 필리핀어를 사용했다. https://web.facebook.com/Mochablogger/videos/10154651959381522/.
17. 다음을 참고하라. https://www.facebook.com/media/set/?set=a.10209891686836139&type=3.
18. "Corrupt, Coerce, Co-opt: Democratic Freedoms Hit Hard as Filipino Journalist Silenced by Authoritarian President," LittleLaw, July 11, 2020, https://www.littlelaw.co.uk/2020/07/11/corrupt-coerce-co-opt-demoratic-freedoms-hit-hard-as-filipino-journalist-silenced-by-authoritarian-president/.
19. Pia Ranada, "Duterte Tags Roberto Ongpin as 'Oligarch' He Wants

to Destroy," Rappler, August 3, 2016, https://www.rappler.com/nation/141861-duterte-roberto-ongpin-oligarch/.
20. Sofia Tomacruz, "Big Business Winners, Losers in Duterte's 1st Year," Rappler, July 24, 2017, https://www.rappler.com/business/176500-sona-2017-philippines-big-business-winners-losers-in-dutertes-1st-year/.
21. Ralf Rivas, "Dennis Uy's Growing Empire (and Debt)," Rappler, January 4, 2019, https://www.rappler.com/newsbreak/in-depth/219039-dennis-uy-growing-business-empire-debt-year-opener-2019/; Cliff Venzon, "Philippine Tycoon Dennis Uy Eyes Asset Sale to Cut Debt," Nikkei Asia, March 23, 2021, https://asia.nikkei.com/Business/Business-deals/Philippine-tycoon-Dennis-Uy-eyes-asset-sale-to-cut-debt.
22. Bea Cupin, "Duterte Attacks 'Politicking, Posturing' De Lima," Rappler, August 17, 2016, https://www.rappler.com/nation/143353-duterte-hits-leila-de-lima/.
23. "De Lima Admits Past Relationship with Driver Bodyguard—eport," Rappler, November 14, 2016, https://www.rappler.com/nation/152373-de-lima-admits-relationship-ronnie-dayan/.
24. "De Lima Denies Starring in 'Sex Video,' Says Ex-Driver Under Threat," ABS-CBN News, August 20, 2016, https://news.abs-cbn.com/news/08/20/16/de-lima-denies-starring-in-sex-video-says-ex-driver-under-threat.
25. "Senate Ends Probe: Neither Duterte nor State Sponsored Killings," Rappler, October 13, 2016, https://www.rappler.com/nation/149086-senate-ends-extrajudicial-killings-investigation-gordon-duterte/.
26. Jodesz Gavilan, "The House's 'Climax' Congressmen: Who Are They?," Rappler, November 26, 2016, https://www.rappler.com/newsbreak/iq/153652-profiles-lawm akers-climax-ronnie-dayan-de-lima/.
27. "'Kailan kayo nag-climax?': Nonsense Questions at the Bilibid Drugs Hearing," Rappler, November 25, 2016, https://www.rappler.com/nation/153547-nonsense-questions-ronnie-dayan-house-pobe-drugs/.
28. "'Sen. De Lima Teases Jaybee Sebastian in a Pole Inside His Kubol' Witness Says," Pinoy Trending News, http://pinoytrending.altervista.

org/sen-de-lima-teases-jaybee-sebastian-pole-inside-kubol-witness-says/.(Accessed October 7, 2016; no longer there on August 19, 2021.)

29. Pauline Macaraeg, "Premeditated Murder: The Character Assassination of Leila de Lima," Rappler, December 6, 2019, https://www.rappler.com/newsbreak/inv estigative/246329-premeditated-murder-character-assassination-leila-de-lima/.
30. 노스베이스미디어는 마커스 브로흘리, 스튜어트 칼, 사샤 부치니치가 창립한 회사로, 칼은 〈월스트리트 저널〉 전 법률 고문이자 로이터의 최고운영책임자였다. 부치니치는 미디어 개발 투자 펀드를 공동 설립해서 16년 동안 운영했다. 다음을 참고하라. Natashya Gutierrez, "Top Journalists' Independent Media Fund Invests in Rappler," Rappler, May 31, 2015, https://www.rappler.com/nation/94379-top-journalists-independent-media-fund-invests-rappler/; and Jum Balea, "Rappler Gets Funding from Top Media Veterans Led by Marcus Brauchli," Tech in Asia, May 14, 2015, https://www.techinasia.com/rappler-funding-marcus-brauchli-sasa-vucinic.
31. "Omidyar Network Invests in Rappler," Rappler, November 5, 2015, https://www.rappler.com/nation/109992-omidyar-network-invests-rappler/.
32. Kara Swisher, "A Journalist Trolled by Her Own Government," *New York Times*, February 22, 2019, https://www.nytimes.com/2019/02/22/opinion/maria-ressa-facebook-philippines-.html.
33. Natashya Gutierrez, "State-Sponsored Hate: The Rise of the Pro-Duterte Bloggers," Rappler, August 18, 2017, https://www.rappler.com/newsbreak/in-depth/178709-duterte-die-hard-supporters-bloggers-propaganda-pcoo/; Maria Ressa, "Americans, Look to the Philippines to See a Dystopian Future Created by Social Media," *Los Angeles Times*, September 25, 2019, https://www.latimes.com/opinion/story/2019-09-24/philippines-facebook-cambridge-analytica-duterte-elections.
34. Rachel Hatzipanagos, "How Online Hate Turns into Real-Life Violence," *Washington Post*, November 30, 2018, https://www.washingtonpost.com/nation/2018/11/30/how-online-hate-speech-is-fueling-real-life-violence/. 또한 다음을 참고하라. "From Digital Hate to Real World

Violence" (video), The Aspen Institute, June 16, 2021, https://www.aspeninstitute.org/events/from-digital-hate-to-real-world-violence/; Morgan Meaker, "When Social Media Inspires Real Life Violence," DW, November 11, 2018, https://www.dw.com/en/when-social-media-inspires-real-life-violence/a-46225672.
35. Hatzipanagos, "How Online Hate Turns into Real-Life Violence."
36. Natashya Gutierrez, "State-Sponsored Hate: the Rise of the Pro-Duterte Bloggers," Rappler, August 18, 2016, https://www.rappler.com/newsbreak/in-depth/178709-duterte-die-hard-supporters-bloggers-propaganda-pcoo/.
37. 영상을 보려면 다음을 참고하라. "Free Basics Partner Stories: Rappler," April 12, 2016, https://developers.facebook.com/videos/f8-2016/free-basics-partner-stories-rappler/.
38. Michael Scharff, "Building Trust and Promoting Accountability: Jesse Robredo and Naga City, Philippines, 1988–1998," Innovations for Successful Societies, Woodrow Wilson School of Public and International Affairs, Princeton University(successfulsocieties.princeton.edu), July 2011, https://successfulsocieties.princeton.edu/publications/building-trust-and-promoting-accountability-jesse-robredo-and-naga-city-philippines; and transcript and audio of interview with Jesse Robredo, March 8, 2011, https://successfulsocieties.princeton.edu/interviews/jesse-robredo.
39. "#LeniLeaks: Speculations Based on Fragmented Emails," Rappler, January 9, 2017, https://www.rappler.com/newsbreak/inside-track/157697-leni-leaks-speculations-robredo-duterte-ouster/.
40. Natashya Gutierrez, "Blogger-Propagandists, the New Crisis Managers," Rappler, August 20, 2017, https://www.rappler.com/newsbreak/in-depth/178972-blogger-diehard-duterte-supporters-crisis-manager/.
41. Pia Ranada, "COA Hits PCOO for 'Massive, Unrestricted' Hiring of Contractual Workers," Rappler, July 7, 2021, https://www.rappler.com/nation/pcoo-massive-unrestricted-hiring-contractual-workers-coa-report-2020/.

42. "Gender in Focus: Tackling Sexism in the News Business—On and Offline," WAN-IFRA, November 12, 2014, https://wan-ifra.org/2014/11/gender-in-focus-tackling-sexism-in-the-news-business-on-and-offline/.
43. "Demos: Male Celebrities Receive More Abuse on Twitter Than Women," Demos, August 26, 2014, https://demos.co.uk/press-release/demos-male-celebrities-receive-more-abuse-on-twitter-than-women-2/.
44. Julie Posetti, "Fighting Back Against Prolific Online Harassment: Maria Ressa," in *An Attack on One Is an Attack on All*, edited by Larry Kilman (Paris: UNESCO, 2017), 37–40, https://unesdoc.unesco.org/ark:/48223/pf0000250430.
45. David Maas, "New Research Details Ferocity of Online Violence Against Maria Ressa," International Center for Journalists, March 8, 2021, https://ijnet.org/en/story/new-research-details-ferocity-online-violence-against-maria-ressa.
46. 나는 이들, 나블라 샤비르와 펠릭스 사이먼을 2019년 11월 런던의 프론트라인클럽Frontline Club에서 만났다. 다음을 참고하라. "Democracy's Dystopian Future—with Rappler's Maria Ressa," Frontline Club, November 12, 2019, https://www.frontlineclub.com/democracys-dystopian-future-with-rapplers-maria-ressa/.
47. Julie Posetti, Felix Simon, and Nabeelah Shabbir, "What If Scale Breaks Community? Rebooting Audience Engagement When Journalism Is Under Fire," Reuters Institute for the Study of Journalism, October 2019, https://reutersinstitute.politics.ox.ac.uk/sites/default/files/2019-10/Posetti%20What%20if%20FINAL.pdf.
48. Pia Ranada, "Duterte Claims Rappler 'Fully Owned by Americans,'" Rappler, July 24, 2017, https://www.rappler.com/nation/176565-sona-2017-duterte-rappler-ownership/.
49. Bea Cupin, "Duterte Threatens 'Expose' vs Inquirer," Rappler, July 1, 2017, https://www.rappler.com/nation/174445-duterte-prieto-inquirer-mile-long/.
50. Pia Ranada, "Duterte to Block Renewal of ABS-CBN Franchise," Rappler,

April 27, 2017, https://www.rappler.com/nation/168137-duterte-block-abs-cbn-franchise-renewal/.

51. 다음을 참고하라. Leloy Claudio, Facebook, October 8, 2021, https://www.facebook.com/leloy/posts/10160062758639258.
52. Maria Ressa, Twitter, July 24, 2017, https://twitter.com/mariaressa/status/889408648799076352?s=20.
53. Carly Nyst, "Patriotic Trolling: How Governments Endorse Hate Campaigns Against Critics," *Guardian*, July 12, 2017, https://www.theguardian.com/commentisfree/2017/jul/13/patriotic-trolling-how-governments-endorse-hate-campaigns-against-critics.
54. "Lauren Etter, Projects and Investigations," Bloomberg, https://www.bloomberg.com/authors/ASFjLS119J4/lauren-etter.
55. Lauren Etter, "What Happens When the Government Uses Facebook as a Weapon?," Bloomberg, December 7, 2017, https://www.bloomberg.com/news/features/2017-12-07/how-rodrigo-duterte-turned-facebook-into-a-weapon-with-a-little-help-from-facebook.

9장 천 개의 상처에서 살아남기

1. 두테르테 대통령 정권의 첫 법무부 장관은 정치적 이유로 임명된 비탈리아노 아기레 2세였으나, 곧 직업 공무원인 메나르도 게바라로 교체되었다. 게바라는 2020년 테러방지법이 통과된 후 두테르테 정부에서 가장 영향력 있는 인물 가운데 하나가 되었다.
2. Carmela Fonbuena, "SEC Revokes Rappler's Registration," Rappler, January 15, 2018, https://www.rappler.com/nation/193687-rappler-registration-revoked/.
3. "SEC Order Meant to Silence Us, Muzzle Free Expression—appler," Rappler, January 29, 2018, https://www.rappler.com/nation/194752-sec-case-press-freedom-free-expression/.
4. 그 사진을 볼 때마다 우리 팀의 미소가 내 마음을 사로잡는다. 책에는 신지 않았으나 다음 링크로 가면 볼 수 있다. https://www.bqprime.com/opinion/nobel-winner-maria-ressa-on-embracing-fear-and-standing-up-to-strongmen.

5. “Stand with Rappler, Defend Press Freedom,” Rappler, December 3, 2018, https://r3.rappler.com/about-rappler/about-us/193650-defend-press-freedom.
6. Fonbuena, “SEC Revokes Rappler’s Registration.”
7. 긴급 기자회견 영상과 요약은 다음을 참고하라. https://www.rappler.com/nation/193687-rappler-registration-revoked/.
8. “Fear for Democracy After Top Philippine Judge and Government Critic Removed,” *Guardian*, May 11, 2018, https://www .theguardian.com/world/2018/may/12/fear-for-democracy-after-top-philippine-judge-and-government-critic-removed.
9. “Rappler’s Pia Ranada Barred from Entering Malacanang Palace,” Rappler, February 20, 2018, https://www.rappler.com/nation/pia-ranada-barred-malacanang-palace/; “Everything You Need to Know About Rappler’s Malacanang Coverage Ban,” Rappler, February 22, 2018, https://www.rappler.com/nation/196569-rappler-malacanang-ban-pia-ranada-faq/.
10. “Duterte Himself Banned Rappler Reporter from Malacañang Coverage,” Rappler, February 20, 2018, https://www.rappler.com/nation/196474-duterte-orders-psg-stop-rappler-reporter-malacanang/.
11. Pia Ranada, “Duterte Admits Role in Navy-Bong Go Frigates Issue,” Rappler, October 19, 2018, https://www.rappler.com/nation/214676-duterte-admits-role-philippine-navy-bong-go-frigates-issue/.
12. Miriam Grace A Go, “‘We’re Not Scared of These Things’: Rappler News Editor on How the Newsroom Continues Despite the Increasing Threats, Alongside Words from Their CEO Maria Ressa,” *Index on Censorship* 47, no. 2 (July 2018): 48–51, https://journals.sagepub.com/doi/10.1177/0306422018784531.
13. Lian Buan, “SC Allows Other Journalists to Join Rappler Petition vs Duterte Coverage Ban,” Rappler, August 15, 2019, https://www.rappler.com/nation/237722-supreme-court-allows-other-journalists-join-rappler-petition-vs-duterte-coverage-ban.
14. Mark Zuckerberg, Facebook, January 11, 2018, https://www.facebook.

com/zuck/posts/one-of-our-big-focus-areas-for-2018-is-making-sure-the-time-we-all-spend-on-face/10104413015393571/.
15. Mike Isaac, "Facebook Overhauls News Feed to Focus on What Friends and Family Share," *New York Times*, January 11, 2018, https://www.nytimes.com/2018/01/11/technology/facebook-news-feed.html.
16. Alex Hern, "Facebook Moving Non-promoted Posts Out of News Feed in Trial," *Guardian*, October 23, 2017, https://www.theguardian.com/technology/2017/oct/23/facebook-non-promoted-posts-news-feed-new-trial-publishers.
17. Filip Struharik, "Biggest Drop in Facebook Organic Reach We Have Ever Seen," Medium, October 21, 2017, https://medium.com/@filip_struharik/biggest-drop-in-organic-reach-weve-ever-seen-b2239323413.
18. Steve Kovach, "Facebook Is Trying to Prove It's Not a Media Company by Dropping the Guillotine on a Bunch of Media Companies," Insider, January 13, 2018, https://www.businessinsider.com/facebooks-updated-news-feed-algorithm-nightmare-for-publishers-2018-1.
19. Adam Mosseri, "Facebook Recently Announced a Major Update to News Feed; Here's What's Changing," Meta, April 18, 2018, https://about.fb.com/news/2018/04/inside-feed-meaningful-interactions/.
20. Sheera Frenkel, Nicholas Casey, and Paul Mozur, "In Some Countries, Facebook's Fiddling Has Magnified Fake News," *New York Times*, January 4, 2018, https://www.nytimes.com/2018/01/14/technology/facebook-news-feed-changes.html.
21. Mariella Mostof, "'The Great Hack' Features the Journalist Who Broke the Cambridge Analytica Story," Romper, July 24, 2019, https://www.romper.com/p/who-is-carole-cadwalladr-the-great-hack-tells-the-investigative-journalists-explosive-story-18227928.
22. "Philippines' Watchdog Probes Facebook over Cambridge Analytica Data Breach," Reuters, April 13, 2018, https://www.reuters.com/article/us-facebook-privacy-philippines-idUSKBN1HK0QC.
23. 케임브리지애널리티카와 그 모회사인 SCL은 이미 2013년부터 필리핀에서 일해왔다. 그 배경에 대해 알고 싶으면 다음 기사를 참고하라. Natashya

Gutierrez, “Did Cambridge Analytica Use Filipinos’ Facebook Data to Help Duterte Win?” Rappler, April 5, 2018, https://www.rappler.com/nation/199599-facebook-data-scandal-cambridge-analytica-help-duterte-win-philippine-elections/; Natashya Gutierrez, “Cambridge Analytica’s Parent Company Claims Ties with Duterte Friend,” Rappler, April 9, 2018, https://www.rappler.com/newsbreak/investigative/199847-cambridge-analytica-uk-istratehiya-philippines/.

24. Gelo Gonzales, “The Information and Democracy Commission: Defending Free Flow of Truthful Info,” Rappler, September 18, 2018, https://www.rappler.com/technolog y/features/212240-information-democracy-commission-rsf-inform ation-operations/.

25. “Forum Names ‘Infodemics’ Working Group’s 17-Member Steering Committee,” Forum on Information & Democracy, July 6, 2020, https://informationdemocracy.org/2020/07/06/forum-names-infodemics-working-groups-17-member-steering-committee/; Camille Elemia, “How to Solve Information Chaos Online? Experts Cite These Structural Solutions,” Rappler, November 14, 2020, https://www.rappler.com/technology/features/experts-cite-structural-solutions-online-information-chaos/.

26. “Maria Ressa Receives Journalism Award, Appeals to Tech Giants, Government Officials,” Rappler, November 9, 2018, https://www.rappler.com/nation/216300-maria-ressa-acceptance-speech-knight-international-journalism-awards-2018/.

27. Paige Occenola, “Exclusive: PH Was Cambridge Analytica’s ‘Petri Dish’—histle- Blower Christopher Wylie,” Rappler, September 10, 2019, https://www.rappler.com/technology/social-media/239606-cambridge-analytica-philippines-online-propaganda-christopher-wylie/.

28. “Maria Ressa Receives Journalism Award, Appeals to Tech Giants, Government Officials.”

29. Lian Buan, “DOJ Indicts Rappler Holdings, Maria Ressa for Tax Evasion,” Rappler, November 9, 2018, https://www.rappler.com/nation/216337-doj-indicts-rappler-holdings-tax-evasion-november-9-2018/.

30. Alexandra Stevenson, "Philippines Says It Will Charge Veteran Journalist Critical of Duterte," *New York Times*, November 9, 2018, https://www.nytimes.com/2018/11/09/business/duterte-critic-rappler-charges-in-philippines.html?smid=url-share.
31. Rappler, "Maria Ressa at Champs-Élysées During 'Yellow Vest' Protest," YouTube, December 18, 2018, https://www.youtube.com/watch?v=393JVj-oL-E.
32. "Maria Ressa Arrives in Manila amid Arrest Fears," Facebook, Rappler, December 2, 2018, https://www.facebook .com/watch/?v=1786538544788973.
33. Rambo Talabong, "Maria Ressa Back in PH: Don't Let the Gov't Cross the Line," Rappler, December 3, 2006, https://www.rappler.com/nation/218066-maria-ressa-back-philippines-arrest-fears/.
34. Carlos Conde, "A New Weapon Against Press Freedom in the Philippines," *Globe and Mail*, December 5, 2018, https://www.theglobeandmail.com/opinion/article-a-new-weapon-against-press-freedom-in-the-philippines/.
35. Lian Buan, "Rappler to Pasig Court: Tax Charges 'Clear Case of Persecution,'" Rappler, December 6, 2018, https://www.rappler.com/nation/218340-rhc-maria-ressa-motion-quash-tax-evasion-case-pasig-rtc-branch-265/.
36. Rappler, "Pasig Court Postpones Rappler, Maria Ressa Arraignment," YouTube, December 6, 2018, https://www.youtube.com/watch?v=4_hPBu0FXXw.
37. Karl Vick, "Person of the Year 2018," *Time*, December 11, 2018, https://time.com/person-of-the-year-2018-the-guardians/.
38. "TIME Names 'the Guardians' as Person of the Year 2018," CNN, https://edition.cnn.com/videos/tv/2018/12/11/news-stream-stout-ressa-time-person-of-the-year-2018-guardians.cnn.
39. Paul Mozur, "A Genocide Incited on Facebook, with Posts from Myanmar's Military," *New York Times*, October 15, 2018, https://www.nytimes.com/2018/10/15/technology/myanmar-facebook-genocide.html; Alexandra Stevenson, "Facebook Admits It Was Used to Incite Violence in Myanmar,"

New York Times, November 6, 2018, https://www.nytimes.com/2018/11/06/technology/myanmar-facebook.html.

10장 괴물과 싸우기 위해 괴물이 되지는 말자

1. Lian Buan, "'We'll Go After You': DOJ Probes Threat of NBI Agent vs Rappler Reporter," Rappler, February 14, 2019, https://www.rappler.com/nation/223489-doj-probes-nbi-agent-verbal-threat-vs-reporter-during-ressa-arrest/. 또한 다음을 참고하라. Aika Rey on Twitter: "체포 영장 vs 마리아 레사, 이게 지금 래플러 사무실에서 벌어지고 있는 일이고, 영장을 가져온 사람들 중 자신을 NBI 요원이라고 말한 남자가 내가 비디오를 찍는 걸 막고 있어. 그게 내 일인데 말이야." Twitter, February 13, 2019, https://twitter.com/reyaika/status/1095615339721834496.
2. 필리핀 마닐라 대학교 정신 및 행동 의학과 교수인 파가두안-로페스 박사는 2012년부터 2016년까지 유엔 고문방지소위원회SPT 위원이었다. 그녀는 2021년 11월 20일 세상을 떠났다.
3. "UP Fair: More Than Just a Concert," Rappler, February 11, 2019, https://www.rappler.com/moveph/221524-up-fair-2019-more-than-just-concert/.
4. Patricia Evangelista, "The Impunity Series," Rappler, July 25, 2017, https://r3.rappler.com/newsbreak/investigative/168712-impunity-series-drug-war-duterte-administration.
5. Rappler, "WATCH: Patricia Evangelista Reads the Statement of Rappler in UP Fair," Facebook, February 13, 2019, https://www.facebook.com/watch/?v=740171123044662; "Rappler's Statement on aria Ressa's Arrest: 'We Will Continue to Tell the Truth,'" Rappler, February 13, 2019, https://www.rappler.com/nation/223423-rappler-statement-maria-ressa-arrest-cyber-libel-february-2019/.
6. Rappler, "Students, Journalists, Civil Society Groups Protest Ressa Arrest," Facebook, February 13, 2019, https://www.facebook.com/watch/?v=2085260034888511.
7. CNN Philippines Staff, "Rappler CEO Calls Arrest 'Abuse of Power,'" CNN, February 14, 2019, https://www.cnnphilippines.com/news/2019/02/14/Rappler-CEO-Maria-Ressa-abuse-of-power.html.

8. TrialWatch: Freedom for the Persecuted, the Clooney Foundation for Justice, https://cfj.org/project/trialwatch/.
9. Agence France-Presse, "Al Jazeera Reporter Renounces Egypt Citizenship in Bid for Release," Rappler, February 3, 2015, https://www.rappler.com/world/82809-mohamed-fahmy-renounces-egypt-citizenship/; "Rappler, The Investigative Journal to Partner on Investigative Reporting," Rappler, July 9, 2019, https://www.rappler.com/nation/234921-partnership-with-the-investigative-journal-reporting/.
10. Jason Rezaian, "Reporter Jason Rezaian on 544 Days in Iranian Jail: 'They Never Touched Me, but I Was Tortured,'" *Guardian*, February 18, 2019, https://www.theguardian.com/media/2019/feb/18/reporter-jason-rezaian-on-544-days-in-iranian-jail-they-never-touched-me-but-i-was-tortured.
11. "Amal Clooney," Committee to Protect Journalists, 2020, https://cpj.org/awards/amal-clooney/.
12. 영국 왕실 고문 변호사 퀼런 갤러거, 캔 예긴수, 클레어 오버먼이 나의 국제 법률 팀이었다. 나는 이들을, 나에게 무료 변론을 제공해준 대학 동창인 피터 리히텐바움에게 소개했다. 그는 명망 있는 법률회사인 코빙턴앤드벌링에서 일하고 있다. "Caoilfhionn Gallagher QC," Doughty Street Chambers, https://www.doughtystreet.co.uk/barristers/caoilfhionn-gallagher-qc; "Advisors," Daphne Caruana Galizia Foundation, https://www.daphne.foundation/en/about/the-foundation/advisors.
13. "'Anger Drives a Lot of What I Do': Amal Clooney on Why She Fights for Press Freedom," Rappler, November 20, 2020, https://www.rappler.com/world/global-affairs/reason-amal-clooney-fights-for-press-freedom/.
14. "Rodrigo Duterte's Persecution of Maria Ressa Is Dangerous," Daphne Caruana Galizia Foundation, June 16, 2020, https://www.daphne.foundation/en/2020/06/16/maria-ressa.
15. Malou Mangahas, "The Duterte Wealth: Unregistered Law Firm, Undisclosed Biz Interests, Rice Import Deal for Creditor," Rappler, April 3, 2019, https://www.rappler.com/newsbreak/investigative/pcij-report-rodrigo-sara-paolo-duterte-wealth/.

16. Terry Gross, "Philippine Journalist Says Rodrigo Duterte's Presidency Is Based on 'Fear, Violence,'" NPR, January 6, 2021, https://www.npr.org/2021/01/06/953902894/philippine-journalist-says-rodrigo-dutertes-presidency-is-based-on-fear-violence.
17. Twink Macaraig, "When the Big C Sneaks Back," *Philippine Star*, June 28, 2016, https://www.philstar.com/lifestyle/health-and-family/2016/06/28/1597196/when-big-c-sneaks-back.
18. Twink Macaraig, "Why I Fight," *Philippine Star*, March 24, 2019, https://www.philstar.com/lifestyle/sunday-life/2019/03/24/1903779/why-i-fight.

11장 물러서지 마라

1. David Pegg, "Judge Makes Preliminary Ruling in Carole Cadwalladr Libel Case," *Guardian*, December 12, 2019, https://www.theguardian.com/law/2019/dec/12/judge-makes-preliminary-ruling-in-carole-cadwalladr-libel-case.
2. Nico Hines, "Award-Winning Reporter to Counter-sue Man Who Bankrolled Brexit for 'Harassment,'" Daily Beast, July 15, 2019, https://www.thedailybeast.com/carole-cadwalladr-award-winning-reporter-to-counter-sue-man-who-bankrolled-brexit-for-harassment.
3. Ben Judah, "Britain's Most Polarizing Journalist," *Atlantic*, September 19, 2019, https://www.theatlantic.com/international/archive/2019/09/carole-cadwalladr-guardian-facebook-cambridge-analytica/597664/.
4. 캐럴 캐드월러드와 나눈 또 다른 인터뷰. "#HoldTheLine: Maria Ressa Talks to Journalist Carole Cadwalladr," Rappler, May 10, 2021, https://www.rappler.com/video/hold-the-line-maria-ressa-interview/carole-cadwalladr-may-2021.
5. "Maria Ressa Future-Proofs Rappler for Digital Changes, Names Glenda Gloria Executive Editor," Rappler, November 11, 2020, https://www.rappler.com/about/maria-ressa-future-proofs-rappler-for-digital-challenges-names-glenda-gloria-executive-editor/.
6. Olivia Solon, "While Facebook Works to Create an Oversight Board, Industry Experts Formed Their Own," NBC News, September 25, 2020,

https://www.nbcnews.com/tech/tech-news/facebook-real-oversight-board-n1240958.
7. Roger McNamee and Maria Ressa, "Facebook's 'Oversight Board' Is a Sham. The Answer to the Capitol Riot Is Regulating Social Media," *Time*, January 28, 2021, https://time.com/5933989/facebook-oversight-regulating-social-media/.
8. Rob Pegoraro, "Facebook's 'Real Oversight Board': Just Fix These Three Things Before the Election," *Forbes*, September 30, 2020, https://www.forbes.com/sites/robpegoraro/2020/09/30/facebooks-real-oversight-board-just-fix-these-three-things-before-the-election/?sh=2cb2cb3c1e6c.
9. "Is Big Tech the New Empire?," *Studio B: Unscripted*, Al Jazeera, March 27, 2020, https://www.youtube.com/watch?v=7OLUfA6QJlE.
10. Christopher Wylie, *Mindf*ck: Cambridge Analytica and the Plot to Break America* (New York: Random House, 2019).
11. "EXCLUSIVE: Interview with Cambridge Analytica Whistle-Blower Christopher Wylie," Rappler, September 12, 2019, https://www.rappler.com/technology/social-media/239972-cambridge-analytica-interview-christopher-wylie/.
12. 같은 기사.
13. Raissa Robles, "Cambridge Analytica Boss Alexander Nix Dined with Two of Rodrigo Duterte's Campaign Advisers in 2015," *South China Morning Post*, April 8, 2018, https://www.scmp .com/news/asia/southeast-asia/article/2140782/cambridge-analytica-boss-alexander-nix-dined-two-rodrigo.
14. "EXCLUSIVE: Interview with Cambridge Analytica Whistle-Blower Christopher Wylie."
15. Meghan Bobrowsky, "Facebook Disables Access for NYU Research into Political-Ad Targeting," *Wall Street Journal*, August 4, 2021, https://www.wsj.com/articles/facebook-cuts-off-access-for-nyu-research-into-political-ad-targeting-11628052204.
16. Jeff Horwitz and Deepa Seetharaman, "Facebook Executive Shut Down Efforts to Make the Site Less Divisive," *Wall Street Journal*, May 26, 2020,

https://www.wsj.com/articles/facebook-knows-it-encourages-division-top-executives-nixed-solutions-11590507499.

17. Mike Isaac and Sheera Frenkel, "Facebook Braces Itself for Trump to Cast Doubt on Election Results," *New York Times*, August 21, 2020, https://www.nytimes.com/2020/08/21/technology/facebook-trump-election.html.
18. Kevin Roose, Mike Isaac, and Sheera Frenkel, "Facebook Struggles to Balance Civility and Growth," *New York Times*, November 24, 2020, https://www.nytimes.com/2020/11/24/technology/facebook-election-misinformation.html.
19. 2020년 래플러는 MIT의 시난 아랄 팀 그리고 국내외 다른 몇몇 대학의 연구자들과 협력하기 시작했다.
20. Bonz Magsambol, "Facebook Partners with Rappler, Vera Files for Fact-Checking Program," Rappler, April 12, 2018, https://www.rappler.com/technology/social-media/200060-facebook-partnership-fact-checking-program/.
21. Manuel Mogato, "Philippines Complains Facebook Fact-Checkers Are Biased," Reuters, April 16, 2018, https://www.reuters.com/article/us-philippines-facebook-idUSKBN1HN1EN.
22. Jordan Robertson, "Fake News Hub from 2016 Election Thriving Again, Report Finds," Bloomberg, October 13, 2010, https://www.bloomberg.com/news/articles/2020-10-13/fake-news-hub-from-2016-election-thriving-again-report-finds#xj4y7vzkg.
23. "EXCLUSIVE: Russian Disinformation System Influences PH Social Media," Rappler, January 22, 2019, https://www.rappler.com/newsbreak/investigative/221470-russian-disinformation-system-influences-philippine-social-media/.
24. Craig Timberg, "Facebook Deletes Several Fake Chinese Accounts Targeting Trump and Biden, in First Takedown of Its Kind," *Washington Post*, September 22, 2020, https://www.washingtonpost.com/technology/2020/09/22/facebook-deletes-several-fake-chinese-accounts-targeting-trump-biden-first-takedown-its-kind/; Ben Nimmo, C. Shawn Elb, and

Léa Ronzaud, "Facebook Takes Down Inauthentic Chinese Network," Graphika, September 22, 2020, https://graphika.com/reports/operation-naval-gazing/.

25. "With Anti-terror Law, Police-Sponsored Hate and Disinformation Even More Dangerous," Rappler, August 13, 2020, https://www.rappler.com/newsbreak/investigative/anti-terror-law-state-sponsored-hate-disinformation-more-dangerous/.

26. 같은 기사.

27. Nicole-Anne C. Lagrimas, "Tagged, You're Dead," GMA News Online, October 13, 2020, https://www.gmanetwork.com/news/specials/content/170/zara-alvarez-tagged-you-re-dead/.

28. 그때 나는 모든 래플러 직원에게서 회복력과 용기를 보았다. 그리고 우리의 최고 재무 책임자CFO인 펠 달라푸가 자신은 기자가 되고 싶었으나 좀 더 예측 가능하고 안정적인 길을 걷기를 바라는 부모님 때문에 회계사가 되었다는 사실도 알게 되었다. 우리 둘은 ABS-CBN에서부터 함께 일했다. 래플러에 대한 공격이 시작되자, 펠은 자신이 "최고의 언론인들이 그들의 일을 할 수 있도록" 노력하고 있으며, 그것이 자랑스럽다고 공표했다. 우리는 펠의 용기가 없었다면 우리 일을 할 수 없었을 것이다. 펠은 우리 회사가 정부가 매설한 지뢰를 처리하면서 항상 최악의 상황에 대비할 수 있도록 완벽하게 재무를 관리했다.

29. "Rappler Ends 2019 with Income: A Comeback Year," Rappler, June 30, 2020, https://www.rappler.com/about/rappler-income-2019-comeback-year/.

30. 기소장은 2019년 1월 10일 제출되었고, 나는 한 달 후 체포되었다(그리고 이 기소는 정말 지저분한 것이기도 했다. 한 차례 기각한 바 있는 기존의 결정을 뒤집은 것이기 때문이다). 다음을 참고하라. "Despite NBI Flip-Flop, DOJ to Indict Rappler for Cyber Libel," Rappler, February 4, 2019, https://www.rappler.com/nation/222691-doj-to-indict-rappler-cyber-libel-despite-nbi-flip-flop/.

31. Sheila Coronel, "This Is How Democracy Dies," *Atlantic*, June 16, 2020, https://www.theatlantic.com/international/archive/2020/06/maria-ressa-rappler-philippines-democracy/613102/.

32. Marc Jayson Cayabyab, "Cybercrime Expert? Who Is Manila RTC Judge Rainelda Estacio-Montesa?" OneNews, June 17, 2020, https://www.onenews.ph/articles/cybercrime-expert-who-is-manila-rtc-judge-rainelda-estacio-montesa.
33. 레이 산토스는 이 책을 출간하기 몇 개월 전 정부를 떠났다.
34. Maria Ressa, "We Can't Let the Coronavirus Infect Democracy," *Time*, April 14, 2020, https://time.com/5820620/maria-ressa-coronavirus-democracy/.
35. Ralf Rivas, "ABS-CBN Goes Off-Air After NTC Order," Rappler, May 5, 2020, https://www.rappler.com/nation/abs-cbn-goes-off-air-ntc-order-may-5-2020/.
36. Ruben Carranza, Facebook, August 19, 2020, https://www.facebook.com/ruben.carranza.14/posts/10157883975069671.

12장 파시즘은 왜 승리하는가

1. Sofia Tomacruz, "What Prevents Swift COVID-19 Vaccine Deliveries to Philippines' Provinces?," Rappler, February 1, 2022, https://www.rappler.com/newsbreak/investigative/what-prevents-swift-deliveries-provinces-analysis-philippines-covid-19-vaccination-drive-2022-part-2/.
2. "Senate Halts Search for Yang, Lao, Pharmally-Linked Officials Due to COVID-19 Surge," Rappler, January 18, 2022, https://www.rappler.com/nation/senate-halts-search-michael-yang-christopher-lao-pharmally-officials-due-covid-19-surge/.
3. 나의 반응을 포함해, 내가 수상 사실을 알게 된 바로 그 순간이 프리덤필름페스트FreedomFilmFest의 이 영상에 담겨 있다. "Live Reaction: Maria Ressa Wins Nobel Peace Prize," Facebook, December 9, 2021, https://www.facebook.com/freedomfilmfest/posts/10160060586766908.
4. Guardian News, "Moment Maria Ressa Learns of Nobel Peace Prize Win During Zoom Call," YouTube, October 8, 2021, https://www.youtube.com/watch?v=UtjFwNiHUbY.
5. Lorraine Ecarma, "Tacloban Journalist Frenchie Mae Cumpio Still

Hopeful a Year After Arrest," Rappler, February 9, 2021, https://www.rappler.com/newsbreak/in-depth/tacloban-journalist-frenchie-mae-cumpio-still-hopeful-year-after-arrest-2021/.
6. Ryan Macasero, "Remembering Dumaguete Radio Reporter Rex Cornelio," Rappler, February 13, 2021, https://www.rappler.com/newsbreak/in-depth/remembering-dumaguete-city-radio-reporter-rex-cornelio/.
7. Ryan Macasero, "[OPINION] Maria Ressa's Nobel Peace Prize Is About All of Us," Rappler, October 12, 2021, https://www.rappler.com/voices/rappler-blogs/maria-ressa-nobel-peace-prize-about-all-filipinos-media/.
8. "Announcing Harvard Kennedy School's Center for Public Leadership Fall 2021 Hauser Leaders," Harvard Kennedy School Center for Public Leadership, August 30, 2021, https://cpl.hks.harvard.edu/news/announcing-harvard-kennedy-school's-center-public-leadership-fall-2021-hauser-leaders.
9. "Maria Ressa and Sadhana Udapa Named Fall 2021 Joan Shorenstein Fellows," Harvard Kennedy School Shorenstein Center on Media, Politics and Public Policy, September 3, 2021 https://shorensteincenter.org/maria-ressa-sahana-udupa-named-fall-2021-joan-shorenstein-fellows/.
10. 나는 이 이야기를 실리콘밸리 투자자로 페이스북 초기 투자자 중 한 명인 로저 맥나미에게서 처음 들었다. 그는 페이스북에 안전, 경쟁, 개인 정보 보호를 개선할 것을 요구하는 책을 출간했다. 다음을 참고하라. McNamee, "Facebook Will Not Fix Itself," *Time*, October 7, 2021, https://time.com/6104863/facebook-regulation-roger-mcnamee/.
11. Chris Welch, "Facebook May Have Knowingly Inflated Its Video Metrics for Over a Year," The Verge, October 17, 2018, https://www.theverge.com/2018/10/17/17989712/facebook-inaccurate-video-metrics-inflation-lawsuit.
12. "Facebook Lied About Video Metrics and It Killed Profitable Businesses," CCN, September 23, 2020, https://www.ccn.com/facebook-lied-about-video-metrics/.

13. Lian Guan, “In Chilling Nostalgia, Marcos Loyalists Show Up Big for the Son of Dictator,” Rappler, February 8, 2022, https://www.rappler.com/nation/elections/loyalists-show-up-big-dictator-son-ferdinand-bongbong-marcos-jr-campaign-launch/.
14. Plethora, “BBM—BagongLipunan (New Version),” YouTube, November 7, 2021, https://www.youtube.com/watch?v=2-8lbAbGGww.
15. Lenarson Music & Vlogs, “The Original Version of Båğöňğ Ľĭpůňåń 1973—Lyrics (President Ferdinand Marcos Era 1965-1986),” YouTube, November 25, 2021, https://www.youtube.com/watch?v=KssVXnAgW0Q.
16. “Martsa ng Bagong Lipunan (English Translation),” Lyrics Translate, https://lyricstranslate.com/en/bagong-lipunan-new-society.html.
17. Christa Escudero, “Marcos’ ‘Greatest Robbery of a Government’ Guinness Record Suddenly Inaccessible,” Rappler, March 11, 2022, https://www.rappler.com/nation/guinness-record-ferdinand-marcos-greatest-robbery-of-government-suddenly-inaccessible-march-2022/.
18. Antonio J. Montalvan II, “The Marcos Diary: A Dictator’s Honest, Candid Description of His Only Son,” Vera Files, January 27, 2022, https://verafiles.org/articles/marcos-diary-dictators-honest-candid-description-his-only-so.
19. ANC 24/7, “Sen. Imee Marcos: Bongbong Marcos to Run in 2022, but Position Undecided Yet,” YouTube, August 25, 2021, https://www.youtube.com/watch?v=w4hO4RzNBxA.
20. Marites Dañguilan Vitug, “Holes in Marcos Jr’s Work Experience,” Rappler, February 7, 2022, https://www.rappler.com/plus-membership-program/holes-ferdinand-bongbong-marcos-jr-work-experience/.
21. Patricio Abinales, “The Curse That Is Imelda Marcos: A Review of Lauren Greenfield’s ‘Kingmaker’ Film,” Rappler, November 14, 2019, https://www.rappler.com/entertainment/movies/kingmaker-movie-review/.
22. Lian Buan, “Marcos Insists He Has No Trolls, Says Fake News ‘Dangerous,’” Rappler, February 7, 2022, https://www.rappler.com/nation/elections/ferdinand-bongbong-marcos-jr-claims-has-no-trolls-fake-

news-dangerous/.
23. Marites Dañguilan Vitug, “EXCLUSIVE: Did Bongbong Marcos Lie About Oxford, Wharton?,” Rappler, February 24, 2015, https://www.rappler.com/newsbreak/investigative/84397-bongbong-marcos-degrees-oxford-wharton/.
24. “Bongbong Marcos: Oxford, Wharton Educational Record ‘Accurate,’” Rappler, February 24, 2015, https://www.rappler.com/nation/84959-bongbong-marcos-statement-oxford-wharton/; Cathrine Gonzales, “Bongbong Marcos Maintains He's a Graduate of Oxford,” Inquirer.net, February 5, 2022, https://newsinfo.inquirer.net/1550308/bongbong-marcos-maintains-he-graduated-from-oxford.
25. “Imelda Marcos, Son Plot to Reclaim PH Presidency,” Rappler, July 2, 2014, https://www.rappler.com/nation/62215-imelda-marcos-son-philippines-presidency.
26. Jianing Li and Michael W. Wagner, “When Are Readers Likely to Believe a Fact-Check?,” Brookings, May 27, 2020, https://www.brookings.edu/techstream/when-are-readers-likely-to-believe-a-fact-check/.
27. “Tip of the Iceberg: Tracing the Network of Spammy Pages in Facebook Takedown,” Rappler, October 27, 2018, https://www.rappler.com/newsbreak/investigative/215256-tracing-spammy-pages-network-facebook-takedown.
28. “EXCLUSIVE: Russian Disinformation System Influences PH Social Media,” Rappler, January 22, 2019, https://www.rappler.com/newsbreak/investigative/221470-russian-disinformation-system-influences-philippine-social-media/.
29. Gemma B. Mendoza, “Networked Propaganda: How the Marcoses Are Using Social Media to Reclaim Malacanang,” Rappler, November 20, 2019, https://www.rappler.com/newsbreak/investigative/245290-marcos-networked-propaganda-social-media.
30. Cherry Salazar, “Robredo Leads, Marcos Snubs Advertising on Facebook,” Rappler, January 16, 2022, https://www.rappler.com/nation/elections/robredo-leads-marcos-snubs-facebook-advertising-as-of-december-

31-2021/; "After Skipping Jessica Soho Interview, Marcos Accuses Award-Winning Journo of Bias," *Philippine Star*, January 22, 2022, https://www.philstar.com/headlines/2022/01/22/2155660/after-skipping-jessica-soho-interview-marcos-accuses-award-winning-journo-bias.
31. *Working Group on Infodemics Policy Framework*, Forum on Information & Democracy, November 2020, https://informationdemocracy.org/wp-content/uploads/2020/11/ForumID_Report-on-infodemics_101120.pdf.
32. International Fund for Public Interest Media, "Maria Ressa and Mark Thompson to Spearhead Global Effort to Save Public Interest Media," September 30, 2021, https://ifpim.org/resources/maria-ressa-and-mark-thompson-to-spearhead-global-effort-to-save-public-interest-media/; and Maria Ressa, "As Democracy Dies, We Build a Global Future," Rappler, October 13, 2020, https://www.rappler.com/voices/thought-leaders/analysis-as-democracy-dies-we-build-global-future/.
33. Anne Applebaum, "The Bad Guys Are Winning," *Atlantic*, November 15, 2021, https://www.theatlantic.com/magazine/archive/2021/12/the-autocrats-are-winning/620526/.
34. "Defend Maria Ressa and Independent Media in the Philippines," Committee to Protect Journalists, https://cpj.org/campaigns/holdtheline/.
35. Bea Cupin, "#FactsFirstPH: 'Groundbreaking Effort Against Discrimination,'" Rappler, January 26, 2022, https://www.rappler.com/nation/philippine-media-civic-society-groups-launch-facts-first-philippines-initiative/.
36. Isabel Martinez, "Maria Ressa Brings the Readers. But Here's How Rappler Makes Them Stay," The Ken, January 27, 2022, https://the-ken.com/sea/story/maria-ressa-brings-the-readers-but-heres-how-rappler-makes-them-stay/.
37. "Election Integrity Partnership," https://www.eipartnership.net.
38. 밝혀두자면, 나는 미던의 이사진 가운데 한 사람이다.
39. Dwight De Leon. "Rappler Asks SC to Junk Calida Petition vs Fact-Checking Deal with Comelec," Rappler, April 12, 2022, https://www.

rappler.com/nation/elections/comment-supreme-court-junk-calida-petition-vs-fact-checking-deal-comelec/.
40. Michelle Abad, "The Pink Wave: Robredo's Volunteer Movement Defies Traditional Campaigns," Rappler, May 4, 2022, https://www.rappler.com/nation/elections/leni-robredo-volunteer-movement-defies-traditional-campaigns/; and Sui-Lee Wee, "'We Want a Change': In the Philippines, Young People Aim to Upend an Election," *New York Times*, May 1, 2022,https://www.nytimes.com/2022/05/01/world/asia/philippines-election-marcos-robredo.html.
41. Robert Tait and Flora Garamvolgyi, "Viktor Orbán Wins Fourth Consecutive Term as Hungary's Prime Minister," *Guardian*, April 3, 2022, https://www.theguardian.com/world/2022/apr/03/viktor-orban-expected-to-win-big-majority-in-hungarian-general-election; and Flora Garamvolgyi and Julian Borger, "Orbán and US Right to Bond at CPAC in Hungary over 'Great Replacement' Ideology," *Guardian*, May 18, 2022, https://www.theguardian.com/world/2022/may/18/cpac-conference-budapest-hungary-viktor-orban-speaker.
42. Zeeshan Aleem, "Trump's CPAC Straw Poll Shows He's Clinging On to Dominance of the GOP," MSNBC, February 28, 2022, https://www.msnbc.com/opinion/msnbc-opinion/trumps-s-cpac-straw-poll-shows-he-s-clinging-dominance-n1290274.
43. "Maria Ressa Receives Journalism Award, Appeals to Tech Giants, Government Officials," Rappler, November 9, 2018, https://www.rappler.com/nation/216300-maria-ressa-acceptance-speech-knight-international-journalism-awards-2018/.

에필로그

1. Anthony Johnson, "Buffalo Mass Shooting Suspect Mentioned 3 New Jersey Towns in 180-Page Document," ABC7 New York, May 17, 2022, https://abc7ny.com/buffalo-mass-shooting-shooter-new-jersey/11861690/.
2. Vin Ebenau, "Ocean County Prosecutor: 'No Implied or Explicit Threat' Following Buffalo, NY Shooter's Mention of Lakewood, NJ and Toms

River, NJ," Beach Radio, May 17, 2022, https://mybeachradio.com/ocean-county-prosecutor-no-implied-or-explicit-threat-following-buffalo-ny-shooters-mention-of-lakewood-nj-and-toms-river-nj/.

3. "'She Was My Sweet Girl': Remembering the Victims of the Uvalde Shooting," *New York Times*, June 16, 2022, https://www.nytimes.com/2022/06/05/us/uvalde-shooting-victims.html.
4. Karen Wall, "Ocean County Schools' Police Presence Increasing After Texas Shooting," Patch, May 24, 2020, https://patch.com/new-jersey/tomsriver/ocean-county-schools-police-presence-incresasing-after-texas-shooting.

옮긴이 김영선

중앙대학교 문예창작학과를 졸업하고 홍익대학교 대학원 미학과를 수료했다. 옮긴 책으로 『낯선 사람에게 말을 걸면』 『건강하게 나이 든다는 것』 『교실이 없는 시대가 온다』 『가난 사파리』 『진실 따위는 중요하지 않다』 『처칠의 검은 개 카프카의 쥐』 『자동화된 불평등』 『망각의 기술』 『지능의 역설』 『어느 책중독자의 고백』 『괴짜사회학』 등이 있다.

권력은 현실을 어떻게 조작하는가

초판 발행 2022년 12월 8일

지은이 마리아 레사
옮긴이 김영선
펴낸이 김정순
편집 신원제 허영수
마케팅 이보민 양혜림 정지수

펴낸곳 (주)북하우스 퍼블리셔스
출판등록 1997년 9월 23일 제406-2003-055호
주소 04043 서울시 마포구 양화로 12길 16-9(서교동 북앤빌딩)
전자우편 editor@bookhouse.co.kr
홈페이지 www.bookhouse.co.kr
전화번호 02-3144-3123
팩스 02-3144-3121

ISBN 979-11-6405-189-2 03300